Bettina Schaefer (Hrsg.)

Lass uns über Auschwitz sprechen

Auschwitz ist auch im 21. Jahrhundert mit der deutschen und der europäischen Geschichte verbunden wie kein anderer Ort. Wie Erinnerung und Gedenken insbesondere für die deutschen, aber auch für die jährlich ca. 1,2 Millionen Besucher aus aller Welt lebendig gehalten werden, stellt dieser Band dar.

In intensiven Gesprächen mit Überlebenden des Holocaust, Mitarbeitern des staatlichen Museums Auschwitz-Birkenau, Fachleuten und Besuchern bringt Bettina Schaefer Auschwitz als internationale Gedenkstätte und Museum den Lesern nahe. Kenntnisse und Erfahrungen der Gesprächspartner sind eine ausgezeichnete Vorbereitung für den eigenen Besuch allein oder als Gruppe. Denn der Besuch von Auschwitz ist eine tiefgreifende persönliche Erfahrung für jeden, der sich auf die Erinnerung an den Holocaust einlässt. Darauf haben sich Gedenkstätte und Museum in kreativer Weise eingestellt und bieten verschiedene Möglichkeiten der Begegnung mit Auschwitz an.

Die Herausgeberin:
Bettina Schaefer, geb. 1962, arbeitete in einem Kibbuz in Israel und in Südfrankreich. Fachoberschulreife auf dem zweiten Bildungsweg. Volontariat bei einer Tageszeitung in Dänemark, dann Arbeit als Redakteurin in Brandenburg und Berlin. Berufbegleitendes Studium »Journalistenweiterbilung« an der FU Berlin, anschließend Redakteurin bei einem internationalen Fachmagazin für Journalismus. Arbeitet heute in der Medienforschung und lebt in Hamburg und Berlin.

Bettina Schaefer (Hrsg.)

Lass uns
über **Auschwitz** sprechen

Gedenkstätte – Museum – Friedhof:
Begegnungen mit dem Weltkulturerbe Auschwitz

Brandes & Apsel

Sie finden unser Gesamtverzeichnis mit aktuellen Informationen im Internet
unter: *www.brandes-apsel-verlag.de*
Wenn Sie unser Gesamtverzeichnis in gedruckter Form wünschen, senden
Sie uns eine E-Mail an: *info@brandes-apsel-verlag.de* oder eine Postkarte an:
Brandes & Apsel Verlag, Scheidswaldstr. 22, 60385 Frankfurt a. M., Germany

1. Auflage 2009
© Brandes & Apsel Verlag GmbH, Frankfurt am Main
DTP: Antje Tauchmann, Frankfurt am Main
Umschlaggestaltung: Franziska Gumprecht, Brandes & Apsel Verlag
Gedruckt auf säurefreiem, alterungsbeständigem und chlorfrei gebleichtem
Papier.

Bibliografische Information Der Deutschen Nationalbibliothek:
Die Deutsche Nationalbibliothek verzeichnet diese Publikation in der Deutschen
Nationalbibliografie; detaillierte bibliografische Daten sind im Internet über http://
dnb.ddb.de abrufbar.

ISBN: 978-3-86099-391-0

Inhalt

Die Freiwilligen

Die Besucher

Die Stadt Oswiecim und ihr Umland

Anhang

Für Karl Riess und für weitere Familienmitglieder,
deren Schicksal unbekannt ist.

Am 18.03.1943 wurde Karl Riess
von Berlin nach Theresienstadt und von dort
mit dem 2. Familientransport am 18.12.1943
nach Auschwitz deportiert.
Nach seiner Ankunft am 20.12.1943 wurde er
in Birkenau ermordet.

Bei der Abstimmung habe doch auch ich die Hand gehoben,
und dann habe ich unterschrieben und eine Rede gehalten und einen
Aufsatz ausgearbeitet. Dabei schien mir mein Eifer ganz echt.
Wo waren denn da meine Zweifel? Wie ist denn so etwas möglich?
Bin ich denn ein Mensch mit zweierlei Bewusstsein?
Oder sind da zwei verschiedene Menschen
mit einem jeweils entgegen gesetzten Bewusstsein?
Wie soll ich mir das erklären?
Aber so geht ja nicht nur mir,
sondern auch vielen anderen immer und überall.

Wassili Grossman: »Leben und Schicksal«

Vorwort

Micha Brumlik

Die »Gedenkstättenpädagogik« hat sich, ohne dass die zuständige Disziplin, die fachlich gebundene Erziehungswissenschaft das so gewollt oder geplant hätte, gleichsam naturwüchsig zu einer eigenen Subdisziplin entwickelt, die erst allmählich beginnt, zu eigenen Begriffen und zu einer eigenen Systematik zu finden.

Im Unterschied zur Museumspädagogik hat die »Gedenkstättenpädagogik« – jedenfalls, was die deutsche Entwicklung betrifft, zudem einen ganz eigenen, kaum verallgemeinerbaren Gegenstand: die nationalsozialistischen Verbrechen, die Motive und Strukturen ihrer Täter sowie das mannigfache Leiden ihrer Opfer. Diesem Thema würde man sich in der Regel mit Ausnahme zeithistorisch fachlicher Interessen auf den ersten Blick nicht freiwillig zuwenden, da es Furcht und Schrecken, Abwehr, Scham und Angst provoziert. Lässt man einen zweiten Blick zu, kann eine Beschäftigung mit dem »widrigen Gegenstand« im besten, im gelingenden Fall zu einem veränderten, menschlich-moralischen, gesellschaftlichen und politisch verantwortlichen Bewusstsein führen. Dass derlei Lernprozesse wie andere Lernprozesse nicht in allen Altersstufen möglich sind und wenn ja, von Altersstufe zu Altersstufe unterschiedlich zu gestalten und überhaupt möglichst präzise auf unterschiedlichste Adressatengruppen auszurichten sind, versteht sich daher von selbst.

Die Chiffre für alle derartige Pädagogik ist bis heute der deutsche Name einer polnischen Kleinstadt, Oswiecim, »Auschwitz«. Seit der zweiten Hälfte der 1940er Jahre entstand dort allmählich ein Komplex von Ausstellungen, Baudenkmälern und auch Andachtsorten; ein Komplex, der am authentischen Ort auf ein bis dahin präzedenzloses Menschheitsverbrechen: den Mord der Nationalsozialisten und ihrer Kollaborateure an sechs Millionen europäischer Juden und an all die anderen verfolgten und getöteten Menschen, erinnert. Diesem Komplex hat sich die Erziehungswissenschaft bereits in einer gründlichen Studie gewidmet – Manfred Wittmeiers 1997 im gleichen Verlag erschienene Untersuchung »Internationale Jugendbegegnungsstätte Auschwitz – Zur Pädagogik der Erinnerung in der politischen Bildung« setzte sich nicht nur akribisch mit Geschichte und organisatorischen Strukturen der Gedenkstätte auseinander. Sie ging auch intensiv auf Projekte historischen Lernens in staatsbürgerlicher Verantwortung ein.

Der nun von Bettina Schaefer vorgelegte Band mit von ihr erhobenen und bestens lesbar transkribierten Interviews von Zeitzeugen, Multiplikatoren, Angestellten der Gedenkstätte sowie Besucherinnen und Besuchern verschiedensten Alters sowie nationaler und religiöser Herkunft bietet nicht weniger als die längst erwartete, notwendige Ergänzung zu einer »objektiven« Darstellung der Gedenkstätte – nämlich einen sehr persönlichen, beinahe intim zu nennenden Einblick in die Erfahrungs- und Erlebniswelten all jener Menschen, die mit ganz unterschiedlichen Aufgaben, Interessen und Schlussfolgerungen jährlich diese Gedenkstätte besuchen bzw. die Besucher betreuen und empfangen. Tatsächlich sind es wohl jährlich mehr als eine Million Personen, die diese Gedenkstätte, die damit auch zum touristischen Anziehungsort wird, besuchen.

Eine verantwortliche und auf bleibende Wirksamkeit zielende Pädagogik wird gar nicht umhin können, sich diesen Besuchern und auch den Mitarbeitern zu widmen. Dabei ist von vornherein klar, dass eine Auswahl von fünfundzwanzig Gesprächen in keiner Weise für die erwähnte Zahl von einer Million Besuchern im strengen Sinne repräsentativ sein kann. Gleichwohl können ebenso wenige Zweifel daran bestehen, dass es Bettina Schaefer gelungen ist, das Typische zu erfassen – ganz unabhängig davon, in welchen Häufigkeiten dies Typische dann in der Realität auch zählbar vorkommt.

Schaefer hat ihre GesprächspartnerInnen im hier vorliegenden Band »Lass uns über Auschwitz sprechen – Gedenkstätte – Museum – Friedhof: Begegnungen mit dem Weltkulturerbe Auschwitz« nach einander ergänzenden Perspektiven geordnet: Erschütternden Berichten von Zeitzeugen folgt eine Gruppe von »Multiplikatoren« – wenn man so will gedenkpädagogischen Fachkräften, die sich dort teils stationär, teils immer wieder hinfahrend, der Vermittlung von Wissen an Besuchergruppen widmen. Eigene Abschnitte gelten den Mitarbeitern des »Staatlichen Museums Auschwitz-Birkenau«, die dort teils fest angestellt arbeiten und den meist jungen Freiwilligen aus diversen Ländern, die um den Erhalt der Gedenkstätte bemüht sind und, obwohl sie wussten, worauf sie sich einließen, diesen Ort nicht mehr ohne Erschütterung und gewachsene Einsicht werden vergessen können.

Von besonderer Bedeutung sind »natürlich« die Besucher, um derentwillen jedenfalls auch diese Gedenkstätte existiert. Sie kommen aus Deutschland, Österreich, aus Israel und Frankreich, sind besser oder schlechter vorbereitet, mehr oder minder schockiert. Manche von ihnen wähnten, schon alles zu wissen, anderen wiederum fiel es schwer, ihre Eindrücke zu verarbeiten. Last, but not least präsentiert der Interviewband auch die Stimmen von Bewohnern und Verantwortlichen jener Stadt, deren deutscher Name zum Synonym für ein Menschheitsverbrechen geworden ist: Oswiecim. Wie lebt es sich an einem solchen Ort? Ist dort eine irgendgeartete Form von Normalität möglich? Oder ist es am Ende doch so, wie eine Bewohnerin zu Protokoll gibt, dass man mit einer Herkunft aus diesem Ort in irgendeiner Form »gezeichnet« ist?

Der Chor so unterschiedlicher Stimmen, den der vorliegende Band einberufen hat, öffnet indes nicht nur das Tor zur intensiveren, kulturwissenschaftlichen Erforschung des zeitgeschichtlich interessierten kommunikativen und kollektiven Gedächtnisses und seiner Praktiken. Er eignet sich auch als Einführung und Vorbereitung nicht nur zu entsprechenden Fahrten, sondern auch als erste Einführung in das gesamte Thema im Geschichtsunterricht.

Dafür sprechen unter anderem die im ersten Teil wiedergegebenen Zeitzeugenberichte. Sie bieten eine an Drastik und präziser Schilderung des Grauens kaum zu überbietende Schilderung dessen, was im Vernichtungslager Auschwitz-Birkenau wirklich geschah. Der Bericht von Henryk Mandelbaum, Überlebender eines »Sonderkommandos«, lässt in seiner Nüchternheit und Kälte kaum noch Fragen dazu, was ein Vernichtungslager wirklich war, offen. Er stellt allenfalls die nur noch historisch zu beantwortende Frage, wie derlei möglich war. Darüber hinaus geben die Berichte anderer Überlebender, etwa Noah Flugs, Auskunft darüber, wie sich derlei überleben bzw. wie sich danach überhaupt weiterleben ließ. Aus diesen Berichten lernen Leserinnen und Leser irritiert, wie sehr Bewertungen und Erinnerungen, beim Bezug auf die gleichen Erfahrungen, differieren können.

Die professionellen Multiplikatoren hingegen sind sich des moralischen und intellektuellen Anspruchs ihrer Tätigkeit durchaus bewusst, übersehen jedoch auch nicht, dass die wachsende Besucherzahl eher zu einer Verflachung des historischen Bewusstseins führt. Eine besondere Aufgabe stellt in diesem Zusammenhang, wie etwa die Pädagogin Elsbieta Pasternak betont, die Arbeit mit Erwachsenen dar. Bei ihnen können sich Pädagogen eben nicht als »Besserwisser« oder Weisungen erteilendes Personal verhalten. Dabei wird deutlich, dass die »Gedenkstättenpädagogik« zwar vielleicht einen Zugang zu Jugendlichen finden kann und auch entsprechende Programme – wie Wittmeier zeigte – entwickelt hat, dass der »widrige Gegenstand« jedoch noch kaum Anlass für eine einschlägige Erwachsenenbildung geworden ist.

Das ist auch bei den Leitern und Mitarbeiten des Museums – so sehr sie sensibel und eindringlich die spezielle Situation deutscher Besucher zur Kenntnis nehmen – nicht automatisch der Fall. Wie kompliziert deren Situation sein kann, offenbart die Erzählung eines in der DDR sozialisierten Pfarrers, der seit 1997 immer wieder mit Gruppen nach Auschwitz fährt. Er berichtet in einer Offenheit, die beinahe das Erträgliche überschreitet, davon, wie sich bei seinen Besuchen frühe familiäre Traumata, die politische Sozialisation in zwei deutschen Staaten und seine eigenen theologischen, christlichen Gedanken zu einem ohnmächtigen Gott überschneiden.

Es verwundert wenig, dass es schließlich die Generation der heute 20- bis 30-Jährigen ist, die – so jedenfalls die Stimmen, die in diesem Band zu Wort kommen – sowohl emotional als auch intellektuell am – wenn man so will – »reifsten« reagieren. Das liegt nicht nur und nicht notwendig am Alter: andere junge Besucher, jugendliche Strafgefangene, von denen der Professor der Sozialpädagogik Werner Nickolai auf der Basis Jahrzehnte währender Erfahrung berichtet, sind nur selten in der Lage, nach unseren Begriffen angemessen zu reagieren. Jene jungen Besucher aber, die Bettina Schaefer zu einem Interview gewinnen konnte, etwa Tobias Uhlmann, der sich den in der Gedenkstätte gemachten Erfahrungen rückhaltlos überließ, konnten sogar eine durchaus eigentümlich anmutende Erfahrung des Glücks machen: dass es vorbei ist und dass es Überlebenden gelungen ist, menschlich zu bleiben.

Von erstaunlicher Reife und beinahe einer gewissen Altklugheit wirken indes drei sechzehn bis siebzehn Jahre alte, der eigenen Auskunft nach eher links eingestellte israelische Jugendliche. Mit wachen Augen bemängeln sie eine für sie kaum erträgliche Touristifizierung der Gedenkstätte Auschwitz-Birkenau, die sie als minder beeindruckend erleben, als die Gedenkstätte Treblinka. Sie zeigen ein genaues Bewusstsein von den heiklen Beziehungen, die Juden und Deutschen nach Auschwitz haben und sind sich schmerzlich der moralischen Probleme beim Überlebenskampf Israels bewusst.

Es ist in einer kurzen Vorbemerkung gar nicht möglich, die Fülle der in diesem Band angesprochenen Motive und Lebensgeschichten zu nennen, geschweige denn, sie auf einen Nenner zu bringen. Vielmehr sollte darauf hingewiesen werden, dass es für jede künftige Gedenkstättenpädagogik – und das betrifft nicht nur die Gedenkstätte »Auschwitz-Birkenau« – für jene Zeit »nach den Zeitzeugen« ein genauer, offener Blick auf die vielfältigen Dimensionen dieser kulturellen Orte unabdingbar ist – sollen sie nicht dem Vergessen oder der Verflachung überantwortet werden; wobei unklar ist, was dem historischen Bewusstsein mehr schadet.

Zu diesen vielen Dimensionen gehört das Bewusstsein der Menschen, die dort arbeiten, ebenso hinzu wie das Bewusstsein all jener, die aus unterschiedlichsten Gründen die Gedenkstätte besuchen. Mit Bettina Schaefers packender Interviewsammlung liegt nun erstmals ein Einblick in jenen noch unbekannten Kontinent vor. Dieser Blick ist für alle, die praktisch im Bereich der Gedenkstättenpädagogik tätig sind bzw. für alle, die sich theoretisch mit der Formung des kollektiven Gedächtnisses befassen, unabdingbar.

Einleitung

Lärmend verlässt eine Gruppe von etwa 50 Schülern aus Berlin den Speisesaal der Internationalen Jugendbegegnungsstätte (IJBS) in Oswiecim. Sie besuchen heute Vormittag das etwa drei Kilometer entfernt liegende, ehemalige Vernichtungslager Birkenau. In der offenen Großküche gibt Yolla für das Mittagessen Anweisungen auf Polnisch. Köchinnen klappern mit Töpfen und Schüsseln, die Geschirrspülmaschine brummt. Zofia Posmysz und ich frühstücken in Ruhe weiter. Es ist ein Nieselregenmorgen im September 2008.

Frau Posmysz, eine zierliche, kleine Frau, rührt in ihrem schwarzen Tee, ohne Zucker, mit frischer Zitrone. Gestern Abend hat sie bei den »Europäischen Gesprächen« in der IJBS neue Lyrik mit dem Titel: »Das Medaillon« vorgestellt. Im Stück erinnert sie sich an ihre Zeit als politische Häftlingsfrau in Birkenau 1942.

Die Gestapo fasst sie im Mai 1942 nach dem Verteilen illegaler Flugblätter gegen Hitler in Krakau und deportiert die 19-Jährige nach Auschwitz. Im September lebt sie in Birkenau und muss als Kartoffelschälerin arbeiten. Umgeben von Krankheit, Tod, Hunger und Mord, schenkt ihr ein Häftling ein selbst gemachtes Medaillon. Das gibt ihr Kraft für die Erkenntnis, ohne auf irgendetwas zu hoffen, von Tag zu Tag zu leben. »Die, die hofften, starben, weil die Enttäuschung ihnen alle Kraft nahm«, sagt sie. Das ist vor 66 Jahren passiert, etwa drei Kilometer von unserem Frühstückstisch entfernt.

Wir sprechen über das graue Wetter. Ich bedanke mich für ihren Vortrag am Abend. Sie erzählt in perfektem Deutsch von einer Fahrt nach Freiburg vor ein paar Tagen: »Ich war als Zeitzeugin eingeladen und die Menschen sehr interessiert.«

Ich weiß nicht mehr, wie wir auf das vorliegende Buch kommen. Ich glaube, es ist das Thema »Schuldgefühle von Deutschen«. »Wird das bei ihren Vorträgen auch angeschnitten?«, frage ich. Frau Posmysz schweigt. Viel von ihrem Schwarzbrot mit Erdbeermarmelade hat sie nicht gegessen. »Ja«, sagt sie. Sie schaut kurz aus dem Fenster in den Garten: »Wissen Sie«, sagt sie zu mir, »dieses Gefühl ist wichtig. Es ist für mich ein Zeichen dafür, dass die Deutschen eine Seele haben.«

Lass uns über Auschwitz sprechen

Auschwitz ist mit der deutschen und europäischen Geschichte seit 70 Jahren verbunden. Sie beginnt 1939 mit dem Einmarsch der Deutschen in Polen und dem Beginn des Zweiten Weltkriegs. Am 4. September 1939 nehmen Deutsche die Stadt Oswiecim ein und ändern ihren Namen in Auschwitz. Nach sechs Wochen entscheidet das Reichsministerium des Inneren, Auschwitz gehöre ab sofort zu Ostoberschlesien und damit zum Deutschen Reich.

Zehn Jahre später prägt Auschwitz maßgeblich die Gründung der Bundesrepublik Deutschland. Die Verfasser des Grundgesetzes sind getrieben von einem »Nie wieder«. Dieses »Nie wieder« bezieht sich auf etwa die 55 Millionen Toten des Zweiten Weltkriegs. Und auf Auschwitz als Kulminationspunkt des von Größen- und Vernichtungswahn geprägten, bürokratisierten, teilweise industrialisierten Massenmordes an Menschen aus ganz Europa durch Deutsche und ihre Kollaborateure, der bis heute Grauen und Entsetzen auslöst.

In den vergangenen Jahrzehnten ist Vieles von dem, was damals war, aufgearbeitet worden – eine Fülle von Fakten wurde gesammelt und publiziert, Lebensberichte von Überlebenden und Schicksale von Ermordeten veröffentlicht. Langsam nähert man sich auch den Tätern. Ist das nun genug? Weiß man damit »alles« über Auschwitz, wie es in Debatten manchmal anklingt? Lässt das Interesse nach?

Nein: »Wer heute glaubt, das Thema Auschwitz sei nicht mehr interessant, irrt«, schreibt das Internationale Auschwitz Komitee im Juli 2008 in seinem Bulletin. Das Gegenteil ist der Fall: Zwischen 2006 und 2008 besuchen 3,4 Millionen Menschen aus der ganzen Welt das staatliche Museum Auschwitz-Birkenau. Etwa 60 Prozent von ihnen sind Schüler und Studenten. Die meisten kommen aus Polen, Großbritannien, den USA und – Deutschland.

Auch ich reise im Juli 2006 nach Auschwitz. Irgendwie ist das »dran«. Ich will mehr wissen und mir den Ort anschauen. Und ich möchte den Toten gedenken.

Aus Angst, als Deutsche mit Auschwitz an sich, wie auch einem diffusen Schuldgefühl allein zu sein, und weil ich mir nur einen längeren Aufenthalt zur Verarbeitung des Erlebten vorstellen kann, buche ich ein mehrtägiges Gruppenseminar und wohne in der Internationalen Jugendbegegnungsstätte in Oswiecim. Das Programm besteht u. a. aus einem Rundgang durch die Stadt

Oswiecim, Besuchen in Auschwitz und Birkenau und einem Vortrag von Henryk Mandelbaum, Überlebender des jüdischen Sonderkommandos in Birkenau. Reflektionsrunden über Gesehenes und Erlebtes runden das Seminar ab.

In fünf Tagen, pädagogisch, fachlich und menschlich betreut, lerne ich, dass Auschwitz nicht nur das ist, was ich mir vorgestellt habe: ein trauriger, lebloser Ort, von ein paar Menschen besucht; ein Ort, der mich emotional überfordert und gedemütigt zurücklässt. Es ist anders. Auschwitz zeigt sich mir als ein Platz, wo Lehren, Lernen und Gedenken sich konzentrieren. Ich lerne nicht nur mehr über den Nationalsozialismus und seine grauenhaften Verbrechen. Ich lerne auch, Auschwitz emotional auszuhalten. Am Ende des Seminars habe ich den Eindruck, wacher zu sein.

Mich macht das neugierig und ich möchte wissen: Wie erleben andere Auschwitz heute? Das möchte ich Menschen fragen. Eines ist mir dabei klar: Vom Schreibtisch aus geht es nicht. Es geht – wenn überhaupt – nur vor Ort. Im September 2006 fahre ich ein zweites Mal nach Oswiecim und mache mich auf die Suche nach GesprächspartnerInnen. Mit jeder und jedem eröffnet sich ein neuer Aspekt, ein weiterer Blick auf Auschwitz. Das Interesse ist groß. Das Bedürfnis, über Auschwitz zu sprechen, auch. Ich erlebe, wie viel Mut und Ernsthaftigkeit, innere Anteilnahme und Bemühen Menschen prägt, die mit dem Thema Auschwitz arbeiten, Auschwitz besuchen oder in Oswiecim leben.

Im vorliegenden Band sprechen 25 Menschen aus fünf Nationen über ihre Begegnung mit Auschwitz. Bis auf zwei treffe ich alle Gesprächspartner vor Ort. Sie schildern ihr persönliches Ringen um Erkenntnis, Wahrheit, individuell-emotionale Wirklichkeit – um ihre eigene Form eines »Nie wieder«. Es sind historisches Wissen, viele Gedanken, Reflektionen und in einer respektvollen, tiefen Auseinandersetzung mit Auschwitz erworbene Perspektiven. Bei aller Bereitschaft und dem Wunsch, über Auschwitz zu sprechen: Niemandem fällt es leicht. Wenn es um persönliche Eindrücke geht, tut Auschwitz weh. Tränen stehen in den Augen. Oft fehlen die Worte. Ich höre zu.

Die digital aufgenommenen Interviews transkribiere ich eins zu eins ohne meine Fragen, kürze Wiederholungen, redigiere sehr vorsichtig, damit die Authentizität nicht verlorengeht, und lasse die Texte autorisieren. Die Ansichten und Versuche zeitgeschichtlicher Einordnung sind subjektiv und vorläufig. Aufgeschrieben in Ich-Form ermöglichen sie über ethnische, religiöse, politische und kulturelle Grenzen hinweg einen Dialog von Mensch zu Mensch. Sie zeigen einen kleinen Ausschnitt von dem, was Auschwitz heute ist. Was bei allem vorsichtigen Formulieren niemand beabsichtigte, ist, Auschwitz zu banalisieren.

Die Umstände unserer Begegnungen sind nicht geplant, sondern häufig zufällig. Sie sind besonders, auch privat, und liegen mir sehr am Herzen. Einige möchte ich erzählen, denn sie dienen vielleicht zum Verständnis und warum ich gerade mit diesem Menschen über Auschwitz spreche.

Mein Foto auf dem Umschlag des Buches schildert zum Beispiel eine solche Begegnung. Sie geschieht zufällig am späten Nachmittag des 13. September 2006 am Mahnmal in Birkenau. Schüler aus Deutschland, die ich dort begleiten darf, gedenken in einer Abschlusszeremonie der Toten. In ihrer Nähe stehen etwa 120 uniformierte israelische Soldaten in kleinen Gruppen zusammen. Plötzlich geht ein Soldat spontan auf die Schüler zu. Auf Englisch fragt er, woher sie kämen. Die jungen Leute sprechen miteinander. Der Israeli erzählt, dass sie in Auschwitz seien, um die Wunden zu heilen. »Das ist ein Zeichen, dass die Welt eigentlich Eins ist«, sagt Tobias Uhlmann später im Interview. »Dass jeder mit jedem kann.« Leider finde ich den jungen Israeli in der Menge seiner Kameraden nicht wieder. Ich hätte ihm gerne einen Abzug des Fotos geschickt.

Eine andere Begegnung ereignet sich – wie viele spätere auch – in der Internationalen Jugendbegegnungsstätte. Dort, zwischen der Stadt Oswiecim und den ehemaligen Lagern, wohnen viele Gruppen, unter anderem aus Polen und Deutschland. Am Abend kommt man zwanglos zusammen und ins Gespräch, wobei ich Andreas Geike kennenlerne. Er arbeitet als Praktikant im Museum und unterstützt mich großartig, weil er viele mögliche Gesprächspartner kennt, mich auf sie hinweist und erste Kontakte anbahnt. An einem Septemberabend erzählt er mir von der Neonazi-Szene in Brandenburg, genauer über die in Guben, der Stadt, in der er aufgewachsen ist und dass sein Engagement gegen die Rechten ihn mit dazu bewegt habe, in Auschwitz ein Praktikum zu machen.

Zwischen September 2006 und August 2007 kommen unterschiedliche Perspektiven zusammen. Ich gliedere sie in sechs Abschnitte: Die Zeitzeugen – Die Multiplikatoren – Das Museum – Die Freiwilligen – Die Besucher – Die Stadt Oswiecim und ihr Umland.

Lassen Sie mich kurz meine Gesprächspartner vorstellen.

Die Zeitzeugen

Im ersten Abschnitt sprechen Zeitzeugen und Überlebende des Holocaust über Auschwitz. Henryk Mandelbaum und Petr Grunfeld überleben das Vernichtungslager Auschwitz-Birkenau. Noach Flug ist in Auschwitz inhaftiert und überlebt in Mauthausen-Ebensee in Österreich.

Noach Flug, Präsident des Internationalen Auschwitz-Komitees und Repräsentant der ehemaligen Verfolgten und Auschwitz-Überlebenden treffe ich an einem Vormittag im Dezember 2006 in Berlin. Er, seine Frau Dorota und ich sitzen zu dritt in ihrem Hotelzimmer. Herr Flug erzählt, dass Auschwitz für die Juden »ein Symbol der Vernichtung« sei. Aus globaler Sicht stehe Auschwitz dafür, was passiere, wenn eine fanatische Gruppe an die Macht komme, sagt er. Er berichtet, wie er als junger Mann überlebt hat. Seine Schilderungen sind schlicht, kein Wort zu viel. An einer Stelle laufen seiner Frau und mir Tränen aus den Augen. Herr Flug, ganz Gentleman, neigt seinen Kopf etwas zur Seite. Ich kann ein Taschentuch suchen und mich sammeln. Dann spricht er weiter, als hätte es nie eine Unterbrechung gegeben.

Henryk Mandelbaum höre ich bei meinem ersten Aufenthalt im Juli 2006. Er hält einen Vortrag an »Meine lieben Leute« über seine Zeit im Sonderkommando. Allen Zuhörern stockt der Atem, als er von seiner Arbeit an und in den Gaskammern im Vernichtungslager Birkenau erzählt. Er ist der letzte polnische Zeitzeuge aus der Todeszone und ich bin dankbar für diese Begegnung. Er hat das Entsetzliche gesehen und erlebt und sagt, dass die jungen Deutschen daran »keine Schuld haben«.

Im September 2006 treffen wir uns wieder. Wenn er vor oder nach seinen Vorträgen etwas Zeit hat, gehen wir manchmal über das Gelände der internationalen Jugendbegegnungsstätte. Wir unterhalten uns darüber, wie man einen Garten pflegt. Auf dem Grundstück der IJBS stehen Apfelbäume mit alten Sorten. Herr Mandelbaum sammelt einige auf und schenkt sie mir. Er stirbt am 17. Juni 2008 nach einer Herzoperation.

Petr Grunfeld interviewe ich nach einem gemeinsamen Besuch in Auschwitz und Birkenau. Er ist als Zeitzeuge mit einer Schülergruppe aus Aschkelon nach Polen gereist, die von Shosh Hirshman begleitet wird. Am Mahnmal in Birkenau bittet er mich, sein Gedenklicht für seine Zwillingsschwester Marta anzuzünden. Am Abend sitzen wir zusammen und er erzählt, wie er als vierjähriger Junge Mitte Mai 1944 mit seiner Mutter und seiner Zwillingsschwester von Theresienstadt nach Birkenau gekommen ist. Die meiste Zeit schaut er auf den Tisch, wenn er spricht. Es scheint anstrengend für ihn zu sein. Er sagt, dass seine Erinnerungen verschwommen seien. Es hätte in Birkenau einen Zeitpunkt gegeben, ab dem könne er sich an nichts mehr erinnern. Das sei, so hätten ihm später Ärzte erklärt, eine Schutzreaktion von Kindern, wenn Erlebnisse zu schrecklich sind.

Am Ende des Gesprächs schenkt er mir ein kleines Buch, in dem der frühere Knesset-Abgeordnete Yossi Sarid seine Geschichte aufgeschrieben hat. Herr Grunfeld signiert mit »Pepiczek«, ein Name aus Kindertagen. Seine Mutter hat ihn so genannt.

Die Multiplikatoren

Im zweiten Abschnitt berichten *Multiplikatoren über ihre Arbeit. Sie begleiten Schüler- oder Erwachsenengruppen bei mehrtägigen Seminaren in Auschwitz und bieten pädagogische und menschliche Unterstützung bei der Verarbeitung der Eindrücke an. In ihren Perspektiven geht es um Auschwitz als Lernort.*

Elsbieta Pasternak arbeitet seit zehn Jahren als Pädagogin in der Internationalen Jugendbegegnungsstätte. Ich glaube, wir stehen uns irgendwann im September 2006 in einer Tür im Weg. Wir lachen, wollen uns gegenseitig den Vortritt lassen und kommen ins Gespräch. Sie hat von meinem Buchprojekt gehört und ein paar Tage später sitzen wir im Garten. Dort erzählt sie engagiert über ihre Arbeit, hauptsächlich mit Schülern und Studenten aus Deutschland. Ihr Ziel sei, dass die Menschen bei ihrer fünf- bis siebentägigen Auseinandersetzung mit Auschwitz nicht depressiv, sondern gestärkt nach Hause fahren: »Der Aufenthalt hier kann eine Bereicherung für das weitere Leben sein.«

Wie schon erwähnt, viele Gesprächspartner treffe ich zufällig. So auch **Shosh Hirshman** aus Tel Aviv. Sie besucht im September 2006 mit einer Schülergruppe aus Israel das Vernichtungslager Birkenau. Ich habe mich einer Schülergruppe aus Saarbrücken angeschlossen. Beide Gruppen begegnen sich auf dem Lagergelände an verschiedenen Stellen, zuletzt in der »Sauna«, wo die jungen Israelis eine Abschlusszeremonie abhalten.

Auf dem Weg zurück zum Ausgang kommen ein Security Guard der Gruppe und ich ins Gespräch. Wir sprechen über die Begegnung der jungen Deutschen und jungen Israelis und dass es schade gewesen sei, dass die Gruppen sich nicht kennengelernt hätten. Er fragt mich, warum ich in Auschwitz sei und ich sage es ihm. »Das wird Frau Hirshman interessieren«, sagt er und gibt mir ihre Handynummer. Einige Stunden später rufe ich sie an. Wir tauschen Mailadressen aus und treffen uns im März 2007 in Krakau wieder. Sie und Petr Grunfeld sind dort als Begleiter einer Schülergruppe aus Aschkelon. Ich darf mich ihnen anschließen.

Auf der Busfahrt von Auschwitz zurück nach Krakau sprechen wir miteinander. Herr Grunfeld schläft in der Sitzreihe hinter uns, die Schüler schauen *Schindlers Liste* (»Den Film sehen sie am liebsten.«). Frau Hirshman erzählt von ihren Eltern und Holocaustüberlebenden und ihrer Arbeit. Seit 1991 fahre sie mehrmals im Jahr mit Schülern oder Erwachsenen nach Polen. Die Besuche der Schüler würden vom israelischen Bildungsministerium finanziell unterstützt werden. Das Programm beinhalte zum Beispiel Besuche in den Vernichtungslagern Treblinka oder Maydanek, Auschwitz und Birkenau. Ziel der Reisen sei, jungen Israelis bewusst zu machen, was passiert ist, als die Juden noch kein eigenes Land hatten.

Auch **Friedbert Fröhlich** begegne ich im September in der Internationalen Jugendbegegnungsstätte. Seine Gruppe fällt mir auf. Die Erwachsenen sind stiller als die anderen, konzentrierter und mehr bei sich. Ich gehe auf ihn zu, wir kommen ins Gespräch. Ein Interview will er mir nicht geben, da »ich zu sehr mit der Gruppe beschäftigt bin«. Aber ich könne ihn in Dresden besuchen. Wir machen einen Termin im November 2006 aus und treffen uns.

Während des Interviews klärt sich mein Eindruck, den ich von der Gruppe gehabt habe. Herr Fröhlich, Superintendent der evangelisch-methodistischen Kirche, arbeitet ganzheitlich, »mit Kopf und Herz«, wie er sagt. Es geht ihm bei der Arbeit mit Auschwitz weniger um historische Fakten. Wichtiger sind ein Erleben des historischen Ortes und eine Auseinandersetzung mit der Opfer- und Täterperspektive. Sein Ziel ist, dass die TeilnehmerInnen lernen, Auschwitz emotional auszuhalten und nicht geschwächt, sondern gestärkt den Ort verlassen.

Bruder Stanislaus spricht über Auschwitz aus der Sicht eines katholischen Mönchs. Er ist Franziskaner Minorit und lebt in Harmeze im Pater Kolbe-Zentrum. Das ist etwa drei Kilometer von Birkenau entfernt.

Dort sprechen wir auf einer Bank im Garten miteinander. Die Sonne scheint, es ist ein wunderbarer Tag. Bruder Stanislaus wirkt sehr bescheiden und zurückhaltend und ich spüre, wie er in seinem Glauben ruht. Manchmal scheint es mir, als sei er sich nicht sicher, ob ich seine Perspektive – die des Gläubigen, für den der Tod nicht das Ende ist – wirklich verstehe. Es geht ihm um Versöhnung und Frieden in der Gegenwart: »Auf der einen Seite«, sagt er, »gibt es in Auschwitz und Birkenau einen schier unendlichen und zu großen Teilen industriellen Tod. Auf der anderen Seite kann dieser Platz heute auch ein Platz der Heilung sein.« Auschwitz sei zudem ein Symbol: »Wir dürfen nicht nur bequem leben. Wir müssen auch etwas machen in unserem Leben.«

Jugendliche aus der rechten Szene, Skinheads, Strafgefangene: Mit ihnen fährt **Werner Nickolai** aus Freiburg nach Auschwitz. Als ich davon höre, ziehen sofort vorurteilig Bilder von glatzköpfigen, jungen Männern in schwarzen Bomberjacken und von »Heil Hitler«-Rufen im Stammlager an meinem inneren Auge vorbei. Dann denke ich, dass Auschwitz als Lernort für Jugendliche aus dem rechten Milieu genau wie für andere ein interessanter Ort sein kann. Ob das so ist, möchte ich von Werner Nickolai wissen. Wir treffen uns im Juli 2007 in Freiburg.

Er habe nur wenig Zeit, sagt er, er müsse noch zum Sport. Ein zierlicher Mann sitzt mir gegenüber, von dem ich den Eindruck habe: Das ist kein Schreibtischprofessor mit praktischer Erfahrung gleich Null. Der weiß, was er macht.

Werner Nickolai erklärt mir zwei Stunden seine Arbeit und Ziele: »Jugendlichen in einer Form Bildung zu vermitteln, auf die sie sich einlassen können.« Die meisten von ihnen hätten die Schule abgebrochen, wüssten nichts über die Nazi-Zeit. Geschichtsbücher würde keiner lesen – aber die Wirkung des Ortes Auschwitz bewirke einiges »und den Zeitzeugen hören sie zu. Wenn ich mit rechtsradikalen Jugendlichen in Auschwitz war«, fasst er zusammen, »kann ich erwarten – und das Ziel wird erreicht! –, dass er der Auschwitz-Lüge keinen Glauben mehr schenkt.«

Tomasz Kuncewicz leitet das Jüdische Zentrum in Oswiecim. Es ist in einer ehemaligen Synagoge untergebracht. Anfang September 2006 erlebe ich das Stadtfest von Oswiecim (auf dem ehemaligen Sportplatz der SS) mit einem sehr gut besuchten Openair-Rock-Konzert und einem kleinen Jahrmarkt mit Autoscooter, Kinderkarussell und »Top Spin« – vielleicht 800 Meter Luftlinie vom Lager Auschwitz entfernt. Ich habe damit Schwierigkeiten: Auschwitz, Rock-Musik und Jahrmarkt – wie geht das, was sagt man im jüdischen Zentrum dazu? Herr Kuncewicz erklärt mir, dass man von den Menschen, die hier leben, nicht erwarten könne, dass sie sich wie auf einem Friedhof verhalten. Solange Respekt und Sensibilität gegenüber Auschwitz da seien, sollten Veranstaltungen wie das Stadtfest akzeptiert werden. Aus heutiger Sicht sei es sicher gut gewesen, wenn die Behörden nach dem Zweiten Weltkrieg das ganze Gebiet zur Ruhezone erklärt hätten. Doch darauf sei damals Niemand gekommen.

Das Museum

Der dritte Abschnitt handelt von Mitarbeitern des »Staatlichen Museums Auschwitz-Birkenau«. Das Museum gibt es seit dem 2. Juli 1947. Heute arbeiten 253 Menschen dort und mehr als 200 Guides führen in 14 Sprachen Besucher durch die Ausstellung.

Teresa Swiebocka arbeitet dort seit mehr als 30 Jahren. Sie ist stellvertretende Direktorin und hat ihr Büro im Museum Auschwitz im Block 11, wo früher die Kantine der SS-Wachmannschaft war. Eine Frau, die sich durchsetzt, ist mein erster Gedanke, als ich sie sehe. Sie erzählt, wie sie als junge Historikerin Schritt für Schritt immer mehr in das Thema Auschwitz hineingezogen wird und schneidet u. a. das Thema Opferzahlen in Auschwitz an. Das Museum habe jahrelang zwischen den Stühlen politischer Propaganda und wissenschaftlicher Forschung gesessen, sagt sie. Laut Propaganda seien vier Millionen Menschen in Auschwitz ermordet worden, wissenschaftlich bewiesen seien derzeit 1,1 Millionen, wie seit Beginn der 1990er Jahre kommuniziert werde. Auch die Betreuung von Besuchern sei nicht einfach: »Sie konfrontieren uns mit ihren sehr gegensätzlichen, oft auch durchaus umstrittenen Formen des Erinnerns, mit verletzten Gefühlen oder Vorurteilen«, sagt sie. Damit umzugehen, ist auch Teil ihrer Arbeit.

Eine der schwierigsten Aufgaben in Auschwitz ist, als »Guide« deutsche Gruppen durch die Ausstellung und über das Gelände zu führen. **Ewa Pasterak** macht das seit vielen Jahren. Wie wir zusammenkommen, weiß ich gar nicht mehr so genau. Irgendwann sitze ich in ihrem Büro und wir sprechen über Auschwitz.

Ich bin überrascht von ihrem Einfühlungsvermögen und davon, mit wie viel

Verständnis sie über Deutsche spricht, die Auschwitz besuchen. Sie formuliert Beobachtungen – gewonnen in jahrelanger Arbeit – und fasst Gefühle von Deutschen in Worte: »Viele von ihnen haben die Courage und fühlen den Schmerz und das Entsetzen und wissen dann nicht wohin mit diesen Emotionen«, sagte sie. »Wohin mit der Wut darüber, dass es passiert ist. Dass sie Deutsche sind und es an ihnen hängt, was vielleicht ihre Urgroßeltern oder Großeltern oder auch Eltern verursacht haben. Die Deutschen leiden hier unter ihrer Geschichte.«

Andrzej Kacorzyk, Leiter des internationalen Bildungszentrums des Museums, treffe ich zufällig nach dem Gespräch mit Frau Swiebocka. Sie stellt mich vor und sagt: »Wenn sie mehr über Auschwitz als Bildungszentrum wissen wollen, müssen sie Herrn Kacorzyk fragen.« Wir verabredeten uns zwischen Tür und Angel für den nächsten Tag.

Herr Kacorzyk wirft neue Ideen auf und skizziert, welche Bedeutung Auschwitz für die Zukunft beigemessen werden könnte. Zurückhaltend und entschlossen sagt er, dass die EU sich finanziell am Museum beteiligen solle. Und er stellt die Frage, ob man nicht hier ein Ausbildungszentrum für Diplomaten aus aller Welt gründen solle. Mit Auschwitz könne man am konkreten Beispiel zeigen, was am Ende falscher Politik stünde.

Die Freiwilligen

Eine große Achtung habe ich vor den jungen Leuten, die sich als Zivildienstleistende, Gedenkdiener, als Freiwillige im Sozialen Jahr oder Praktikanten mit Auschwitz auseinandersetzen. Sie sprechen im vierten Abschnitt über ihre Arbeit mit Auschwitz und ihr Leben in Oswiecim.

Karl Richter-Trümmer ist Zivi aus Österreich. Er arbeitet seit mehr als einem Jahr in der Internationalen Jugendbegegnungsstätte. An seinem letzten Arbeitstag sprechen wir miteinander. Er ist müde und erschöpft. In den letzten Wochen habe er viel arbeiten müssen und seine freien Tage nicht nehmen können, sagt er. Dennoch ist er konzentriert im Gespräch und erzählt von seinen Erfahrungen mit Menschen, die in einer Gruppe Auschwitz besuchten.

Sein Ansporn vom ersten Tag an sei gewesen, Jugendlichen und Erwachsenen etwas mitzugeben: »Ich wollte ihnen zeigen, dass Auschwitz nicht nur Geschichte ist, sondern täglich in irgendeiner Form passiert.« Rassismus werde es vermutlich immer geben und das Einzige, was man dagegen tun könne, sei mit offenen Augen durch die Welt zu gehen und dagegen zu wirken, wo man kann. »In Auschwitz musst du dir über Schuld Gedanken machen, ganz klar«, sagt er. »Und jeder macht sich hier auch darüber Gedanken.« Das Beste sei, dass Schuld letztlich zu Verantwortung nicht für Vergangenes, sondern für heute und jetzt und für das eigene Leben und das von anderen werde.

Jusuf Capalar leistet seinen Zivildienst als Gedenkdiener im Museum. Er kommt auch aus Österreich. Gesammelt und zurückhaltend erzählt er zwei Wochen vor dem Ende seiner Zeit dort über seine Arbeit. Er hat hauptsächlich mit Archivmaterial gearbeitet. So transkribierte er 200 handgeschriebene Seiten des zweiten Auschwitz-Kommandanten Arthur Liebehenschel, der 1948 in Krakau hingerichtet wurde. »Wenn man so seine Briefe und Hefte studiert«, sagt er, »möchte man eigentlich gar nicht glauben, dass er ein Krimineller war.« Als er zum Tode verurteilt wurde, habe er seiner Frau geschrieben, dass er unschuldig sterbe – und dass nach all dem, was hier Schreckliches passiert sei!

Andreas Geike treffe ich auch in der Internationalen Jugendbegegnungsstätte. Er kommt aus Guben und erlebt dort, wie Neonazis 1999 einen Algerier durch die Stadt zu Tode hetzen. Etwa 150 Meter von seinem Elternhaus entfernt, springt der Mann in Panik durch eine Glastür und verblutet im Hausflur. Danach sei ihm klar geworden, dass seine politische Arbeit in der Antifa nicht ganz ungefährlich sei.

Über sein Praktikum und sein Leben in Oswiecim erzählt er eher distanziert. Er habe zum Beispiel bei sich beobachtet, wie sich mit der Zeit Abwehrmechanismen entwickelt hätten. So gehe er zum Beispiel morgens auf dem Weg zur Arbeit immer an der Gaskammer im Stammlager vorbei. Anfangs habe er sich darüber Gedanken gemacht, sagt er. Jetzt sei das nicht mehr so. »Auschwitz ist schon ein hartes Thema«, sagt er, »und es würde einen Menschen überfordern, wenn er sich das, was hier passiert ist, die ganze Zeit vor Augen hält.«

Zu Beginn seines Freiwilligen Sozialen Jahres treffe ich **Tilman Daiger**. Der freundliche, junge Mann hat beschlossen, mit seinem Einser-Abitur und »ausgemustert« nicht gleich mit einem Studium zu beginnen. Er wird ein Jahr im Jüdischen Zentrum in Oswiecim arbeiten. Das finde ich ungewöhnlich und möchte wissen, warum er sich so und nicht anders entschieden hat.

Nach seinem ersten Arbeitstag sprechen wir miteinander. »Ich bin, um es plakativ zu sagen, Teil des Tätervolkes«, sagt er. Sein Urgroßvater mütterlicherseits sei ein Naziverbrecher gewesen. Diese Familiengeschichte sei jedoch kein Grund, eine Art persönlichen Schuld sühnen und tilgen zu wollen. »Für mich ist die familiäre Vergangenheit ein zusätzlicher Antrieb, eine positive Zukunft mitgestalten zu wollen«, sagt er. Das gehe er praktisch an und mache im Jüdischen Zentrum den Anfang.

Die Besucher

Im fünften Abschnitt sprechen Besucher über Auschwitz, die sich innerhalb eines Seminars oder auch mehrtägigen Besuchs mit dem Ort auseinandersetzen.

Avner Shemesh kommt aus Tel Aviv und studiert Jura. Er arbeitet als Security Guard für die israelische Regierung und bewacht Delegationen u. a. von Politikern und Schülern, die ins Ausland und dort vornehmlich nach Polen reisen.

Der Kontakt mit ihm beschränkt sich anfangs darauf, dass er mich kühl anguckt und fragt: »Wer bist du? Woher kommst du?« Auf dem Rückweg nach einem gemeinsamen Besuch in Auschwitz verabreden wir uns für nach dem Abendessen und sprechen kurz miteinander. Es besteht höchste Sicherheitsstufe, keiner darf aus dem Hotel. Er hat wenig Zeit.

Herr Shemesh erzählt, dass er oft mit Delegationen die Vernichtungslager in Polen besuche. Dafür müsse er als Security Guard mit dem Thema Holocaust im Reinen sein. Sonst könne er seinen Job nicht machen. »Wir alle müssen über den Holocaust lernen, damit wir ihn verstehen«, sagt er. »Du darfst ihn dir nicht zum Feind machen.« Und dann sei da noch etwas, was er Studenten und Schülern immer sage: Bittet die Holocaustüberlebenden nicht um Entschuldigung. »Kommt einfach zu uns, **lass uns über Auschwitz sprechen** und versuchen, alles zu tun, damit so etwas nicht wieder passiert.«

In der Internationalen Jugendbegegnungsstätte treffe ich **Laura Fuchs-Eisner** aus Wien. Sie besucht in Oswiecim für ein paar Tage ihre Freundin Sarah, deren Freund dort gerade seinen Zivildienst beginnt. Am Sonnabendabend gehen wir »auf ein Bier« in einen Pub in Oswiecim. Dort diskutieren wir bis spät in die Nacht über Auschwitz und was dieser Ort für die Zukunft bedeutet.

Am nächsten Tag treffen wir uns zum Gespräch. Der Auschwitz-Besuch sei für sie schwierig gewesen, sagt sie. Die Leute im Museum, die Unruhe. Viele hätten geweint. Sie habe es nicht fassen können. Immer wieder fehlen

ihr die Worte und sie schaut in den Garten. Irgendetwas scheint sie zu bedrük-
ken. Dann findet sie Sätze dafür. Österreich stünde kurz vor den Wahlen und
sie empfinde es als beängstigend, wie Politiker mit »Ausländer-raus!«-Parolen
Wahlkampf machen. Das sei dem Geschrei aus den 1930er Jahren ähnlich und
»ich finde das so gefährlich«.

Guillaume Carle Renoux studiert in Paris Fotografie und Videokunst und
reist allein durch Polen. In Oswiecim macht er für ein paar Tage Station. Das
Museum Auschwitz hat er ohne Führung besucht. Die vielen Menschen hätten
ihn irritiert und er sei fassungslos gewesen, dass einige in die Gaskammer im
Stammlager hineingegangen wären, als sei das etwas vollkommen Alltägliches.
»Während meines Besuchs im Lager spürte ich Distanz, so als wäre ich gar nicht
in Auschwitz«, sagt er. »Ich empfand es wie eine Kopie und es war schwierig
für mich, mir nur ein bisschen die Realität des Lagers vorzustellen.« Aus der
Sicht des Künstlers bringt er einen weiteren Aspekt in seine Betrachtung, der
ungewöhnlich ist: Wenn man genau hinschaue, sehe man in Auschwitz eine
Kreativität des Bösen, sagt er und sieht einen Zusammenhang mit dem Verbrechen des »11. September«.

Tobias Uhlmann ist Mitglied einer Schülergruppe aus Meißen. Herr Jäckel,
der Leiter der Gruppe, erlaubt mir, die Schüler bei ihrem Besuch in Birkenau zu
begleiten. Es ist der 13. September 2006. 64 Jahre zuvor bombardieren Mili-
tärflieger das Lager, zerstören einige Gebäude der SS und machen Luftaufnah-
men.

Nach der Besichtigung versammeln sich alle Schüler am Mahnmal zu einer
Zeremonie: Zwei Schüler sprechen einen Text, legen einen Kranz nieder und
alle schweigen eine Minute. Danach kommt es zur bereits geschilderten Begegnung mit dem israelischen Soldaten.

Abends sitzen Tobias Uhlmann und ich zusammen. Er sei müde und brauche noch viel Zeit, um all die Eindrücke verarbeiten zu können. Er berichtet von
den Vorbereitungen für das mehrtägige Seminar und seiner Begegnung mit
Herrn Mandelbaum, die ihn glücklich gemacht habe. Wir kommen auch auf die
Begegnung am Nachmittag zu sprechen. »Kontakt ist wichtig«, sagt er. »Und
speziell – über dieses Thema reden, ist das Allerwichtigste.«

Amir, **Or** und **Amit**, Schüler aus Aschkelon, gehören zur Gruppe, die Shosh
Hirshmann in Polen begleitet. Am Abend vor unserem gemeinsamen Besuch in
Auschwitz und Birkenau spreche ich mit Gila, ihrer Klassenlehrerin, und frage

sie, wen sie sich als Interviewpartner für mich vorstellen könne. Sie wählt spontan Amir und Or aus und wir lernen uns kennen. Etwas abseits von uns steht ein großer, schlaksiger junger Mann. Or sagt, dass »er, Amit«, auch gerne, wenn es geht, mit mir reden wolle. Ich freue mich, »selbstverständlich geht das« und wir vier verabreden uns für den nächsten Tag. Abends sitzen die Schüler und ich in meinem Pensionszimmer.

Das Interview gestaltet sich schwierig. Keiner sagt etwas. Die frischen Eindrücke des Tages von Auschwitz und Birkenau liegen zwischen ihnen, den jungen Israelis, und mir, der Deutschen. Es ist schwierig. Mir kommt meine Zeit in einem Kibbuz, der in der Nähe von Aschkelon liegt, in den Sinn. Davon erzähle ich. Als der Name Mefalsim fällt, schaut Amit mich überrascht an: »Den kenne ich auch«, sagt er. »Ich habe dort, bis ich 16 war, mit meiner Familie gewohnt.« Ein Lächeln huscht über sein ernstes Gesicht. Das konnte gerade mal nicht wahr sein. Dann geht es los: das Freibad, der Essaal, der Kuhstall – in dem er gearbeitet hat – es hätte so weitergehen können. Kann es aber nicht, denn Amir und Or sind ungeduldig. Sie sind nicht gekommen, um Geschichten aus dem Kibbuz zu hören und wir fangen mit dem Interview an.

Die Stadt Oswiecim und ihr Umland

*Vielen Besuchern von Auschwitz entgeht, dass in unmittelbarer Nähe zu den Lagern die 800 Jahre alte Stadt **Oswiecim** liegt. In ihr und den umliegenden Gemeinden leben heute etwa 58.000 Menschen.*

Alexander Nitka ist einer von ihnen. Der junge, freundliche Student ist in Monowitz aufgewachsen, ein Ort, der bis zur Befreiung am 27. Januar 1945 auch »Auschwitz III« hieß. Bei unserem Gespräch trägt er seinen linken Arm in Gips. »Ist vorgestern beim Radfahren passiert«, sagt er verlegen.

Dann berichtet er über Auschwitz aus der Sicht eines Einheimischen. Als Leistungssportler habe er an polnischen Schwimmwettkämpfen teilgenommen und sei wegen seiner Herkunft gehänselt worden. Andere Sportler hätten ihn und das Team zynisch von der Seite angequatscht, dass sie dafür, dass sie aus Auschwitz kämen, ja noch recht gut aussähen und ob sie die Seifenfabrik da noch hätten. »Das hat mir manchmal weh getan.« Fast allen Einwohnern aus Oswiecim ginge das so. »Es ist schwierig, in dieser Stadt Optimist zu sein«, sagt er. »Da ist immer die Frage, wie man in angemessener Weise der Opfer der Todeslager gedenkt. Wir müssen eine Koexistenz finden.« Und das sei schwierig, weil es keine Stadt wie diese auf der Welt gäbe, an der man sich orientieren könne.

Dem Bürgermeister von Oswiecim, **Janusz Marszalek**, sind Diskriminierung und Vorurteile sehr geläufig. Wir sprechen in seinem Büro, das in der Altstadt von Oswiecim liegt, miteinander. »Leider produziert der Begriff Auschwitz bei Politikern, Journalisten und so vielen Menschen auf der Welt Reflexe mit immer gleichen Bildern, Meinungen, Einstellungen und Gefühlen«, sagt er. Auf eine ruhige und keinen Widerspruch zulassende Art stellt er klar: »Auschwitz ist nicht Oswiecim.« Auschwitz sei das Gelände des Museums bis zur Mauer oder dem Zaun plus eine künstliche Schutzzone von 100 Metern. Danach beginne Oswiecim. Sorgfältig mit den Begriffen umgehen und trennen zwischen dem was war und dem was ist sei wichtig, »damit sich nicht aus Unachtsamkeit Adolf Hitler nach über 60 Jahren immer noch rächen kann«.

Anna und **Adam Wojdyla** leben seit ihrer Geburt in Oswiecim. Wegen der Arbeit in der chemischen Fabrik – in Monowitz –, die von Häftlingen aufgebaut wurde, sind ihre Eltern nach dem Krieg nach Oswiecim gezogen. Die Wohnung von Anna und Adam Wojdyla liegt etwa drei Kilometer vom Stammlager entfernt. »Es war immer schwer, in der Nähe der Lager zu leben«, sagen beide. »Oft denke ich für Wochen oder Monate gar nicht daran, dass die Lager so nah sind und es ist mir nicht bewusst, dass ich in der Nähe eines früheren Todeslagers lebe und arbeite«, sagt Anna Wojdyla. »Die Erinnerung kommt erst wieder, wenn etwas Besonderes passiert.« Beide würden gerne wegziehen, doch die familiären Bindungen zählen sehr viel und halten sie davon ab.

Viele Leute aus Oswiecim ziehen nach Krakau. Dort studiert **Karolina Zamarlik**. Sie kommt aus dem kleinen Dorf Gorzow und ist in Oswiecim bis zum Abitur zur Schule gegangen. Irgendwie sei man gezeichnet, wenn man aus Oswiecim käme, sagt sie. Viele seien überrascht, dass es hier ein ganz normales Leben mit vielen Geschäften gäbe und sie in die Disco gehe: »Ich meine, es gibt ja auch verschiedene Orte, wo man sich trifft, wenn man verliebt ist.«

Lass uns über Auschwitz sprechen

Das 20. Jahrhundert mit seinen totalitären Systemen Nationalsozialismus, Faschismus und Kommunismus steht für systematische Menschenrechtsverletzungen, Terror, Gewalt, Mord und Krieg – es steht für menschliches Versagen und Schuld. Für das Ende dieser Systeme steht das 20. Jahrhundert ebenfalls – und für Menschen, die für das menschliche Erbe ihrer Eltern, Großeltern und Urgroßeltern Schritt für Schritt Verantwortung übernehmen. Sie bemühen sich vielfältig darum, aus der Geschichte zu lernen und gemeinsam Wege der Versöhnung mit Hilfe von Erinnerung und Gedenken zu gehen. Das setzt sich heute, im 21. Jahrhundert, weiter fort. Auschwitz als Gedenkstätte – Museum – Friedhof und mehr und mehr auch als Bildungszentrum trägt dazu bei.

Hamburg/Berlin, im Januar 2009
Bettina Schaefer

Die

Zeitzeugen

Auschwitz steht heute dafür, was passiert, wenn eine fanatische, verrückte Gruppe die Macht bekommt

Noach Flug

81 Jahre
(Präsident des Internationalen
Auschwitz Komitees, IAK)

Nach dem Krieg habe ich das Abitur gemacht, studierte Ökonomie und arbeitete in meinem Beruf. Ich gründete eine Familie und 1958 wanderte ich mit meiner Frau und meinen zwei Töchtern nach Israel aus. Ich lebe in Jerusalem. Als Diplomat und Konsul für Wirtschaftsangelegenheiten war ich erst in der Schweiz und später als Wirtschaftsattaché in Bonn beschäftigt. 1987 ging ich in Pension und seitdem arbeite ich als Repräsentant der ehemaligen Verfolgten und Auschwitz-Überlebenden.

Die Juden sind ein Volk der Opfer. Es gab in Europa vor dem Zweiten Weltkrieg neun Millionen Juden. Sechs Millionen wurden ermordet. Zwei Millionen flüchteten, hauptsächlich in die Sowjetunion. Eine Million Juden überlebten in Ländern, in denen Hitler es nicht schaffte, sie von dort zu verschleppen und zu ermorden, zum Beispiel in Bulgarien, Südfrankreich oder Nordafrika.[1] Man kann sagen, dass Hitler den Zweiten Weltkrieg verlor. Aber im Krieg mit den Juden siegte er. Er ermordete das europäische Judentum.

In den letzten Jahren hat man langsam angefangen, über den Raub von Hab und Gut dieser neun Millionen Menschen zu sprechen. Es begann mit den

---

[1]   Zu der Zahl der jüdischen Opfer siehe: Wolfgang Benz (Hg.), Dimension des Völkermords. Die Zahl der jüdischen Opfer des Nationalsozialismus, München 1991.

schweizerischen Banken und Bankkonten und später ging die Diskussion nach Frankreich, Norwegen und Belgien über. Es ist noch nicht alles erledigt. Besonders in Osteuropa haben die Menschen nicht geraubt, sondern sie »nahmen Dinge in Besitz«, die ihnen nicht gehörten. Heute wohnen in vielen ehemals jüdischen Wohnungen oder Häusern Polen, Rumänen oder Tschechen. Nicht alles wurde zurückgegeben. Das ist ein Problem und ein Thema, das noch teilweise offen ist.

Auschwitz und die Stadt Oswiecim – das sind zwei ganz verschiedene Dinge. Oswiecim ist eine Stadt, die seit 800 Jahren bis heute existiert. Vor dem Krieg war die Hälfte der Bevölkerung jüdisch. Juden und Polen und Deutsche lebten dort gut zusammen. Zwischen Stadt und KZ gab es keine gewachsene Verbindung. Man sagt bis heute, dass die Stadt Oswiecim und Auschwitz dasselbe seien. Das ist falsch. Es sind zwei grundsätzlich unterschiedliche Orte.

Mit dem Beginn der Besatzung von Polen wurde das polnische Oswiecim in Auschwitz übersetzt. Außerhalb der Stadt bauten die Nazis als deutsche Besatzungsmacht in vormaligen Kasernen, die nichts mit der Stadt zu tun hatten, ein KZ auf. Es war ein deutsches KZ auf polnischem Boden. Wahrscheinlich wurde es dort wegen der guten Bahnverbindungen angesiedelt. Ich hätte fast gesagt, dass man die Leute billig und effizient dorthin bringen konnte.

Auschwitz ist für uns Juden ein Symbol der Vernichtung. Dort wurden auf einem industriellen Weg mehr als eine Million der europäischen Juden vergast. Es gab noch ein paar solcher Vernichtungsorte: Maydanek, Treblinka, Belzec, Sobibor und Kulmhof. Auschwitz ist das Symbol für alle Vernichtungsstätten.

Das KZ Auschwitz hatte zwei verschiedene Funktionen. Zunächst war es ein normales KZ wie Buchenwald und Dachau, Neuengamme, Sachsenhausen oder Ravensbrück. Am Anfang wurden dort hauptsächlich Polen inhaftiert: Polen, die politisch gegen Deutschland kämpften, Polen aus der Intelligenz oder Polen, die häufig mehr oder minder willkürlich nach Auschwitz geschickt wurden. Dieses KZ existierte von 1940 bis 1942. Ab 1942 wurde Auschwitz zum Vernichtungslager, dessen Zentrum in Birkenau lag. Anfangs vergaste die SS dort russische Gefangene, Zigeuner und manch andere. Später wurden hauptsächlich Juden aus ganz Europa dort ermordet. Auschwitz ist der größte Friedhof des europäischen Judentums.

Doch nicht nur Juden haben in den Lagern gelitten und wurden ermordet. Ich wurde im KZ Mauthausen-Ebensee befreit. Dort konnte man es sehr, sehr klar sehen: In diesem Lager waren Menschen aus 20 Nationen inhaftiert und die Juden eine kleine Minderheit. Von 20.000 Häftlingen waren bei Kriegsende 1.500, vielleicht 2.000 Juden.[2] Die Mehrheit waren Polen und Ukrainer, Jugoslawen und Franzosen, Deutsche und Österreicher und so weiter. In Mauthausen-Ebensee konnte man sehen, dass Deutschland die ganze europäische Welt unterdrückt hatte.

Heute sehen die Juden Auschwitz als Symbol des Bösen. Als das Dunkelste und das Tiefste, was in der Geschichte der Menschheit geschehen ist. Kinder und Greise und Leute, die keine »Schuld« in dem Sinn hatten, den unser Verstand als Schuld anerkennt, wurden dort ermordet, einfach, weil sie als Juden geboren waren.

Auschwitz ist heute auch ein Zeichen dafür, zu was es führen kann, wenn man verrückte oder unmenschliche Ideen umsetzt. In Deutschland begann das Morden nicht mit den Juden. Es fing an mit der verrückten Idee, es gäbe so etwas wie »unwertes Leben«. Man tötete Menschen, weil sie behindert oder krank waren. Danach wurden politische Gegner gemordet, dann die Juden und später die Zigeuner. Die slawische Bevölkerung betrachteten die Nazis als Untermenschen, die Juden als Unmenschen. Ich glaube, der deutsche Widerstandskämpfer Carl Goerdeler hat gesagt, es habe mit den Kommunisten angefangen, dann seien die Juden dran gewesen. Dann ging es weiter und weiter. Und ich glaube, um das zu verstehen, ist es wichtig, dass sich die Leute Auschwitz anschauen.

In Deutschland gab es nach dem Krieg Gedanken darüber, was gewesen wäre, wenn die Deutschen die Juden nicht verfolgt und getötet hätten. Ein Ergebnis war, dass Einstein und die berühmten Physiker vermutlich in Deutschland die Atombombe entwickelt hätten. Hätte Hitler die gehabt, wäre die Losung: »Heute gehört uns Deutschland und morgen die ganze Welt« sehr wohl möglich gewesen.

---

2   Zur Zusammensetzung der Häftlinge in Ebensee siehe: Florian Freund, Häftlingskategorien und Sterblichkeit in einem Außenlager des KZ Mauthausen, in: Ulrich Herbert/Karin Orth/Christoph Dieckmann (Hg.), Die nationalsozialistischen Konzentrationslager – Entwicklung und Struktur, Bd. 2, Göttingen 1998, S. 874-886. Freund gibt den Anteil der jüdischen Häftlinge mit über 30 Prozent an; insgesamt waren in Ebensee 8.000 Juden, davon starben 3.000, das heißt, bei Kriegsende lebten dort etwa 5.000 jüdische Häftlinge.

Wenn heute die jüdische Jugend, Schüler und junge Soldaten, nach Auschwitz kommt, ist deren normale Reaktion: Unser Volk konnte man morden, weil wir kein Land und kein Militär hatten. Niemand verteidigte uns. Sie ziehen die Konsequenz daraus, dass es wichtig sei, ein eigenes Land, Militär und vielleicht auch die Atombombe zu haben, damit das nicht wieder passieren kann.

Die jüdischen Besucher sehen auch, wie manchmal eine kleine Gruppe, die organisiert ist und Gewehre hat, Tausende von Menschen hinter Stacheldraht halten, sie ermorden, quälen und vernichten kann. Selbst eine große Menge Menschen kann nichts machen.

Am Anfang, nach dem Zweiten Weltkrieg, gab es in Israel die Meinung, dass die Juden wie »Schafe zur Schlachtbank« gegangen seien. Später hat man verstanden, wie dieser Eindruck entstehen konnte: Millionen deutscher Soldaten, die im Krieg brav gekämpft hatten, konnten als sowjetische Kriegsgefangene in deren Lagern ebenfalls nichts machen. Es gab keinen Aufstand.[3] Hinter Stacheldraht, mit Leuten davor, die Gewehre hatten und schossen, wenn sich jemand dem Zaun näherte – hinter Stacheldraht, ohne Verpflegung, in der Kälte,

[3]   Bisher ist kein Aufstandsversuch bekannt, die Zahl der Fluchtversuche ging nach 1943 rapide zurück; Andreas Hilger, Deutsche Kriegsgefangene in der Sowjetunion 1941-1956, Essen 2000.

ohne Medizin gibt es keine Gegenwehr mehr. Dieses Phänomen habe ich selbst erlebt. Ich sagte, dass ich in Ebensee befreit wurde. Am 5. Mai 1945 verließ die SS das Lager. Am 6. Mai kamen die Amerikaner. Einen Tag lang lag die Macht in den Händen der internationalen Untergrundorganisation des Lagers. Sie fällte 52 Todesurteile: Kapos und Leute des Sonderkommandos, Leute, die mit der SS und für die SS gearbeitet hatten – man hat alle getötet.[4]

Später suchten die Amerikaner mit Hilfe ehemaliger Häftlinge SS-Leute, fanden sie und inhaftierten sie in den Baracken, in denen wir vorher leben mussten. Ich hatte die Gelegenheit hinzugehen. Jetzt stellten überlebende Häftlinge die SS-Leute zum Appell auf. Sie mussten Toiletten reinigen. Sie schleppten Fässer mit Dreck auf den Schultern. Sie mussten gehen und singen und wurden geschlagen. Die Amerikaner waren sehr, sehr – ich würde fast sagen zu fair. Nach ein paar Wochen kam ein Erlass vom Kommandanten, dass kein ehemaliger Häftling mehr ins Lager dürfe, um die SS-Männer zu quälen.[5]

Ich habe viel darüber nachgedacht, ob ein Jude oder ein KZler nur von jemandem gerettet werden konnte, der Macht hatte. Ich war ab September 1944 in einem Nebenlager von Groß-Rosen inhaftiert. Wir bauten dort im Kreis Glatz in den Sudeten eine unterirdische Stadt mit 27.000 Wohnungen. Weil Ostpreußen geräumt werden musste, plante Hitler dort die Hauptquartiere der Wehrmacht, der SS und anderer Stäbe.[6] Ich habe dort in unterirdischen Stollen gearbeitet. Damals war ich 18, 19 Jahre alt. Als wir einmal von der Arbeit ins Lager kamen, suchte der Kommandant zufällig vier junge Leute heraus. Er sagte: »Wartet hier.« Dann kam ein Herr, er wurde Hauptbauführer genannt und war – ich weiß nicht den Rang – bei der Organisation Todt. Er war der Chef der Bauleitung. Er sprach mit den vier jungen Leuten und sah, dass ich Deutsch sprach und verstand. »Den will ich«, sagte er zum Kommandanten. Der sagte zu mir: »Morgen arbeitest Du im Büro.« Ich habe mich sauber gemacht, bekam neue

---

4   Zur Lynchjustiz siehe: Florian Freund, Arbeitslager Zement. Das Konzentrationslager Ebensee und die Raketenrüstung, Wien 1989, S. 419-422.

5   In der grundlegenden Studie zu Ebensee von Florian Freund wird das zwar nicht erwähnt, aber die anderen Angaben Flugs haben sich als richtig erwiesen. Man kann das auch für dieses Ereignis annehmen.

6   Zu den KZ des Bauvorhabens »Riese« siehe: Dorota Sula, Wüstegiersdorf/Tannhausen, in: Wolfgang Benz/Barbara Distel (Hg.), Der Ort des Terrors. Geschichte der nationalsozialistischen Konzentrationslager, Bd. 6: Natzweiler, Groß-Rosen, Stutthof, München 2007, S. 461-467.

Kleidung und arbeitete im Büro der Organisation Todt als Hilfe und Läufer. Ich brachte Kohlen, holte Wasser, machte Feuer, kochte Kaffee. Ich muss sagen, ich saß dort im Büro und stand zur Verfügung.

Im Büro arbeitete auch die Sekretärin des Hauptbauleiters Bruno Knoblich. Sie hieß Fräulein Müller und war vielleicht ein Jahr älter als ich – eine ganz, ganz junge Frau. Sie fragte mich, wie denn mein verehrter Name sei. Das war seit 1939 das erste Mal, dass ich von einer Deutschen nach meinem Namen gefragt wurde. Bis dahin war ich nur eine Nummer gewesen. Ich sagte: »Ich heiße Flug.« Jeden Morgen brachte sie für mich ein Paket mit Frühstück mit und sagte: »Das ist für Sie.« Ich habe von diesem Fräulein Müller jeden Morgen eine Semmel oder auch zwei Semmeln bekommen. Wenn ich Essen für den Hauptbauleiter und für die anderen brachte, dann bekam ich in der SS-Küche auch für mich einen Teller: Ich bekam zu essen. Ich war in der Wärme. Innerhalb von ein paar Monaten wurde ich von einem Fast-Muselmann zu einem Menschen mit normalem Gewicht. Die neue Arbeit änderte meine persönliche Lage unglaublich.

Einmal sagte mir der Chef: »Geh doch in mein Zimmer, trink Wasser und mach das Feuer an.« Das war, glaube ich, im Januar 1945. Man hörte in der Ferne schon die russische Artillerie. Ich ging in sein Arbeitszimmer und sah dort ein Radio. Ich wollte wissen: Was war los? und stellte das Radio an. Ich wollte hören. Und da war Deutschland. Ich wusste, dass es auch andere Kanäle gab. Ich wollte Polen hören. Da habe ich ein bisschen gesucht, dann hörte ich Schritte und machte das Radio aus. Herr Knoblich, der nach mir das Radio anstellte, sah, dass der Sender nicht auf dem Platz stand, auf dem er vorher war. Am nächsten Tag sagte er zu Fräulein Müller, sie solle mir sagen, dass ich mich um genau zehn Uhr bei ihm zu melden hätte. Ich war aufgeregt. Ich wusste nicht genau, um was es ging. Ich kam rein und er sagte zu mir: »Du bist ein kleiner, blöder Hund. Wäre ich ein anderer, hätte ich Dich erschossen. Hitler hat den Krieg verloren. Die Mehrheit der Deinen wurde ermordet. Du hast eine Chance zu überleben. Mach keine Dummheiten. Er zog die Pistole aus dem Halfter und sagte: Ich kann Dich erschießen. Und jetzt: Raus! Ich habe dort weitergearbeitet, bis das Lager geräumt wurde und wir auf den Todesmarsch mussten.

Was ich damit sagen will: Einerseits war da ein Fräulein Müller, die mir Frühstück mitbrachte. Andererseits gab es dort einen Hauptbauleiter der Organisation Todt, der mich hätte erschießen können und es nicht tat. Wie gesagt:

Ich überlege immer wieder, ob ich ihretwegen überlebt habe oder ob ich auch ohne sie eine Chance gehabt hätte. Ich weiß es bis heute nicht.

Auch die SS-Männer waren unterschiedlich. Es gab zum Beispiel einen »Gingie«, einen Rothaarigen. Mit ihm sprachen die Häftlinge und sagten: »Ihr Deutschen habt den Krieg verloren.« Er hörte zu und hat mit den Leuten diskutiert.

Wir arbeiteten zum Beispiel manchmal in einem Kommando im Wald. Bei uns war ein griechischer Jude, der konnte Hokuspokus machen, konnte zaubern. Die zwei SS-Leute, die mit uns im Wald waren, wussten das und forderten den Griechen auf: »Nu, mach doch!« Und dann saßen die Häftlinge und die SS-Leute zusammen und er zauberte. Daran haben wir gesehen, dass dies andere SS-Menschen waren.

Diese waren SS und jene waren SS. Und sie waren verschieden. Es gab welche, die nur schlugen und töteten. Das wussten wir. Wir Häftlinge spürten den Unterschied zwischen einem Menschen und einem Mörder. Und die große Mehrheit waren Mörder, die jeden, der ihnen in die Quere kam, schlugen. Und es gab einzelne wie Bruno Knoblich.

Auch in den KZs gab es solche wie ihn. Zum Beispiel in einem Nebenlager von Groß-Rosen, in Falkenberg-Eule, war ein älterer Wehrmachtsoffizier Kommandant. Der hatte seinen Leuten gesagt: »Tötet nicht.«[7]

Ich meine – in allen Lagern war es schlecht. Es gab wenig zu essen. Es gab keine Medikamente. Man konnte sich nicht waschen. Überall waren Läuse. Es war schrecklich. Trotzdem gab es Unterschiede. Im KZ Falkenberg-Eule sind während des halben Jahres, in dem ich dort war, vielleicht zehn, zwölf Leute von 600 gestorben. In Ebensee wurden jede Woche 500 Menschen ermordet oder starben.

Herrn Knoblich hätte ich gerne nach dem Krieg wieder getroffen. Als ich das erste Mal nach 1945 in Berlin war, suchte ich ihn überall. Das Einzige, was ich wusste, war, dass er nach dem Krieg als hochrangiger Bankangestellter arbeitete. Alle Knoblichs aus dem Berliner Telefonbuch schrieb ich an. Aber niemand antwortete mir. Als ich in Bonn in der Botschaft arbeitete, suchte ich in

---

[7]   Die Identität dieses Kommandanten ist unklar. Zunächst war ein 55-jähriger SS-Unterscharführer Lagerführer, dann ein Mann, den die Häftlinge »Kalbsauge« nannten. Siehe zum Außenlager Falkenberg: Dorota Sula, Falkenberg (Sokolec), in: ebenda, S. 287-289.

einer Kartei nach ihm. Die Kartei hatten die Amerikaner angelegt und in ihr wurden alle Wehrmachtsangehörigen geführt. Ich fand ihn nicht. Er war weg. Heute wäre der Mann schon über 100 Jahre alt. Damals war er zweimal so alt wie ich. Und Fräulein Müller gab es so viele. Sie hat wahrscheinlich geheiratet.

Heute nach Deutschland zu kommen, fällt mir nicht schwer. Ich treffe Deutsche; ich habe deutsche Freunde. Schauen Sie, ich stamme aus Lodz. In Lodz war ein Viertel der Bevölkerung Deutsche. Ein großer Teil waren Nationalsozialisten, andere waren Sozialdemokraten oder Kommunisten.

Ich will Ihnen etwas Interessantes erzählen: Die ersten sechs Menschen, die man dort am siebten Tag der deutschen Besatzung auf dem jüdischen Friedhof erschoss – vorher mussten sie alleine ihr Grab ausheben –, waren Deutsche, die gegen das Hitler-Regime waren. Unter ihnen war der Sohn eines großen deutschen Unternehmers der Stadt, Herr Grohmann. Sein Sohn musste sterben, weil er Kapitän in der polnischen Armee war. Und zwei Priester und ein Bischof wurden erschossen.

Ich will Ihnen auch sagen, dass der erste Bürgermeister der Stadt Lodz nach dem Krieg, er hieß Alexander Burskie, Deutscher war. Unter seinem authentischen Namen Adolf Hellmann war er vor dem Krieg Sekretär der kommunistischen Jugend in Lodz gewesen. Er hatte die Volksliste[8] nicht angenommen und sich damit nicht zum Deutschtum bekannt. Stattdessen ging er in den polnischen Untergrund und änderte seinen Namen in Alexander Burskie. Später wurde er Generalsekretär der Gewerkschaft und Minister.

Ich traf nach dem Krieg in Lodz viele Deutsche, die wie ich im KZ gewesen oder im Untergrund gearbeitet oder die Volksliste nicht angenommen hatten. Auch in den KZs habe ich Deutsche getroffen. Die waren KZler, so wie mein Vorgänger des Internationalen Auschwitz Komitees, Kurt Hacker.[9] Er war kein

---

[8]   Damit ist die Deutsche Volksliste gemeint, die den Erwerb der deutschen Staatsangehörigkeit regelte. Polnische Staatsangehörige deutscher Abstammung wurden seit 1941 in vier Gruppen der Deutschen Volksliste eingestuft, die jeweils mit unterschiedlichen Rechten verbunden waren. In die ersten beiden Gruppen wurden Menschen aufgenommen, die deutscher Abstammung waren und ihr »Deutschtum bewahrt« hatten. Sie erhielten die deutsche Staatsbürgerschaft und durften der NSDAP beitreten. Die dritte Gruppe umfasste die Personen, die ihre deutsche Herkunft und Gesinnung nachweisen konnten, aber »Bindungen zum Polentum« hatten. In der letzten Gruppe befanden sich die »polonisierten Deutschen«, denen die deutsche Staatsbürgerschaft auf Widerruf in Aussicht gestellt wurde.

[9]   Kurt Hacker (1920-2001) wurde in Wien geboren und wuchs in einer sozialistischen

Jude. Er war Österreicher und als Geheimrat im Geheimdienst tätig. Als Soldat in der deutschen Armee hatte er in Brüssel Flugblätter gegen Hitler verteilt. Als er inhaftiert und zum Tode verurteilt wurde, war er 19 Jahre alt. Sein Vater und sein Großvater, beides deutsche Offiziere, kamen von der Front und wollten den 19-Jährigen Buben selbst töten. Doch man begnadigte ihn und er wurde als deutscher, politischer Häftling nach Auschwitz geschickt. Dort war er drei Jahre und überlebte.

Aber zurück nach Lodz: Leider war es so, dass der größte Teil der Bevölkerung von Lodz für Hitler war und mit ihm zusammengearbeitet hat. Ein paar Tage nach dem Beginn der deutschen Besatzung marschierte die Mehrheit der Jugendlichen mit Hakenkreuzfahnen herum. Sie holten die Juden aus ihren Häusern. Sie zogen sie, wenn sie für Brot anstanden, aus den Warteschlangen heraus und zwangen sie zur Arbeit. Dann gab es einen Teil, der war ideologisch und politisch gegen Hitler, und es gab vermutlich einen Teil, der passiv war.

Mein Vater hatte in Lodz einen deutschen Kompagnon, Herrn Bruno Weiß. Zusammen führten sie ein Geschäft. Der Mann war ein sehr, sehr guter Freund meines Vaters und unserer Familie. Nach dem Beginn der deutschen Besatzung – ich kann mich gut daran erinnern – kam er zu uns nach Hause und sagte meinen Eltern: »Flieht doch aus Lodz. Es wird nicht gut sein für die Juden. Bleibt nicht hier.« Als wir im Ghetto waren, schickte er uns Päckchen und half uns soviel er konnte. Nach dem Krieg habe ich ihn gesucht, weil er ein naher Freund meines Vaters war. Ich war bei der polnischen Polizei und fragte dort: »Wisst ihr, was mit Herrn Bruno Weiß passiert ist?« Sie wussten alles. Sie hatten alle Dokumente. Sie sagten: »Ja, im Oktober oder November 1943 wurde er Parteimitglied und ist mit den Deutschen im Januar 1945 geflohen.«

Ich habe später weiter nach ihm gesucht. Als ich noch in Polen lebte, konn-

---

Familie auf. Als Dolmetscher in der Wehrmachtsgarnison in Brüssel stationiert, verteilte er die antifaschistische Zeitung »Der Soldat im Westen«. Hacker wurde verhaftet und wegen seines Alters nicht zum Tode, sondern zu Zuchthaus verurteilt. Nach längerer Zuchthaushaft wurde er nach Auschwitz verschleppt, er erhielt die Häftlingsnummer 130029. Mitte Januar 1945 gelang Hacker die Flucht. Als Angehöriger der österreichischen Staatspolizei fahndete er nach dem Krieg nach Kriegsverbrechern, war nach einem Jurastudium Polizeijurist in Wien und absolvierte nach seiner Pensionierung 1986 ein Geschichtsstudium. Bis zu seinem Tod 2001 war Kurt Hacker Präsident des Internationalen Auschwitz Komitees. Die Angaben zu seinem Vater und Großvater ließen sich nicht nachprüfen.

te ich nicht nach Deutschland. Nachdem ich nach Israel emigriert war, schrieb ich an die Lodzer Landsmannschaft in Köln und die gaben mir seine Adresse. Ich bin da hin und mir wurde gesagt: Ja, hier habe ein Ehepaar Weiß gelebt. Seine Frau sei vor ihm gestorben. Er sei auch tot. Kinder gäbe es keine.

Nein, es fällt mir nicht schwer, nach Deutschland zu kommen. Trotz allem. Ich bin nicht wütend. Ich bin nicht traurig. Ich bemühe mich, alles ein bisschen aus der Distanz anzuschauen. Eines verstehe ich bis heute nicht ganz: wie ein kultiviertes Volk wie die Deutschen zu Auschwitz und allem, wofür dieser Ort steht, fähig war. Bis heute, das muss ich sagen, ist mir das nicht ganz verständlich. Wie konnte es passieren, dass eine Nazi-Partei mit so einem Programm später, als sie schon an der Macht waren, bei Wahlen 80, 90 Prozent bekamen?[10] Wie konnten Kommunisten, Sozialdemokraten und Christen, die gegen Hitler waren, so schnell liquidiert werden? Wie Hitler das schaffte, ist für mich bis heute, muss ich sagen, unverständlich. Aber ich weiß, dass es so war.

Leider konnten sich die Deutschen nicht alleine befreien. 1944 – das Stauffenberg-Attentat – das war spät und gelang nicht. Deutschland musste erst von den Großmächten besiegt werden, um eine neue demokratische Ordnung zu bekommen.

Die Demokratie als Staatsform hat nicht immer die Mittel, um zu verhindern, dass eine diktatorische, faschistische Partei die Macht erobert und behält oder eine populistische Partei mit falschen Losungen die Mehrheit bekommt und dann die Demokratie abschafft. Es ist klar, dass man auch in der Demokratie Menschen manipulieren kann. Das sieht man heute in anderen Ländern.

Und dafür steht Auschwitz heute: was passiert, wenn eine fanatische, verrückte Gruppe die Macht bekommt. Deswegen ist es wichtig zu zeigen, dass

---

[10] Im Einparteienstaat gab es nicht eine Wahl im Sinne einer Auswahl. Gegner des Regimes wurden an der Stimmabgabe gehindert. Die SA suchte »säumige« WählerInnen zu Hause auf, um sie zur Wahl zu zwingen. Der hohe Anteil der Ja-Stimmen ergab sich außerdem, weil ab 1936 abgegebene Zettel ohne Kreuz als gültig und Zustimmung gewertet wurden. Bis 1938 war die Bevölkerung viermal zu Reichstagswahlen und dreimal zu Volksabstimmungen aufgerufen: 1933 zu zwei Reichstagswahlen und zur Abstimmung über den Austritt aus dem Völkerbund, 1934 zur Abstimmung über die Nachfolge des verstorbenen Reichspräsidenten Hindenburg, 1936 zur Reichstagswahl, 1938 zur Reichstagswahl und zur Abstimmung über den »Anschluss« Österreichs.

man gegen verrückte Ideologien, gegen verrückte Ideen kämpfen muss, weil es solche auch heute gibt. Der Lukaschenkow zum Beispiel und viele andere auch, sind auf demokratischem Weg gewählt worden. Viele dieser Wahlen muss man mit einem Fragezeichen versehen und sich fragen, ob die wirklich demokratisch waren.

Es gibt Neonazis in Deutschland. Es gibt Mahmoud Ahmadinedjad im Iran. Der Mann eröffnet heute einen großen Kongress mit dem Thema, dass es den Holocaust nie gegeben, dass Auschwitz nie existiert hat. Er ist der Meinung, dass die Juden Auschwitz instrumentalisieren. Sie würden Auschwitz und den Holocaust angeblich ausnutzen, um die Palästinenser zu unterdrücken. Ich glaube nicht, dass der Holocaust instrumentalisiert wird, um die Palästinenser zu unterwerfen. Es ist wichtig, dass es einen normalen, jüdischen Staat gibt. Die Juden dürfen nicht wehrlos sein. Und es ist ebenso wichtig, dass auch die Juden – und ich glaube, sie verstehen das – keine Aggressoren gegenüber anderen sein sollten. Es gibt einen israelischen Dichter, Chaim Guri. Ich glaube, er hat geschrieben, dass wir alles tun müssen, keine Opfer mehr zu sein, damit wir keine Täter werden. Für mich ist es klar. Es ist sehr wichtig, dass die Menschen dieser zwei Staaten in Frieden leben. Und das ist möglich.

Die Deutschen, so glaube ich, lernen aus ihrer Geschichte. Wenn ich mir das heute anschaue, sind alle Parteien im Parlament demokratische Parteien, außer vielleicht die NPD. Aber die große Mehrheit ist demokratisch. Und das Demokratieverständnis ist heute in Deutschland viel, viel größer als irgendwann zuvor. Ich will ihnen ein Beispiel geben: die Sache mit der Wiedergutmachung. In der Zeit von Konrad Adenauer war die Mehrheit seiner Partei, die CDU, gegen die Wiedergutmachung. Ohne die Hilfe der SPD und der Opposition hätte er die Wiedergutmachungsgesetze nicht durchsetzen können.[11] Oder die Stiftung »Gegen Vergessen«, die vor ein paar Jahren gegründet wurde. Über 600 Abgeordnete haben zugestimmt und – ich glaube – nur zehn waren dagegen.[12]

---

[11] Siehe dazu: Peter Reichel, Vergangenheitsbewältigung in Deutschland, Bonn 2003, S. 81-96.

[12] Der Verein »Gegen Vergessen – Für Demokratie« wurde am 19. April 1993 in Bonn von 14 Persönlichkeiten aller demokratischen Parteien gegründet. Es ist nicht unwahrscheinlich, dass Herr Flug die Bundesstiftung »Erinnerung, Verantwortung und Zukunft« meint, die die Entschädigungszahlungen an ehemalige NS-Zwangsarbeiter zu koordinieren hatte. Für das Gesetz zu dieser Stiftung stimmten im Som-

Das zeigt mir, wie viel sich in Deutschland geändert hat. Mich macht das zuversichtlich. Und ich habe deutsche Politiker in vielen Gesprächen kennengelernt. Ich hatte die Gelegenheit, persönlich mit den Bundespräsidenten Rau und Köhler, mit Frau Merkel, Otto Schily, Wolfgang Schäuble, Joschka Fischer und Frank-Walter Steinmeier zu sprechen. Alle haben großes, großes Verständnis für die deutsche Vergangenheit und dafür, dass man alles tun muss, damit das nie wieder passiert. Man muss alles tun, um eine demokratische, liberale, fortschrittliche Gesellschaft in Deutschland zu haben. Ich hatte bei den Gesprächen den Eindruck, dass ihre Meinung, ihr Verständnis nicht nur aus dem Verstand, sondern auch aus dem Herzen kam.

---

mer 2000 556 Abgeordnete des Bundestages, 42 sprachen sich dagegen aus und 22 enthielten sich ihrer Stimme.

In **Birkenau** wollte ich nicht umkommen.
Verstehen Sie?
Ich habe gekämpft. Ich war doch ein junger Mann.

Henryk
Mandelbaum

84 Jahre
(gestorben am
17. Juni 2008)

Mein Name ist Mandelbaum, Henryk. Geboren bin ich 1922 in Ilkenau im Kreis Krakau. Ich stamme aus einer jüdischen Familie. Zu Hause waren wir vier Kinder. Ich war der Älteste. Dann kamen eine Schwester, ein Bruder und eine weitere Schwester. Mein Vater war von Beruf Fleischer. Als ich vier Jahre alt war, sind wir umgezogen. Der Ort, in dem wir lebten, war nicht so groß wie eine Stadt, aber auch nicht so klein wie ein Dorf. Es gab dort drei Fabriken und zwei Steinbrüche. Dort hatte der Vater eine Fleischerei. Den Leuten im Ort ging es nicht besonders. Sie kauften Fleisch auf Pump und konnten nicht bezahlen. So machte der Vater bankrott.

Ich war der Älteste zu Hause. Na, und was habe ich gekonnt? Ich half meiner Familie: Früh stand ich auf, so um vier, halb fünf, und ging in den Wald, um trockene Zweige zu sammeln, damit meine Mutter etwas zum Feuer machen hatte. Ich kam zurück mit diesen Zweigen und alle schliefen noch. Dann nahm ich zwei Eimer und bin auf die Gleise und klaute Kohlen. Ich tat das gerne, wissen Sie.

Als ich die Schule beendet hatte, bin ich zu den Bauern arbeiten gegangen. Ich tat das, was sie mir geheißen haben zu tun. Ich machte das gerne. Ich machte das gut. Die Bauern waren zufrieden mit mir. Danach arbeitete ich bis 1941 im Steinbruch.

1941 waren schon die Deutschen im Land und es war Krieg. Da kam ein Befehl, dass wir in drei Stunden packen sollten, um zur Arbeit nach Dabrowa Górnicza zu fahren. Wenn man nur drei Stunden zum Packen hat – was kann man da mitnehmen? Fast nichts. Das ist schade. Das ist schade. Das ist schade. Alles war schade. Ein kleiner Koffer wurde gepackt und dann mussten wir nach Dabrowa Górnicza ins Ghetto fahren.

Im Ghetto arbeitete ich für eine deutsche Firma, die hieß »Grundstücksgesellschaft«. Das war eine Maurerfirma. Wir setzten Fenster und Türen ein. Ich hatte einen Ausweis, damit ich in der Stadt arbeiten konnte. Dort erzählten mir zivile Leute von Auschwitz. Meinen Eltern sagte ich nichts davon. Ich wusste, sie würden sich Sorgen machen und nachts nicht mehr schlafen.

1944 kam wieder ein Befehl: Wir sollten alles einpacken und wieder zu einer anderen Arbeit fahren, in das Zentralghetto Sosnowic. Was konnten wir diesmal mitnehmen? Einen kleinen Koffer.

Aber ich wusste von Auschwitz. Und so haute ich vom Transport ab und ging zu einem SA-Mann, einem deutschen Parteimann. Warum? Als ich im Ghetto lebte, lief ich morgens auf dem Weg zur Arbeit immer am Haus des SA-Mannes vorbei. Wenn ich zur Arbeit ging oder von der Arbeit kam, grüßte ich ihn: Ich sagte »Guten Morgen« und »Guten Abend«, und er antwortete mir immer. Ich dachte, dass er ein guter Mann ist, dass er ein gutes Herz hat – er sah doch, wer ich war!

Als ich vom Transport weg bin, bin ich zu ihm und seiner Frau. Kinder hatten sie nicht. Mit seiner Frau wohnte er in einem Haus, das noch nicht ganz fertig war: Der zweite Stock war noch nicht ausgebaut und man konnte nur über eine Leiter nach oben gelangen. Und dort, im zweiten Stock, versteckten sie mich. Die Frau gab mir zu essen.

Nach vier oder sechs Wochen baten sie mich, abends zu ihnen runterzukommen in die Küche. Der Tisch war mit einem Nachtmahl gedeckt. Ich setzte mich zwischen die Frau und den Mann. Vier- oder fünfmal haben sie sich angeschaut. Ich beobachtete die Frau, die Tränen in den Augen hatte. Wie ein Mensch, der weinen will, aber nicht kann. Dann sagten sie mir, dass ich mir ein neues Versteck suchen müsse, weil der zweite Stock ausgebaut werden solle. Was blieb mir? Ich habe mich bedankt bei diesen lieben Leuten und bin gegangen.

Dann bin ich zu den Bauern, die ich kannte. Bei einem war ich vier Tage, bei anderen drei Tage – immer im Wechsel. Sie gaben mir zu essen, ohne dass ich bezahlen musste. Ich überlegte, ob ich vielleicht wieder zurück in das zentrale Ghetto gehen sollte. Ich wusste, dass dort noch Leute wohnten und dass ich ihre alten Sachen, die sie nicht mehr brauchten, nehmen könnte, um sie den Bauern zu verkaufen: Hemd, Hose, ein Rock, um so ein bisschen für Lebensmittel bezahlen zu können.

Also bin ich wieder ins Ghetto zurück. Da hieß es: »Ah, das ist gut. Du bist wieder gekommen. Jetzt kannst du uns helfen.« Da habe ich gefragt: »Was kann ich euch helfen?« »Na, du kannst Lebensmittel organisieren, Zucker, Brot, Käse.« »Ja«, sagte ich. »Gut. Kein Problem.«

Als ich die Lebensmittel hatte, wartete ich an einer Haltestelle der Straßenbahn, mit der ich vier Stationen bis zum Ghetto fahren musste. Auf der gegenüberliegenden Straßenseite entdeckte ich einen alten Schulfreund von mir. Nur wenig später kam ein großer, gut angezogener Mann mit einem großen Hund und verhaftete mich. Wenn er den Hund nicht gehabt hätte, wäre ich abgehauen. Kein Problem. Aber der große Hund hätte mich beißen können.

Es war nicht weit zur Polizei und dort fragten sie mich, wo ich so lange gewesen sei. Ich konnte denen nicht sagen, dass ich bei dem SA-Mann oder bei den Bauern gewesen war, die mich versteckt hatten. Ich wusste, was dann passiert wäre. Die Leute waren gut zu mir gewesen. Was sollte ich sie denunzieren? Und so habe ich gesagt, dass ich in einem kleinen, schlossähnlichen Gebäude in einem Zimmer gewohnt hätte.

Ich hatte das abgelegene Haus gefunden, als ich für meinen Vater Vieh aus den umliegenden Dörfern zum Schlachten geholt hatte. Ich war dabei selten auf den normalen Wegen zu ihnen gegangen, sondern hatte Abkürzungen durch die Felder genommen. Dabei entdeckte ich auch das kleine, alte Haus, das ein bisschen wie ein altes Schloss aussah. Aber die Polizei glaubte mir nicht. Ich musste mich bis auf die Unterhose ausziehen. Dann zogen sie mir die Arme nach hinten, banden sie an den Händen zusammen und schoben mir einen dicken Stock zwischen die Hände und die Knie, so dass mein Kopf auf dem Fußboden lag, und schlugen mich.

Dann brachten sie mich wieder in die Zelle. Dort war ich vier oder fünf Tage. Dann holten sie mich wieder, ich sollte die Wahrheit sagen. Da sagte ich: »Die Wahrheit kennen sie schon. Wenn sie mir nicht glauben, dann nehmen sie einen Wagen und wir fahren zum Schloss. Dann zeige ich ihnen, wo ich war.« Aber sie wollten nicht fahren, sondern setzten mich wieder in die Zelle. Ich war dort drei oder vier Tage, bis ich in einem kleinen Polizeiwagen zur geheimen Staatspolizei gefahren wurde. Dort fragten sie mich wieder, wo ich gewesen sei. Ich antwortete ihnen, dass ich alles der Kriminalpolizei gesagt hätte und dass wir zum Schloss fahren könnten. Dafür bekam ich zwei Backpfeifen. Eine rechts und eine links. Dann wartete ich eine Stunde, bis ein kleiner Wagen kam und mich ins Zuchthaus brachte. In einer Zelle im vierten Stock traf ich fünf Juden, die so alt waren wie ich, und zehn ältere Polen. In der Zelle sagten sie mir, dass gerade ein kleiner Transport von 20 bis 25 Männern zusammengestellt wurde und alle nach Auschwitz kämen. Da wusste ich: Ich komme nach Auschwitz.

Nach ein paar Tagen brachte uns ein Polizeiwagen nach Auschwitz-Birkenau. Wir kamen gleich in die »Sauna«. Damals wusste ich nicht, dass ich bereits im Lager war. Heute kann ich Ihnen das sagen, weil ich ein Häftling des »Sonderkommandos« von Birkenau war. In der Sauna warteten wir, bis der Arzt kam. Der schickte die sechs Juden nach links, die zehn Polen nach rechts. Die Juden hat man geheißen in die Bekleidungskammer, zu gehen. Dort hingen Regale, auf denen Hosen, Hemden und so weiter lagen.

Unsere Kleidung mussten wir ausziehen und bekamen andere Sachen. Ich war neugierig, was mein Vordermann bekommen würde. So ging ich näher heran und sah, dass man ihm ein Hemd ohne Kragen und eine Hose, bei der die Beine unterschiedlich lang waren, gab. Ich sagte dem Mann, der die Kleidung verteilte, dass ich so nicht aussehen wolle. Er solle mir doch etwas bessere Sachen geben. Wie ich Ihnen eben sagte, wusste ich zu der Zeit noch nicht, dass ich schon im Lager Auschwitz-Birkenau war. Ich hatte noch Gedanken von Freiheit im Kopf. Der Mann schimpfte mich so aus, dass ich nervös wurde. Dann holte er den Oberkapo. Ich hatte keine Ahnung, wer das war. Der Oberkapo kam zu mir und hat mir mit dem Finger gedroht und von oben auf mich herabgeguckt und gesagt: »Du! Pass bloß auf!« Ich nahm meine Sachen und zog sie an. Dann sind wir weiter und zu einem Mann, der auf einer Bank saß. Dort bekamen wir Tattoos mit einer Nummer. Ich sah bei meinem Vordermann, dass er eine riesengroße Nummer erhielt. Vielleicht drei Zentimeter groß. Ich bin auf den Mann zugegangen und sagte, dass ich nicht so eine große Nummer haben wolle. »Mach mir eine kleine Nummer. Wie sehe ich denn aus mit so einer großen Nummer auf dem linken Arm.« Er machte mir eine kleine Nummer. Meine ist 181.117.

Meine lieben Leute: Wir hatten schon die Nummer, dann führten sie uns ab in die Quarantäne, in Block 7. Der ist dort, wo in Birkenau das Haupttor ist; auf der rechten Seite. Aber – ich hatte Hunger. Als ich in den Quarantäneblock kam, machte der Wächter das Tor auf, und dort stand ein Fass mit Suppe. Dahinter stand ein Brett, ähnlich wie eine Bank, auf dem die Schüsseln waren. Ich wollte die Suppe nehmen und dafür eine Schüssel und sah auf der linken Seite ein kleines Zimmer. Im Zimmer lag ein Haufen, ungefähr so hoch wie dieser Tisch hier. Ich sah dort Leichen liegen. Die Köpfe hingen nach hinten, die Füße hingen auf die Erde, die Hände auch. Das waren die »Muselmänner«, die gestorben waren. Man hatte sie dort hineingelegt. Und es war ein Geruch in der Luft, den ich nicht kannte. Da verging mir der Hunger und mir wurde klar: Ich bin im Lager.

Später fragte ich, was das für ein Geruch gewesen sei. Da haben sie mir gesagt, dass sie diese Leute, die gestorben waren, mit Chlor überschüttet hatten.

Dort, im Block 7, war ich nicht lange. An einem Tag kam der Arbeitsführer, der uns sechs Männer »raustreten« befahl. Na, da sind wir rausgetreten. Er ging an uns vorbei, zeigte und sagte: »Austreten, austreten, austreten.« Von den sechs Leuten, die ins Lager gekommen waren, nahm er uns drei. Wir wunderten uns: Warum nur drei und nicht alle sechs? Wir hatten keine Antwort darauf. Er führte uns zum Block 13. Dort lebten die Männer vom »Sonderkommando«, das die Leichen der vergaste Leuten zu verbrennen hatte. Wir hatten vom Verbrennen gehört. Wir hatten von den vergasten Leuten gehört. Es war eine schwierige Lage. Was konnte ich machen? Gar nichts konnte ich machen.

Am zweiten Tag ging ich das erste Mal raus zur Arbeit. Da lagen vergaste Menschen mit aufgeblähten Körpern im Krematorium V. Die Toten sollten wir an den Händen bis zu einer Grube ziehen, in der ein großes Feuer brannte. Ich nahm eine Leiche an den Händen, wollte ziehen und hatte ihre Haut an den Fingern. Ich streifte die Haut ab, stellte mich hin und wusste nicht mehr, was ich tun sollte. Sollte ich arbeiten? Sollte ich hier nicht arbeiten? Wenn ich nicht arbeitete, bekam ich eine Kugel. Das wusste ich. Ich habe überleben wollen.

Was sollte ich machen?

In Birkenau gab es ein spezielles Kommando, das »Kanada« hieß und in dem Frauen arbeiteten. Von der »Sauna« aus gesehen auf der rechten Seite stehen heute noch die Fundamente von den »Kanada-Baracken. Die Frauen hatten die Aufgabe, die Sachen von den vergasten Menschen in den Gaskammern und in den Auskleideräumen einzusammeln. Sie kamen mit einem Pferdewagen, zwölf, vierzehn Frauen, um die Sachen zu holen. Sie durchsuchten die Toten, ob sie noch etwas versteckt hatten. Das, was noch gut war, packten sie später in Pakete und die wurden nach Deutschland geschickt.

An meinem ersten Arbeitstag waren die Frauen noch nicht da gewesen. So nahm ich von den vergasten Menschen ein Hemd, zerriss es und machte daraus einen Strick. Den Strick wand ich um die Hände und zog dann die Toten zur Grube.

Meine lieben Leute, jetzt muss ich erzählen, wie die Menschen damals nach Auschwitz-Birkenau kamen. Die Deutschen hatten denen wie meiner Familie gesagt: Ihr fahrt zur Arbeit. Es sind drei Stunden Zeit, um zu packen. Was konnten die Menschen machen? Was haben sie eingepackt? Was kann man mitnehmen, wenn man nicht weiß, wohin man kommt? Wenn man nur weiß, dass man zur Arbeit fährt? Einen kleinen Koffer kann man mitnehmen. Und darin ein paar Sachen. Und dann sind sie gefahren. Drei Tage. Vier Tage. In einem abgeschlossenen Wagon. Ohne Wasser. Na, das war schrecklich. Die Hälfte der Menschen kam tot an.

Ein normaler Mensch denkt doch, das ist nicht möglich. Unschuldige Menschen. Junge Frauen, junge Männer, Ältere: Sie kamen alle nach Birkenau und mussten an der Rampe aussteigen. Von diesen Leuten hat die SS noch kleine Selektionen gemacht, bei der sie eine gesunde Frau oder einen gesunden Mann gesucht haben: »Austreten. Austreten. Austreten.« Die haben sie noch für die Arbeit gebraucht. Und dem Rest, dem sagten sie, sie sollten zum Baden gehen. Nun, was nahmen sie mit zum Baden? Sie nahmen Zahnpasta mit. Eine Zahnbürste, Handtuch, Seife. Und das ganze Vermögen, das sie noch hatten: Ringe, Ketten, Geld, das alles nahmen sie mit.

Die Krematorien Nummer IV und V, die sahen sich sehr ähnlich. Das waren Zwillinge. Wenn sie dort zum Baden gegangen sind, mussten sie durch ein kleines Tor. Hinter dem Tor war der Wald und durch den ging ein kleiner Weg, ungefähr einen Meter breit. Neben dem Weg stand rechts und links ein hoher Zaun aus Zweigen. So konnten man die Gruben, in denen die Leichen verbrannt wurden, nicht sehen.

Im großen Auskleideraum waren an den Wänden Haken. Darunter standen Bänke. Die Leute, die zuerst zum Baden gingen, hingen ihre Sachen an die Haken und gingen hinein. Die, die später kamen, legten ihre Kleidung auf die Bänke oder den Beton und gingen in den Waschraum zum Baden. Wenn der Waschraum ungefähr zur Hälfte voll war, merkten die Leute, da ist nichts zum Waschen. Das sind zu viele, die da auf einmal baden sollen. Sie wollten zurück und hinaus. Die SS schlug die Menschen mit Stöcken auf den Kopf und zwang sie zurück.

Nach jedem Transport fuhr ein Wagen mit einem roten Kreuz in Richtung Krematorium. Im Wagen waren die Büchsen mit dem Zyklon-B-Gas. Wenn der Waschraum voll war, verriegelten SS-Männer die Tür und warfen ein paar Büchsen mit dem Gas hinein. Bis alle Menschen tot waren, dauerte es ungefähr 20 Minuten bis zu einer halben Stunde. Die Leute starben im Stehen und dabei müssen sie schreckliche Schmerzen gehabt haben. Sehr schreckliche Schmerzen: Sie kratzten mit den Händen die Wände auf. Sie bissen sich vor Schmerz tief in den Arm. Von außen, durch ein Fenster der Gaskammertür, sahen wir vom Sonderkommando das. Die Menschen übergaben sich blutig, wenn sie merkten, dass das Gift von unten kam.

Es war kein leichter Tod. Es war kein schneller Tod. Die Menschen litten, bis sie endlich starben. Einmal überlebte ein Säugling die Gaskammer und wir fanden ihn, wie er an der Brust seiner toten Mutter lag. Ein SS-Mann erschoss das Kind.

Meine lieben Leute, ich wünsche keinem Feind, dass er das sehen muss, was ich sah, was ich mitmachte. Ein normaler Mensch kann sich das nicht vorstellen. Aber es ist wahr.

Bevor die Leichen zur Verbrennung in die Grube gezogen wurden, mussten die Haare abgeschnitten werden. Der Mund wurde durchsucht nach goldenen Zähnen. Versteckte Wertsachen mussten im Mund, in der Nase, in den Ohren, im After und in den Geschlechtsteilen gesucht werden. Wir Leute vom »Sonderkommando« mussten das machen, während die SS-Männer zuguckten. Aber das war noch nicht alles.

Wir legten die Leichen auf Holz, dazu noch Buschwerk – immer abwechselnd: Leichen, Holz, Leichen, Holz. An jeder Verbrennungsgrube mussten wir an den Seiten Löcher, die ungefähr 70 Zentimeter tief und 40 Zentimeter breit waren, graben. In dieser Grube verbrannten wir dicke Leute. Die brannten schneller, weil ihr Fett das Feuer in Gang hielt. Die dünnen Leute brannten nicht so gut.

Das Fett, das nicht verbrannte, lief dann in diese Löcher neben der Grube. Wenn diese Löcher ungefähr zu zwei Dritteln voll waren, schöpften wir es mit Schüsseln und schütteten es auf die Toten eines anderen Haufens, damit das Feuer besser brannte. Die Asche und die gestampften Knochen kamen auf einen Lastwagen und wurden in die Weichsel geschüttet. Es war eine schreckliche Arbeit und es gab keine Möglichkeit, von den Krematorien zu flüchten. Da war der Stacheldrahtzaun, der unter Strom stand. Alle 50 Meter stand ein Posten mit einem Maschinengewehr. Zwei Leute, zwei Griechen, die beim Sonderkommando arbeiteten und schwimmend durch die Weichsel flüchten wollten, hatte die SS erschossen.

Bevor ich anfing im »Sonderkommando« zu arbeiten, hatten die alten Arbeiter, die Leute vom Krematorium IV, eine Versammlung gemacht und sich beraten und einen kleinen Widerstand vorbereitet. Die legten im Krematorium Feuer und bis die Feuerwehr kam, war es komplett heruntergebrannt.[1] Nachdem das passiert war, wussten die SS-Leute und der Lagerführer nicht, was sie mit uns

---

[1]   Seit Sommer oder Herbst 1943 organisierten sich die Häftlinge des Sonderkommandos, um Waffen zu besorgen, die Vernichtungsanlagen zu zerstören und einen Ausbruch zu organisieren. Der geplante Aufstand musste Ende Juli 1944 verschoben werden. Nachdem die SS Ende September 1944 200 Häftlinge des Sonderkommandos nach einem Fluchtversuch ermordet hatte und 300 weitere Häftlinge folgen sollten, setzten am 7. Oktober Häftlinge das Krematorium IV durch Handgranaten in Brand und flohen. Der Aufstand griff auch auf das Krematorium II über, die Häftlinge durchtrennten den Stacheldraht und versuchten zu fliehen. Erst am Abend gelang es der SS, den Aufstand niederzuschlagen; 451 Häftlinge starben, etwa 100 deportierte die SS nach Mauthausen; Sybille Steinbacher, Auschwitz. Geschichte und Nachgeschichte, München 2004, S. 94-97.

machen sollten. Es gab nur eines: erschießen. Nur: Es war nicht besonders klug, alle eingearbeiteten Leute vom »Sonderkommando« zu erschießen, da in Birkenau zu dieser Zeit über 44.000 Leute waren.[2] Also machte die SS einen Appell, bei dem wir uns alle auf den Bauch auf die Erde legen mussten, und erschoss dann jeden Dritten. Der Rest musste wieder zur Arbeit.

Die Krematorien II und III waren in Birkenau die neuesten. Da lagen die Auskleideräume und die Gaskammern unter der Erde. Dort war die Arbeit ganz anders. Sie war leichter. 15 Öfen gab es pro Krematorium und 45 Menschen konnten in einer halben Stunde verbrannt werden.[3] Man kann sich das nicht vorstellen. Und das ging Tag und Nacht, Tag und Nacht. Das war eine richtige Todesfabrik. Man kann nicht sagen, dass Auschwitz-Birkenau ein Häftlingslager war. Die Transporte sind gekommen, die Leute sind – ach, es war schrecklich.

Die Leute von den Transporten brachten viele Lebensmittel mit. Büchsen mit Schinken, Brot, Wein, Butter, Wurst. Das blieb alles liegen, wenn sie in die Gaskammern gingen. Wir vom Sonderkommando, Juden und Polen und Griechen, Tschechen, Franzosen und Holländer, nahmen das und waren so besser verpflegt als die anderen im Lager. Das hat uns, die wir überlebten, auch gerettet, denn was die Leute im Lager bekamen, kriegten wir auch. Und das war zu wenig für die schwere Arbeit.

Ich traf eines Tages einen Bekannten aus meiner Stadt, der schon 1941 nach Birkenau gekommen war. Er war Oberkapo und kannte das Leben gut. Seine Aufgabe im Lager war, die Küche mit Lebensmitteln aus dem Magazin zu versorgen. Als er mit einem Pferdewagen vorbeifuhr, stoppte ich ihn. Wir sprachen miteinander und erzählten uns gegenseitig, wo wir arbeiteten. Ich sagte, dass ich im »Sonderkommando« arbeitete. »Ah«, meinte er, »dann bist du ja auf dem Weg in den Himmel.« Er bat mich um Hilfe, weil er und ein paar andere flüchten wollten. Ich fragte ihn, was er brauchen würde: Geld oder Gold? Und sagte ihm, dass wir uns in einer Woche wieder treffen sollten und ich dann alles dabei haben würde.

---

[2]   Davon waren 34.024 weibliche Häftlinge; Danuta Czech, Kalendarium der Ereignisse im Konzentrationslager Auschwitz-Birkenau 1939-1945, Reinbek bei Hamburg 1989, S. 902.

[3]   Das Krematorium II war am 31. März 1943, das Krematorium III am 24. Juni fertiggestellt worden. Beide hatten eine Verbrennungskapazität von 1.440 Leichen; Steinbacher, Auschwitz 2004, S. 79-84.

Ich meine, ich hätte alles haben können. Die Wertsachen lagen auf dem Boden der Umkleideräume und in der Gaskammer herum. Nehmen durfte ich jedoch nichts, das war verboten. Die Wertsachen kamen in eine Kiste mit zwei Schlössern. Wertsachen reinlegen konnten wir, rausnehmen nicht. Ich musste mir welche besorgen. Was konnte ich anderes machen? Ich wollte überleben. Das habe ich dann nachts im Krematorium gemacht.

Als die russische Front näher kam, freute ich mich ein bisschen auf die Freiheit. Aber ich konnte nicht weg, weil ich einen Sträflingsanzug hatte. Von weitem konnte man sehen, dass ich ein Gefangener war. Was musste ich machen, um der Vernichtung zu entgehen? Ich musste etwas riskieren. So habe ich mir von den vergasten Menschen einen Anzug organisiert, ein Hemd und eine Krawatte.

Dann kam wieder ein Befehl. Es war schon 1945. Wir sollten Löcher graben, weil die SS die Krematorien in die Luft sprengen wollte. Was sollten wir machen? Wir haben das gemacht und die Krematorien wurden gesprengt.

Und was hatte die SS mit den Menschen im Lager vor? Sie machte Todesmärsche. Es ging nicht nach Hause. Es ging nicht in ein anderes Land. Nein, die Menschen wurden weiter vernichtet. In jedem Dorf, durch das die Leute von diesen Todesmärschen kamen, stehen heute Stelen, damit man weiß: Hier sind Menschen gestorben.

Mit uns vom »Sonderkommando« wussten sie auch nicht, was sie machen sollten. Und so sagten sie uns, wir sollten zusammen rausmarschieren. Ich hatte glücklicherweise meinen Anzug, den ich unter der Häftlingskleidung trug. Am ersten Tag übernachteten wir in einer großen Scheune. Es gelang mir nicht wegzulaufen. Am zweiten Tag war mir klar: Ich muss weg. Es war bereits Nachmittag. Ich wusste, dass es in ein paar Stunden dunkel werden würde. Auf einer Wiese war ein Loch von einer Bombe. Da bin ich hineingesprungen, als die SS-Männer, die uns bewachten und beschimpften, für einen Moment wegsahen. In dem Loch wartete ich dann, bis es Abend war.

Mir war ein bisschen kalt. Ich war nervös und habe gezittert. Aber – nun gut: Ich war frei. Nur – wohin sollte ich gehen? Die Gegend kannte ich nicht. Ich wusste nicht, wo ich war, und bog dann einfach rechts auf einen kleinen Weg ab und kam zu einem Bauernhof. Ich wusste nicht, wer dort wohnte. Die Fensterläden vom Hof waren verschlossen. Wenn dort ein Deutscher und Parteimann wohnen würde, wäre ich wieder verloren gewesen. Ich ging hin und hörte, dass sie in den Zimmern sprachen – aber nicht in welcher Sprache.

Was sollte ich machen? Wohin sollte ich gehen? Mir war kalt, es war dunkel, ich wusste nicht wohin. Ich ging zur Tür, klopfte und der Eigentümer kam. Ich sagte auf Polnisch: »Guten Abend, kann ich bitte etwas Wasser haben?« Er antwortete auf Schlesisch, also nicht Deutsch und nicht Polnisch, ich solle warten. Er kam wenig später wieder und ging vor mir in die Küche, wo noch vier andere saßen. Sie waren vom vorherigen Todesmarsch geflüchtet: zwei Frauen aus Warschau und zwei Männer, die aus der umliegenden Gegend stammten. Wir haben uns geküsst und gefreut. Wir waren frei. Wir waren wie neu geboren.

Die beiden Männer nahmen mich dann mit zu sich nach Hause. Bei ihnen war ich vier Tage und bin dann nach Schostavicze zu Bekannten gegangen. Es war noch nicht ruhig. Ich hörte immer wieder die Infanterie. Es wurde noch geschossen. Als ich bei meinen Bekannten ankam, freuten wir uns sehr, uns wieder zu sehen. Ich hatte überlebt. Sie erzählten mir, dass es eine Kommission in Auschwitz geben solle. Ich fragte nach, ob das wirklich stimmte und es war wahr. Ich bin dann als freier Mann zurück nach Auschwitz und erzählte der Kommission, was im Sonderkommando passiert war und was für Arbeit wir dort machen mussten – so wie ich es jetzt euch erzähle.

Als ich alles erzählt hatte, bat ich den Leiter der Kommission, Dr. Dawidowski[4] aus Krakau, um ein Papier für den Bürgermeister, der mir ein Zimmer zuweisen sollte. Ich hatte kein Zuhause mehr. Ich hatte keine Familie mehr. Meine Eltern und zwei meiner Geschwister waren im Gas umgekommen. Er stellte mir am 5. März 1945 das Dokument aus.

Ich schäme mich nicht dafür, was ich tun musste; was ich getan habe. Ich riskierte etwas, weil ich etwas riskieren musste. Schauen Sie: Die einen, die dachten im Lager nur an den Tod. Und dann starben sie auch. Ich wollte überleben. In Auschwitz-Birkenau überleben war ähnlich wie Lotto spielen: Der Gewinn ist hoch und gewinnen können nur ein paar. Das musste man verstehen. Man brauchte gute Nerven und musste etwas riskieren. Sonst starb man. Ich wollte leben. Ich war 20 Jahre alt. Was kann ich Ihnen noch sagen? In Birkenau

---

[4]   Prof. Dr. Roman Dawidowski war als Gerichtsgutachter Mitglied der Hauptkommission zur Untersuchung der Deutschen Verbrechen in Polen, die 1945 und 1946 auf dem Gelände des KZ Auschwitz Ermittlungen durchführte; Andrzej Strzelecki, Die Liquidation des KL Auschwitz, in: Waclaw Dlugoborski/Franciszek Piper (Hg.), Auschwitz 1940-1945. Studien zur Geschichte des Konzentrations- und Vernichtungslagers Auschwitz, Bd. 5: Epilog, Oswiecim 1999, S. 7-69, hier S. 62.

wollte ich nicht umkommen. Verstehen sie? Ich habe gekämpft. Ich war doch ein junger Mann.

Nach dem Krieg arbeitete ich 17 Jahre bei der größten staatlichen Vertriebsorganisation für Lebensmittel. Nebenbei züchtete ich Weiß- und Blaufüchse. Die Felle verkaufte ich an die polnische Regierung. Dann fuhr ich 17 oder 18 Jahre lang Taxi, bis die *Solidarnoc* kam. Ich habe dann nicht mehr gearbeitet, weil ich wusste, es hat keinen Zweck. Ba-gage fahren war kein gutes Geschäft mehr. Warum? Weil sie alle selbst einen Wagen hatten.

Seitdem es das Museum Auschwitz-Birkenau gibt, komme ich hierher und erzähle von der Tragödie, von dem, was in Birkenau war. Wie ich im »Sonderkommando« beim Krematorium gearbeitet habe. Wie die Menschen in der Gaskammer umgekommen sind. Ich muss davon sprechen, damit das nie wieder passiert. Diese jungen Leute, die jungen Frauen und Männer und Invaliden und Kinder sollen nicht einfach so gestorben sein. Sie hatten doch ein Recht zu leben.

Ich habe für mein Leben gekämpft, für mein Überleben und dafür, dass alle Leute wissen, dass die ganze Welt davon weiß, was einmal war. Keiner der Überlebenden aus dem »Sonderkommando« will über diese Sache sprechen. Warum? Das weiß ich nicht. Ich hatte mir so ein kleines Testament gemacht, als ich im »Sonderkommando« war: Wenn ich überlebe, dann muss ich die Sache erzählen. Und ich mache das.

Wenn ich darüber zu den jungen, deutschen Leuten spreche und sie mit mir zusammen sind, dann sehe ich: Sie hören mir zu. Sie nehmen das auf, so ein bisschen traurig, weil in das, was hier passiert ist, vielleicht der Großvater oder der Vater involviert waren. Es gibt so Beispiele. Ich meine, ich kann es nicht wissen, ob der eine oder der andere mit der Vernichtung etwas zu tun hatte. Doch den jungen, deutschen Menschen sage ich immer: »Du hast doch mit der Sache gar nichts zu tun gehabt. Du warst noch nicht auf dieser Welt. Du hast keine Schuld.« Wenn ich das gesagt habe, nehmen sie meinen Bericht ganz anders auf. Mit den jungen Menschen muss man sprechen wie ein Vater mit seinem Kind, damit sie das verstehen. Man muss alles erklären. Ich mache das. Nicht so intellektuell wie ein Professor, sondern so wie ein Mensch, der täglich mit dieser Sache zu tun hatte, der täglich damit lebt.

Nicht alle wissen, was in Auschwitz passiert ist. Wenn ich von dem oder dem spreche, dann höre ich von den Deutschen, dass sie von vielen Dingen noch nichts gehört haben. Sie lernen von mir. Und ich lerne auch von ihnen.

Ständig über den Tod nachdenken, dass der Mensch stirbt, das kann man nicht. Wozu sollte man dann noch zur Arbeit gehen? Wozu wäre sie noch nützlich? Zu nichts. Wir wissen nicht, wann wir von der Welt gehen. Das ist das Problem. Deswegen muss man jeden Tag leben. Wenn ich krank werde, dann weiß ich ein gutes Mittel: Dann schaue ich jungen Menschen ins Gesicht. Dann werde ich ganz anders und die Krankheiten gehen weg.

Es gibt viele auf der Welt, die haben ein schweres Leben gehabt. Die haben viel gearbeitet und nicht alles bekommen, was sie wollten. Und dann gibt es wieder Leute, die haben zuviel: Einer sucht Brot – ein anderer schmeißt es weg. So ist das auf der Welt.

Mit den Männern und Frauen ist das so: Jeder Topf hat einen Deckel. Warum? Damit es besser kocht. So ist es im Leben auch. Ich habe nach dem Krieg geheiratet, eine deutsche Frau. Eine echt deutsche Frau. Sie ist in Gleiwitz geboren. Wir leben schon seit 35 Jahren zusammen. Sie ist gut zu mir, ich bin gut zu ihr. Wir leben gut miteinander. Der Mensch muss den anderen verstehen. Wenn er krank ist, dann muss man ihm helfen, ihm zuhören, damit sein Herz leichter wird.

Wenn alle Menschen in einem Land viel arbeiten, dann ist das Land reich. Wenn ich es schlecht mache, dann mache ich es nicht nur schlecht für mich. Ich mache es für alle schlecht. Wenn ich es gut mache, dann mache ich es für alle gut, für das ganze Land. Nicht nur für mich. Das ist etwas, was Leute nicht verstehen und das ist sehr schlecht.

Das Leben ist schön. Und die Welt ist auch schön. Alles wird von den Menschen gemacht. Und alle Menschen haben ein Recht, auf dieser Welt·zu leben. Es gibt auf der Welt keine hässlichen Menschen. Wenn ich mit den Gruppen hier arbeite, dann sehe ich so viele Menschen und niemand ist hässlich. Ich frage so: Sind die Bäume auf dieser Welt alle gleich? Nein. Es gibt verschiedene

Bäume. Und Blumen? Und Menschen? Es gibt verschiedene Menschen. Das muss auch sein.

Warum sagt man dann auf der Welt: Der ist so und der ist so und beurteilt und verurteilt ständig? Warum leben die Menschen nicht herzlich miteinander? Warum ist das so? Der Mensch lebt doch nicht ewig. Es kommt eine Zeit, da muss er weg. Das ist alles abgemacht.

Ich habe ein Talent, Lieder zu hören und sie mir zu merken und sie dann zu singen. Ich singe gerne. Zu Hause, wenn ich mein Bett mache, dann singe ich. Wenn der Mensch viel spricht, dann geht die Zunge leichter. So ist das auch mit den Liedern. Wenn man singt, vergisst man die Welt nicht. Es geht mir gut und ich bin guter Dinge. Es ist meine Natur, lustig zu sein. Das war schon als Kleinkind so. Ich gehe gerne in die Geschäfte zum Einkaufen und ich rede mit allen Leuten. Wenn ich eine Woche nicht zu Hause bin, dann fragen sie schon: »Wo warst Du? Was hast Du gemacht?«

Meine Mutter, die war ganz anders. Da war mal eine Hochzeit in unserer Stadt. Nachts um zwei stand sie auf und stand am Fenster und weinte. Das war ihre Natur. Wenn man ständig traurig ist, dann bekommt man Falten und ein grimmiges Gesicht. Meine Frau sagt mir immer, ich sähe aus wie ein 40- oder 50-jähriger Mann. Man kann nicht sagen, du bist so und so alt. Es kommt darauf an, wie alt du dich fühlst. Das ist wichtig. Es gibt doch junge Leute, die fühlen sich schon sehr alt. Sie haben keine Beziehung dazu, ein wenig lustig zu sein.

Das will ich Ihnen sagen: Das Leben lehrt den Menschen ein Mensch zu sein. Wenn wir miteinander sprechen, dann hören wir etwas Neues, dann haben wir Kontakt. Ich kann doch nicht alles wissen, was auf der Welt passiert. Und ich weiß nicht, was in ihrem Herzen ist. Ich wünsche Ihnen alles Gute. Und Sie wünschen mir alles Gute – das ist wichtig: dass der eine dem anderen Gutes und nicht Schlechtes wünscht. Aber das ist schwer auszusprechen. Und noch schwerer ist es, alles Gute von Herzen zu wünschen. Das kostet kein Geld. Und dennoch ist es so schwer, es auszusprechen, weil die Herzen verschlossen sind. Weil viele das nicht können.

Ich habe leider zu wenig bis gar keine Zeit. Ich habe gestern mit meiner Schwester gesprochen. Sie lebt in den USA. Ihr zu schreiben, fällt mir schwer. Um zu ihr zu fahren, habe ich keine Zeit. Ich muss den Rasen mähen und mich um vieles kümmern. Ich fühle mich ganz gut. Nur die Muskeln, die lassen etwas nach. Und der rechte Fuß, der hat zuviel gemacht, als ich jung war. Zuviel Arbeit.

Ich bin zuviel gelaufen. Das ist ein bisschen so wie ein alter Wagen. Na ja, so ist das. Ich bin 84. Ich denke nicht daran, wie alt ich bin, wie viele Jahre ich habe. Glauben Sie mir das?

Glücklich ist der Mensch dann, wenn er hat, was er braucht. Ich kann nicht sagen, dass ich hungrig bin. Ich habe etwas anzuziehen und so weiter und so weiter. Ich habe viel mitgemacht in meinem Leben. Aber eines habe ich nicht: Ich habe mich nicht gesorgt, weil ich vieles begriffen habe.

Ich kenne so ein deutsches Lied (Mandelbaum singt es mir vor):
»Komm zurück. / Ich warte auf Dich. / Denn du bist für mich / all mein Glück.
Komm zurück./ Ruft mein Herz immerzu / nun erfülle du / mein Geschick.
Ist der Weg zu weit / führt er dich / und auch mich / in die Seligkeit.
Darum bitt´ / ich Dich heut´ / komm zurück.«
Oder: Wien, Wien, nur Du allein / sollst die Stadt meiner Träume sein.
Dort, wo die alten Häuser stehen, / dort, wo die Mädchen spazieren gehen«

Es gab so schöne Lieder. Lieder vom Leben, von den Menschen. Das sind richtige Lieder. Sehen Sie, wie schön der Garten ist? Ja, sage ich doch: Die Welt ist schön. Nur die Menschen...

Vor dem Ersten Weltkrieg lebten viele Polen mit den Juden und Deutschen gut zusammen. Ja, der deutsche Kaiser war so ein dummer Mann. Und Hitler war auch ein dummer Mann, ein kranker Mann. Der war sehr krank. Er war verrückt. Freilich war der verrückt. Wenn er das mit den Krematorien und so weiter nicht gemacht hätte,

hätte er den Krieg gewinnen können.

Nicht nur Hitler. Ich will Ihnen sagen: Viele andere hatten auch Schuld. Sie haben die Sachen zugelassen. Die Länder haben zugeguckt. Die haben doch gewusst, was passierte, was los war. Dass Menschen in den Gaskammern umgebracht und in den Krematorien verbrannt wurden. Die haben auch Schuld daran, was passiert ist. Die hatten auch die Streichhölzer in der Tasche, nur dass das keiner gesehen hat.

Am Ende war es für alle schlimm: für die Juden, für die Polen, für die Deutschen – es war für alle schlimm. Für die ganze Welt war das schlimm.

Ich mag Ihnen sagen wie von einem Bruder zu einer Schwester: Mein Leben war nicht so leicht. Verstehen Sie das? Ich hatte eine sehr schreckliche Zeit. Die möchte ich keinem wünschen. Und ich kann nicht immer daran denken, dass ich im »Sonderkommando« war, in dieser Gruppe gearbeitet habe. Wenn ich nach der Befreiung nur an diese Sache gedacht hätte, wäre ich heute nicht mehr am Leben. Ich wäre verrückt geworden.

Dass die schlechten Dinge von Generation zu Generation weiter getragen werden, muss nicht sein. Das darf man nicht machen. Heute muss man über diese Sache sprechen. Wenn ich Vorträge halte und über die Zeit in Auschwitz-Birkenau erzähle, habe ich das alles vor meinem inneren Auge. Und wenn der Vortrag vorbei ist, ist er vorbei. Das muss man können und muss man verstehen.

Nein, ich habe heute ein schönes Leben. Ein wirklich schönes Leben. Menschenskind!

Mit solch einer Geschichte zu **leben**, geht nur, weil ich meine Familie habe.

Petr Grunfeld

67 Jahre

Ich war vier Jahre alt, als ich meine Mutter und meine Zwillingsschwester in Auschwitz-Birkenau verlor. Wir drei kamen 1944 nach Auschwitz aus dem Konzentrationslager Theresienstadt, wo wir zusammen mit meinem Vater gewesen waren. Wenn ich als Dreijähriger gefragt wurde, was mein Vater mache, sagte ich: »Er arbeitet auf der Bahn nach Theresienstadt.« Das war alles, was ich von ihm in Erinnerung behalten habe.

An die Selektion auf der Rampe in Birkenau kann ich mich überhaupt nicht erinnern. Martha und ich wurden von unserer Mutter getrennt, aber wir blieben zusammen. Meine Mutter Amalia sah ich nie wieder. Weil wir Zwillinge waren, brachten sie meine Schwester und mich gleich zu Dr. Mengele. Ich weiß nicht, wann meine Schwester und ich getrennt wurden. Es passierte einfach. Ich weiß nicht, ob man sie tötete. Auch sie habe ich nie wiedergesehen.

Das Nächste, woran ich mich nach der Ankunft erinnere, ist, wie ich beim Appell stand und meine Nummer aufsagte. Dann bekam ich eine Karte und wurde von Birkenau nach Auschwitz I gebracht. Da war es sauber und es roch angenehm. Ich glaubte, dies sei ein Ausflug speziell für mich, und fühlte mich gut. Ich weiß noch, wie ich zum Block 10 gebracht wurde. Dort stand Dr. Mengele und sagte: »Komm her!« Dann fingen sie an, alles Mögliche mit mir zu machen. Sie zogen mir Zähne und nahmen Haut vom Rücken. Das tat weh. Ich weinte und schrie nach meiner Mutter. Dass nicht alle Kinder aus der Gruppe mit zurück nach Birkenau kamen, nachdem sie bei Mengele gewesen waren, habe ich noch dunkel in Erinnerung. Warum das so war, wusste ich damals nicht. Später erzählte man mir, die Kinder seien getötet worden. Ich blieb verschont.

Heute weiß ich, dass ich plötzlich – von einem Tag auf den anderen – keine Erinnerungen mehr daran habe, was in Birkenau los war, was dort in der Baracke geschah, in der ich lebte. Später erklärte man mir, dass die Kinder in den Lagern zeitweise ihr Bewusstsein ausschalteten. Wissenschaftler, die sich

damit beschäftigt haben, sagten, dass diese Art von Verdrängung des Bewusstseins in einer Situation wie Auschwitz oft vorkomme. Darum also kann ich mich nicht an alles erinnern.

Zum Zeitpunkt der Befreiung von Auschwitz und Birkenau war ich fast fünf Jahre alt. Wir, also ich und die anderen Kinder, die überlebten, waren allein in der Baracke. Draußen, im Lager, herrschte ein großes Chaos. Alle schrien, wir sollten uns anziehen, aber ich verstand nicht, warum.

Ich erinnere mich, dass in unserer Gruppe ein kleinwüchsiger Mann, ein Liliputaner, war, mit dem ich in einem Bett schlief. Er war 40 Jahre alt und

sprach Tschechisch. Er sagte mir, wir müssten gehen, und zog mir Kleidung an. Ich verstand nicht, was vor sich ging, nahm an, wir würden etwas zu essen bekommen oder so. Als wir aus dem Lager rausgingen, wurde ich ohnmächtig und fiel in den Schnee. So fand mich ein Mann, der auch als jüdischer Gefangener in Auschwitz war. Er stammte aus der Ukraine, nahe der Grenze zu Ungarn. Vor Auschwitz war er im Lager Plaszów gewesen. Er kümmerte sich nach der Befreiung um mich, gab mir den Nahmen Petr und nahm mich mit nach Krakau, wo ich vorübergehend in ein jüdisches Kinderheim kam. Wir fuhren zusammen auch nach Kattowitz und Prag, wo er seine Familie suchte. Wir fanden niemanden.

Er beschloss, in seine Heimatstadt zurückzukehren, wo er einen kleinen

Laden mit einer Bar hatte. Mich nahm er mit in die Ukraine, adoptierte mich und ließ mir eine neue Geburtsurkunde ausstellen. Weil er Kinder hat, die am 4. und 5. August geboren sind, gab er als Geburtsdatum für mich den 6. August 1939 an: »Wir schreiben, dass du am 6. August 1939 geboren bist«, sagte er und regelte alles.

Eines Tages kamen russische Soldaten in die Bar und tranken. Als mein Adoptivvater sie aufforderte, zu zahlen, zog einer von ihnen sein Gewehr und schoss auf ihn. Bevor er starb, sagte er, man solle mich nicht in ein Kinderheim bringen. Vielleicht käme ja noch jemand von meiner Familie, um mich abzuholen und zu sich nach Hause zunehmen. Er sagte noch: »Dass Petr lebt, ist ein Wunder.« Ich war sechs Jahre alt, als er starb.

In den nächsten Tagen gaben mir mal die einen, mal die anderen Nachbarn etwas zu essen. Nach ungefähr zwei Wochen kam Helena, die Tochter meines Adoptivvaters, aus Frankfurt zurück in ihre Heimatstadt. Auch sie war in Auschwitz gewesen, wurde auf einen Todesmarsch geschickt und in Frankreich befreit. Danach lebte sie zunächst in Deutschland, bis man sie in die Heimat ihres Vaters schickte. Bei ihrer Ankunft erfuhr sie vom Tod ihres Vaters und dem Kind, dass er aufgenommen hatte. Als sie mich sah, sagte sie zu mir: »Dann werde ich von jetzt an deine Mutter sein.« Sie war damals, 1946, 18 Jahre alt. Mit 19 Jahren heiratete sie. Ihr Mann und sie sind wie Eltern für mich. Sie wollten mich adoptieren und mir ihren Familiennamen geben. Das wollte ich jedoch nicht. Ich wollte weiter Grunfeld heißen wie mein verstorbener Adoptivvater.

Die Kinder in der Nachbarschaft, mit denen ich aufwuchs, fragten mich: »Warum heißt du Grunfeld und nicht wie deine Eltern Gruenberger?« Wie sollte ich ihnen das erklären? Es gab ja nur eins, was ich sicher wusste: Ich war als Kind in Auschwitz gewesen. Das konnte ich an der Nummer A 2459 auf meinem Arm sehen.

Als ich mit der Schule fertig war, lernte ich meine Frau Olga kennen. Wir heirateten und gründeten eine eigene Familie. Ich scheute mich, ihr in allen Details von meinen Erlebnissen in Auschwitz zu erzählen, weil andere Menschen nicht oder nur schwer begreifen können, was es bedeutet, dort gewesen zu sein.

Doch auch wenn ich nicht darüber sprach – nachts holte mich die Vergangenheit ein. Manchmal wachte ich weinend auf, fühlte mich schrecklich und einsam. Wenn Olga mich dann fragte, warum ich weinte, konnte ich gar nicht viel sagen. Diese Gefühle, die ich mir selbst nicht richtig erklären konnte, behielt ich für mich. Ich wollte diesen Bereich der tiefen Emotionen nicht berühren.

Wegen der Experimente, die Mengele mit mir gemacht hatte, war ich mir nicht sicher, ob wir ein gesundes Kind bekommen würden. Ich hatte Angst davor, Vater zu werden. Als unser erstes Kind, ein Mädchen, eine Woche nach der Geburt starb, glaubte ich, dass es an mir lag. Als aber unsere zweite Tochter geboren wurde, ging alles gut. Wir bekamen noch zwei weitere Kinder. Die fragten mich eines Tages: »Warum feiern wir immer unseren Geburtstag – aber nie deinen?« Ich sagte ihnen, dass ich meinen wirklichen Geburtstag nicht wisse. Weil sie nur eine Oma – die Mutter meiner Frau – kannten, fragten sie nach den anderen Großeltern, nach meinen Eltern, wie sie hießen und warum wir sie nie besuchen würden. Was sollte ich machen? Ich kannte doch meinen Geburtsnamen und die Namen meiner leiblichen Eltern nicht.

Es gab noch andere Probleme: Bis heute vertrage ich keine Antibiotika oder Jod und weiß nicht warum. Als Ärzte 1989 mein Herz untersuchten, fanden sie eine nicht verheilte Verletzung. Oder wenn ich jemanden im gestreiften Pyjama sehe – das ist immer schwierig für mich. Und ich habe Angst vor Hunden.

1957 dachte ich zum ersten Mal daran, die Ukraine zu verlassen und nach Israel zu gehen. Meine Adoptiveltern bekamen damals eine Ausreisegenehmigung für sich und ihre zwei Kinder und gingen in die USA. Weil ich nicht ihr leiblicher Sohn war, durfte ich nicht mit ihnen ausreisen. Meine »Mutter« lebt heute in New York. Ich habe immer noch Kontakt zu ihr und ihrer Familie.

Vor ihrer Ausreise fragte meine Frau meine Adoptivmutter nach meinem ursprünglichen Familiennamen, und sie sagte ihr, mein Geburtsname sei Kleinmann. Meine Frau wollte wissen, wer ich wirklich war und bat mich, an das Museum in Auschwitz zu schreiben. Aber ich wollte das nicht. Ich wollte nichts davon wissen. Ich wollte nur nach vorne blicken und versuchen zu vergessen. Ich hoffe, Sie verstehen das: Ich hatte meine Frau und meine drei Kinder. Ich hatte einen Beruf. Als Lehrer war ich mit 29 Jahren Direktor eines Internats mit 1.000 Kindern. Ich hatte mein Auskommen – alles war in Ordnung. Warum also sollte ich auf die schreckliche Vergangenheit zurückblicken?

Einerseits wusste und fühlte ich, dass von meiner Familie niemand mehr am Leben war und nach mir suchte. Dann dachte ich doch wieder, dass vielleicht meine Mutter in Krakau oder in Israel sei. Ich könnte sie finden und wieder sehen – Überlebende haben manchmal solche merkwürdigen Vorstellungen.

Schließlich schrieb meine Frau einen Brief an das Museum Auschwitz, nannte ihnen meine Nummer und den Namen Kleinmann. Ich nahm ihr das nicht übel. Ich kannte ja meinen wahren Namen nicht, und ich – nun, wie soll ich das sagen ... (Petr schweigt). Drei Monate später bekamen wir Antwort. In dem Brief, unterzeichnet vom damaligen Direktor Kazimir Smolen, stand, dass mein Name Josef Kleinmann sei. Außerdem schrieben sie, dass meine Mutter tot sei. Ich weinte, als ich das las und war eine ganze Zeit lang sehr traurig.

Weil der Brief in Polnisch geschrieben war, verstand ich nicht alles. Ich hoffte, in einigen Sätzen würde sich vielleicht noch eine gute Nachricht zu meinen Vater oder meiner Schwester verbergen. Deshalb ließ ich den Text von einem Professor übersetzen. Da stand auch, dass ich im Mai 1944 mit meiner Mutter und meiner Zwillingsschwester nach Auschwitz gekommen war. Aber nichts weiter zu meiner Zwillingsschwester oder meinem Vater.

Das war 1975, als ich erfuhr, wer meine Eltern sind. Daraufhin suchte ich nach Familienangehörigen und fand zwei Schwestern meines Vaters, Auschwitz-Überlebende wie ich. Eine meiner Tanten erzählte mir, wie sie 1944 nach Theresienstadt kam und jemand, der den Namen Kleinmann hörte, ihr sagte, die Asche ihres Bruders sei dort im Krematorium. So erfuhr ich, wo mein Vater gestorben war. Die Tante sagte mir auch, dass mein Vater Ferdinand Kleinmann geheißen hatte und Eisenbahningenieur gewesen sei. Sie beschrieb ihn mir als einen rothaarigen Mann. Da wurde mir plötzlich klar, warum meine Tochter ein »Rotschopf« ist. Als sie geboren wurde, hatte ich mich darüber gewundert.

Die Schwestern meines Vaters hatten von einer Frau, die in Birkenau eine der »Kanada«-Häftlinge gewesen war, erfahren, dass meine Mutter dort gearbeitet hatte. Sie beobachteten, wie die junge Frau immer zum Zaun lief, hinter dem das Krankenhaus lag, wo Mengele die Zwillinge hielt. Später erzählten mir »Kanada«-Überlebende, Frauen aus der Gruppe meiner Mutter, sie hätte wie eine Verrückte geschrieen: »Mein Kind ist da drin. Wo ist mein Pepiczek?« Wenn sie etwas zum Essen fand, ein Stück Brot oder so, wickelte sie es in ein Tuch und warf es über den Zaun auf das Krankenhausgelände. Ich kann mich ganz schwach daran erinnern, wie sie mir zurief: »Vergiss nicht, dass du aus Prag stammst, Pepiczek.« Vielleicht zwei oder drei Mal hörte ich sie am Zaun rufen, aber ich hatte nur ein sehr verschwommenes Bild davon vor meinen Augen.

Meine Tanten erkannten meine Mutter, die aus einem anderen Ort kam, in Auschwitz nicht als ihre Schwägerin. Aber sie erzählten mir, dass meine Mutter sich wie eine Verrückte aufführte und Soldaten sie fortschafften. Eine Frau aus demselben Block sagte mir Jahre später, dass sie erschossen wurde.

1979 wanderte ich mit meiner Familie aus der Ukraine nach Israel aus. Wir ließen uns in Aschkelon nieder. Als man mich 1985 bat, mit einer Gruppe nach Auschwitz zu reisen, lehnte ich ab. Ich war dazu noch nicht bereit. Ein paar Jahre später fragte mich eine Delegation von Knesset-Abgeordneten, die eine Reise nach Auschwitz planten. Sie meinten, wenn ich mitkäme, könnte ich vielleicht mehr über meine Familie erfahren. Und so kam ich im August 1989 zum ersten Mal seit mehr als 44 Jahren nach Auschwitz. Meine Frau und meine Tochter begleiteten mich.

In Auschwitz und Birkenau fühlte ich mich wie ein kleiner Junge. Ich konnte mich erinnern, wo wir langgehen mussten. Die älteren Überlebenden in der Gruppe meinten, ja, das stimme. In Birkenau erkannte ich den Ort, an dem meine Schwester und ich von meiner Mutter getrennt wurden. Ich erinnerte mich, dass meine Schwester ein Kleid mit Blumenmuster trug. Ich bekam meine Nummer A 2459 am ersten Tag, meine Schwester bekam ihre am zweiten Tag.

Während des Besuchs 1989 sah ich die Dokumente, die die Museumsmitarbeiter zu meiner Familie in den Archiven gefunden hatten, über ihre Herkunft und die Ankunft in Auschwitz. Da sah ich meinen Geburtsnamen auf der Originalurkunde: Josef Kleinmann, geboren am 14. April 1940.

Ich forschte nach weiteren Details zu meiner Schwester, fand aber nichts. Das machte mich sehr traurig. Seit Auschwitz hatte ich dieses tiefe Bedürfnis, meine Schwester um Verzeihung zu bitten, weil ich nach dem Tag der Befreiung, als ich im Schnee zusammengebrochen war, nicht zurückgekommen war und nach ihr gesucht hatte. Später tat ich alles, um sie zu finden. In Israel nahm ich Kontakt zu einer Gruppe überlebender Kinder auf, deren Identität ungeklärt war. Vielleicht hatte sie ja vergessen, dass sie einen Bruder hatte. Oder vielleicht war sie in Krakau – ich wollte nicht glauben, dass sie tot war. Aber ich fand keine Spur von ihr.

Beim ersten Besuch in Auschwitz 1989 nahm ich etwas Asche vom Gelände der Krematorien in Birkenau mit nach Yad Vashem in Jerusalem. Dann hatte ich meinen ersten Herzinfarkt.

Nachdem ich in Polen gewesen war, nahm ich Kontakt auf zu Ludovik Felt – auch Lajos Bacsi genannt, dem kleinwüchsigen Mann, mit dem ich im Block 10 in Birkenau das Bett geteilt hatte. Und ich lernte den Knesset-Abgeordneten Yossi Sarid kennen, dem ich meine Geschichte erzählte. Er hat darüber ein kleines Buch geschrieben.

Nun fing ich an, mich mit der Zeit in Auschwitz auseinanderzusetzen. Damals begann ich, in Schulen über meine Vergangenheit zu sprechen. Ich habe allerdings aufgrund einiger Krankheiten von Jahr zu Jahr weniger Kraft dazu. Aber ich besitze eine gute Krankenversicherung – kein Grund zur Sorge.

Mengele starb 1979. Es gab zunächst keine konkreten Beweise dafür. Die israelischen Ermittler sagten nur, wahrscheinlich sei Mengele tot. 1985 fanden sie sein Grab und 1992 wies eine DNA-Analyse nach, dass es sich um Mengele handelte. Die meisten der Organisation »Mengele Zwillinge« waren dann auch überzeugt, dass er tot war. Es gab dennoch Gerüchte, Mengele sei immer noch am Leben. Vor diesem Hintergrund reiste ich mit anderen aus dieser Gruppe 1993 nach Waldstetten in Deutschland, der Heimatstadt von Mengele. Sein Bruder hatte dort eine Landmaschinenfabrik. Wir hatten eine Liste mit den Namen von Menschen und was ihnen angetan worden war dabei. Wir wollten wissen: Warum starben unsere Freunde? Warum mussten so viele Menschen durch Mengele sterben?

Die Leute in Waldstetten nahmen uns sehr freundlich und hilfsbereit auf und zeigten uns, wo die Fabrik war. Sie bestätigten, dass Mengele in der Stadt geboren sei und es Unterlagen darüber gäbe. Man erzählte uns von einem Kindergarten, der 1962 eröffnet wurde, möglicherweise mit Geld, das Mengele aus Südamerika geschickt hatte. Es gibt dort auch eine Sporthalle, die 1974 mit einer Spende der Familie Mengele über 50.000 DM errichtet wurde.

Wir wollten auch mit Mengeles Sohn Frank sprechen. Der lebte in Frankfurt und wir fuhren dorthin, aber er lehnte ein Treffen ab. Es ist inzwischen viel Zeit vergangen und es nützt mir nichts, ob er, also Mengele, nun tot ist oder nicht.

Ich werde Ihnen ein Beispiel geben, wie Auschwitz mein Leben bis heute beeinflusst und warum ich nicht vergessen kann. Meine jüngere Tochter lebt in Beer Sheva. Als sie heiraten wollte, gab es für ihren Mann und mich ein paar schwierige Situationen. Die Familie meines Schwiegersohns stammt aus Marokko. Sie sind eine große Familie, und diese Hochzeit war die erste innerhalb der Familie. Mein Schwiegersohn sagte: »Wir haben ein Lokal ausgewählt, da ist Platz für 400 Gäste. Meine Familie lädt 250 Leute ein. Du kannst 150 von deinen Angehörigen einladen.« Ich fing an zu weinen und sagte: »Ich habe keine 150 jüdischen Verwandten. Wo soll ich 150 Gäste hernehmen?«

Meine Tochter hatte das mitbekommen. Sie sagte: »Tut mir leid. Ich habe ihm noch nicht erzählt, dass du deine Familie in Auschwitz verloren hast. Bitte weine nicht. Du bist der beste Vater der Welt.« Das tat mir so gut. Sie meinte: »Lade deine Freunde, die mit dir in Auschwitz waren und überlebt haben, zur Hochzeit ein. Sie kümmern sich um dich. Sie sind wie Familie für dich.« Ich stimmte zu und lud 45 Überlebende ein. Dieses Gegenseitig-Einladen zu Festen, zum Beispiel zur Bar Mizwa oder den Hochzeiten der Enkelsöhne, ist unter uns Überlebenden zur Tradition geworden. Sogar die, die in den USA leben, kommen dann.

Obwohl Auschwitz mein Leben so sehr geprägt hat, meine ich, nicht jeder Deutsche war damals ein Nazi. Ich kann nur die Deutschen hassen, die Nazis waren. So denke und fühle ich. Mit den Deutschen an sich habe ich kein Problem, auch nicht jetzt einer Deutschen gegenüberzusitzen. Die heutige, junge Generation von Deutschen hat nichts mit dem zu tun, was damals geschehen ist. Ich hasse sie nicht. Ich gebe ihnen keine Schuld.

Aber Leute, die damals beim Holocaust dabei waren, die regen mich auf. Diese Leute, die in Lager wie Auschwitz kommen und uns Überlebende um Vergebung bitten, da werde ich wütend. Wieso bitten sie uns, die Überlebenden, um Vergebung? Wir können ihnen nicht vergeben. Meiner Ansicht nach könnten sie nur die Toten um Vergebung bitten, nicht uns Lebende.

Und: Wir Juden waren nicht die einzigen Opfer. Es gab auch politische Gefangene. Der Wärter in unserem Block in Birkenau zum Beispiel war ein politischer Gefangener aus Deutschland. Wenn er Pakete von zu Hause bekam, rief er: »Pepiczek, komm her!« Und er gab mir heimlich ein bisschen Marmelade oder Brot. Ich weiß noch, dass ich nach ihm fragte, als das Lager befreit wurde und wir von Birkenau nach Auschwitz gebracht werden sollten. Ich wollte, dass er mir half. Aber er war verschwunden.

Heute ist es nötig, dass die Deutschen Auschwitz und den Holocaust als eine Tatsache begreifen und anerkennen. Bis heute habe ich den Eindruck, dass die Deutschen mit den Experimenten an den Zwillingen nichts zu tun haben und nicht dafür verantwortlich sein wollen. Andererseits habe ich junge Leute aus Deutschland getroffen, die nach Israel kamen und sich der Vergangenheit stellten. Das bedeutete mir sehr viel, und ich war sehr froh, dass diese Menschen meine Geschichte hören wollten. Es ist so wichtig, dass die Menschen in

Deutschland sich dafür interessieren, über den Holocaust reden und sich die Geschichten der Überlebenden anhören wollen.

Seit fünf Jahren komme ich nun mit den Schulgruppen nach Auschwitz. 2006 war ich siebenmal hier. Das war zu viel. Dieses Jahr war ich dreimal in Auschwitz, der Schule von Aschkelon konnte ich nicht absagen. Im April werde ich mit einer Gruppe zur Feier des Holocaust-Tages nach Auschwitz fahren. Und ich möchte den 14. April 2007, meinen Geburtstag, hier verbringen. Auch meine jüngere Tochter und ihr Sohn kommen mit. Das wird mein Gedenktag in Auschwitz sein. Meine Mutter und meine Schwester sind hier in Auschwitz gestorben und begraben. Und es ist für mich wie ein Friedhof, auf dem ich mein Kaddish für sie sprechen kann. In Birkenau lege ich an einer Stelle meinen Stein und ein paar Blumen ab. Das Kaddish spreche ich im Block 27 in Auschwitz. Ich spreche die Namen meiner Mutter und meiner Schwester.

Auschwitz lässt mich nie los. Wir Überlebenden sind auch nach der Befreiung des Lagers nicht wirklich frei und werden es niemals sein. Zum Bespiel suche ich immer noch nach meiner Schwester, meiner Mutter und anderen Familienangehörigen. Bei jedem Besuch hier entdecke ich etwas Neues. Letztes Jahr, als ich mit einer Gruppe hier war, haben wir gefragt, ob wir in den Block 10 in Auschwitz hineingehen dürften. Dort haben sie ihre so genannten medizinischen Experimente mit uns gemacht. Ich betrat den Block zum ersten Mal wieder, seit ich ein vierjähriges Kind war, und es bedeutete mir sehr viel.

Das Museum will den Block 30 in Birkenau, also dort, wo ich gelebt habe, rekonstruieren. Sie wollen die Überlebenden, darunter auch die »Organisationen der Mengele-Zwillinge«, dabei miteinbeziehen. Der kleinwüchsige Mann, mit dem ich als Kind in einem Bett schlief, war Maler und hat auch von mir Bilder gezeichnet. Einige von ihnen befinden sich in den Archiven von Auschwitz. Das Museum bereitet jetzt eine Ausstellung vor, und es wäre so gut, wenn die Besucher sich die Bilder anschauen könnten und dadurch einen Eindruck vom Leben im Block 30 in Birkenau bekämen.

Mit solch einer Geschichte zu leben, geht nur, weil ich meine Familie habe. Meine Frau ist vor acht Jahren gestorben. Heute habe ich meine drei Kinder. Die älteste Tochter hat drei Kinder, zwei sind Zwillinge. Die jüngere hat zwei Kinder. Mein Sohn ist 36 Jahre und noch nicht verheiratet. Ich mache so gerne Fotos von meinen Enkelkindern, und es ist ein großer Trost für mich, diese neue Generation zu sehen. Die Familie lebt weiter, sie ist nicht ausgelöscht worden.

Die

Multiplikatoren

Auschwitz soll Denken und Emotionen bewusst machen

Elsbieta Pasternak

33 Jahre
Pädagogin

Seit zehn Jahren arbeite ich als pädagogische Mitarbeiterin in der Internationalen Jugendbegegnungsstätte. Für meinen Beruf fügte ich zwei Perspektiven zusammen: meine deutschen Sprachkenntnisse und dass ich hier geboren bin. Ich habe zuerst Germanistik studiert. Nach dem Abschluss erweiterte ich meine Ausbildung durch ein Aufbaustudium mit den Themen Totalitarismus, Nationalsozialismus, Holocaust für polnische Lehrer und Edukatoren am Museum Auschwitz. In einem Kurs in Yad Vashem in Israel lernte ich Pädagogik und Didaktik, quasi das Handwerkszeug, mit dem ich Jugendlichen Auschwitz vermittele.

Mehr oder weniger war ich in Oswiecim immer mit Auschwitz konfrontiert. Ich kann mich an den ersten Besuch im Lager sehr gut erinnern. Damals dachte ich: Mein Berufsleben in Verbindung mit Auschwitz – das geht nicht. Aber je älter ich wurde und nachdem ich das Germanistikstudium und das Aufbaustudium abgeschlossen hatte, festigte sich meine Überzeugung immer mehr: Das wird meine berufliche Entscheidung! Ich möchte mit Jugendlichen und dem Schwerpunkt Auschwitz arbeiten. Dafür habe ich viel investiert. Ich lernte die deutsche Sprache und baute mir Wissen über das Thema Auschwitz auf.

Auschwitz ist ein absolut offenes Thema. Selbst mehr als 60 Jahre nach dem Krieg laufen ständig neue Forschungsarbeiten, die in den Bereichen Psychologie, Philosophie und Geschichte dunkle Ecken ausleuchten. Das bleibt so, vermute ich. Es werden fortgesetzt Leute aus unterschiedlichen Generationen mit neuen Fragen ihrer Zeit nach Auschwitz kommen. Man kann für die, die hier nach Antworten suchen, Hilfe leisten. Und in all dem muss man einen Platz für sich finden, was eine Herausforderung ist.

Intellektuell gesehen ist Oswiecim für mich ein sehr, sehr anspruchsvoller Arbeitsort. Man kann sich hier entwickeln. Für mich bedeutet es eine ständig neue Reflektion meiner Standpunkte in den Bereichen Pädagogik und Didaktik. Und ich stelle mir Fragen, suche nach Antworten. Zum Beispiel interessiert mich, wonach Leute, die hierher kommen, suchen. Nach Informationen? Nach Emotionen? Nach Aufklärung? Welche Ziele haben sie? Was vermittelt der Ort, die Ausstellung, die im Museum präsent ist? Was zeigt, was sagt die Konzeption den Besuchern, die in der Gedenkstätte Auschwitz-Birkenau im Moment zu sehen ist? Ich frage mich, ob das für die Besucher ausreichend ist. Ob sie verstehen können, dass sie auf einem Friedhof sind? Ob sie begreifen, dass sie die größte Gedenkstätte der Welt für Völkermord besuchen?

Die Zahl der Besucher wird immer größer. Was wir in diesem Zusammenhang merken, ist, dass es zu immer mehr Irritationen nach der Konfrontation mit diesem Ort kommt. Das, was die Besucher suchen, finden sie nicht. Sie haben wenig Zeit. Sie finden keine Ruhe und keine Reflektion. Einerseits wollen die Menschen den authentischen, historischen Ort sehen, andererseits erlaubt es die zeitliche und räumliche Dimension des Massenmords in Auschwitz nicht, dass man ihn unter Bedingungen wie Hast und Ruhelosigkeit und ohne Raum und Zeit für gedanklichen Austausch wirklich versteht.

Ich frage mich: Warum ist das so? Was macht man mit den emotional starken Eindrücken in diesem komplizierten Kontext? Es ist schwierig, pädagogisch gesehen. Früher war es auch nicht anders. Früher gab es nur weniger Besucher.

Wenn ich so von außen schaue, habe ich den Eindruck, dass der Besucher immer weniger von Auschwitz weiß, weil die zeitliche Distanz wächst. Der reine Besuch von Auschwitz in ein oder zwei Stunden, ohne Vorbereitung und Nachbereitung – ich bin nicht sicher, ob das reicht. Ob die ganze Geschichte in solch eine Kurzvisite eingebettet werden kann. Oder ob es nicht ein blindes Durchgehen durch das Gelände ist. Es macht mir ein bisschen Angst bei der Frage, ob der jetzige Umgang mit Auschwitz wirklich zum Verstehen von Ursachen und Wirkungen beiträgt und für das weitere Leben dieser Menschen etwas bringt.

Auf der anderen Seite ist es schwierig, eine Person als Maßstab zu nehmen, die sich hier eine Woche lang im Rahmen eines Projektes mit Auschwitz beschäftigt. Die dabei entstehenden Effekte mit denen eines Besuchs im Rahmen der Standardtour zu vergleichen, geht nicht. Wenn man jedoch pädagogisch denkt, ist jede Option mit etwas mehr Zeit und Raum für sich besser. Aber die haben die meisten der etwa eine Million Besucher pro Jahr nicht. Deshalb sehen und empfinden wir, die wir mit diesem Thema pädagogisch in Oswiecim arbeiten, Auschwitz eher als einen touristischen Ort und leben damit schon seit längerer Zeit. Viele sagen, das ist nicht gut. Nur: Was für eine andere Option haben wir?

In diesem Zusammenhang steht auch die Frage, wie man hier pädagogisch mit Erwachsenen arbeiten kann. Mit Jugendlichen ist die Perspektive eher universal. Sie ist leichter für uns, und die Chance, dass der Auschwitz-Besuch auf die Entwicklung der Persönlichkeit, auf die Denk- und Handlungsweise Einfluss nimmt, ist größer. In diesem Sinn sprechen wir über einen noch offenen Erziehungsprozess. Die Arbeit mit Erwachsenen, die zum Beispiel noch mitten in den Erinnerungen der eigenen Eltern stecken, müsste eine biografieorientierte Pädagogik sein, in der diese Erinnerungen aufgegriffen werden. Meine Erfahrung mit Erwachsenen ist, dass man nicht mit einer Gruppe, sondern besser mit einzelnen Menschen arbeiten sollte, weil sie mit ihrer Biografie, individuellen Ängsten und eigenen Fragen hierher kommen.

Wenn ich mit 30 unterschiedlichen erwachsenen Menschen pädagogisch arbeite, kann es zum Beispiel nicht so sein, dass ich die »Besserwisserin« bin: dass ich einfach Fragen stelle und auch die Antworten liefere, damit die Gruppe etwas lernt. Die Arbeit mit Erwachsenen besteht eher aus einem moderierten Austausch von Erfahrungen. Wenn Auschwitz tief in der Biografie eines Besuchers verankert ist, dann zeigen sich oft psychologische Phänomene wie Ängste und Befürchtungen. Wenn irgendetwas in der Familie dort und dort geschehen ist oder es eine Verstrickung mit dem Nationalsozialismus oder gar mit Auschwitz gibt, braucht man viel Zeit und Einfühlungsvermögen für die Auseinandersetzung damit. Erwachsene benötigen dazu einen individuellen Rahmen. Ein paar Tage in Auschwitz in solch einem Zusammenhang zu verbringen, ist eine sehr schwierige Aufgabe. Und es ist auch sehr belastend. Bei Erwachsenen würde ich es zum Beispiel nicht wagen, mich auf ihre Ebene zu begeben, um bestimmte Verhaltensweisen irgendwie korrigieren oder verändern zu wollen. Deshalb haben wir uns von der Internationalen Jugendbegegnungsstätte für Jugendarbeit entschieden. Wir können das schaffen, weil es pädagogische und didaktische Mittel gibt, die den Bildungs- und Erziehungsprozess fördern.

Seit 20 Jahren kommen Gruppen aus Deutschland zu uns. Pro Jahr sind es etwa 180. Das zeugt davon, dass das Thema mit seinen unvermeidlichen Fragen in der deutschen Gesellschaft weiter lebendig ist, obwohl sich die Generationen verändert haben. Vielleicht ist es eine Art Verpflichtung der Vergangenheit gegenüber. Auf jeden Fall: Die Themen Auschwitz und Holocaust sind konstant platziert in der Schule, den Medien und der politischen Bildung und das Bedürfnis, sich mit ihnen zu beschäftigen, finde ich, ist sehr präsent in der deutschen Gesellschaft.

Ich finde es grundlegend für die Arbeit mit Auschwitz, dass kritisches Denken und sich daraus ergebene Fragen bei Jugendlichen provoziert werden. Im Laufe der Zeit haben wir dafür mit unseren Partnern modellhafte Projekte entwickelt. Es begann vor 20 Jahren vor allem in Kooperation mit Aktion Sühnezeichen/Friedendienste. Später kamen andere Partner aus Deutschland und anderen Ländern dazu.

Ein großer Teil unserer Arbeit macht Seminare für Jugendgruppen aus Deutschland aus. Ihre pädagogische Betreuung wurde unter Berücksichtigung aller Aspekte des kollektiven Gedächtnisses an den Zweiten Weltkrieg, den Holocaust und Auschwitz aus deutscher Perspektive speziell für Gruppen aus Deutschland entwickelt. Auschwitz ist ein sehr wichtiger Teil deutscher Geschichte.

Die Menschen, die hierher reisen, sind meist im Alter zwischen 16 und 26 Jahren. Sie kommen freiwillig im Rahmen von frei ausgeschriebenen Projekten, als Schulklassen vor dem Hintergrund des Geschichtsunterrichts. Es besuchen uns auch evangelische oder katholische Initiativen oder Gruppen aus Kreisen der politischen Bildung, Gruppen der Gewerkschaften oder studentische Initiativen. Es ist ein sehr breites Spektrum.

Für mich ist es eine sehr gute Arbeitssituation. Meine Gesprächspartner beschäftigen dieselben Fragen wie mich. Es gibt immer Menschen, die sich mit dem Thema beschäftigen wollen und es wagen, offen darüber zu sprechen. Das ist im Übrigen auch ein Phänomen dieser Begegnungsstätte: Neben allem ist hier auch genug Zeit, um zu lachen oder abends zusammenzukommen, um sich den schwierigen Fragen zu stellen und den Tag zu diskutieren.

Viele, die bei der Gründung der Begegnungsstätte mitgewirkt haben, sagten, dass dieser Ort die Antwort auf Auschwitz ist. Das heißt: Wir haben es hier geschafft, eine Antithese zu schaffen. Sie ist präsent und lebt seit 20 Jahren. Das ist nur möglich, wenn man Auschwitz ernsthaft und selbstbezogen betrachtet. Wenn man versucht hat zu verstehen, was dort passiert ist, dann hat man die Sicherheit und die Kompetenzen, das Grausame zumindest in Ansätzen erklären zu können. Und man kann einen weiteren Schritt gehen, indem man das Leben, vor allem das der jungen Menschen, verstärkt und ihnen Kraft gibt. Hier Glück zu empfinden ist nicht absurd, sondern normal. Man kann es hier erfahren und auf diese Erfahrung kann man aufbauen. Man kann und darf sich nicht von dem, was in Auschwitz passiert ist, vernichten lassen. Wenn die Zeitzeugen es geschafft haben, dann schaffen wir es auch, dass man aus der Tiefe in das Licht kommt, man das Leben genießt. In diesem Zusammenhang kann man eine positive Schlussfolgerung aus Auschwitz ziehen und deshalb ist es auch ein positiver Ort.

Wenn die jungen Leute die Entscheidung getroffen haben, hierher zu kommen, sind sie einigermaßen emotional vorbereitet. Einiges ist schon verarbeitet. Sie kommen den weiten Weg von Deutschland nach Auschwitz mit bestimmten Bildern, mit gewissen Erwartungen und Vorgefühlen. Die Motivation ist auch ziemlich klar. Darauf baue und damit arbeite ich. Ich will, dass die Jugendlichen auf Grund des Wissens und der Erfahrungen, die sie hier vor Ort sammeln, fähig sind, Meinungen, auch wenn sie verschieden sind, auszutauschen und aushalten zu können. Dass sie einfach kritischer, wachsamer sind und nicht im Zustand der tiefen Betroffenheit depressiv nach Hause kommen.

Der Ausgangspunkt des jeweiligen Projekts ist immer die Konfrontation mit dem authentischen Ort. Die Führungen – wir rechnen pro Ort einen Tag – dauern im Stammlager und in Birkenau jeweils drei Stunden. Es gibt vor Ort eine bestimmte Grundinformation, eine Grundsubstanz, die vermittelt werden muss. Gedanken, Fragen und Emotionen können von den Guides in beiden Gedenkstätten bei den Besuchern hervorgerufen werden. Der nächste Schritt ist diese aufzugreifen und damit beginnt unsere Arbeit, die Arbeit der Gedenkstättenpädagogik.

Auschwitz ist sehr komplex. Man muss unterscheiden: Es gibt eine Phase der Vermittlung von Informationen, von geschichtlichen Fakten. Dabei geht es um die Frage: Was ist hier geschehen? Dann gibt es mehrere Möglichkeiten der

Interpretation im Zusammenhang mit Erinnerungskulturen, die unterschiedlich in Deutschland, Polen, bei den Sinti und Roma oder in Israel diskutiert werden. Dieser unterschiedlichen Perspektiven sind sich die Guides in der Gedenkstätte und wir Pädagogen bewusst.

Der Bereich der jeweiligen Interpretation von Auschwitz ist die Aufgabe der Pädagogen. Sie geben den Menschen, die sie betreuen, eine Hilfestellung und leiten das Suchen und Finden von Antworten an, die zeigen sollen, wie und warum das, was in Auschwitz geschah, bis jetzt bearbeitet wurde. Aus dieser Multiperspektivität der Interpretationen entstand bei uns auch die Idee internationaler Begegnungsseminare. Denn wenn man über die eigene Perspektive spricht und sich ihr bewusst ist, dann kann man auch die von anderen hören. Für sie entwickelt man Empathie und hört mit Verständnis und Toleranz der anderen Auffassung zu, akzeptiert oder versteht sie zumindest.

Zu den Führungen durch die ehemaligen Lager kommen Zeitzeugengespräche hinzu. Für junge Menschen sind sie von höchstem Wert. Das Programm beinhaltet den Besuch der Länderausstellungen, das Kennenlernen der Vorkriegs-, Kriegs- und Nachkriegsgeschichte der Stadt Oswiecim, Einblicke in die polnisch-deutschen, die polnisch-jüdischen und die christlich-jüdischen Beziehungen.

Sehr wertvoll sind die Auswertungsgespräche, in denen die SeminarteilnehmerInnen inhaltliche, emotionale, ethische und moralische Fragen stellen und gemeinsam diskutieren. Das ist ein offener Prozess, in dem wir vor allem auf Erwartungen, auf Fragen und Bedürfnisse der jungen Menschen eingehen. Es ist eine höchst schwierige Aufgabe. Wir brauchen ein sehr großes Wissen dafür, pädagogische Kompetenz und Empathie für die jungen Menschen. Und man muss eine Sicherheit in sich haben, damit die jungen Leute viele Fragen stellen und auch den Mut haben, Probleme und Konflikte anzusprechen, die unbequem sind oder für die es keine einfachen Lösungen, keine schnellen Antworten gibt.

Im Laufe der Zeit und mit Bezug auf aktuelle gesellschaftliche Phänomene, stellen Jugendliche in den Reflektionsrunden jeweils andere Fragen. Sie bleiben im »Heute«, wenn sie über Rassismus, Nationalismus und Intoleranz sprechen. Sie denken an das eigene Land, an persönliche Erfahrungen. Sie sprechen aktuelle Konflikte in der Welt wie zum Beispiel den Israel-Libanon- oder den Israel-Palästina-Konflikt an. Und sie denken an den räumlich und zeitlich nicht weit entfernten Krieg auf dem Balkan. Der Ausgangspunkt bei allem ist jedoch immer: Was geschah in Auschwitz? Natürlich ist die Skala dessen, was hier geschehen ist, außergewöhnlich. Grundsätzlich jedoch geht es um Völkermord und mehrere Beispiele dafür wie 1994 in Ruanda und 1995 beim Massaker von Srebrenica hatten wir in jüngster Vergangenheit.

Bei den Reflektionsrunden ist das Alter von besonderer Bedeutung. Reifere Menschen ermöglichen einen anderen Dialog. Ich meine damit nicht nur, wie viele Informationen man im Kopf hat. Ich sehe das eher an den Fragen, die gestellt werden, und an den Antworten, die die SeminarteilnehmerInnen versuchen zu finden. Weil ich schon sehr lange mit diesem Thema arbeite, mag ich gerne mit StudentInnengruppen arbeiten. Sie sind für mich Partner im Gespräch. Sie sind sehr kreativ und mutig im Denken und bringen viele neue Impulse. Und ich bringe mich, mein Wissen, meine Erfahrungen und meine Empathie in solche Gruppen hinein. Damit können wir dann tatsächlich meine, also die polnische Perspektive, meine Wahrnehmung des Ortes mit der deutschen Perspektive vergleichen. Wir haben dabei keine Angst, Unterschiede festzustellen, Konflikte zu öffnen und auszuhalten. Gruppenarbeit ist dann ein gemeinsamer Prozess, bei dem wir etwas gestalten und uns gegenseitig fördern.

Studenten suchen eher nach globalen, nach systematischen Erklärungen. Sie besitzen eine größere Fähigkeit zum abstrakten Denken als Jugendliche im Schulalter. Sie diskutieren gerne über politische, soziologische, psychologische Faktoren des Krieges und des Holocaust. Sie entwickeln spannende Brücken zu aktuellen Phänomenen der Gesellschaft und des Menschen an sich. Sie forschen einfach. Sie suchen nach präzisen Informationen zu bestimmten Ereignissen, rekonstruieren sie und die dazugehörenden Biografien und arbeiten gerne im Archiv. Letztlich stellen sie die gleichen Fragen wie die Jugendlichen, nur ihre Suche nach Antworten ist präziser. Sie gucken und beobachten genauer. Das Bedürfnis, mehr zu wissen, ist bei StudentInnen ausgeprägter und das ist spannend für mich und meine Arbeit hier.

Mit Jugendlichen ist es eine Arbeit, die an einem anderen Punkt beginnt. Heute, zum Beispiel, stellten in einer Vorbereitungsrunde die Schüler so simple Fragen wie: Warum wurde das Lager hier aufgebaut? Wozu gab es im Lager einen Krankenbau, wenn das Ziel der Tod war? Wie war es eigentlich möglich, dass die ganze Welt über Auschwitz gewusst hat und nichts dagegen tat? Warum konnte ohne Störungen und Angriffe von außen das System Konzentrations- und Vernichtungslager Auschwitz-Birkenau mit etwa 39 Nebenlagern fünf Jahre lang existieren?

Warum-Fragen im Kontext von Auschwitz sind schwer zu beantworten. Soweit möglich, antworte ich auf diese Fragen mit Informationen. Wie das ganze System aufgebaut wurde und funktionierte. Zu meinen Informationen muss jede Person sich aus verschiedenen Faktoren und Informationen selbst weitere Erklärungsansätze für Antworten auf Warum-Fragen suchen. In der Annahme, Auschwitz war menschliches Handeln, kann man rekonstruieren, wie Faktoren funktioniert und zusammengewirkt haben. Das lässt wiederum den Schluss zu, dass wenn bestimmte Faktoren und Bedingungen geschaffen werden, dieses menschliche Handeln in der Humangesellschaft auch nach Auschwitz wiederholbar ist.

Dadurch, dass Jugendliche bei uns im Rahmen der Projekte fünf bis sieben Tage Zeit haben, sind wir sehr aufmerksam in Bezug auf ihre Reflektionen und Emotionen. Ihre Reaktionen auf Auschwitz sind sehr unterschiedlich, und man kann sich sehr täuschen, wenn man sie beobachtet, da dies teilweise Abwehrmechanismen sind. Manche schweigen. Manche lachen. Manche wollen sofort diskutieren. Viele besuchen Auschwitz zum ersten Mal und wissen nicht so richtig, wie sie sich hier eigentlich verhalten sollen und was dann die anderen von ihnen denken. Jugendliche erfahren in Auschwitz wirklich sehr schwierige Emotionen. Sie sind tief berührt und verarbeiten ihre Erlebnisse vielleicht langsamer als Erwachsene. Sie haben Dilemmata und stellen Fragen. Ihre Eindrücke sollen etwas sacken, sollen ruhen; dann kommt ein Dialog, ein Gespräch. Oder wenn es akut wird, weil ein Problem in der Gruppe ist – vielleicht nicht gültig für alle – und deshalb für eine oder mehrere Personen eine Bezugsgruppe gebildet wird oder gemacht werden sollte. Das meine ich mit Empathie, von der ich vorhin sprach. Dass ich die Leute gut beobachte und reagiere. Bei Jugendlichen muss man zum Beispiel sehr aufpassen, weil sie emotional noch labil sind. Es gibt unter ihnen Menschen, die weinen oder schweigen die ganze Zeit. Oder Jungen, die permanent lachen. Aus diesen Zuständen möchte ich sie herausholen, damit sie darüber sprechen und kritisches Denken entwickeln.

Ob das gelingt, hängt davon ab, wie ich die rationale und die emotionale Ebene verbinde. Natürlich ist es sehr leicht, in die eine oder andere Richtung zu gehen – rein emotional oder rein rational –, was auch falsch wäre. Ich muss eine Balance finden. Für mich ist es wichtig, dass die jungen Leute nicht in einem depressiven Zustand, in dem das bewusste Denken nicht mehr funktioniert, nach Hause fahren.

Wie man die inhaltlichen Bausteine letztlich zusammenstellt, so dass die jungen Leute zu tiefgründigen Schlussfolgerungen kommen oder zu Fragen provoziert werden, ist Erfahrung. Diese wächst von Gruppe zu Gruppe. Ich lerne jedes Mal dazu. Wenn wir beim ersten Gespräch mit der Gruppe zum Beispiel über das Programm sprechen, dann möchte ich hören, wie die Jugendlichen ihre Vorbereitungen, Motivationen, Erwartungen und Befürchtungen vor dem Besuch der Gedenkstätte verbalisieren. Wenn sie das können, gehen sie mit leichterem Herzen zur Gedenkstätte und sind danach vielleicht mutiger in der Diskussion, weil einiges schon im Plenum vor den anderen gesagt wurde.

An den Beiträgen kann ich erkennen, welche Konflikte, welche Schwierigkeiten in der Gruppe präsent sind. Zwei Themen der Deutschen, die sie im Plenum diskutieren, waren und sind die Fragen nach Schuld und Mitschuld und nach

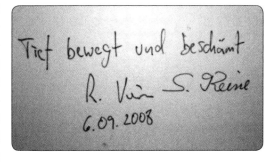

Verantwortung der Deutschen für das, was in Auschwitz geschah. Es ist egal, wie alt die Leute sind: Als Deutsche in Auschwitz stellen sie sich diesen Fragen, weil sie mit der nationalen Identität verbunden sind. Bei deutsch-polnischen Gruppen zum Beispiel stehen diese Themen häufig gespalten im Raum.

Ich glaube, Schuld empfindet man, wenn man persönlich einem anderen Menschen etwas Böses angetan hat. Deshalb ist die Schuldfrage bezogen auf die jetzige Generation der jungen Deutschen und auch für die, die den Völkermord nicht durchgeführt haben, eigentlich kein Thema. Und dennoch ist es eines, da es im Kontext mit der kollektiven Erinnerung des Staates und seiner Gesellschaft steht. Es mag die Biografie sein, vielleicht auch eine Art Inkarnation, die man in sich trägt, aber ich nenne es nie Schuld in Bezug auf die Jugendlichen.

Nicht alle verbalisieren das Wort Schuld. Intuitiv, vermute ich, wird es jedoch aus dem Bewusstsein kommend mitgetragen. Und falls es in einer Gruppe diese Reflexion gibt, will ich es hören und darüber sprechen. Wenn die

SeminarteilnehmerInnen Schuld empfinden, frage ich: Warum? Dann kommen natürlich geschichtliche Faktoren. Früher erzählten die jungen Leute auch aus ihren Familiengeschichten mit Bezügen zur Kriegszeit. Dass zum Beispiel der Großvater oder die Großmutter im Krieg das und das gemacht haben.

Politisch gesehen nennen deutsche Jugendliche Auschwitz im Zusammenhang mit Verantwortung: eine Verantwortung für sich, die Familie, die Klasse, für die Schule, die Gesellschaft. Sie sehen das eher universal. Historisch gesehen eröffnen sich weitere Perspektiven: die der Täter, der Opfer oder der Zuschauer. Diese drei dürfen nicht auf die jetzige Generation ausgeweitet werden und dennoch stoßen sie durch den Besuch der Gedenkstätte aufeinander und damit gilt es dann zu arbeiten.

Die Perspektive des überlebenden Opfers wird zum Beispiel auch durch ein Gespräch mit einem Zeitzeugen offenbart. Die Überlebenden, mit denen wir arbeiten, sind Menschen, die ein bestimmtes Licht in sich tragen. Sie haben ihre Vergangenheit im Lager verarbeitet. Sie haben bewusst die Entscheidung getroffen, darüber zu erzählen. Und sie wollen, dass die Menschen aus dem Gespräch mit ihnen nicht erniedrigt, sondern mit Hoffnung herausgehen. Ich habe viele solcher Menschen kennenlernen dürfen und von ihnen viel für mein Leben mitgenommen.

Mein Eindruck ist, dass die meisten Gruppen, die nach zwei, drei Stunden Gespräch mit den Zeitzeugen herauskommen, nicht in einem tief depressiven Zustand sind. Und doch mache ich mir oft Gedanken und frage mich, ob es nicht zuviel ist für die jungen Menschen. Muss man zu den schmerzvollsten Erinnerungen greifen, um Auschwitz anschaulicher zu machen? Auf der anderen Seite war dies ein Teil von Auschwitz, ein Teil unglaublichen Schmerzes und Leidens. Warum also nicht? Diese Entscheidung zu treffen, ist ein Teil der Erfahrung. Bieten wir es der Gruppe an? Ist sie so reif und vorbereitet, um mit solch einer Begegnung zurechtzukommen? Oder glauben wir, dass sie weit genug ist, diese Erfahrung einzuordnen? Das sind ernsthafte Fragen, die ich mir bei jeder Gruppe stellen muss, für die ich ein Projekt oder ein Programm konstruiere. Und es gibt natürlich verschiedene Meinungen dazu. Ich habe auch Kollegen und Kolleginnen, die »Nein« sagen: Das seien zu extreme Inhalte und sie möchten nicht, dass ihre Gruppe dies miterlebe.

Die schwierigste Perspektive auf Auschwitz ist die jüdische, glaube ich. Fast 90

Prozent der Opfer in Auschwitz waren Juden. Hier ist der größte jüdische Friedhof der Welt. Deshalb berühren die Emotionen Trauer, Schmerz und Leid am meisten die Juden. Ihre Fahrten nach Polen sind eher Pilgerreisen zu Gräbern der Großeltern oder der Urgroßeltern. Wenn man die Erinnerungskultur der jüdischen Seite gut kennt, also warum die Fahrt und die Auseinandersetzung mit Auschwitz so gestaltet werden, was die Jugendlichen dabei empfinden und wie die Holocaust-Bildung in Israel aussieht, dann ist eine Begegnung, ein Dialog mit anderen hier vor Ort eine schwierige Herausforderung.

Die Gruppen aus Israel haben für die Führungen eigene Leute, die ihre Gruppen vorbereiten. Sie werden hier vor Ort von polnischen Guides der Gedenkstätte unterstützt. Beide Seiten akzeptieren diese Variante, weil das Institut Yad Vashem eng mit der Gedenkstätte Auschwitz-Birkenau zusammenarbeitet. Das Konzept ist gemeinsam entwickelt worden und wird gemeinsam praktiziert. Basis ist die gemeinsame, inhaltliche Ebene. Mich stört es nicht, dass die Gruppen mit eigenen Guides kommen. Auschwitz ist ein Ort – wenn Informationen übereinstimmen und man gut vorbereitet ist –, da spielt für mich die nationale Kategorie der Vermittler gar keine Rolle. Ob es ein Jude ist, ein Deutscher oder ein Pole: Das Prinzip ist die Weitergabe von wahrhaften Informationen.

Das stereotype Bild, das wir in Polen kennen, ist, dass Jugendliche aus Israel mehrere Gedenkstätten in Polen besuchen und keinen Raum finden für alles andere, zum Beispiel für Begegnungen mit dem Polen von heute und seinen Menschen. Wir möchten das gerne. Aber manchmal ist das extrem schwierig, weil der Holocaust hauptsächlich in Polen geschah und mit sehr tiefen Gefühlen von Schmerz und Leid auf jüdischer Seite verbunden ist. Weil sie Auschwitz in erster Linie als Friedhof wahrnehmen, fühlen sich viele nicht fähig und haben emotional nicht so viel Mut, nach einem Besuch der Gedenkstätte mit Polen oder mit Deutschen darüber zu sprechen. Es ist eine sehr große, sehr schwere Herausforderung, in diesem Dreieck eine Begegnung im Kontext von Auschwitz zu gestalten. Wir respektieren das, obwohl wir es verändern möchten. Ich weiß, dass Initiativen aufgebaut werden und man versucht, dass die jungen Leute zusammenkommen. Dabei spielt die zeitliche Distanz eine große Rolle: Stereotype Vorurteile und das Leid sind in der heutigen Generation der Jugendlichen auf der polnischen wie auf der israelischen Seite vielleicht weniger präsent. Durch mehr Distanz haben sie vermutlich mehr Raum und Zeit und bekommen langsam Mut für den Dialog.

Grundsätzlich geht es uns, die wir uns mit dem Thema Auschwitz beschäftigen und hier arbeiten, darum, dass hier, in Auschwitz, ein Dialog im Kontext mit Auschwitz entsteht und dann eine offenere Haltung eingenommen werden kann. Dabei sind die nationalen oder religiösen Kategorien wichtig, um unser Ziel, Brücken über diese hinweg aufzubauen und primär Verständigung und Versöhnung zwischen Menschen zu schaffen.

Die Gedenkstätte trägt eine unglaublich große Verantwortung dafür, wie es weitergeht mit diesem Ort, mit Auschwitz. Wie lange werden sich Menschen mit diesem Thema beschäftigen? Wie weit sollte man auf die Bedürfnisse der jetzigen Generation eingehen? Will man diesen authentischen Ort weiter so unberührt lassen? Oder will man mehr in Richtung moderne Museumsdidaktik und -pädagogik arbeiten?

Wenn man zum Beispiel die neuen Länderausstellungen anschaut, dann ist der Unterschied zur Grundausstellung unglaublich. Die meisten sagen, dass sie ein guter Zugang ist, auf dem der Besucher aufbauen kann. Doch die Wahrnehmungsfähigkeit der jetzigen Gesellschaft, und dort besonders bei Jugendlichen, befindet sich kontinuierlich im Wandel. Jede Generation lebt in einer anderen Welt als die Generation vor ihr und nimmt Informationen anders wahr. Daraus stellt sich notwendigerweise die Frage: Darf man Auschwitz an die sich ändernden Betrachtungsweisen anpassen?

Im Sommer hatte ich ein deutsch-polnisches Seminar, bei dem ein Mädchen sagte, dass für sie Auschwitz eine »angebliche« Gedenkstätte sei. Sie habe keinen Eindruck mitgenommen, dass sie in einer Gedenkstätte sei. Es sei wie im Museum: Vitrinen, Exponate, Dokumente. Eine Ausstellung eben. Sie sei durch das Museum gegangen und habe gar kein Gefühl gehabt, dass dort Menschen gestorben seien. Materielle Beweise habe sie gesehen, Dokumente der Lageradministration, Hab und Gut der Häftlinge. Aber die Tragödie des einzelnen Menschen, die habe sie gar nicht wahrnehmen können. Es sei schwierig gewesen, das menschliche Schicksal zu erkennen. Sie wusste nicht, ob es so, wie es jetzt ist, gut sei. Und ob man es beibehalten solle und wenn nicht, wie eine Veränderung aussehen könne.

In der Reflexion stellte sich heraus, auf welcher Basis die junge Frau diese Eindrücke gesammelt hatte. Sie hatte nie mit einem Zeitzeugen gesprochen und sich biografisch wenig mit Auschwitz beschäftigt. So war die Gedenkstätte

für sie vor allem ein Museum. Sie war mit der Erwartung und Vorstellung nach Auschwitz gekommen, dass sie hier die Tragödie des einzelnen Menschen sehen würde. Dass es nicht so war, war schwierig für sie. Die offene Frage nach dem Schicksal der Ermordeten oder Überlebenden hat sie wieder nach Hause mitgenommen. Deswegen sagte sie »angebliche« Gedenkstätte.

Mich machte das nachdenklich, weil ihre Wahrnehmung von Auschwitz zu den Fragen gehört, die ich mir auch immer wieder stelle: Was vermittelt dieser Ort heute? Was nehmen die Besucher mit, wenn sie hier gewesen sind? Und mich berührte ihre Wahrnehmung, weil mir bewusst wurde, dass meine Perspektive auf die Ausstellung des Museums anders ist. Ich habe viel gelesen, Zeitzeugen getroffen und kennengelernt. Ich sehe Menschen, die mit Auschwitz verbunden sind, weil ich direkt mit ihnen sprechen konnte. Ich bin an diese Ausstellung im Museum gewöhnt.

Die Zeitzeugen, die ich kenne, sind sehr vorsichtig, sehr skeptisch in Bezug auf die modernen pädagogischen und didaktischen Mittel der neuen Museumspädagogik. Für sie haben die Beweise des Verbrechens eine sehr große Bedeutung. Für mich sind sie auch wichtig, weil es authentische, unersetzliche Objekte und Belege sind, und es ist die Aufgabe der Pädagogik, dass auf diesen Beweisen weiter aufgebaut wird. Damit meine ich Filme, Literatur, Texte, Fotos, pädagogische Materialien. Und daran, finde ich, muss gearbeitet werden: dass man mehr leistet in Richtung Aufarbeitung und Erweiterung von Informationen für die Jugendlichen. Sie brauchen mehr Zeit nach dem Besuch der Grundausstellung im Stammlager und der Gedenkstätte Birkenau. Sie brauchen Raum, um aktiv mit dem Thema zu arbeiten, um weiter forschen zu können. Das ist wichtig, weil die Jugendlichen immer weniger über Auschwitz wissen. Zusätzliches Wissen jedoch vermittelt die Grundausstellung – so wie sie jetzt ist – nicht. Das, was in Auschwitz geschehen ist, ist eine Art Punkt Null der Zivilisation der Menschen. Davon ausgehend ist es ein Bezugspunkt für das Vergangene, für das Jetzt und für das, was kommt in der Zivilisation der Menschheit. Dies in einen historischen Kontext, in gegenwärtige Aspekte einzubinden, ist die Hauptaufgabe der Gedenkstättenpädagogik. Und daran müssen wir arbeiten. Das wird immer akuter, und diese Arbeit wird mehr und mehr gebraucht wegen der immer größeren Wissensdefizite.

Ich muss sagen, ich habe inzwischen eine bestimmte Distanz zu Auschwitz aufgebaut. Wenn ich nach einem Seminartag nach Hause gehe, dann will ich abends nicht noch reflektieren über das, was schon gesagt oder noch nicht gesagt wurde. Das geht nicht. Ich lese gerne Literatur und reise viel. Das sind für mich so Ablenkungs- oder Schutzmechanismen. Oder ich gehe zu meiner Schwester und spiele mit ihrer Tochter. Oder ich koche etwas zu Hause und denke nicht an Auschwitz. Das ist das Leben und man muss sich, wenn man mit diesem Thema arbeitet, auf irgendeine Weise schützen. Ich weiß, dass dies auch für die Mitarbeiter, die Guides in der Gedenkstätte und die, die dort wissenschaftlich arbeiten, gilt: Man muss eine gewisse Distanz aufbauen. Das ganze Leben darf sich nicht nur um Auschwitz drehen. Das Gleiche sagen auch die Zeitzeugen. Sie meinen zwar, dass Auschwitz für sie so etwas wie ein zweites Zuhause sei. Doch sie haben auch eine Art Abstand: Einige pflegen ihren Garten, gehen angeln, andere sammeln Briefmarken oder schreiben Bücher – alles Dinge, die den Menschen erlauben, am Leben zu bleiben, weil Auschwitz aus ihrer Sichtweise Tod bedeutet.

Durch meine Arbeit und die Menschen, die ich bisher kennengelernt habe, ist meine Identität als Person sehr vielfältig. Ich verstehe die polnische wie auch die deutsche und die jüdische Identität in Bezug auf Auschwitz. Primär arbeite ich mit deutschen Jugendlichen oder mit deutsch-polnischen Seminargruppen. Am wenigsten bin ich praktisch mit der jüdischen Perspektive vertraut. Wenn ich mit Bekannten oder mit Freunden spreche, dann ist das, was ich mache, ziemlich abstrakt für sie. Ich kann natürlich berichten, was ich tue, was diese oder jene Person gesagt hat. Was in der kollektiven Erinnerungskultur in Deutschland, in Polen passiert. Das hören sie gerne, können aber schwer einen

Dialog darüber mit mir führen, weil es ein sehr spezifisches Thema ist. Viele beschäftigen sich einfach nicht so intensiv damit.

Dennoch ist es schwierig für mich, hier zu leben. Ich mag die Arbeit mit den Jugendlichen, mit diesem Thema. Dennoch stelle ich mir zu Beginn jedes Jahres die Frage: Mache ich weiter oder ist es das letzte Jahr? Je mehr ich mich mit Auschwitz beschäftige, desto mehr Fragen kommen auf mich zu. Man ist unsicher, ob alles, was man bisher entwickelt hat, richtig ist. Man gestaltet Projekte, konzipiert Ziele, wählt Methoden – von einer zur anderen Gruppe verläuft der Prozess anders. Es ist immer innovativ. Von Gruppe zu Gruppe kommen andere Fragen. Es gibt keine absolut abgeschlossenen Thesen oder Wahrheiten. Auschwitz ist immer ein offenes Thema und die Dialoge darüber ähneln sich wenig. Das ist spannend. Aber wie gesagt: Von Jahr zu Jahr werde ich unsicherer, weil ich mit dem Gedanken lebe: immer mehr Fragen und immer weniger Antworten. Das ist schwierig für mich. Ich vermute, irgendwann kommt für mich der Zeitpunkt, an dem ich mit so vielen Fragen morgens aufstehe, dass ich sage: keine Fragen mehr.

Die größten Fragen, die wir uns alle stellen: Wie war Auschwitz möglich? Wer ist ein Mensch? Wie war es möglich, dass dieses System von Menschen aufgebaut und realisiert wurde? Wie hat der Mensch es ertragen, in solch einer extremen Situation zu überleben? Warum wiederholt sich Völkermord? Auch die Frage nach der Existenz Gottes in Auschwitz beschäftigt mich und viele Menschen: Es gab viele Häftlinge, die in Auschwitz den Glauben verloren haben. Und andere begannen zu glauben. Warum? Viele haben Selbstmord begangen und viele haben plötzlich die Kraft in sich entdeckt, dass sie es durchstehen konnten. Wenn man das so betrachtet und sich ernsthaft mit Auschwitz beschäftigt, dann möchte man immer mehr wissen, verstehen, begreifen. Aber was heißt letztlich mehr? Man sammelt mehr historische Informationen und wissenschaftliche Analysen. Aber die Fragen? Die bleiben unverändert.

Auschwitz ist schwierig und kompliziert an sich. Und je gründlicher man sich damit beschäftigt, desto sensibler reagiert man auf die Menschen, auf die kleinen Situationen im Alltag. Mit sensibler, aufmerksamer meine ich alle möglichen Diskriminierungsformen, die in der Gesellschaft präsent sind. Vielleicht ist man durch die Konfrontation mit diesem Ort vielleicht achtsamer und reflektierter für die kleinen Situationen, die uns umgeben. Man geht vielleicht nicht mehr so blind vorbei, sondern nimmt etwas mehr wahr.

Wir leben heute in einer anderen, einer demokratischen Welt. Die Situation ist ganz anders. Wir leben in Freiheit, haben Entscheidungsmöglichkeiten. Wenn man Auschwitz mit Sensibilität betrachtet und wahrnimmt, was dem einzelnen Menschen im damaligen System hier passiert ist, dann schätzt man diese Werte mehr. Das ist auch eine Erfahrung, die junge Menschen vermutlich von hier mitnehmen. Sie möchten die Welt verändern und müssen dafür bei sich anfangen. Dann bringt es etwas. Man muss schauen, was ich positiv um mich herum anders machen kann.

Man sagt: »Auschwitz soll den Menschen nicht krank machen, sondern heilen. Auschwitz soll Denken und Emotionen bewusster machen und den Menschen stärken, indem er mehr wahrnimmt.« In diesem Sinn kann der Aufenthalt hier eine positive, entwickelnde Erfahrung für die Persönlichkeit, eine Bereicherung für das weitere Leben sein.

Wir wollen nicht,
dass unsere jungen Leute alle Deutschen
hassen

Shosh Hirshman

56 Jahre
Historische Reiseleiterin

Meine Eltern waren Überlebende des Holocaust. Beide überlebten auf unterschiedliche Weise. Ich erzähle dir kurz ihre Geschichten: Meine Mutter stammt aus Lodz. Als 1939 der Krieg ausbrach, war sie 21 oder 22 Jahre alt. Als die Deutschen Lodz besetzten, waren ihre Eltern, Brüder und Schwestern, von denen eine zwei Kinder im Alter von einem und vier Jahren hatte, ratlos. Meine Mutter jedoch hielt es nicht länger in Lodz aus. Sie hatte gesehen, wie die Deutschen zwei Synagogen abgebrannt und den Männern die Bärte abgeschnitten hatten, und beschloss, nach Russland zu fliehen.

Ihre Eltern meinten: »Gut, du hast keine Kinder. Dann flieh!« Also heirateten sie und ihr Freund und brachen in Richtung Osten auf. Nach zwei oder drei Wochen erreichten sie eine kleine polnische Stadt an der Grenze zu Russland. Dort erfuhr sie, dass ihr Bruder drei oder vier Tage vor ihr dort gewesen und auf dem Weg zurück nach Lodz war, worüber meine Mutter sehr traurig war.

Einige Tage später überquerten sie die Grenze. In Russland halfen ihnen Leute, weiter ins Land zu kommen. Meine Mutter blieb dort von 1940 bis 1948. Von ihrer Familie hat sie nie wieder etwas gehört.

1944 wurde sie verhaftet, weil sie etwas Brot auf dem Schwarzmarkt verkauft hatte. Die Russen schickten sie ohne ihren Sohn in ein Arbeitslager, einen Gulag im Ural. Dort freundete sie sich mit einer Jüdin an, die ebenfalls von ihrem Kind getrennt worden war. Beide vermissten ihre Kinder und weinten sehr viel.

Was mit ihrem Sohn und ihrem Mann passiert war – meine Mutter hatte keine Ahnung. Sie hörte über Umwege, dass beide tot sein sollten. Aber verlässliche Informationen dafür gab es nicht. Dass ihr Mann zur Armee eingezogen und mein Bruder, ich glaube, er war damals etwa zweieinhalb Jahre alt war, von Soldaten in ein Kinderheim der Roten Armee gebracht worden war, wusste sie nicht.

1948 sagte man ihr und ihrer jüdischen Freundin: Ihr seid jetzt entlassen. Es fände eine Rückführung von Frauen in ihre Heimatländer statt. Ihr sollt zurück nach Polen. Die beiden fuhren also mit dem Zug nach Moskau, was zwei Wochen dauerte. Dort bekamen sie eine Bescheinigung, und es hieß, dass sie zwei Wochen in Moskau bleiben könnten und dann mit einem Sonderzug nach Polen gebracht werden würden. Doch weder meine Mutter noch ihre Freundin wollten zurück nach Polen. Sie müssten erst ihre Kinder suchen, sagten sie. Nur: Beide hatten keinerlei Hinweise darauf, wo sie sein könnten. Meine Mutter hatte Glück und traf einen jüdischen Freund, der in einer Moskauer Behörde arbeitete. Er half ihr bei den bürokratischen Angelegenheiten und fand heraus, wohin mein Bruder gebracht worden war. Die Freundin meiner Mutter fand ihr Kind nicht wieder.

Meine Mutter war 32 Jahre alt, als sie erfuhr, dass ihr Sohn zusammen mit Kindern in einem Heim lebte, von denen keines wusste, wer seine Eltern waren. Mit der Genehmigung, ihr Kind abzuholen, fuhr sie mit dem Zug dorthin und kam in der Nacht an. Im Kinderheim erklärte sie dem Personal, dass sie die Mutter meines Bruders sei und zeigte ihnen die Erlaubnis, ihn mitzunehmen. Am nächsten Morgen traf sie dann alle Kinder des Heimes. Viele Jahre später erzählte sie mir, wie eine der Betreuerinnen zu den Kindern gesagt habe: »Hier ist eine Mutter, die ihr Kind abholen will«, und alle Kinder angefangen hätten, zu weinen und »Mama, Mama!« schrien.

An diese Szene erinnert sich auch mein Bruder, der damals sechs Jahre alt war. Er erzählte mir viele Jahre später, er habe damals nicht gewusst, wer er war. Für ihn sei es so gewesen, als habe er immer mit den anderen Kindern zusammengelebt. Als dann plötzlich eine Frau kam und ihn mitnehmen wollte, habe er nicht gewusst, warum. Sie habe ihm damals erklärt, sie sei seine Mutter und er habe »na gut« gesagt und sei dann einfach mitgegangen.

Sie fuhren nach Moskau zurück und weiter nach Polen. Die Reise dauerte ungefähr zwei Wochen. Der Zug war voll mit polnischen Juden – alle mit der Genehmigung, nach Polen zurückzukehren. Und es gab ein Kind unter ihnen – meinen Bruder. Wo ihr Mann war, wusste meine Mutter nicht.

Nun war es so, dass ihr späterer, zweiter Ehemann – mein Vater – mit in diesem Zug fuhr. Sie lernten sich kennen und ich denke, er verliebte sich in sie. Als sie in Polen ankamen, waren sie ein Paar.

Mein Vater überlebte den Zweiten Weltkrieg auch in Russland. Vor dem Krieg hatte er in einem kleinen Ort in der Nähe von Warschau gewohnt. Auch er und einer seiner Brüder beschlossen zu fliehen, als 1939 die Deutschen kamen. Seine Eltern und sein jüngerer Bruder blieben zurück. In Russland hielt sich mein Vater im Osten Usbekistans auf, wo er verhaftete wurde – weswegen, weiß ich nicht – und in einen Gulag inhaftiert wurde. Wie meine Mutter bekamen auch sein Bruder und er 1948 die Genehmigung, nach Polen zurückzukehren.

Auf dem Weg dorthin verlor er irgendwo seinen Bruder aus den Augen. Jahrelang suchte mein Vater nach ihm. 1962 oder 1963 erfuhr er schließlich durch eine Organisation, dass sein Bruder am Leben war und in Minsk wohnte. Sie begannen, sich Briefe zu schreiben, sahen sich jedoch nie wieder. Sein Bruder war mit einer Christin verheiratet und hatte eine Tochter.

1986 wurde mein Vater krank und starb in Israel. Als sein Bruder 1998 starb, brach der Kontakt zu der Familie ab. Vor vier Jahren, 2002, erhielt ich einen Telefonanruf aus Jerusalem. Eine Frau fragte mich, ob ich Shoshana sei, geborene Ellbaum. »Ja«, sagte ich. Dann erzählte mir diese Frau, dass eine Freundin von ihr aus Minsk nach Israel käme und hier ihre Familie suche. Ihre Freundin war meine Cousine und wir trafen uns.

Von der großen Familie meines Vaters blieben nach dem Zweiten Weltkrieg nur er, sein Bruder und zwei Onkel übrig. Einer von ihnen war 1936 nach Argentinien emigriert und kam über Umwege nach dem Krieg nach Israel, ein anderer Onkel war bereits 1935 nach Kanada ausgewandert.

Aber zurück in die Zeit nach dem Krieg: Damals trafen sich alle überlebenden Juden in Warschau und trugen ihre Namen in Listen der jüdischen Organisationen ein. Mit Hilfe der Verzeichnisse versuchten sie, vermisste Familienangehörige wiederzufinden – sofern sie überlebt hatten. Auf diese Weise suchte auch meine Mutter ihre Familie. Es brauchte eine Weile, bevor sie und ihr zukünftiger Ehemann, also mein späterer Vater, begriffen, dass keiner auf den Listen stand und sie niemanden lebend wieder finden würden.

Weil meine Mutter gar nichts über ihre Familie in Erfahrung bringen konnte, fragte sie, was in Lodz passiert sei. Man erzählte ihr vom Ghetto und den Deportationen und sagte ihr auch, dass sie sich nicht zu beeilen brauche, nach

Lodz zu kommen, weil dort niemand überlebt hätte.

Weil Lodz jedoch ihre Heimatstadt war, lebten meine Mutter und ihr zweiter Ehemann ab 1948 oder 1949 dort. Vor Ort suchten sie weiter nach Informationen und meine Mutter erfuhr, dass ihre Angehörigen, die religiöse Leute gewesen waren, Polen nicht verlassen hatten. Von ihren zwei Schwestern und drei Brüdern und Cousins und Cousinen überlebte keiner den Krieg.

In Lodz erkundigte sie sich auch nach ihrem ersten Ehemann. Jemand sagte ihr, dass er in der Roten Armee gewesen sei, überlebt habe und sich jetzt irgendwo in Polen aufhalten würde. Meine Mutter nahm Kontakt zu ihm auf, und vier Monate später kam er nach Lodz. Auch er hatte inzwischen eine andere Frau kennengelernt und sie einigten sich, dass beide mit ihren neuen Partnern zusammenbleiben wollten.

So heiratete meine Mutter meinen Vater, ihren zweiten Ehemann. Sie hatten es ziemlich eilig, weil meine Mutter mit mir schwanger war. Ich wurde 1950 geboren. Die zweite Frau des Vaters meines Bruders brachte ebenfalls ein Mädchen zur Welt. Beide Familien trafen sich in Lodz und blieben in Kontakt.

Später erzählte sie mir einmal, wie sie nach einiger Zeit den Mut aufbrachte, zu dem Haus in der Pomorska-Straße zu gehen, in dem sie mit ihrer Familie vor dem Krieg gewohnt hatte. Sie wollte ihrem Sohn die Wohnung zeigen, in der sie mit seinen Großeltern, Onkel und Tanten aufgewachsen war.

Dort lebten mittlerweile neue Bewohner. Sie klopfte an die Tür und als sie öffneten, erzählte meine Mutter ihnen, dass sie und ihre Familie hier vor dem Krieg gelebt hätten, und fragten, ob sie und ihr Sohn hereinkommen dürften. Als sie die Wohnung betrat, sah sie eine Kommode, die ihren Eltern gehört hatte. Das machte ihr nichts aus, aber beim Anblick der Küche fing sie an zu weinen. Die neuen Bewohner weinten mit ihr. Dann verließ sie die Wohnung wieder.

Ich erinnere mich, dass sie mir einmal erklärte, wo früher in Lodz das Ghetto gewesen war. Hingegangen und gezeigt hat sie es mir nie. Niemals! Ich wusste, dass dort schreckliche Dinge passiert waren, an die meine Eltern nicht erinnert werden wollten. Sie wollten leben.

Als sich 1956 die Möglichkeit bot, wanderten wir nach Israel aus. Auch der Vater meines Bruders verließ Polen und ging nach Paris, wo er bis zu seinem Tode lebte. Mein Bruder und er blieben die ganzen Jahre über in Kontakt.

Ich kam mit sechs Jahren nach Israel, ging zur Schule und machte meinen Abschluss. Weil ich mich als Schülerin für das Mittelalter interessierte, studierte ich Geschichte an der Universität von Jerusalem. Nach dem Bachelor arbeitete ich als Geschichtslehrerin.

Du weißt, wir haben in Israel den Holocaust-Tag. Der Direktor der Schule, an der ich damals unterrichtete, beauftragte mich, diesen Tag vorzubereiten. Während ich daran arbeitete, interessierte ich mich immer mehr für das Thema. Ich weitete meine Studien aus und unterrichtete dieses Fach dann später auch an der High School.

Das war Anfang der 1980er Jahre. Damals begann ein Prozess in Israel, in dessen Verlauf sich die Gesellschaft langsam dem Thema Holocaust öffnete. Und immer mehr Israelis bekamen die Möglichkeit, nach Polen zu reisen. Die erste Gruppe bestand aus Mitgliedern eines Kibbuz, der von Kämpfern des Aufstands des Warschauer Ghettos und anderen Überlebenden des Holocaust gegründet worden war. Nach einigen Bemühungen um ihre Visa fuhren sie 1983 nach Polen. Anlass der Reise waren die Feierlichkeiten des 40. Jahrestags des Aufstands im Warschauer Ghetto.

Es war 1985 oder 1986, glaube ich, als kleine Schülergruppen aus den Kibbuzim nach Polen reisten. Zurück in Israel, berichteten sie über ihre Reise und wie wichtig sie für ihre Ausbildung gewesen sei. Dass diese Gruppen überhaupt einreisen durften, war ein wichtiger Fortschritt, denn Polen war bis 1989 ein kommunistisches Land, das nur wenigen Israelis ein Visum ausstellte.

Nach dem politischen Umbruch 1989 konnte dann jeder nach Polen reisen. Auch ich kam 1989 zum ersten Mal hierher, zusammen mit meinem Mann, meiner Mutter und meinen beiden Töchtern. Während unserer Polenreise wollte ich auch Auschwitz besuchen. Meine Mutter aber sagte: »Ich fahre mit, um Lodz und Warschau zu sehen. Aber Auschwitz? Nein!«, und blieb mit den Mädchen in Krakau. Mein Mann und ich fuhren dann allein nach Auschwitz.

Als ich zurück in Israel war, machten wir – eine Gruppe von Geschichtslehrern und Mitarbeitern des Erziehungsministeriums – uns folgende Gedanken:

Wenn die Besuchsreisen der Jugendlichen aus Kibbuz-Schulen so bedeutend für ihre Allgemeinbildung gewesen waren, dann sollten wir sie auch für normale Schulen in den Städten organisieren. Und so fuhren Anfang der 1990er Jahre die ersten Geschichtslehrer und Pädagogen mit Schülergruppen aus öffentlichen Schulen nach Polen. Die Gruppen waren sehr klein: fünf Schüler von der Schule, fünf von einer anderen, du verstehst, was ich meine.

Ich reiste mit den ersten Schülern meiner Schule 1991, 1992 und 1993 nach Polen. Wenn die jungen Leute zurückkamen, berichteten sie über ihre Erlebnisse. Das war für die Lehrer und die anderen Schüler so interessant, dass immer mehr auch fahren wollten. Was sie über Auschwitz hörten, machte ihnen bewusst, wie wichtig es war, diesen Ort mit eigenen Augen zu sehen.

Auch von politischer Seite wurden diese Reisen mehr und mehr unterstützt. Das Erziehungsministerium entwickelte Inhalte für ein spezielles Seminar, bei dem Geschichtslehrer lernten, wie sie Schülergruppen in Polen beim Besuch der wichtigsten Orte des Holocaust begleiten und unterstützen können. Und sie entwickelten ein Programm dafür.

In Israel können Lehrer alle sieben Jahre ein Fortbildungsjahr einlegen. 1993 war ich an der Reihe. Ich nutzte die Zeit und intensivierte meine Studien über den Holocaust am Seminar für Geschichtslehrer und schlug eine neue Richtung ein. Nach dem Sabbatjahr ging ich nicht an die Schule zurück – 19 Jahre Lehrerin waren genug. Ich beschloss stattdessen als Multiplikatorin zu arbeiten. Seitdem begleite ich Gruppen nach Polen und arbeite in einem Reisebüro, wo ich diese Fahrten vorbereite und organisiere.

Die meisten Begleiter sind Lehrer und arbeiten als Freiberufler. Andere nehmen sich eine Woche frei und kehren danach an ihren regulären Arbeitsplatz zurück. Die Reise dauert normalerweise acht Tage. Früher war der Zeitrahmen offener und die Gruppen waren auch mal zehn Tage lang unterwegs. Heute ist das nicht mehr erlaubt und die Schüler sind alle zum Fixpreis mit der gleichen Zahl von Reisetagen unterwegs.

Weißt du, in Israel ist es generell ein Muss, sich mit dem Holocaust zu beschäftigen. Viele Eltern legen großen Wert darauf, dass ihre Kinder darin unterrichtet werden und lassen sie an der Fahrt nach Polen teilnehmen. Die meisten Schulen bieten heute die Reise an. Nur: Nicht alle Kinder können mitfahren, weil die Fahrt über 1.000 Dollar kostet. Damit sie sich das leisten können, haben zum Beispiel viele Kibbuzim Programme für ihre Kinder: Zwei oder drei Jahre vor der Reise fangen sie an und verdienen mit allen möglichen Jobs Geld, das der Kibbuz für sie spart. Wenn sie dann im Gymnasium sind, können sie reisen. In der Stadt muss jede Familie die Fahrt selbst bezahlen. Da viele Eltern das Geld dafür nicht haben, gibt es ein Förderprogramm des Ministeriums, das einen Teil der Kosten übernimmt.

Unabhängig von den Kosten, wollen nicht alle Eltern, dass ihre Kinder nach Polen fahren. Das hat nicht so viel mit der Vergangenheit zu tun – die Kinder kommen einfach nicht mit. Insgesamt fahren wohl 60 bis 70 Prozent der israelischen Jugendlichen nach Polen. In der Gegend von Tel Aviv sind es die meisten, im Norden und Süden des Landes eher weniger.

Praktisch läuft eine Reise nach Polen in etwa so ab: Wenn Schüler der dritten High-School-Klasse eine Reise planen, informiert die Schule das Erziehungsministerium über den vorgesehenen Abreisetag und legt ihr Programm zur Prüfung vor. Stimmt das Ministerium zu, bucht es die Flüge und organisiert Security Guards. Es gibt, glaube ich, sechs Reisebüros, die Buchungen und Tourarrangements für die Schulen in Polen vornehmen dürfen. Man muss aber nicht über ein Reisebüro buchen; viele Schulen organisieren ihre Reisen auch selbst.

Die Reihenfolge der Orte, die besucht werden, hängt davon ab, wo die Gruppe landet. Von diesem Punkt aus, zum Beispiel Krakau, gestalten wir dann das Programm. Vorgeschrieben vom Erziehungsministerium ist eine Rundreise zu den wichtigsten Stätten des Holocaust: Die Schüler müssen das Warschauer Ghetto und den Schauplatz des Aufstandes besuchen. Sie müssen nach Treblinka fahren und eineinhalb Tage in Majdanek verbringen. Obligatorisch sind auch der Besuch von Krakau und dem Krakauer Ghetto und Auschwitz und Birkenau.

Zusätzliche Orte können die Gruppen frei wählen. Viele fuhren zum Beispiel nach Lodz zu den Feierlichkeiten des 60-jährigen Jubiläums der Befreiung des Ghettos. Oder wenn Schüler wissen, dass Familienangehörige im Ghetto von Lodz, in Treblinka oder Chelmno gestorben sind, dann fahren sie dorthin und halten eine Zeremonie ab. Sie lesen die Namen der toten Familienmitglieder vor und sprechen ihr Kaddish. Religiöse Gruppen beispielsweise besuchen öfter kleine Orte in Galizien, wo bedeutende Rabbis begraben sind. Manche Gruppen wollen sich auch einfach nur schöne Orte ansehen, die nichts mit dem Holocaust zu tun haben, oder sich mit polnischen Schülern treffen.

Seit 16 Jahren mache ich jetzt diese Arbeit und das aus zwei Gründen: Zunächst einmal ist es mein Beruf: Ich bin Reiseführerin für historische Reisen. So verdiene ich meinen Lebensunterhalt und es ist ein wichtiger und interessanter Job, auf den ich stolz bin. Der zweite Grund ist, dass ich mit dieser Arbeit meiner Berufung folge.

Warum das so ist, begriff ich eines Tages in Treblinka. Ich war alleine im Vernichtungslager und ging zum Eingang zurück. Auf einmal sah ich die Schüler meiner Gruppe mit ihren T-Shirts und Flaggen, die sich über das ganze Lager verteilt hatten. Dieses Bild beeindruckte mich sehr, und ich sagte mir innerlich: Sie folgen mir und wollen hören, was passiert ist. Sie wollen, dass ich ihnen die Geschichte der Familie meines Vaters erzähle, die in Treblinka umgebracht wurde. Und sie antworten mir mit den Geschichten ihrer Großmütter und Großväter, die auch hier gestorben sind. In diesem Augenblick hatte ich irgendwie das Gefühl, etwas Wichtiges für die Geschichte der Juden zu tun. Es mag seltsam klingen, aber ich war gefangen. Es fühlte sich für mich an, als hätte jemand beschlossen, dass ich das tun muss, und zwar jetzt. Eigentlich glaube ich nicht wirklich an so etwas, aber irgendwo spürte ich in mir ein tiefes Ja, jetzt das zu tun, was ich für wichtig hielt.

Jedes Mal, wenn ich die Lager besuche und mit der Ermordung meiner Familie konfrontiert bin, wird mir bewusst, war für ein Glück ich gehabt habe, später geboren worden zu sein. Die Menschen, die dort gestorben sind, kamen zur falschen Zeit auf die Welt. Weißt du, meine Mutter hatte fünf Geschwister. Deren Kinder wären heute meine Cousins und Cousinen. Aber sie hatten keine Chance. Ich habe das Gefühl, dass sie zu früh geboren wurden. Sie hatten kein Recht zu leben. Sie wurden in Treblinka und Auschwitz ermordet, weil sie jüdische Kinder waren. Es passierte ihnen, weil Juden Menschen waren, die damals niemand brauchte. Sie waren nicht gut genug, um auf der Welt zu sein. Es gab keinen Platz für sie.

Ich habe das irgendwann in einem der Lager plötzlich verstanden, dass ich das Glück hatte, in einer Zeit geboren und aufgewachsen zu sein, in der ich einen Platz hatte, wo ich hingehörte. Ohne einen jüdischen Staat wäre ich vielleicht nicht hier, weil es die Möglichkeit gegeben hätte, mich zu töten. Es ist sehr wichtig, dass die jungen Schüler das begreifen: Sie wurden geboren, als Israel bereits 50 Jahre existierte, und sie können sich nicht oder nur sehr schwer vorstellen, dass es eine Zeit gab, in der sie keine Heimat hatten. Deshalb ist es wichtig, dass sie genau hinschauen und realisieren, was mit unseren Leuten passierte, als sie keinen eigenen Staat hatten.

Natürlich hatte und hat Israel eine Menge Probleme. Die Terroristen, die besetzten Gebiete und so weiter. Es gibt Gegenden, da sagen die Leute, die unter der Besetzung leben: Ihr Israelis seid ganz schlechte Menschen. Ihr unterdrückt andere Menschen, ihr seid inhuman und euer Staat ist nicht gut. Und weil sie das sagen, gibt es Juden, die meinen, dass es besser ist, ein guter, ein menschlicher Mensch zu sein, als in Israel zu leben, wo Menschen anderen Menschen schlimme Dinge antun. Sie wollen kein Teil davon sein, was andere den Arabern antun. Ich denke auch, dass es nicht richtig ist, was wir machen. Im innersten meines Herzens weiß ich jedoch, dass wir keine andere Wahl haben.

Es gibt Leute, die sagen: »Wenn Israel ein unmoralisches Land ist, wozu haben wir es, nach all dem, was den Juden passiert ist, bekommen? Wir wollten bessere Menschen werden und weil das nicht gelingt, sind wir enttäuscht.«

Ich meine, wir können die Hoffnung für unser Land nicht verlieren, weil es das Beste ist, was wir haben. Es gibt kein anderes Land für uns. Dieser Aspekt ist mir sehr wichtig: Wir sind die alten Leute, die dieses Land aufgebaut haben. Wir sind Patrioten und lieben Israel sehr. Es ist uns sehr wichtig, dass jüdische Menschen in ihrem eigenen Land – in Israel – ganz normal leben können.

Wir sehen jedoch auch, dass den Jugendlichen Israel offenbar nicht mehr so viel bedeutet. Deshalb ist es sehr wichtig für uns, ihnen zu zeigen, wie tragisch die Situation war und wie glücklich sie sein können, dieses Land zu haben. Das ist auch der Grund, warum die Israelis mit ihren Fahnen hierher kommen: Es ist eine Art Kompensation dafür, dass die Juden früher nichts waren, kein Land hatten. Sie hatten keine Nationalflagge.

Heute haben sie das Gefühl: Jetzt haben wir unser Land. Jetzt leben wir. Jetzt sind wir wer – auch wenn unser Land sehr gefährdet ist.

Ich glaube, die Menschen in Europa denken sich: Jetzt sind seit dem Holocaust mehr als 60 Jahre vergangen, und immer noch steckt ihr so tief drin. Einerseits ist das richtig. Andererseits können wir gar nichts dagegen tun: Es ist uns geschehen, und das vor gar nicht so langer Zeit. Deshalb erinnern wir uns daran.

Ich mag dir ein Beispiel geben: Meine Tochter hat auch eine Tochter. Sie ist vier Jahre alt, die dritte Generation. Als wir den Holocaust-Tag in Israel hatten, fragte die Kleine uns: »Was ist los? Warum seid ihr alle so traurig? Warum schaut ihr all diese Filme im Fernsehen an?« Was sollten wir ihr sagen? Nichts? Nein, es nützt nichts: Wir tragen das Trauma des Holocaust mit uns herum und können es nicht verstecken. Deshalb erzählten wir ihr in kindgerechter Weise vom Holocaust, und wie tief er im israelischen Wesen verankert ist.

Andererseits machen wir Witze darüber. Wir lachen über Leute, die im Supermarkt übermäßig viel einkaufen für den Fall – na, du weißt schon. So abwegig es ist, sie haben heute noch Angst, die Deutschen könnten kommen. »Und wenn sie kommen«, so sagen sie, »brauchen wir doch etwas zum Essen im Vorrat, nicht wahr?«

Der Holocaust ist für den Staat Israel, für das israelische Volk und für die Politiker ein echtes Trauma. Vielleicht benutzen Einzelne dieses Trauma für PR-Aktionen, weil einige Israelis tatsächlich glauben, es könnte wieder passieren. Mein Eindruck ist, dass diese Furcht in Folge posttraumatischer Syndrome von Zeit zu Zeit hysterische Formen annimmt, für die es jedoch langfristig keinen Grund mehr gibt.

Viele meiner Freunde lachen mich seit langem aus, weil ich mit den Gruppen nach Polen reise. Sie fragten mich: »Was hast du bloß mit dem Holocaust?« Ihre Meinung ist: »Okay, es reicht. Heute ist nicht damals. Wir leben in einer anderen Zeit, einer anderen Welt. Kapier' das und beschäftige dich nicht so viel mit diesen Polenreisen und dem Holocaust-Unterricht für die Kinder. Und überhaupt: Warum machst du das eigentlich?«

Ich sage ihnen, dass ich es tue, weil der Holocaust mich interessiert und wichtig für mich und andere ist. Wir müssen darüber Bescheid wissen. Was sollen wir auch sonst machen? Wir Juden haben einige Kapitel in unserer Geschichte, die sehr tragisch sind, und das einzige, was wir tun können, ist dazu »ja« sagen zu akzeptieren und zu beginnen, damit zu arbeiten.

Mein Mann meint zum Beispiel: »Die Schüler können doch nach Yad Vashem fahren und dort etwas sehen und lernen.« Ich sage ihm: »Nein! Das ist nicht dasselbe, als wenn du die wirklichen Orte siehst und erlebst.« In den meisten Fällen würde man dieses tiefgehende Verständnis nicht erreichen, wenn es sich um eine Reise innerhalb Israels handeln würde. Und nach der Schule haben die jungen Leute keine Zeit mehr, das Studium ... – du kennst all diese Ausreden.

Einer meiner Freunde meint, dass die Kinder von den Polenreisen überfordert seien. Er sagte mir: »Du machst ihnen mit dem Holocaust zu viel Angst. Am Ende glauben sie, jeder wäre ein Antisemit, weil deine Gruppenleiter ihnen sagen, dass die Juden getötet wurden, nur weil sie Juden waren.« Ich sagte ihm, dass es so nicht ist: »Man kann über die Geschichte sprechen, sehen und lernen, was passiert ist. Du musst darüber Bescheid wissen, um für die Zukunft vorbereitet zu sein. Das bedeutet jedoch nicht, dass ab sofort die Gruppenmitglieder in jedem einen Antisemiten sehen.«

Unsere Diskussion ging hing und her, und irgendwann sagte ich ihm: »Wenn du dich mit dem Holocaust beschäftigst und verstehst, was passiert ist, dann bist du vorsichtiger. Wenn du nichts darüber erfährst, nicht darüber sprichst, nichts darüber liest – was weißt du dann? Wie willst du dich jemals von diesem Trauma befreien? Du musst etwas darüber lernen. Du musst da durchgehen. Und du musst deinen Verstand gebrauchen, um nicht in der Erstarrung hängenzubleiben«. Die Gelegenheit, diese Schritte zu gehen, hat man – das glaube ich – auf den Reisen nach Polen, die wie ein Seminar angelegt sind. Dieses Ziel wird auch erreicht, wenn einige Gruppenmitglieder in der Schule nichts über den Holocaust erfahren haben. Doch um die Konfrontation in Polen aushalten zu können, brauchen die Kinder eine gründliche Vorbereitung. Vor der Reise bieten wir Treffen an und die Schüler nehmen teil, weil sie sich für das Thema interessieren und etwas lernen wollen. Dieses Lernen steht nicht in Verbindung mit einer Prüfung und deshalb bleibt der Kopf frei für das Thema.

Wir Gruppenleiter treffen uns regelmäßig und sprechen viel über unsere Gruppen. Diese hier ist eine gute Gruppe. Es gibt aber auch Gruppen, da kann ich nicht schlafen. Es ist keine leichte Aufgabe: Wenn ich nach diesen Reisen nach Hause komme, bin ich völlig kaputt und es braucht eine Zeit, aus dem Prozess wieder herauszukommen.

Zusätzlich kommen wir Reiseleiter zusammen und denken über unsere Ziele nach. Wir wollen die Schüler nicht zu sehr deprimieren und diskutieren, ob es besser wäre, ihnen optimistische Stätten zu zeigen oder positive Ansichten von Überlebenden zu präsentieren. Und: Was sollen wir ihnen noch erzählen? Sollten wir mehr über Menschlichkeit reden? Oder ist es wichtiger, über Israel zu sprechen oder darüber, wie ein Überlebender die Vergangenheit überwunden hat? Solche Fragen stellen wir uns immer wieder.

Die Jugendlichen hören beispielsweise gern Geschichten über die Orte und Berichte von Überlebenden. Ich habe einige Beispiele von Zeugnissen Überlebender, die ich ihnen vorlese, zum Beispiel ein Bericht, den Noemi Judkowski über ihre Zeit in Birkenau geschrieben hat. Darin geht es um Yom Kippur, den Versöhnungstag. Das ist ein Fastentag und am Abend stellen die Jüdinnen des Blocks ihre vollen Schüsseln mit Suppe vor die Wand, zünden eine Kerze an und beten. Einige hundert Augen schauen die Jüdinnen an. Dann sagt die Stubenälteste: Wir christlichen Häftlinge wünschen unseren jüdischen Schwestern, dass sie so schnell wie möglich in die Freiheit zurückkehren und das nächste Fest im Kreise ihrer Familie feiern können. Die jüdischen Mädchen bewahrten ihre wenigen Lebensmittel 24 Stunden lang auf, bis Jom Kippur vorbei war und keine der Mitgefangenen nahm es ihnen weg.

Frau Judkowski schreibt in ihren Erinnerungen, dass sie dieses Erlebnis wieder an die Menschheit glauben ließ. In diesem Augenblick habe sie verstanden, dass sogar ein Mensch in Birkenau ein Mensch sein kann.

Eine Geschichte wie diese können wir jeden Tag erzählen – genauso wie eine über Unmenschlichkeit. Es hängt davon ab, was man erreichen will. Für Miri, mich und die anderen ist es wichtig, nicht nur Negatives zu erzählen, denn auf den Besuchsfahrten kannst du die Leute leicht herunterziehen. Wir können ihnen aber auch Mut machen.

Die Schüler in Polen zu begleiten ist eine große Verantwortung und generell müssen wir mit dem, was wir hier tun, sehr behutsam sein: Es gibt zum Beispiel Gruppen, die hinterher niemandem mehr trauen. Ihnen wurde zum Beispiel in Auschwitz von Gruppenleitern oder Reiseführern erzählt, dass sie hier alle Juden töten wollten und man deshalb niemandem mehr vertrauen solle. So etwas passiert, weil es in Auschwitz am einfachsten ist, Stereotypen zu benutzten. Aber auch an diesem Ort kannst du etwas anderes erzählen. Ich habe von den Kindern, die ich in den vergangenen 16 Jahren in Polen begleitet habe, unterschiedliche Eindrücke gewonnen. Es hängt immer von der Gruppe ab und wie die Mitglieder die Reise aufnehmen. Diese Gruppe ist sehr emotional, was die meisten sind: Manchmal kommen sie einfach auf mich zu und umarmen mich. Wenn wir zum Beispiel diese Zeremonien abhalten, geht das sehr tief. Diese Zusammengehörigkeit ist großartig, sie drückt ein immenses Vertrauen aus.

Die Gruppe mit ungefähr 130 Personen, die ich letzte Woche begleitet habe, war auch sehr emotional. Jeden Abend trafen wir uns und sprachen über verschiedene Themen. Eines war für sie sehr kompliziert: Es ging dabei um die Frage, wie es möglich gewesen war, dass normale Polizisten – keine Armeeangehörigen – ohne ideologischen Hintergrund und politische Prägung, Juden töteten. Auf das Thema waren wir aufgrund eines Besuchs in Józefów gekommen, einem Ort, wo Juden von deutschen Wehrmachtssoldaten und dem 101. Polizeibataillon der Reserve unter Major Trapp umgebracht worden sind. In dieser Einheit waren auch Männer aus Hamburg, Polizisten um die 35 oder 36 Jahre alt. Christopher Browning beschreibt sie in seinem Buch als ganz normale Menschen. Sie waren verheiratet, sie betrieben Geschäfte. Einige von ihnen waren Lehrer gewesen.

Ihre Division hatte Harmar eingekreist, dort lebten ungefähr 6.000 Juden. Sie bekamen einen Befehl – und so töteten sie. Sie hatten noch nicht einmal Erfahrung darin, da sie normalerweise Pässe ausgaben und darauf achteten, dass die Leute die Stadt nicht verließen. Aber als sie diesen Auftrag bekamen, taten sie es.

Bei einem der Prozesse in den 1970er Jahren sagte einer der Soldaten, die Juden hätten wie Menschen ausgesehen, aber sie seien Juden gewesen, deshalb waren sie für die Soldaten nicht wirklich Menschen – sondern irgendetwas anderes. Einer von ihnen sagte aus, ihm sei es nicht schwer gefallen, Frauen oder Kinder zu töten. Ein anderer Soldat sagte, einmal sei es schwierig für ihn gewesen, als es sich um eine Frau mit einem Kind handelte. Als er ihnen befahl: »Schnell, schnell«, antwortete sie ihm in Deutsch. Wie du sicher weißt, wurden auch deutsche Juden nach Polen deportiert und die sprachen natürlich Deutsch. Der Soldat fragte also die Frau, wo sie herkam, und die Tochter antwortete, sie kämen aus Hamburg. »Oh«, sagte der Soldat, »ich komme auch aus Hamburg.« Sie stellten fest, dass sie in demselben Bezirk gelebt hatten. Er sagte in seiner Zeugenaussage, dass es für ihn schon etwas schwierig gewesen sei, sie schließlich zu erschießen, weil sie quasi Nachbarn gewesen seien.

Die Diskussion drehte sich also um die Frage: Ist jeder Mensch fähig, so etwas zu tun? Einige meinten, das sei keine einfache Frage. Und einige sagten, wenn sie selbst in der Situation des Soldaten gewesen wären, und der Befehlshaber hätte gesagt: »Wir müssen diese Leute töten, weil sie unsere Feinde sind« – dann hätten sie es getan.

Über ein Thema wie dieses zu sprechen, macht Gruppenmitglieder meist aufmerksamer und sensibler. Sie beginnen, die Vergangenheit ins Heute zu holen, und werden plötzlich offen dafür, in unterschiedliche Richtungen und nicht mehr nur in Stereotypen zu denken.

Für diese Gruppe, mit der ich gerade unterwegs bin, haben wir zum Beispiel ein Treffen mit polnischen Schülern organisiert. Um auch die andere Seite kennenzulernen, sind wir morgen in ihre Schule eingeladen. Wir werden gemeinsam die Stadt Kielce besuchen und wollen uns daran erinnern, dass vor dem Holocaust viele Juden in Polen lebten.

Die polnischen Schüler hoffen, dass wir mit ihnen in Kontakt kommen. Dafür werden sie uns den Polonaise-Tanz vorführen und unsere Schüler haben einige Lieder vorbereitet. Es ist geplant, das sie uns in ein Zentrum in Kielce mitnehmen, wo eine Gruppe junger Künstler und Musiker ein Musical aufführen, das sie letztes Jahr für die Festlichkeiten zu »60 Jahre nach dem Pogrom in Kielce« produziert haben. Text und Musik für das Stück mit dem Titel »Kaddish« schrieben die jungen Leute selbst und sie singen es mit Begleitung einer Band. In dem sehr bewegenden Musical geht es um ein kleines Mädchen, das so gerne leben will und nach ihrer Mutter ruft.

Am nächsten Tag wollen wir uns auf dem Friedhof treffen und gemeinsam eine Zeremonie abhalten. Die Jugendlichen aus Israel lesen ein Kaddish und singen Lieder, die Polen haben auch Lieder eingeübt und lesen etwas aus der Bibel. Gemeinsam legen die Schüler Blumen auf die Gräber der Opfer und alle werden den Friedhof ein bisschen säubern und aufräumen.

In Kielce gibt es einen sehr schönen alten Bischofspalast, den wir besuchen werden. Wir werden an den Ort des ehemaligen Ghettos gehen, wo der Pogrom stattfand. Wir werden auch an der ehemaligen Synagoge vorbeikommen, in der heute das Stadtarchiv untergebracht ist. Vor diesem Gebäude steht eine Gedenktafel mit den Namen von Polen, die umgebracht wurden, weil sie Juden geholfen hatten. Es gab ziemlich viele davon in der Stadt, etwa 50 bis 60 Personen sind dort aufgeführt.

Zum Mittagessen kehren wir in die Schule zurück. Danach treffen sich die Schüler in kleinen Gruppen für anderthalb Stunden zum Gespräch. Sie werden sich darüber austauschen, wer sie sind, was sie tun, sich Fotos von ihrer Stadt zeigen. Letztes Mal, als wir dort waren, haben die Schüler während unserer gemeinsamen Zeit mit der Digitalkamera Fotos gemacht und uns zum Schluss ein Album geschenkt. Das war sehr nett.

Die Lehrer der Schule finden es sehr wichtig, uns zu treffen. Polen entwickelte sich in der kommunistischen Zeit zu einem Land ohne Minderheiten. Alle waren polnisch, alle waren katholisch. Sie kannten keine Menschen, die anders waren – ähnlich wie in der ehemaligen DDR. Die Lehrer haben Recht, wenn sie sagen: Unser Problem ist, dass wir 50 Jahre lang von der Welt abgeschottet waren und dass Schüler andere Menschen treffen sollten, um zu erfahren, dass nicht nur Polen Menschen sind.

Nun, Polen will demokratisch und ein Teil von Europa werden und dafür ist ein Programm zur Lehrerbildung angelaufen. Es geht darin auch um Toleranz gegenüber Minderheiten, wie zum Beispiel Homosexuellen. Ein Teil des Programms beschäftigt sich mit den Juden und dem Holocaust. Die Lehrer wollen, dass ihre Schüler Juden kennenlernen, damit sie keine Vorurteile haben. Vor dem Krieg lebten ja viele Juden in Polen. Es gab eine große Anzahl von Synagogen und jüdischen Friedhöfen, von denen die Jugendlichen zum Beispiel nicht wussten, dass sie von Juden stammten.

Aber kommen wir in die Gegenwart zurück. Die meisten Jugendlichen, die an den Reisen teilgenommen haben, sagen nach der Tour, dass sie sich jetzt der Bedeutung der Existenz Israels bewusster sind. Vor der Reise sind sie der Meinung: »Nun ja, ich bin eben in Israel geboren«, und können sich gar nichts anderes vorstellen. Nach der Reise verstehen sie, dass es völlig anders sein könnte, wenn es Israel nicht gäbe. Sie meinen, sie verstünden die Geschichte nun besser und ihnen sei bewusst, dass sie ein Teil davon sind. Sie erzählen, dass sie mehr darüber nachdenken, was es bedeute, ein Jude, ein Israeli, ein Mensch zu sein. Sie sagen, dass sie die emotionale Bedeutung des Jüdischseins besser verstehen und dass sie stolz sind, Israelis zu sein. Für andere ist das alles wiederum selbstverständlich. Sie sagen: »Ich bin Jude. So what? Ich bin ein Teil dieser Geschichte.«

Vor der Reise waren sie noch Kinder. Danach begreifen sie, was es heißt, ein Mensch zu sein. Ich denke, das ist ein Schritt zum Erwachsenwerden. Das sagen sie. Und das spüre ich auch.

Israelis leben sehr schnell und das Leben in Israel ist sehr intensiv. Wenn die Jugendlichen zurückkommen, machen die meisten ihre Examen und das Leben geht weiter. Die Reise ist etwas, das sie mit ins Leben nehmen – aber es ist kein Thema, über das sie täglich nachdenken. Auch diese Gruppe hier wird ihren Schulabschluss machen, wenn sie zurückkommen. Dann gehen sie zur die Armee, das ist Pflicht für alle.

Für die meisten wird die Polenreise ein Teil ihrer selbst. Das wurde mir bewusst, als ich einige Leute, die mit mir in Polen waren, ein paar Jahre später wiedertraf. Ich will dir von meinem letzten derartigen Erlebnis erzählen: Vor zwei oder drei Monaten war ich in einem Hotel in Eilat. Dort fand ein Musikfestival statt. Plötzlich ruft ein junger Mann hinter mir: »Shosh! Du warst vor fünf Jahren mit mir und meiner Gruppe in Polen!« Auch seine Mutter erkannte mich wieder, die damals ebenfalls an der Reise teilgenommen hatte. Sie vergessen es also nicht.

Das ist wichtig für unsere Zukunft: Wir müssen über den Holocaust Bescheid wissen. Es ist notwendig, uns an unsere Vergangenheit zu erinnern und was für eine Tragödie das war. Dennoch: Der Holocaust ist vorbei und wir haben jetzt eine neue Generation. Wir wollen nicht, dass unsere jungen Leute andere Nationen verabscheuen. Dass sie alle Deutschen hassen, ihnen für immer und ewig die Schuld geben und ihnen niemals vergeben. Dafür müssen wir neue Kontakte knüpfen – mit Polen, mit Deutschen –, damit wir in Zukunft in einer besseren Welt leben können.

Die meisten erzählen von der **Angst** davor, die Fassung zu verlieren

Friedbert Fröhlich

44 Jahre
Superintendent

Gestern Abend habe ich mich eine Stunde hingesetzt, die innere Ruhe gesucht und an Auschwitz gedacht. Ich war viel unterwegs die Woche und es bestand die Gefahr, dass heute die Konzentration für unser Gespräch fehlt.

Ich dachte zuerst an die Menschen, die mit uns in den Gruppen nach Auschwitz gefahren sind. Dann fielen mir meine Verletzungen, Verwundungen und Entdeckungen dort ein. Ich dachte an die Toten in Auschwitz, zu denen ich, so glaube ich, dort eine Beziehung gefunden habe.

1976 war ich das erste Mal in Auschwitz. Ich war 14 Jahre alt und Teilnehmer einer Jugendreise meiner Kirchengemeinde durch Polen. Für mich war die Fahrt damals ein sehr wichtiger Punkt in meinem Leben. Dass wir überhaupt nach Auschwitz fuhren, war ganz eindeutig dem Einfluss des damaligen Gemeindepastors zu verdanken. Das war ein Mann, der großen Weitblick hatte und mich bis heute in meiner Berufs- und Lebenslaufbahn sehr geprägt hat.

Für Menschen am Rand der Gesellschaft hatte er einen sehr starken Blick. Davon ausgehend, denke ich, hat er mit uns Auschwitz besucht. Und er setzte auf der Reise noch einen ganz anderen, einen christlichen Akzent: Wir besichtigten ein Haus, in dem Ewa von Tiele-Winckler heimatlosen Kindern eine Zuhause bot.

Auschwitz war damals in der DDR nicht so sehr Thema. Im Geschichtsunterricht gab es das KZ Buchenwald, den kommunistischen Aufstand dort und daraus resultierend die Gründung der DDR. Die Politiker erklärten den Bürgern, in der DDR gäbe es keine Nazis. Die seien alle im Westen, und die Antifaschisten, die lebten in der DDR.

Geglaubt habe ich das nicht. Das war ein besonderes Merkmal der christlichen Erziehung in der ehemaligen DDR: Wir lernten, eine streckenweise durchaus gesunde Gespaltenheit zu leben. Durch meine Eltern und die Gemeinde, die eine eher progressive Ausrichtung in der Kinder- und Jugendarbeit hatte, lernte ich, zu reden und aufzupassen, wo ich was sage. Es ging automatisch: Wie äußere ich mich im Staatskundeunterricht zum Thema? Was kann ich in der Kirche sagen? Und was wird zu Hause gesprochen? So ging das. Durch dieses Aufsplitten war mir irgendwie schon vor dem 14. Lebensjahr klar: die Nazis im Westen und die Antifaschisten im Osten, dass es so einfach nicht funktionierte. Dazu kam, dass ich in der Ideologie der DDR damals schon ein Stück »Feindbild« sah.

Ich hatte mich aus bestimmten gesellschaftlichen Sachen, die in der DDR ein Muss waren, rausgenommen. Aus irgendeinem Grund war ich bei der Fahrt nach Buchenwald nicht dabei gewesen und hatte überhaupt keine Vorerfahrung mit einem ehemaligen Konzentrationslager. So traf mich Auschwitz unvorbereitet. Ich kippte dort fast aus den Schuhen. Ich hatte den Eindruck, ich konnte mich nicht mehr richtig bewegen und fühlte mich wie gelähmt. Ich konnte an dem Tag nichts mehr essen.

Mich entsetzte total, dass Menschen anderen Menschen so etwas antun können. Ich konnte und kann bis heute die Bilder von den Kindern in einem der Blöcke des Stammlagers nicht vergessen. Sie rühren mich – bis heute – immer zutiefst. Es ist mir immer wieder unbegreiflich und das muss es bestimmt auch

bleiben. Und mich erschütterte das primär Originale dort. Es ist zwar ein Museum in Auschwitz, aber spätestens in Birkenau, einige spüren es sicherlich auch schon im Stammlager, merkt man, dass es kein Museum ist. Es ist eine erhaltene Originalstätte.

Was ganz massiv bei mir hängengeblieben ist, ist, dass es damals an vielen Stellen im Museum keine deutsche Ausschilderung gab. Und dann diese Zyklon-B-Dosen. Die und den Firmennamen in Deutsch zu lesen, das hat mich schon sehr getroffen. Natürlich gab es damals auch schon Dokumente. Aber als 14-Jähriger habe ich mehr die Originalgegenstände wahrgenommen.

Ich schämte mich unglaublich, die deutsche Sprache im Lager zu sprechen. Ab einem gewissen Punkt konnte ich kein Wort mehr sagen, auch aus Scham, glaube ich, diese Sprache dort überhaupt zu benutzen. Ja, ich schämte mich damals. Ich sah mich dabei gar nicht so sehr als DDR-Bürger. Ich will jetzt nicht sagen, dass ich mich als Deutscher sah. Das habe ich sicher nicht gedacht. Ich war eher als deutschsprachiger Mensch dort und schämte mich für etwas, was ich nicht getan hatte und für das ich auch nicht verantwortlich war. Das hatte für mich etwas von Beraubtwerden.

Als 14-Jähriger konnte ich Auschwitz nicht verarbeiten. Ich verstand es nicht und bin damit genauso umgegangen, wie damals als mein Bruder starb: Ich fraß es in mich hinein und verdrängte es. Weil damals meine emotionale Betroffenheit so groß war, erinnere ich von diesem Besuch fast keine Fakten mehr. Als ich dann 1997 das zweite Mal in Auschwitz war, habe ich mich gefragt, ob ich überhaupt jemals dort gewesen war. Ich wusste nicht, ob ich wirklich damals durch diesen oder jenen Raum gegangen war. Dieses Gefühl, total erschlagen zu sein, das hat, so glaube ich, damals alles überdeckt.

Warum mich der Besuch als 14-Jähriger damals so aufgewühlt hatte, begriff ich erst viele Jahre später. 1997, 1998 verstand ich, dass Auschwitz mich in Kontakt mit einem persönlichen Verlust gebracht hatte: Als ich zehn Jahre alt war, starb mein Bruder. Er war 14 Jahre alt und hatte Krebs und ist über ein dreiviertel Jahr mit furchtbarsten Leiden jämmerlich gestorben. Ich habe alles – weil ich unbedingt wollte – miterlebt. Er lag im Krankenhaus und ich bin jeden Tag, über vier, fünf Monate hinweg, zu den Besuchen mitgegangen. Sein Sterben hatte ich eigentlich nie richtig verarbeitet.

Nach der Fahrt las ich alle Bücher über Auschwitz, die zu kriegen waren. Zu DDR-Zeiten war es schwierig, Neuerscheinungen zu bekommen. Es war damals so, dass der erste auf der Bestellliste des Buchhändlers die Bücher bekam. Weil ich schon immer ein Büchernarr war, wusste ich von meinem Buchladen Woche, Tag und Titel der Neuerscheinungen und hatte mehr oder weniger eine gute Chance, weit vorne auf der Liste zu stehen. So las ich eine Menge hochwertiger Literatur, wobei mich sehr stark die Perspektive der Menschen und was sie berührte, interessierte. Was mich bis heute wundert, ist, dass ich als Jugendlicher kein einziges Buch über den Krieg, also in dem Sinn: Wie war der Zweite Weltkrieg? Wie hat er sich vollzogen?, gelesen habe.

Da ich mehrfach nah dran und gut informiert war, hätte ich jedem sagen können, was zum Thema Nationalsozialismus auf dem DDR-Markt war. Augenzeugenberichte, wie man sie jetzt von Auschwitz kennt, wurden kaum verkauft. Aber es gab Berichte aus Lagern, zum Beispiel aus Buchenwald. Einige Bücher thematisierten die Züge und Todesmärsche Ende des Krieges zwischen den Konzentrationslagern.

Wenn ich mit meinen Großeltern über die Zeit des Nationalsozialismus sprechen wollte, signalisierten sie mir sehr deutlich: Darüber wollen wir nicht reden. Die Zeit sei so schlimm gewesen. Man müsse vergessen und sie hätten Neues aufgebaut. Was ich heute weiß, ist, dass mein Opa evangelisch-methodistischer Pastor und im Krieg war. Wo er eingesetzt war, weiß ich nicht. Als er starb, war ich zehn Jahre alt.

Meine Oma hat nie etwas über den Krieg oder den Holocaust erzählt. Sie hat mehr aus der Zeit berichtet, in der mein Opa nicht da war und sie sich um drei Kinder und faktisch auch die Kirche kümmern musste, damit nicht alles zusammenbrach.

Mit meinen Eltern Jahrgang 1931 und 1934, die so genannte Kriegskinder sind, habe ich auch wenig über die Zeit des Nationalsozialismus gesprochen. Sie sagten wie ihre Eltern, dass diese Zeit so schlimm gewesen sei und dass sie nicht darüber reden wollten. Sie verstanden nicht, dass ich mich mit dem Nationalsozialismus beschäftigte. Es war ihnen unheimlich. Befriedigt hat mich das nicht.

Erst viel später, nach meinem Kurs für Krankenhausseelsorge, redeten sie mit mir über ihre Erfahrungen in der Zeit. Meine Eltern kamen aus dem Erzgebirge. In den Dörfern war es so, dass der Krieg mehr zufällig dort stattfand. Da gab es fast nie einen Bombenangriff, und das Erleben der Kinder in den Dörfern war gegenüber dem in Städten, etwa in Dresden oder Chemnitz, völlig anders. Meine Mutter lebte in den entscheidenden Jahren des Krieges in Augustusburg, das ist so eine herausragende Burg in der Nähe von Chemnitz. Sie erzählte mir viel davon, wie es war, in der Schule zu sein, wie sie bei Fliegeralarm nach

Hause rannten und zuerst in den Keller gingen.

Später machten sie das nicht mehr, weil dort keine Bomben fielen. Die Flieger flogen über Augustusburg, weil das als höchste Erhebung für sie ein Orientierungspunkt war. Sie erzählte sehr schmerzvoll von den Angriffen auf Dresden. Dorthin sah sie die Flugzeuge fliegen. Und dann sah sie das brennende Dresden und den roten Himmel.

Meinem Vater fällt es bis heute sehr schwer über die Kriegszeit zu reden. Es ist ausgesprochen schwierig für ihn, weil er als Kind seine Mutter verlor. Er wuchs bei den Großeltern und verschiedenen Leuten auf und spürte wenig diese wirkliche Wärme einer Familie. Er erzählt ganz bewegend davon, dass ziemlich am Ende des Krieges ein Tiefflieger über den Ort flog und auf eine Gruppe Kinder schoss. Zwei oder drei Jungs waren sofort tot. Das war das einzige, was der Ort an unmittelbarem Krieg erlebte.

Meine zweite Begegnung mit einem Konzentrationslager geschah 1989. Ich reiste kurz vor der Maueröffnung nach Hamburg, damals für die DDR noch westliches Ausland. Es war eine Tagung vom Europäischen Jugendrat unserer Kirche zum Thema Spurensuche: Geschichte des Nationalsozialismus in Hamburg. Wir besuchten das ehemalige KZ Neuengamme. Dort nahm ich die Aussagen von Zeitzeugen, die über den Rundfunk gesucht worden waren, auf Video auf. Bei einer alternativen Stadtrundfahrt schauten wir uns den Ort an, wo die Synagoge gestanden hatte. Dort brach das Thema Auschwitz wieder richtig auf. Ich merkte, dass meine Reise als 14-Jähriger nicht aufgearbeitet war, und wusste, da muss ich irgendwann noch einmal ran.

Acht Jahre später fuhr ich das erste Mal mit einer Gruppe nach Auschwitz. Ich war damals Pastor in Gera in Thüringen. Unsere Kirche betreibt dort in der Nähe eine Klinik für Suchtabhängige. Ein Zivildienstleistender, der Andreas, der dort arbeitete und den ich gut kannte, war mit einer Gruppe in Auschwitz-Birkenau gewesen. Er wusste, dass ich 1976 in Auschwitz gewesen war und sagte, dass er gerne noch mal dorthin fahren würde und fragte mich: »Fährst du mit?«

Wir haben ein bissel miteinander gerungen und ich sagte, ich hätte schon Angst, mich dem wieder zu stellen. Wenn ich fahren würde, dann nur mit einer Gruppe. Er kannte das Phänomen, wie ich es auch erlebt hatte: Wer einmal mit einer Gruppe dort gewesen ist, kann alleine nicht mehr dorthin. Man braucht die Gruppe, um den Halt zu haben. Andreas und ich haben bestimmt einige Tage damit verbracht, uns mit alten Erfahrungen auseinanderzusetzen und uns vorzubereiten. Und wir reflektierten, warum es uns nach Auschwitz zog.

Ich betreute damals sehr intensiv einen Jugendkreis und schlug vor, mit den jungen Leuten nach Auschwitz zu fahren. Wir sprachen sehr lange darüber, ob wir überhaupt mit Jugendlichen zwischen 14 und 16 Jahren dorthin fahren konnten. Uns war nicht ganz klar, wie und ob die Jüngeren das Thema verarbeiten würden. Auf der anderen Seite fanden wir es schwierig, den Jugendlichen zu erklären, dass man erst ab 16 Jahren oder ab 18 Jahren nach Auschwitz fahren könne. Ich tat mich wegen meinen damaligen Erfahrungen schwer damit zu sagen: Okay, wir probieren es. Für Andreas war es leichter. Zuletzt entschieden wir, dass wir entweder alle Leute mitnehmen oder gar nicht fahren.

Mit dem Jugendkreis machten wir ein ganzes Wochenende ein Vorbereitungsseminar und beschäftigten uns intensiv mit Fragen wie: Was ist Auschwitz für mich? Warum fahre ich da hin? Was uns damals vorrangig bewegte war: Wie setze ich mich mit Auschwitz auseinander? Dabei lag die Betonung auf »ich«. Wir hatten beide den Eindruck: Wenn es Sinn haben soll, dahin zu fahren, dann eigentlich nur, wenn ich mich Auschwitz stelle und eine Beziehung zu diesem Ort aufbaue. Und deswegen machten wir sehr, sehr wenig Theorie.

Beim Vorbereitungswochenende setzten wir uns faktisch mit Auschwitz auseinander und recherchierten ein paar Dinge über das Lager und dessen Geschichte. Damit wollten wir einen Rahmen finden für das Ganze. In Auschwitz planten wir die Lagerbesuche so, dass wir – bevor wir ins Lager gingen – einen ganzen Tag Vorbereitung hatten. Wir nahmen vor Ort noch einmal wahr: Jetzt sind wir in Auschwitz. Wie gehe ich morgen ins Lager? Was sind meine Fragen? Was brauche ich von der Gruppe? Wovor habe ich Angst? Was beschäftigt mich?

Damals war ich das erste Mal in der Internationalen Jugendbegegnungsstätte. Ab der zweiten Fahrt organisierten wir das dann über unser Kinder- und Jugendwerk. Wir entschieden, dass wir diese Fahrten ehrenamtlich im Rahmen unserer Kirche weitermachen wollten. Wir merkten, worauf es ankommt, und entwickelten ein Grundkonzept, das wir bis heute umsetzen. Die Arbeit am Konzept war eine Sternstunde meines Lebens. Als Erstes stellten wir fest, dass man sich Auschwitz und allem, was damit zusammenhängt, nur freiwillig, also nicht in einer Pflichtgruppe und auch nur ganzheitlich stellen kann. Vereinfacht gesprochen: aus eigener Entscheidung mit Herz und Kopf. Alles andere ergab für uns keinen Sinn. Uns war klar geworden, dass man zu Auschwitz vermutlich nicht einfach einen Standpunkt einnehmen kann und dann versucht, etwas für sich zu sortieren. Die zweite Einsicht war, dass man vor Ort unglaublich viel Zeit braucht: zwei komplette Tage. Wir machen es bis heute so, dass die Gruppe die Lager jeweils vormittags besucht. Am Nachmittag gehen wir noch einmal mit allen hin und haben meistens ein oder zwei Schwerpunkte. Jeder kann für sich noch mal an die Orte oder an den Ort gehen, von dem er sagt: Der wühlt mich am meisten auf, da muss ich noch einmal hin.

Eine andere Erfahrung war, dass gerade die Theorie über die Zeit zwischen 1939 und 1945 keine Rolle spielt. Im Gegenteil: Man muss sich sogar davon befreien. In Auschwitz geht es unserer Meinung nach mehr darum, wie ich mich damit auseinandersetze. Dennoch: Wer will, kann die Bibliothek der Jugendbegegnungsstätte besuchen oder sich in  einer Bücherkiste, die wir immer mithaben, informieren und blättern. Ich weise meist die Leute darauf hin, dass sie Augenzeugenberichte, historische Abhandlungen und so weiter auch zu Hause lesen können. Wenn über Erwartungen gesprochen werden soll, lassen wir häufig Bilder zur Frage: Wie könnte es sein, wenn ich ins Lager gehe? malen. Zur Vorarbeit gehört auch ein Planspiel, bei dem sich die Leute entweder in die Rolle eines Zwangsarbeiters oder eines Aufsehers hineinversetzen können. Es geht häufig so tief, dass wir Betreuer vom Psychologischen her schauen müssen, dass es nicht kippt. Es ist eine sehr intensive Erfahrung, von der ich später noch mehr berichten mag.

Wenn wir in Auschwitz sind, besuchen wir am ersten Tag die Stadt Oswiecim. Wir laufen dort mit Führung herum, schauen im jüdischen Center vorbei und nehmen die Normalität dieser polnischen Kleinstadt wahr. Abends, es ist der Abend vor dem ersten Lagertag, sucht die Gruppe mit uns Antworten auf die Frage: Was machen wir morgen eigentlich dort? Was brauche ich noch? Zu diesem Zeitpunkt kommen die Ängste. Die Leute merken: Sie können jetzt nicht mehr nur als Besucher Auschwitz aus der Distanz anschauen. Nein, sie spüren, dass sie betroffen sind als Mensch von heute, betroffen als Ich. Sie sind intensiv vorbereitet, intensiv dran.

Wir bieten dann an, dass wir zusammen mit dem Gruppenmitglied, wenn es mag, auch mal genauer schauen: Wo liegt die Angst? Was ist es für eine Angst? Oder das Gegenteil: Was reizt die Person, dorthin zu gehen?

Die meisten erzählen von der Angst davor, die Fassung zu verlieren. Dass sie nicht mehr wissen, was mit ihnen geschieht. Was passiert, wenn ich morgen im Lager plötzlich weine? Das darf ich doch nicht. Ich muss doch nach außen die Fassade hochhalten. Angst entsteht auch, wenn ich merke, ich komme in eine Tiefe, die ich noch nie hatte, wo ich noch nie war und wo ich mich an Leidenserfahrungen erinnert fühle: Ich erzähle zum Beispiel von den Großeltern, die vom Krieg berichteten, oder auch davon, wie massiv geschwiegen wurde und wird. Da merke ich dann plötzlich, dass Auschwitz zum persönlichen Thema wird.

In der Mehrheit sind in den Gruppen Menschen, die von ihren Großeltern oder Urgroßeltern und dem, was sie im Krieg gemacht haben, keine Ahnung haben. Sie sprachen nicht darüber und gefragt wurde auch nicht. Es sind wenige, die etwas wissen: Da war etwas, aber der Großvater lebt nicht mehr. Oder: Der spricht nicht darüber. Oder: Der war in einem Lager, aber sie wissen nicht wo.

Eine weitere Angst, die von Leuten immer wieder angesprochen wird, ist die Angst davor, von der Täterrolle fasziniert zu sein. Im Rollenspiel, von dem ich erzählte, gibt es neben den Zwangsarbeitern, die etwas machen müssen, auch den Täter, der eine Spielzeugpistole in der Hand und das Recht hat, jemanden zu erschießen. Die Waffe in der Hand. Die Macht. Da können die Leute spüren, wie das plötzlich Thema wird. Diese Angst ist stärker bei den Jungen als bei Mädchen, und es sind wenige, wo das zum Ausdruck kommt.

Für uns Leiter bedeutet die Arbeit mit diesen emotionalen Phänomenen, dass wir am ersten Abend nach dem Malen der Bilder oder nach dem Rollenspiel häufig bis um drei Uhr morgens zusammensitzen und jede Person in der Gruppe reflektieren: Was haben wir bei denen heute wahrgenommen? Wer braucht wo Unterstützung? Oder, was auch sehr wichtig ist: Bei wem haben wir den Eindruck, dass er noch sehr an der Oberfläche ist und sich nicht in die Tiefe traut?

Am kommenden Tag können wir das in der Gruppe oder im Einzelgespräch mit dem Angebot rückmelden, dass wir Betreuer bei einem intensiveren Einstieg, so er gewollt wird, behilflich sind. Dabei wird der Weg immer von der Person vorgegeben. Gibt es eine Grenze, dann ist die immer akzeptiert. Es muss immer möglich sein, Stopp zu sagen, egal, was passiert.

Unsere Erfahrungen über die Jahre sind die, dass wir die Menge der Dinge, die wir an beiden Lagertagen tun, mehr und mehr reduziert haben. Man muss nicht immer reden, reden, reden, alles deuten und bewerten. Es tut gut, auch mal die Gusche zu halten und sich dem Schweigen auszusetzen und die eigene Stille an diesem Ort zuzulassen und zu entdecken. Deswegen bieten wir an, jeden Tag im »Haus der Stille« der Jugendbegegnungsstätte 20 bis 25 Minuten zu sitzen und zu schweigen. Das ist Konzentrieren auf den Tag, sich selbst oder Gott und für mich ganz wichtig. Ich brauche das. Meinem Kollegen geht es genauso: Wir machen das jeden Tag für uns und bieten den anderen an mitzukommen. Wir brauchen die Ruhe, um in den Tag richtig hineingehen zu können. Zu Beginn singen wir ein Lied, lesen einen Vers aus der Bibel und schweigen. Dann kommt noch einmal der Vers, das Lied und dann gehen wir.

Am ersten Lagertag haben wir vormittags eine Führung im Stammlager. Dafür versuchen wir, einen der Guides vom Museum zu bekommen, von denen wir den Eindruck haben: Der oder die spricht die Leute besonders an. Nachmittags gehen die Leute ohne Führung noch einmal in das Lager.

Wenn wir merken, dass die Leute beim Besuch des Lagers nicht mehr klarkommen, bleiben wir irgendwo stehen und schweigen. Die Leute spüren dann, dass wir da sind und dass sie ihre Angst ansprechen können. Zum Beispiel die Angst davor, in Tränen auszubrechen. Oder: Ich schäme mich. Es ist anders, wenn jemand dann bei dir ist, denn in einer Gruppe bekommt man ein Gespür füreinander und dafür, was dem anderen fehlt und was er braucht. Das ist für uns Betreuer immer wieder schön zu beobachten.

Wir haben es auch schon so gemacht – eine sehr tiefe Erfahrung –, dass wir am Nachmittag ab der Jugendbegegnungsstätte den Gang der Häftlinge gegangen sind. Am Eingang des Hauses, das von Professor Helmut Morlok geplant wurde, liegen alte Bahnschwellen, die aus der Umgebung stammen. Von dort geht es schweigend in Richtung Stammlager. Wir gehen dort allein zu Punkten wie dem Tor »Arbeit macht frei«, an die Todesmauer, den Galgen, das Krematorium, nehmen den Zaun wahr. Manchmal gehen wir auch in Richtung Galgen, an dem der Lagerkommandant Höß gehenkt wurde. Wir sprechen ein paar Sätze und sagen der Gruppe, dass sie sich mindestens eineinhalb Stunden Zeit für die israelische Ausstellung nehmen sollte. Diese Länderausstellung ist für uns eine Art Höhepunkt. Sie ist – auch für mich – sehr, sehr ansprechend.

Durch die schwarzen Gänge wird im Block Orientierungslosigkeit erzeugt; man weiß gar nicht, wo man in diesem Haus ist. Mit den anderen Länderausstellungen kann ich so gut wie nichts anfangen. Bei einigen bin ich sogar sehr entsetzt von ihrer Oberflächlichkeit.

Am Abend des ersten Lagertags heißt es für die Gruppe reflektieren: Ich erzähle, was ich heute erlebt habe. Spätestens jetzt wird bewusst, dass wir in der Gruppe die Chance haben, Auschwitz sehr intensiv zu erleben. Und die Gruppe verändert sich im Erleben des Ortes. Diese Reflektionsrunden sind die intensivsten Runden, die ich kenne. Dabei ist interessant, dass Jugendliche Auschwitz viel intensiver erleben als Erwachsene. Ich habe bis jetzt zwei Fahrten mit Erwachsenen zwischen 20 und 60 Jahren gemacht. Meine Beobachtung war, dass sich Erwachsene nicht so auf grenzenlose Erfahrungen emotionaler Arbeit einlassen wie Jugendliche. Auch die Reflektionsrunden sind bei Jugendlichen intensiver. Die jungen Leute reden wirklich von sich. Da brauche ich nicht darum bitten, dass sie in der Ich-Form und nicht von »man« sprechen. Sie erzählen schlicht, was sie erlebt haben und das oftmals auch unreflektiert. Sie sagen zum Beispiel: »Ich habe heute einen Vogel gehört, mitten im Lager. Da bekam ich wieder Boden unter die Füße.« Oder wenn sie darüber reflektieren, wie mit einem Mal an bestimmten Stellen, und vor allem in Birkenau, Gefühle wie Hass und Wut hochkommen.

Im Stammlager nehmen wir stärker die Täterperspektive wahr. Sie ist dort offensichtlicher. Wer das erste Mal dort hinkommt und eine Führung mitmacht, der ist tief betroffen. In Birkenau ist die Täterperspektive auch da, keine Frage. Nur wird dort die Opferperspektive stärker emotional wahrgenommen. Dass die Opfer Menschen waren, das bekommt man da schnell mit. Aber dass der Täter ein Mensch war, das braucht länger. Viele müssen erst mal den Täter verdrängen, weil es unerträglich ist, dass die Täter Menschen waren. Wenn das dann in der Wahrnehmung angekommen ist, ist das Bedürfnis darüber zu erzählen sehr groß.

Es gibt aber auch Leute, die gehen aus dem Geschehen heraus. Sie halten es vielleicht nicht aus, weil Ängste oder Erfahrungen aus früheren Zeiten oder Zukunftssorgen oder irgendetwas stark präsent sind. Das bekommen wir mit und es ist in Ordnung. Wie gesagt: Grenzen müssen immer möglich sein.

Diese Reflektionsrunden dauern manchmal bis gegen 23.00 Uhr abends, weil die Leute erzählen, erzählen, erzählen. Sie können nicht mehr aufhören, einfach nicht mehr aufhören zu reden. Dabei ist es so wichtig, dass es einen Rahmen gibt, in dem ich ins Unreine reden darf. Wo einen keiner unterbricht. Wo man nichts erklären muss. Wo keiner korrigiert wird. Wo ich sagen kann, was ich will, was mich beschäftigt, was ich verstanden habe und was nicht. Viele sagen zu dem Zeitpunkt, was sie zutiefst betroffen hat. Zum Beispiel: »Das Leid der Kinder halte ich nicht aus.« Oder jemand spricht von den Gegenständen, zum Beispiel: »Die Haare, das ist für mich unfassbar.«

Ich meine, wir bereiten das auch ein Stück vor. Nachdem wir vormittags im Lager gewesen waren, fragen wir nach der Mittagspause jeden nochmal: Wo willst du heute Nachmittag hin? Einige nennen viele verschiedene Punkte. Wir schlagen dann vor, ein oder zwei Sachen auszuwählen und sich darauf zu beschränken. Dabei geht es nicht darum zu gucken, was schön war oder wo ich zu wenig gelesen habe. Es geht vielmehr darum zu merken, was mich am meisten berührt hat. Wo habe ich gespürt, ich weiß gar nicht mal warum, dass da irgendwas ist? Es gibt fast niemanden der sagt: »Ich muss jetzt mal dahin, um das zu verstehen.« Oder: »Ich muss herausbekommen, wie viele Menschen hier wirklich gestorben sind.« Die emotionalen Punkte sind anders gelagert. Zum Beispiel erinnere ich mich an eine Frau, die sagte, sie müsse unbedingt noch mal zum Galgen, an dem Höß gehenkt wurde. Sie habe so einen Hass und sie brauche die Genugtuung. Abends erzählte sie davon, wie es ihr unter dem Galgen gegangen sei. Sie sei unglaublich aufgewühlt dorthin gegangen und habe überlegt, dass sie irgendetwas machen müsse. Am Galgen habe sie wahrgenommen, dass auf der einen Seite ein Mensch und auf der anderen

Seite sie mit ihrer Erfahrung stand, dass sie den Hass zulassen durfte und konnte. Sie berichtete, dass ihr Hass nachmittags ein anderer gewesen sei als am Vormittag und dass sich etwas verändert hatte. Sie brauchte keine Handlung mehr. Allein, dass sie dort sitzen und das zulassen durfte, half ihr weiter.

Ich glaube, dass bei vielen in dem Moment, wo sie die Täterperspektive wahrnehmen, der Hass wie ein Berg vor ihnen steht. Dieser Berg muss weg, weil er, wie ich vorhin schon beschrieben habe, unerträglich ist. Über diesen Berg hinwegzukommen, schaffen nicht alle. Hass ist ein sehr starkes, unangenehmes Gefühl. Das zuzulassen und zu sagen: Ich habe unglaubliche Wut und Hass auf die Täter und nichts kann sie entschuldigen, ist nicht einfach. Wenn ich ein kleines bisschen verallgemeinere, dann glaube ich, dass die Leute am Tag im Stammlager stärker das Empfinden haben, dass die SS-Leute eigentlich Fratzen sind. Die haben keine richtigen Gesichter. Das sind keine Menschen. Sie empfinden es so, obwohl sie auch sehen, dass in der Höß-Villa, direkt neben dem Stammlager, heute Menschen leben.

Wir Betreuer merken, dass ein großer Teil der Leute an diesem Tag überfordert ist, den Täter wirklich wahrzunehmen. Sie haben ein Bild wie ein Fotonegativ: Das hier sind Menschen. Und das sind die anderen, die Täter und irgendwie – keine Menschen. Am ersten Tag haben die Leute auch noch mehr den Eindruck, die SS-Männer und die ihnen helfenden Frauen waren in ein System gebunden. Die mussten ja irgendwie in eine Rolle schlüpfen, weil es nicht normal war, dass Menschen so etwas tun.

Einerseits stimmt es, dass es ein System war, in dem die SS-Leute lebten. Aber, und das kostet viel mehr Zeit herauszukriegen: Der Täter war auch ein Mensch. Warum wurde denn in Birkenau gesoffen wie verrückt? Doch nicht deswegen, weil die SS-Leute die Idee hatten, dass es da etwas zu »säubern« gab. Nein, ich vermute, das Morden war unerträglich. Die Täter mussten das irgendwann verdrängen und opferten ihr Leben, vermutlich ohne es überhaupt zu merken. Nur wenige haben es geschafft, es nicht zu tun. Einige ließen sich versetzen. Doch für die meisten gab es kein Zurück mehr.

Im Rollenspiel, das wir mit den Jugendlichen machen, haben sie Zugang zu Zwangsarbeitern und Tätern. Wenn sie dann in der Rolle des Täters sind, merken sie, was wahrzunehmen so viel Überwindung kostet: Auch die Täter waren Menschen. Wir wollen nicht, dass die Leute wegfahren und sagen. »Das waren alles Unmenschen.« Das wäre zu wenig, weil sie den Bezug zu sich als Mensch nicht hergestellt hätten.

Dieses Spüren ist Thema am zweiten Tag in Birkenau. Meistens gestalten wir es so, dass wir vormittags ohne oder mit verkürzter Führung in Birkenau sind. Brauchen wir Informationen, nehmen wir die großen Tafeln. Dort geht die Gruppe schweigend den Weg der Häftlinge. Vor dem Eingang laufen wir auf den Schienen und dann im Lager bis zur Rampe. An bestimmten Punkten, zum Beispiel an der Rampe, lesen wir etwas von Zeitzeugen vor. Hier spüren die Leute, dass die Opferperspektive sehr stark wirkt. Wir setzen dort die Täterperspektive daneben, um beides wahrzunehmen.

Je jünger die Leute sind, desto mehr gehen sie interessanterweise in die Rollen hinein. Dabei denken viele, bevor sie in die Rolle gehen, das sei nicht so schlimm. Man geht da rein und kann ja immer wieder raus. Aber dann zu spüren, dass sie wirklich auf einmal wie gefesselt, wie gelähmt sind, das ist eine tiefe Erfahrung. Wir Betreuer merken es äußerlich daran, dass sie aschfahl im Gesicht sind. Es wäre absurd zu sagen, im Rollenspiel »sind« sie Häftlinge oder Täter. Das wäre totaler Quatsch. Es ist ja »nur« eine Übung, die »beim Gang der Häftlinge in Stille« ungefähr 90 Minuten dauert. Dennoch spüre ich in der Rolle als Mensch von heute, was es heißt, jetzt diesen Weg zu gehen. Ich glaube, die Menschen in unseren Gruppen setzen sich dem wirklich aus. Sie spüren totale Leere, Verlassenheit und Einsamkeit. Ich habe immer wieder den Eindruck, einige Leute fühlen dort das erste Mal ein Gefühl von »Nichts bleibt mehr von mir übrig und ich bin haltlos ausgeliefert«.

An der Rampe gab es zum Beispiel nur eines, was wirklich wichtig war: Wir bleiben als Familie zusammen. Um dann plötzlich getrennt zu werden. Oder ich habe meinen Koffer als Letztes in der Hand – und den muss ich abgeben. Alles loslassen. Nichts mehr in der Hand haben. Getrennt werden und sein. Nicht wissen, was passiert. Und dann das Ge-  fühl: Was macht das jetzt? Es ist nichts mehr da und es bleibt nur der Mensch übrig und da weiß ich eben nicht, ob da noch etwas bleibt und wenn ja, was es ist. Oder ob vielleicht nichts mehr übrig bleibt.

Und das ein wenig auszuhalten. Es nicht gleich wegzuschieben und mit Fakten zu beantworten, sondern sagen: Ich gehe jetzt ein- oder eineinhalb Stunden diesen Weg und lasse zu, dass Gefühle kommen, dann spüren die Leute ansatzweise etwas davon.

Wir gehen den Weg zum Krematorium II, bis zum Eingang der Gaskammer und lesen dort ein paar Sätze aus Augenzeugenberichten vor. Manchmal gehen wir an die Rampe zurück und nehmen den Weg ins Lager und gehen zum Beispiel in die Baracke mit den Kinderzeichnungen oder in eine andere Baracke. So nehmen die Leute an ein, zwei Stellen das Lagerleben wahr.

Dann gehen die Leute aus den Rollen heraus und sagen ganz klar: Ich bin jetzt nicht mehr der Häftling. Ich bin nicht mehr der Täter. Ich bin jetzt wieder der oder die und schaue in die Gruppe. Danach dauert es eine Zeit, bis sie sprechen. Sie reden nicht über die tiefen emotionalen Erfahrungen, die sie in den 90 Minuten gemacht haben. Sie haben im Gegenteil ein unglaubliches Bedürfnis zu schauen und aufzunehmen.

So kommen fast nur Fragen, zum Beispiel: Was heißt jetzt Kinderbaracke? Was sind das für Zeichnungen? Wer hat die gemalt? Haben die Kinder gemalt und mussten sie die Bilder malen?

Ich habe den Eindruck, dass die Leute nach dem »Gang der Häftlinge in Stille« wacher sind, ihre Wahrnehmung genauer wird. Je mehr ich mich in Stille und Ruhe auf ein Thema konzentriere, desto mehr kann ich später aufnehmen. Genau dieses Wachsamwerden, ist Kern und Ziel des ganzen Aufenthalts, unserer Arbeit in Auschwitz.

Am Nachmittag geht die Gruppe ein zweites Mal nach Birkenau und sucht dort, wie schon im Stammlager, einzelne Orte auf. Immer dabei ist ein Gang auf den Wachturm im Eingangsbereich, um von dort die Täterperspektive wahrzunehmen. Von dort hat man den Überblick und spürt gleichzeitig Distanz zu allem. Auf dem Turm müssen wir unbedingt dafür sorgen, dass das Tonband mit Zitaten von Rudolf Höß nicht läuft. Wenn man so intensiv im Prozess ist und bekommt dann auf dem Turm Höß-Zitate um die Ohren gehauen: Diese starke Stimme, dieser Kasernenhofton ist unerträglich für mich und auch für die anderen.

Die neu gestaltete »Sauna« in Birkenau ist ein weiterer Punkt, den wir besuchen. Für mich ist es die gelungenste Ausstellung auf beiden Geländen. Zufälligerweise trafen wir einmal Professor Morlok, der als deutscher Vertreter an der neuen Gestaltung für dieses Gebäude mitgearbeitet hat. Dieser Ort ist für die Gruppe noch einmal ganz besonders: Wenn man auf dem gläsernen Gang läuft, der über dem Fußboden angebracht wurde, dann geht man den Weg der Häftlinge, die an der Rampe zur Arbeit und nicht für den Tod in den Gaskammern selektiert worden waren. In der »Sauna« gaben sie ihre letzte private Habe ab, kleideten sie sich aus. Ihnen wurde dort der Kopf geschoren, Nummern tätowiert. Dort duschten sie wirklich und bekamen am Ende die gestreifte Kleidung der Häftlinge. Von ihnen blieb am Ende des Weges durch dieses Gebäude als Person nichts mehr übrig und so wurden sie in die Baracken aufgeteilt.

Wenn man durch die Ausstellung geht, geht man genau diesen Weg. Am Ende steht der Besucher in einem großen Raum vor Wänden mit alten Schwarz-Weiß-Fotos von ermordeten Häftlingen. Die Bilder stammen aus Koffern und Bündeln der Getöteten, erzählen in Schnappschüssen und Porträtaufnahmen persönliche Geschich-ten. Sie zeigen Alltag, Kindheit und Jugend, Hochzeiten, Geburten und Menschen beim Ausflug in die Sommerfrische: Bilder, wie wir sie alle in irgendeiner Form zur Erinnerung in unseren Fotoalben haben. Diese Bilderwand ist für die Leute sehr erschütternd. Mir geht das genauso. Ich sitze manchmal ein oder auch eineinhalb Stunden vor dieser Wand aus Fotos und nehme die Menschen wahr und spüre das.

Bei vielen ist es so, dass in Birkenau der Zugang zum eigenen Schmerz enorm ist. Dort können sie weinen, was ja für Jungen nochmal schwieriger ist als für Mädchen. Gerade in einem jugendlichen Alter, wo ein Junge eher versucht, stark zu sein, sind Tränen eine große Überwindung. Dennoch spüren sie dort: Ich bin an einem Ort, wo ich das plötzlich kann und darf. Und es geht. Viele empfinden dort, dass und wie sich Schmerz körperlich zeigt.

Ich habe mal erlebt, dass ich sehr gezittert habe. Ich konnte damals nichts mehr schreiben, nichts mehr denken. Ich war nur noch ein einziges Zittern.

Gefühle und Reaktionen in Bezug auf das Deutschsein in Auschwitz sind sehr unterschiedlich. Es gibt Leute, die eher ein kritisches Verhältnis zum Deutschsein, zur deutschen Geschichte haben, das häufig sehr unreflektiert ist. Es zeigt sich darin, dass sie in einer Art vorauseilendem Gehorsam ein Schuldgefühl haben, aber nicht wissen für was. Diese Leute entdecken in Auschwitz einen interessanten Zugang: Auf der einen Seite merken sie, wie schlimm es ist, dort Deutscher zu sein. Manche sagen das auch genau so: Ich kann hier, in diesen Lagern, gar nicht mehr Deutsch reden. Ich traue mich nicht, etwas zu sagen. Einige sagen, dass sie, wenn sie im Stammlager bei einer Führung sind, sich schämen, Deutscher zu sein. Wenn wir in der Reflektion am Abend – Was ist denn das mit der Schuld? – nachfragen, zeigt sich dabei immer wieder, dass es unbewusst eine kollektive – ob eingebildete oder vermutete oder übernommene – Schuld gibt.

Nachdem sie das gefühlt und in der Reflektionsrunde gesagt haben, verändert sich etwas und öffnet sich etwas Neues. Das bedeutet, dass sie Leute reflektierter sagen können: Ich habe Mühe zu sagen, ich bin Deutscher. Aber: Ich bin deutsch. Und das ist meine Geschichte und ich weiß, dass ich da hineingehöre.

Dieses Gefühl von Schuld und Scham ein Stück freier wahrzunehmen, das ist so wichtig für den Prozess. Wenn ich dort vor Ort bin und wahrnehmen kann: Es ist nicht meine Schuld. Und sobald das bewusst wird, kann man ganz neu damit umgehen und keiner hat mehr ein Problem damit, Deutsch zu sprechen.

Wir provozieren diese Stärkung. Wir wollen nicht, dass es heißt: Wir Deutschen sind ganz schlimm. Wir sind irgendwo schuldig und ich muss jetzt ganz still sein. Nein. Wir sind Deutsche und wir haben uns die Geschichte sehr genau angeschaut – faktisch und emotional. Jetzt können wir dazu eine neue Beziehung bekommen.

Anders ist das bei denen in Springerstiefeln, die wir eher selten dabei haben. Es ist nicht, weil sie sagen: »Ich bin für Auschwitz.« Nein. Sie haben manches Mal ganz heftige Angst davor, dass ihnen dort, in Auschwitz, das Deutsche genommen wird. Sie müssen sich dort gelegentlich sagen: Wir sind gerne Deutsche. Wir spüren, dass es ihnen noch einmal schwerer fällt, den Ort und das, für was er steht, wirklich wahrzunehmen. Ich glaube, dass die Leute, die dieses unbewusste Schuldgefühl haben, viel klarer weggehen.

Das erste, was sich bei den Menschen verändert, ist ihre Wahrnehmungsfähigkeit. Sie wird tiefer und schärfer. Ich vergleiche den Weg dorthin mit einer Sehne oder einem Muskel. Man sagt ja, eine Sehne hat ein Gedächtnis. Ich glaube, es merkt sich der Körper, dass ich einmal so weit bei mir war. Und weil ich dort schon mal gewesen bin, kann ich es auch wagen, an anderer Stelle soweit zu gehen. Ich weiß, Sehne und Muskel waren schon mal da und sie ziehen mich wieder zurück. Ich habe die Erfahrung gemacht: Ich falle nicht. Es ist nicht mehr so grenzenlos.

In Auschwitz machen die Menschen diese Grenzerfahrung. Danach wissen sie: Ich kann mich weiter nach innen, zu mir wagen, als ich es vorher konnte. Insofern ist es eine Veränderung des Lebens.

Ich treffe viele von den Leuten, mit denen ich in Auschwitz war, ja immer wieder. Ich merke, dass sich bei allen ihr Leben verändert hat. Sie haben einen neuen Aspekt in ihrer Lebensgeschichte. Sie sind mit Dingen in Kontakt gekommen, wie es nirgendwo, auch nicht in Buchenwald, möglich gewesen wäre. Es gibt Leute, die nach fünf, sechs Jahren sagen: Auschwitz war ein Punkt meines Lebens, wo ich tief bei mir war.

Den ganzen letzten Tag nutzen wir, um zu schauen, was ist jetzt noch dran? Was für Fragen sind aufgebrochen? Wir lassen uns Zeit, damit jeder einzelne wieder zurückkommt in die täglichen Bezüge und die Gruppe wegfahren kann.

Wir hatten im ersten Jahr diesen Punkt zu wenig bedacht und die Leute sind sehr aufgewühlt abgereist. Es war nicht zu einem Abschluss gekommen. Ich konnte deswegen nächtelang nicht schlafen und habe mir riesige Vorwürfe gemacht. Jetzt brauchen wir einen ganzen Tag dafür, um mit verschiedenen Methoden wie Laufen, Malen und Gesprächen den intensiven Prozess abzuschließen.

Sofern es Thema ist, setzen wir uns zum Beispiel noch einmal mit der Täterperspektive auseinander und fragen: Wie seht ihr das? Es ist interessant zu beobachten, wie die Gruppe die Täter wahrgenommen hat. Es kommt immer die Frage: Warum haben die das gemacht? Wenn wir davon ausgehen, dass Auschwitz menschliches Verhalten ist, dann haben zum Beispiel die Täter auch Menschen gehabt, die sie liebten und von denen sie geliebt wurden. Wie kommt nun zum Beispiel ein Mensch dazu, ein Kind an einer Mauer zu zerschlagen? Das kann doch eigentlich kein Mensch? Wenn es aber ein Mensch war, dann muss es einen Grund für sein Handeln gegeben haben.

Es geht uns in unserer Arbeit darum, wahrzunehmen, dass die SS-Leute nicht plötzlich zu Tätern wurden. Nein, es waren ganz kleine Dosierungen. Das bekommt man ja sehr genau mit, wenn man die Gesetze anschaut, wie die Rechte der Juden in Deutschland damals eingeschränkt wurden. Immer wieder eins mehr. Und noch ein Versuch, und noch ein Versuch. Und noch eins drauf, und noch eins drauf. Und irgendwann war es zu spät. Da war der Jude aus dem Osten oder der politisch nicht Korrekte, die Fratze, das Tier oder wie man es auch immer nennen will und deswegen durfte ich den demütigen, misshandeln oder töten. Genau dahin versuchen wir in der Gruppe ein wenig zu schauen, was das ist, und kommen drauf, dass man als Täter zuerst gewisse Hemmschwellen überschreitet, bevor man handelt.

Ich habe mal einen psychologischen Aufsatz gelesen, der Folter erklärte. Es ging um die Frage: Wie kann ein Mensch foltern? Die Antwort war, dass ein Mensch foltern kann, wenn man ihn über Hemmschwellen lockt. Erst dann funktioniert das. Dann wird er zum willigen Soldaten. Ein Beispiel dafür ist das Tagebuch des Lagerkommandanten Rudolf Höß. Dort erzählt ein normaler Mensch, so als wäre es alltäglich, wie er erst an der Gaskammer steht und dann zum Kindergeburtstag geht und sich herzhaft an seinen eigenen Kindern freut. Und das ist das Interessante an der Auseinandersetzung mit der Täterperspektive der SS-Leute: wahrzunehmen, wie nach und nach immer mehr im Menschen kaputt gemacht wurde. Sie merkten nicht, dass ihnen die Menschlichkeit – lange bevor sie Wachpersonal in Auschwitz waren – längst geraubt worden war. Es ging dort nur noch um Vollzug. Andere hatten vielleicht das Glück – so makaber es klingt –, nie in die Rolle eines SS-Aufsehers in Auschwitz zu kommen und sie auszuüben.

Das wahrzunehmen, wie nach 1933 die Hemmschwellen auf verschiedenen Ebenen abgebaut wurden; in der Sprache, im täglichen Umgang, wie die Nazis Kinder und Jugendliche so brutal auf diesen Weg gelockt haben: Das ist wichtig für uns heute! Genau das beschreibt von der anderen Seite aus Viktor Klemperer in seinen Tagebüchern. Wie das einsetzte, wie sich das breit machte, nicht mehr wahrgenommen wurde und irgendwann nicht mehr zu kontrollieren war. Seine Wahrnehmungen sind eine so eindringliche Analyse.

Wir versuchen in der Gruppe, so weit und so banal wie möglich zurückzufragen, damit wir möglichst die erste Stufe finden, wo das begann: zu merken, wie Hemmschwellen niedergerissen werden und Unmenschlichkeit verlangt wird.

Manchmal wird das sehr konkret am letzten Tag. Wenn wir ins Heute gehen, bringen das die Jugendlichen häufig in verschiedenen Einzelheiten, auf die ich nie käme. Dabei fällt das Wort Ausgrenzung meistens in Schulklassen: »Wir haben da ein schwarzes Schaf in der Klasse.« Oder: »Wir haben einen Ausländer in der Klasse und der bekommt keinen Fuß auf den Boden.« Oder: »Wir haben einen unter uns, der wird sogar Jude genannt.« In Deutschland sind wir ja schon wieder so weit, dass dieses Wort als Schimpfwort benutzt wird. Da wird klar, dass mit einem Mal die Geschichte von Auschwitz nicht nur Vergangenheit, sondern völlig gegenwärtig ist.

Den Leuten ist bewusst, wie heute Hemmschwellen abgebaut werden, Werte verschwinden. Da sagt einer zum Beispiel: »Ich lasse mich nicht manipulieren.« Oder ein anderer sagt: »Wenn ich ein komisches Gefühl im Bauch habe, dann will ich in Zukunft mehr darauf achten.« Oder: »Wenn ich den Eindruck habe, da wird unmenschlich über Menschen gesprochen – da wehrt sich etwas in mir.« Oder: »Ich will mich damit nicht mehr abfinden.« Das reicht dann auch erst mal. Wir sagen dann: »Schreib es auf, es muss im Tagebuch stehen, damit du in drei Wochen noch weißt, was du dir vorgenommen hast.« Ob man das schafft, muss man später schauen.

In Bezug auf die Täterperspektive sehen die Jugendlichen, dass der Täter Mensch bleiben muss. Das ist der Punkt, wo ich die Bibel aufschlage und feststelle: Das sagt die seit fast 3.000 Jahren. Das ist nichts Neues. Wenn ich das – der andere muss Mensch bleiben – in Auschwitz buchstabiere, dann lerne ich auch die Bibel völlig neu. Und genau das war die Seelsorge, die Jesus betrieb: Immer im anderen den Menschen zu sehen. Er hätte nicht ein einziges Wunder tun können, wenn er nicht den Menschen in seinem Jammer wahrgenommen hätte: den Blinden und den Gehbehinderten als Menschen wahrzunehmen und auszuhalten und nicht wegzublicken. Da ist die Kraft entstanden. Es war ja nicht so, dass er sagte: »Plopp – jetzt bist du gesund.« Nein. »Du musst was tun. Steh auf, auch wenn es weh tut! Du kannst das, wenn du jemanden hast, der dir spiegelt, dass es geht«.

Für mich ist Auschwitz ein Zugang zum Schmerz meiner Geschichte. Ich weiß genau, dass eine Auseinandersetzung mit den eigenen Tiefen etwas im Leben ist, was weh tut und auch gut tut, denn ich durfte erfahren, dass aus dem Schmerz etwas erwächst. Mich hat Auschwitz näher mit Gott verbunden, hat mich in Kontakt mit meiner Herzensliebe gebracht.

In Auschwitz erlebe ich – wie sonst nur noch an einem anderen Platz – Gott sehr intensiv. Es ist fast so, dass ich sagen könnte, dass ich, wenn ich dort bin, Termine mit Gott habe. Wo wir etwas miteinander zu tun haben. Und ich begegne dort meinem Leid: dem Tod meines Bruders. Als ich die ersten Fahrten machte, hatte ich deswegen ein schlechtes Gewissen. Ich dachte: Dass darf doch nicht wahr sein, dass ich hier, in Auschwitz, jetzt mit meinem Leid komme. Was ist das gegen das Leid der Menschen, die dort ermordet worden sind. Dann merkte ich, dass, wenn ich als Mensch ganzheitlich dort bin, das Maß eines Leids erstmal nicht die Rolle spielt, aber genau das wichtig ist. Ich begegne den getöteten Menschen und ihrem Leid gerade an dem Punkt, wo ich in Kontakt mit meinem Leid komme.

Nirgendwo auf der Welt empfinde ich mehr Schmerz als in Auschwitz. Gerade in Birkenau komme ich mit meinen Verlustängsten in Kontakt. Ich spüre dort ein Gefühl der Leere. Ich habe Angst, in mich hineinzufallen und mein Körper reagiert heftig darauf. Das hat, so meine ich, damit zu tun, dass ich bis heute Angst habe, jemanden zu verlieren.

Die Rampe in Birkenau ist deswegen ein ganz furchtbarer Ort für mich, wo ich mich manchmal auch nicht gleich hinstellen kann, weil ich weiß: Hier fällt mich der Dämon an. Und ich muss stark genug sein, bevor er mich anfällt. Manchmal kann ich mich da auch nicht hinstellen. Manchmal gehe ich über die Schienen in Richtung Rampe. Manchmal geht es vormittags überhaupt nicht und ich versuche es nachmittags noch einmal. Ich muss dort aufpassen. Ich komme dort an Grenzen, die ich auch nicht überschreiten will. Ich muss stark genug sein, damit ich mir dort begegnen kann, weil ich genau weiß: Dort spüre ich ganz massiv die Angst vor dem Loslassen, Angst vor Verlust. Nie in meinem Leben habe ich so fürchterlich geweint und so fürchter-

lich gefroren wie in Birkenau auf der Rampe.

Es war meine Entdeckung dort, dass ich diese Leere, die ich dort spüre, dass ich die erst zulassen muss. Ich behaupte, wenn man die Leere zulässt, dass dann etwas Neues entsteht, dass sich wieder etwas aufbaut. Gleichzeitig merkte ich auch, wie sich etwas total verändert. Wie ich manchmal das Gefühl habe: Gott, du hast dich zu rechtfertigen. Ich kann dort die tiefste Erfahrung machen, die der christliche Glaube überhaupt zu bieten hat: die Kreuztheologie begreifen; also Auschwitz wahrzunehmen im Bild der Bibel. Nach diesem Bild findet der Mensch zur Auferstehung nur über das Kreuz, das heißt, zur Tiefe meines Lebens finde ich nicht, wenn alles grandios läuft, sondern mittels der Tiefen.

Ich gehe manchmal nach Birkenau und sage: Ich brauche dich Gott, du musst mit. Ich kann nicht alleine da reingehen. Ich schaffe das nicht und wir treffen uns dort heute um 15 Uhr. Und dann weinen wir gemeinsam. Du und ich. Gleichzeitig merke ich im Gedanken der Solidarität, dass ich dort wirklich nur mit Gott weinen kann. Dort begegne ich zuerst dem ohnmächtigen Gott. Je öfter ich dort hinfahre und je länger ich da bin, stellen sich mir die Fragen: Wie konnte Gott Auschwitz zulassen? Warum tat Gott nichts? so nicht mehr. Vielleicht war Gott ohnmächtig, als er weinend dabei saß und bis heute dort sitzt? Vielleicht braucht Gott es auch, dass die Menschen das Leid in Auschwitz, in Birkenau, wahrnehmen? Wahrzunehmen, dass die Solidarität des weinenden Gottes darin besteht, keine Macht zu haben und sich darin seine Macht zeigt. Nichts anderes sagt ja das Neue Testament: dass Gottes Macht sich in der Ohnmacht zeigt. Im Sterben von Jesu zeigt sich die Macht und nicht darin, dass er ihn schnell vom Kreuz runterholt und alles wieder gut wird.

Das sind die Erfahrungen, die mich tragen. Auschwitz hat für mich auch etwas mit der Erfahrung von Gott zu tun, die fast in etwas Verrücktem mündet. Ich mag das konkret machen: Wir hatten eine sehr gute Führung in Birkenau und waren hinten am Krematorium an den Ascheseen. Der Guide sagte ein paar Sätze und dann in einem fast scharfen Ton, der uns erschreckte: »Worauf Sie hier stehen, das ist Asche von Toten.« Wir standen wirklich alle wie angewurzelt. Keiner konnte sich bewegen. Eigentlich wollten wir wegspringen, doch es ging nicht. Es war ein Schock. Ich hatte mit einem Mal das Gefühl, meine Füße verbrennen. Mich hat das lange beschäftigt. Ganz am Schluss spürte oder hörte ich dann so eine Antwort für mich. Es war fast so etwas wie: Ich trete hier auf Menschen herum. Später merkte ich – und hier kommt nun die geistliche Dimension – ich trete nicht auf Menschen herum, sondern die Menschen tragen mich. Das ist eine meiner tiefsten Erfahrungen in Birkenau gewesen, dass die Asche dort Asche von Menschen ist. Ich habe das Gefühl: Wenn ich dort hinfahre, besuche und treffe ich Menschen. Und ich weiß, ich brauche sie ein Stück für mein Leben.

Ich bin in Auschwitz auch dem jüdischen Glauben nähergekommen. Ich spreche – und da muss ich vorsichtig sein, weil ich nach dem Gottesdienst gerne deswegen »angeschossen« werde – von unseren jüdischen Schwestern und Brüdern. Für mich ist das Alte Testament eigentlich das erste Testament, wie die Juden sagen. Aber das ist im Christentum schwierig. Das holpert ein bisschen und andere finden das blöd. Für mich ist das Alte Testament die Grundlage, die es auch für Jesus war, wie man zum Beispiel in der Bergpredigt nachlesen kann.

Ich habe das Jüdische unglaublich lieben gelernt – nicht weil es mich betrifft, sondern weil ich es nachvollziehen kann. Die jüdische Frömmigkeit hat etwas sehr Anziehendes und – etwas, was auch mit Birkenau zu tun hat – sie hat eine Tiefe, die wir leider nicht in das Christliche mit hinüberbekommen haben. Wir sind heute als moderne Menschen, auch als Christen dabei, ein Stück Prägung zu erfahren, dass wenn wir nichts Gutes erleben, dann ist Gott die totale Scheiße. Den brauche ich nicht, weil wenn ich leide oder sterbe oder Schlimmes mitmachen muss, es keinen wirklich guten Gott gibt. Ich hoffe, dass ich, wenn ich persönlich in eine Situation komme, in der es mich von den Füßen holt, dass ich mich darin geborgen weiß: Also an Gott festzuhalten, auch wenn ich ihn nicht sehe. An Gott zu glauben, auch wenn ich ihn nicht spüre. Also Gottes Verheißungen auch dann noch für richtig und gültig zu halten, wenn er sie für mich scheinbar außer Kraft gesetzt hat.

Eine ganz große Stärke von Religion ist, dass man sich als Mensch einer Macht, die von außerhalb kommt, anvertrauen, übergeben kann. Ich glaube, dass die menschliche Existenz, dass jeder Mensch – ob er sich religiös nennt oder atheistisch oder was auch immer nennt – nach etwas schreit, was von außerhalb der geschaffenen Welt kommt. Wenn das aber zu einer flächendeckenden Sache wird, dass ich mich Gott ergeben muss, dann glaube ich, hat man die Schöpfung nicht verstanden. Ich verstehe Gott so, dass er sagt: Nun gebe ich euch die Erde und mute und traue euch zu, dass ihr daraus etwas Gescheites macht – nicht nur mit der Welt, sondern auch mit euch selbst. Wenn das so ist, dann kann ich mir nur einen Gott vorstellen, der sagt: Ich habe dir auch Kraft gegeben, damit du dich wehrst und nicht nur ergibst. Und ich glaube, dass ist die Kunst von Leben und Glauben überhaupt: herauszubekommen, an welcher Stelle müsste ich vielleicht widerstehen. Für mich ist Auschwitz ein solcher Punkt. Hier muss ich mich auch mal gegen Gott wehren. Hier muss ich sagen: Ich ertrage das nicht. Ich ertrage es nicht, dass es dich damals auch schon gegeben hat.

In diesem Zusammenhang verstehe ich auch ein bissel einen Auftrag für mich. Dass ich ein Stück weit verkündigen und weitersagen kann: Gott ist nicht der, der knechtet, der Martyrium will. Er ist der, der uns Freiheit schenkt. Der will, dass der Mensch glücklich ist. Der will, dass Menschen Liebe leben können. Dass sie Frieden entdecken. Dass Harmonie entsteht im Menschen. Das ist eigentlich das, was Gott will. Und darauf aufbauend, immer wieder zu suchen: Wo passiert das? Das habe ich innerhalb meiner Lebensgeschichte ein Stück weit erlebt. Ich wusste nicht, als ich jung war, ob ich Pastor werden wollte, ob ich dazu berufen war oder nicht. Und was habe ich mich gequält... Und ich habe gesagt: »Gott, du musst mir jetzt sagen, was dein Wille ist.« Und er hat geschwiegen! Er hat gar nichts gesagt. Mann! Da habe ich dann begriffen: Ich muss losgehen. Wenn ich darauf warte, dass Gott mir etwas sagt, bin ich eher tot, als dass ich weiß, was ich lernen soll.

Eine Frage, die ich zum Beispiel bis heute nicht beantworten kann, ist, ob in dieser tiefen Auseinandersetzung mit Auschwitz im Menschen etwas heilt. Ich muss da etwas sortieren: Heilen bedeutet für mich etwas anderes als heil werden. Das ist etymologisch nicht ganz sauber, dessen bin ich mir bewusst. Ich kann für mich eindeutig sagen, dass Erfahrungen in und mit Auschwitz nicht die Kraft haben zu heilen. Aber, und da bin ich dann wieder beim Ganzheitlichen: Es kann etwas heil, etwas wieder ganz werden. Das ist eine spirituelle Erfahrung.

Etwas, was man von außen mit Auschwitz überhaupt nicht zusammenbringt, ist, dass man dort Leben, Frieden, Heil-Werden finden kann. Sicher ist das nicht bei jedem unbedingt so. Und erklären, wie das ist, kann ich auch nicht. Ich kann nur sagen: Ich mache die Erfahrung. Ich könnte zum Beispiel so einen Satz wie den mit dem Heil-Werden in einer Gesprächsrunde nicht sagen. Ich hätte Angst, dass der ganz anders oder gar nicht verstanden oder gar umgedreht werden könnte. Den kann ich nur mit Menschen aussprechen, von denen ich ahne, dass sie ein Gefühl dafür haben, was er meint. Dass es keine Arroganz ist, keine Oberflächlichkeit. Sondern das da etwas gewachsen und vor allem erfahren ist. Ich meine: Was ist auf den ersten Blick absurder, als in Birkenau Glück zu empfinden? Um das zu fühlen, um diese Dimension erfassen zu können, muss man durch alles hindurchgegangen sein.

Dass Gefühle wie tiefe Liebe und Glück vielleicht mehr an einem Ort wie

Auschwitz zusammengehören, als man gemeinhin vermutet, merken wir in den Gruppen: Wir hatten die Reflektionsrunde, die sehr intensiv war und danach sitzen wir immer lange zusammen beim Wein oder Bier und es geht lustig zu. Manche haben da ein schlechtes Gewissen: Darf man jetzt hier lachen? Um diese Frage zu beantworten, ist es wichtig wahrzunehmen, dass Glück, Fröhlichkeit und Liebe auch Teile des Lebens sind. Sie machen mir deutlich: Ich lebe! Dieses »ich lebe« brauche ich, wenn ich in Auschwitz bin und ich fühle es, wenn ich auch Spaß zulasse. Das ist ein ganz wichtiger Punkt, mit dessen Klärung auch die Gruppe miteinander wächst.

Aber zurück zum letzten Tag und den Vorbereitungen für Zuhause. Wir sagen den Leuten: Ihr kommt jetzt zurück in eine Welt, in der nichts anders ist als vor einer Woche. Aber bei euch, da hat sich alles verändert – ihr kommt in eine fremde Welt. Um da nicht ins Wanken zu geraten, müssen wir buchstabieren, wie wir die Welt wieder erobern. Es ist zum Beispiel eine ganz schmerzhafte Erfahrung für viele, nach der Fahrt nach Auschwitz zu Hause von Leuten a bisserl zynisch gefragt zu werden: »Und? Wie war's in Auschwitz?«

Man muss dabei sortieren – es gibt verschiedene Menschen. Es gibt die, die machen sich etwas bewusst und können damit gut leben. Und es gibt Leute, die haben den Reflex des Missionseifers, allen Leuten zu erklären, was sie erlebt haben. Meistens jedoch kann man erst mal nichts sagen. Es kommt nichts. Man könnte zwar etwas sagen und weiß doch: Man kann das, was man erlebt hat, niemand begreiflich machen. Und dann zu merken: Nach wenigen Tagen, Wochen oder auch Monaten will ich erzählen, aber keiner will mehr etwas wissen.

Wir haben dieses Mal zum Beispiel jemanden in der Gruppe gehabt, der war ganz jung verheiratet und seine Frau war nicht mit dabei. Jetzt kommt der Mann zurück, der das auch sehr intensiv erlebt hat. Er sagte: »Meine Frau ist ein Mensch, die kann immer reden und erklären. Und ich habe so ein wenig Angst davor, dass ich erst mal nichts erklären kann.« An diesem Beispiel kann man erkennen, dass es einerseits die Erwartungshaltung des Partners gibt, der mit uns in Auschwitz gewesen ist. Andererseits gibt es den, der zu Hause blieb. Der versucht sich meist auf die emotionale Ebene dessen zu begeben, der weg war und das klappt meistens nicht. So entstehen Missverständnisse.

Wir raten deswegen den Leuten am Tag vor der Abreise ganz konkret:

Schreibt es euch auf, wie ihr morgen damit umgeht, wenn ihr wieder zu Hause ankommt. Überlegt euch vorher, mit wem ihr später reden wollt. Dieser Person sagt bitte freundlich: »Ich kann jetzt nichts sagen, aber ich würde gerne mal mit dir später darüber reden. Darf ich dich noch einmal ansprechen, wenn ich soweit bin?«

Wir sind ja eine kleine Kirche und dadurch treffen sich die Leute, die in Auschwitz gewesen sind, immer wieder. Fast alle haben die gleiche Erfahrung gemacht: Anderen, die nicht dort gewesen sind, können sie nicht erklären und wirklich begreiflich machen, was sie dort erlebt haben. Aber mit Leuten, die dort gewesen sind, können sie sofort sprechen.

Ich mache das manchmal so: Wenn ich bei einer Veranstaltung Teilnehmer von den Auschwitz-Fahrten aus verschiedenen Jahren sehe, dann sage ich, dass da jemand ist, der zum Beispiel im vorigen Jahr mit in Auschwitz war. Und dann sehe ich sie, wie sie drei Stunden ununterbrochen miteinander sprechen und es genießen, dass sie jemand haben, der – ähnlich wie sie – sich in einer großen Tiefe der eigenen Persönlichkeit mit etwas auseinandergesetzt hat.

Dann muss man sich darauf einstellen, dass Vieles mit den Tagen verblassen wird. Also der Anspruch: Ich will alles festhalten, ich will alles behalten, geht nicht. Das sagen wir den Leuten auch: Lasst es los. Behaltet wenige Dinge. Wir geben ihnen am ersten Tag ein Tagebuch in die Hand und sagen ihnen: Notiert euch das, was euch bewegt. Anfangs wird da sehr viel hineingeschrieben und es wird dann später immer weniger. Es ist für mich auch ein Phänomen, dass ich nie für möglich gehalten habe: dass sich viele unbewusst auf das Wesentliche konzentrieren.

Was wir am letzten Tag sehr bewusst machen, ist, uns zu verabschieden. Wir fahren zeitig nach Birkenau, gehen dort noch einmal zum Krematorium und stellen Kerzen ab. Wir haben einen Ritus, uns zu verabschieden. Die Ruinen, die verbrannte Erde, das Leid, die Toten: Das, was uns runterzieht, bleibt hier. Das Leben, das nehmen wir mit. Wir gehen weg mit einer Stärkung für das Leben. Zum Beispiel fahre ich manchmal weg und weiß, worauf ich zukünftig mehr achten muss. Oder es

gibt Sätze, die wusste ich, aber erst in Auschwitz habe ich sie wirklich verstanden. Einer von diesen Sätzen ist für mich: Liebe kann nie nachgeholt werden. Diese Botschaft, die alles andere als eine Todesbotschaft ist, begreife ich in Birkenau ein Stück mehr als irgendwo sonst.

Es gibt eine Frau, die ich sehr schätze und die im vergangenen Jahr zum zweiten Mal mit uns fuhr. Sie sagte nach dem Seminar: Jetzt habe ich Grund zum Leben. Und da war diese zweite Seite – neben dem Tod – wieder: Ich habe in Birkenau den Grund zum Leben wiedergefunden. Und: Ich habe einen Grund zu leben. Leuten zu helfen, diesen Grund zum Leben wieder zu finden oder sie für das Leben zu stärken, ist eine wunderbare Aufgabe. Ich kann es ja nicht machen. Ich kann nur versuchen, mit meinem Erfahrungen, Leute mitzunehmen und ihnen zu helfen, diesen Weg zu beschreiten und dass es bei ihnen etwas auslöst. Deswegen mache ich diese Fahrten auch weiter: weil meine Arbeit dem Leben dient.

Mir wurde das im Juni 2006 besonders deutlich, als wir mit einer Gruppe Jugendlicher dort waren. Damals sagte der Zeitzeuge Tadeusz Sobolewicz im Gespräch sehr, sehr deutlich zu den Jugendlichen: »Ihr müsst bald für mich reden. Meine Tage sind gezählt und ich kann in absehbarer Zeit nicht mehr sprechen. Deswegen erzähle ich euch all das und ihr müsst das weitererzählen. Ihr, die ihr hier wart und mit solchen Leuten wie mir gesprochen habt, ihr müsst mit solchen reden, die noch nicht hier waren. Ihr bekommt einen Auftrag: zu erzählen.«

Etwas, was ich mir in meiner Arbeit nicht vorstellen kann, ist, mit rechtsradikalen Gruppen nach Auschwitz zu fahren. Es ist weniger, weil ich dem nicht gewachsen wäre und ich es mir auch nicht zutrauen würde. Es ist mehr aus Selbstschutz, weil ich um das, was mir dort heilig geworden ist, Angst habe. Ich bin in der Zeit, in der ich mit der Gruppe in Auschwitz bin, sehr verletzlich und sage dort Dinge, die ich nirgendwo anderen Menschen sagen würde. Außerhalb meiner Familie kennt mich niemand so gut wie die, mit denen ich dort sechs Tage lang bin.

Das gehört für mich zu den Begegnungen mit Auschwitz auch dazu: dass ich an einigen Stellen stärker geworden bin und empfindsamer. Es gibt auch Verletzungspunkte, die ich vor den Auseinandersetzungen mit Auschwitz nicht kannte. Es gibt Stellen, wo ich sehr sensibel geworden bin.

Ich hatte mal eine Phase, wo ich dachte: Ist das, was ich in Auschwitz tue, nicht unverschämt? Tue ich nicht etwas auf Kosten derer, die hier gelitten haben? Instrumentalisiere ich nicht letztlich Auschwitz, die Menschen, die Opfer? Die Antwort war für mich: Nein. Ich habe hier entdeckt, dass ich den Tod nicht rückgängig machen kann. Das ist völlig abseits. Aber ich kann etwas für die Menschen tun. Ich kann dafür sorgen, dass eine tiefere Wahrnehmung für Leben entsteht und dass die wächst. Dass es nichts gutmachen kann, ist ganz klar. Und das erschließt sich nur – und da bin ich hartnäckig – denen, die dort hingehen. Hingehen, das ist das Einzige, was ich bringen kann. Ich erfahre dort viel Neues und sorge dafür, dass eben nicht ein zweites Mal Menschen sterben. Ihr Leben kann ich ihnen nicht zurückgeben. Aber ich kann etwas anderes erreichen: Ich kann, wenn ich es will, von Auschwitz lernen und etwas begreifen für mein Leben.

Meine Betroffenheit – ja, gut – die kann ich haben oder nicht. Aber die Entdeckung zu machen: Ich komme dorthin als Lebender und finde etwas, das mein Leben stärker und nicht schwächer macht, das ist aus meiner Sicht die Botschaft: Ich bin gestärkt und nicht geschwächt. Dies in seiner Tiefe zu vermitteln, ist für mich der Auftrag, den ich sehe. Das kann ich leisten und ich merke, das ist gut.

Es ist nicht wichtig, alles zu beurteilen, was hier **geschehen** ist

Stanislaus M. Stoj

Mönch
(Franziskaner-Minorit, OFMConv)

Seit drei Jahren arbeite ich in Harmeze. Ich bin Franziskaner und komme aus Krakau. Wir sind eine kleine Gemeinde von sechs Franziskanern zusammen mit der Gemeinde der Missionarinnen und betreuen eine kleine Pfarrei für 500 Personen und das Kolbe Zentrum. Unsere Aufgabe ist, das Zentrum mit Leben zu füllen. Es kommen verschiedene Gruppen, die ein paar Tage bleiben: für Gebete, Meditationen und Besuche nicht nur in den Lagern, sondern auch in Krakau, um die polnische Kultur kennenzulernen. Jeden Tag sprechen wir unsere Ordensgebete und halten die heilige Messe für die Leute hier. Wenn ich bete, habe ich die Menschen, die hier gestorben sind, in meinem Gebet. Bei der heiligen Messe beten wir für die Gestorbenen. Für alle Gestorbenen, auch für die in den Lagern. Besonders sagen wir den Namen von Pater Kolbe als Heiligem und beten durch ihn, durch seine Hilfe.

Warum sind wir hier? Vor 15 Jahren gründeten Franziskanermönche zusammen mit den Missionarinnen »von der Unbefleckten von Pater Kolbe« hier das Zentrum des heiligen Maximilianus Kolbe, der auch Franziskaner war. Im Stammlager in Auschwitz opferte Pater Kolbe sein Leben für einen anderen Mann. Er ist als Martyrer im Todesbunker in Auschwitz I, dem Stammlager, am 14. August 1941 gestorben.

Harmeze war ein Außenlager von Auschwitz und ist nicht weit vom Vernichtungslager Auschwitz-Birkenau entfernt. Das ganze Gebiet hier in und um Harmeze können wir als Lager betrachten. Hierher kamen Menschen aus Auschwitz-Birkenau fünf Kilometer zu Fuß und haben gearbeitet. Das ganze Gebiet war in den Zweiten Weltkrieg involviert. Der Schmerz. Der Tod. Überall.[1] Das, was hier ist, was hier war, war, können wir nicht vergessen und einfach streichen. Die Asche Tausender Menschen ist überall in der Gegend. Um an den Tod von Pater Kolbe und den all der anderen Menschen zu erinnern, wurde das Kloster mit dem Zentrum gebaut.

Maximilian Kolbe wollte als Knabe in Leopolis (Lwow) für die Unabhängigkeit Polens kämpfen. Später hat er dann ein Gelübde für die Mutter Gottes abgelegt. Wir haben hier in Harmeze ein Bild, wie er dieses Gelübde ablegt. Nach einigen Jahren, in denen er in Rom war, hat er jedoch verstanden, dass ein anderer, sehr wichtiger Krieg – der innere Krieg um unsere Heiligkeit – in uns war und ist. Mit der Hilfe der »unbefleckten Frau« wollte Maximilian Kolbe alle Leute zu Gott führen. Er gründete deshalb am 16. Oktober 1917 die katholische Organisation »Militia Immaculatae«, die »Soldaten der Unbefleckten«.

Vor dem Zweiten Weltkrieg gab es in Polen eine große Gemeinde von Franziskanern. Sie war mit 700 Brüdern die größte der Welt. Zurück in Polen wurde Kolbe Superior des größten Klosters und des Konvent. Er wurde Chef der Presse, gründete das Marianische Zentrum und in Japan das »Mugenzai no Sono«. Um schnell jeden Menschen zu Gott zu bringen, führte er vor dem Krieg dieses Apostolat mit modernen Mitteln durch, also auch mit Zeitungen und Zeitschriften. Er kaufte die modernste Druckmaschine in Polen und arbeite damit in »Niepokalanow«. Dort wurde eine Tageszeitung mit einer Auflage von täglich 150.000 Exemplaren produziert, die er zum Beispiel per Flugzeug in ganz Polen verteilen wollte. Dafür wurden damals zwei Brüder zu Piloten ausgebildet.

Er gab ein Monatsmagazin mit einer Auflage von einer Million im Jahre 1938 heraus. Polen hatte damals 36 Millionen Einwohner, so dass dieses Magazin jede Familie erreichte. Und er wollte via Radio das Apostolat senden. Aber über eine Probesendung kam es nicht hinaus.

Maximilian Kolbe war von seiner Statur her ein eher kleiner Mann. Er war als Person und Mensch sehr klug. Er wollte Gottes Willen tun und erkannte,

---

[1]   Zum Außenlager Harmense vgl. Andrea Rudorff, Harmense/Harmeze, in: Wolfgang Benz/Barbara Distel (Hg.), Der Ort des Terrors. Geschichte der nationalsozialistischen Konzentrationslager, Bd. 5: Hinzert, Auschwitz, Neuengamme, München 2007, S. 247-251.

dass die Mutter Gottes als Unbefleckte dabei eine große Hilfe war. Es gab vor dem Zweiten Weltkrieg in Polen neben vielen Katholiken auch eine große Zahl von Menschen, die den katholischen Lebensstil ablehnten. Kolbe wollte mit den Mitteilungen als Apostolat jeden Menschen für Gott öffnen. Sein Kampf war ein Kampf für sein und für das Leben anderer. In seinem Leben können wir viele gelebte Gebete sehen und eine innere Buße, eine innere Stärke, erleben.

Die deutschen Nazis wollten nach ihrem Einmarsch in Polen Ende 1939 die gesamte polnische Intelligenz und wichtige Personen des Landes ermorden. Darunter waren zum Beispiel die Professoren der Universitäten von Krakau und Warschau und die katholischen Geistlichen. In unserer Kirche hängt eine Gedenktafel mit den Namen der in Auschwitz und Birkenau verstorbenen Geistlichen. Es sind 160. Die Mehrheit von ihnen wurde jedoch nach Dachau deportiert. Wie viele dorthin und in andere Lager gekommen und gestorben sind, weiß ich nicht genau.

Auch Maximilian Kolbe war den Deutschen unbequem. Im September 1939 verhaftete ihn die Gestapo und ließ ihn kurze Zeit später wieder frei. Im Dezember 1940 und im Januar 1941 bekam er die Erlaubnis von deutschen Autoritäten, das Magazin, vom dem ich eben sprach, mit einer Auflage von 120.000 Exemplaren monatlich in polnischer Sprache für den Bezirk Warschau zu produzieren. In diesem Dokument schrieb er, dass er keinen Hass in seinem Herzen habe. Für niemanden. Er habe die Liebe für jede Person und meinte damit auch die deutschen Beamten der Gestapo, die er in das Missionszentrum Niepokalanow einlud, um zu sehen, ob Hass oder Liebe in diesem Konvent war.

Am 17. Februar 1941 wurde Maximilian Kolbe erneut verhaftet und in das Warschauer Zentralgefängnis »Pawiak« gebracht. Nach Auschwitz kam er am 28. Mai 1941. Er bekam die Nummer 16.670 und lebte zuerst in Block 14.[2] Ende Juli 1941 war angeblich ein Häftling aus dem Stammlager geflüchtet und an seiner Stelle sollten zehn andere in den Todesbunker gehen. Während eines Appells wurden sie ausgewählt und einer von ihnen, Franciszek Gajowniczek, schrie laut, dass er Frau und Familie habe und nicht sterben wolle. Pater Kolbe trat

---

[2]   Die Angaben bestätigt: Christof Dahm, Kolbe, Maximilian Maria, in: Biographisch-Bibliographisches Kirchenlexikon, Bd. IV, Herzberg 1992, Spalte 327-331.

aus seiner Reihe vor und sagte, dass er den Platz des Familienvaters einnehmen wolle. Er sei katholischer Priester und der andere habe Familie. Er sei schon alt und wolle in den Todesbunker gehen. Er war damals 47 Jahre alt. Im Todesbunker war er mit neun Gefangenen in eine sehr enge Zelle gesperrt und lebte dort ungefähr 20 Tage. Am 14. August wurde er in Block 11 zusammen mit drei anderen Verurteilten, die noch nicht den Hungertod gestorben waren, mit einer Phenolspritze ermordet.[3]

In der Zelle in Block 11 steht heute eine Papstkerze als Zeichen für den Tod von Kolbe. Der Familienvater, für den Kolbe sich geopfert hatte, überlebte das KZ und starb 1995.

Ich meine, die Überlebenden von Auschwitz tragen den Tod in sich – mehr und heftiger als andere. Sie haben das Elend gesehen, es gefühlt und erlebt und überlebt als eine oder einer der wenigen überhaupt. Niemand überlebt so ein Lager ohne Hilfe und deshalb war für viele Gefangenen in Auschwitz dieses Opfer 1941 sehr wichtig. Wie es später immer wieder hieß, hat die Tat von Pater Kolbe viele dazu bewegt, trotz allem am Leben zu bleiben.

Auch für Marian Kolodziej, Auschwitz-Häftling mit der Nummer 432, war das Opfer von Kolbe von großer Bedeutung. Er war vom ersten Tag des Lagers Auschwitz inhaftiert und überlebte. Nach der Befreiung 1945 arbeitete er 50 Jahre am Theater als Bühnenbildner. In seinen Bildern, die er später zeichnete, zeigt uns Koldziej etwas aus seinem Innenleben, weshalb auch diese Kraft in seinen Bildern ist. Er zeigt, was in der Todesfabrik Auschwitz mit dem Menschen passierte und legt persönlich Zeugnis ab, wie tief sich das Erlebnis in seine Seele hineinbewegt hatte. In den Bildern, »gezeichnete Worte«, wie sie der Künstler nennt, erscheint Kolbe immer wieder als eine große innere Kraft des Lebens, die ihn, Kolodziej, diesen Ort Auschwitz, wo soviel Schmerz war, überleben ließ. Die Bilder sind auch ein Beweis dafür, wie sehr der Tod von Pa-

3   Die Angaben werden bestätigt in: Danuta Czech, Kalendarium der Ereignisse im Konzentrationslager Auschwitz-Birkenau 1939-1945, Reinbek 1989, S. 107, 111.

ter Kolbe auf die Gemeinschaft der Gefangenen wirkte.

Die Hälfte der Ausstellung hier, im Keller der Klosterkirche, ist über Pater Kolbe und sein Opfer. Zum Beispiel wollte Kolodziej den ganzen Boden mit bei Autounfällen zersplitterten Scheiben bedecken. Er wollte uns damit sagen, dass wir gut und achtsam mit unseren Leben umgehen müssen, um es zu retten und das anderer zu schützen. Das letzte Bild beim Ausgang ist eine Darstellung von Pater Kolbe. Kolodziej will uns damit sagen, dass wir in unserem Leben wie Kolbe leben sollten, nicht egoistisch, sondern: »Du musst dein Leben als ein Opfer geben.« Als ein Symbol des Lebens nach den Todesbildern bereiten wir nach dem Ausgang im Freien jetzt einen japanischen Garten vor.

Die Tat von Pater Kolbe war ein Zeichen seiner Liebe, die er in Auschwitz gab. Es war eine Prüfung seines Herzens. Dieses Martyrium war ein Zeichen, nicht nur für die Gefangenen in diesen Lagern. Ich glaube, es war ein Zeichen für Menschlichkeit, das sehr lange und bis heute wirkt. In Auschwitz hatten wir die Situation, dass Kolbe als Priester sein Leben für einen Familienvater opferte. Heute ist das Familienleben in einer Krise und wir müssen etwas geben, um unsere Familien und unsere Gemeinschaft zu retten. Wie Pater Kolbe müssen wir etwas opfern, weil das Leben von jedem Menschen sehr wichtig ist.

Ich glaube, dass die Geste Kolbes später für ganz Polen von Bedeutung war. Der erste kanonisierte Heilige von Polen nach dem Zweiten Weltkrieg war Maximilian Kolbe. Papst Paul VI. sprach ihn am 17. Oktober 1971 selig. Heilig gesprochen wurde er von Papst Johannes Paul II. am 10. Oktober 1982. Zu seiner Seligsprechung 1971 war in Polen noch Kommunismus und ins westliche Ausland zu reisen war fast unmöglich. Zur Beatifikation durften nun das erste Mal sehr viele Menschen nach Rom reisen, um die Seligsprechung zu zelebrieren. Das war ein wichtiges Zeichen im gesamten kommunistischen Ostblock.

Heute ist Auschwitz ein Zeichen. Zum Beispiel kam gestern eine Gruppe aus Italien zu uns. In der Heiligen Messe wollen sie für alle in Auschwitz Gestorbenen beten. Es ist ein Zeichen dieser Menschen für alle, die hier in der schlimmen Situation ermordet wurden.

Der Tod, und dafür steht Auschwitz, ist immer ein Problem für unser menschliches Leben, besonders dann, wenn er tragisch war. Ein Opfer ist tragisch. Viele Opfer sind eine Tragödie. Dabei ist jedes Leben wichtig. Besonders für die Juden, für die Millionen Juden, die in Auschwitz und allen anderen Lagern ums Leben gekommen sind, ist dieser Ort – die Lager – ein heiliger Platz.

Doch nicht nur Juden aus Israel und aus anderen Stätten der Welt kommen, um hier innezuhalten und zu beten. Auch Jugendgruppen aus Schweden besuchen Auschwitz. Sie sind organisiert und es soll den jungen Leuten, die aus dem Wohlstand kommen, hier etwas gezeigt werden, damit sie darüber nachdenken. Auschwitz ist heute somit auch ein Symbol: Wir dürfen nicht nur bequem leben. Wir müssen auch etwas machen mit unserem Leben.

Ich glaube, Auschwitz ist heute ein Problem für die menschliche Würde. Es ist das Opfer von den vielen, vielen Menschen und ein Auschwitz-Besuch wirkt emotional sehr stark. Auf der einen Seite gibt es in Auschwitz und Birkenau und den 40 Außenlagern einen schier unendlichen und zu großen Teilen industriellen Tod. Auf der anderen Seite kann dieser Ort auch ein Platz der Heilung sein, und möglicherweise kommen viele Leute nicht nur als Touristen, um etwas zu sehen. Vielleicht kommen auch einige hierher, um etwas zu überleben.

Für uns Gläubige ist der Tod nicht das Ende. Der Tod ist nur der Übergang zu neuem Leben. Die Natur, hier, an diesem Platz, ist wunderschön, und es ist interessant, dass nach dem Krieg bis heute neue Gebäude in Harmeze gebaut werden. All das ist ein Zeichen dafür, dass nach diesem Opfer noch einmal normales Leben entstehen konnte. Hier leben normale Leute, die normal arbeiten und mit normalen Problemen zu tun haben: In Polen gibt es zum Beispiel ein Problem mit den Kindern und der Ausbildung von Jugendlichen. Die Arbeitslosigkeit liegt heute bei 16 Prozent. In der Stadt Oswiecim gab es eine große chemische Industrie, um die es jetzt nicht gut steht. In Harmeze ist es etwas besser als dort: Einige haben Arbeit an den Fischteichen und im Gemüseanbau. Und es gibt zum Glück nicht weit von Harmeze entfernt, drei Kohlebergwerke, und viele aus unserer Pfarrgemeinde arbeiten dort.

Ich glaube nicht, dass die ehemaligen Lager einen Einfluss auf die Menschen hier haben. Sie sind Geschichte für uns. Natürlich ist es immer ein Zeichen, ja. Aber das Leben hat seinen normalen Rhythmus. Vielleicht kann die direkte Umgebung der Lager ein Problem sein, wenn etwas gebaut werden soll, ein Kaufhaus oder eine Diskothek, dass es dann schwierig wird.

Es gab zum Beispiel die Situation des Papstkreuzes beim Lager Auschwitz. Dieses Kreuz sollte auf dem Platz auf der gegenüberliegenden Seite des Stacheldrahtzaunes und des Todesbunkers in Block 11 stehen. Jüdische Organisationen wollten das Kreuz des Papstes nicht. Aus Protest wurden 300 Kreuze, die aus ganz Polen kamen, dort hingestellt. Das wollten die Verbände auch nicht. Es gab dann eine Diskussion zwischen den jüdischen Organisationen und der polnischen Regierung. Man einigte sich und das Kreuz des Papstes blieb. Die anderen kamen hierher nach Harmeze.[4] Als wir mit unserem Zentrum hier begannen, war der Platz frei. So können sie hier stehen.

Ich weiß nicht, mit welcher Begründung die Juden die Kreuze nicht im Lager haben wollten. Vermutlich dulden sie dort keine christlichen Symbole. Nur wurden nicht nur Juden, es wurden auch Katholiken und Menschen anderer Konfessionen in Auschwitz ermordet. Für uns ist das Symbol für die Verstorbenen immer ein Kreuz. Für die Juden ist es ein Stein. Das ist etwas anderes.

Es ist immer ein Problem für die Deutschen gewesen, dass die Nationalsozialisten die Lager eingerichtet, ausgebaut und verantwortlich für die Todesfabriken waren. Die Kriegssituation, die Lagersituation: Das war immer schwierig für die Deutschen. Sie haben Schuld. Und nur Gott kann uns auch große Schuld vergeben. Darum besteht hier ein geistliches Problem.

Wir alle sind Sünder und jede Sünde ist ein menschliches Problem. Als Polen haben wir und die Bischöfe und das ganze Volk 1966 Gott um Vergebung gebeten[5] und wollen uns versöhnen. Diese Versöhnung muss mit jeder Person sein, nicht nur mit einer Delegation. Und so können deutsche und polnische Bischöfe hier in Auschwitz zusammen beten. Darum gibt es hier ein »Zentrum für Gebet und Dialog«, wo sich deutsche und polnische Leute treffen, zusammen sitzen und miteinander reden können. Es gibt zum Beispiel auch wieder eine Synagoge in Oswiecim: Das ist ein Zeichen der Juden für diesen Platz, obwohl hier jetzt keine Juden mehr leben. Sie ist ein Symbol für die Juden, die hier vor dem Krieg lebten.

Papst Johannes Paul II. und Papst Benediktus XVI. besuchten in Auschwitz die Zelle, wo Kolbe gestorben ist. Papst Benediktus XVI. war am 28. Mai 2006 dort. Das Datum ist sehr wichtig, weil Maximilian Kolbe vor 65 Jahren am 28. Mai 1941 in Auschwitz inhaftiert worden war.

Papst Benediktus XVI. wurde er in Polen sehr herzlich willkommen gehei-

---

[4]   Die Angaben habe ich in Zeitungsberichten über den Streit um das »Papstkreuz« bestätigt gefunden.

[5]   Es handelt sich hierbei um den Hirtenbrief der polnischen Bischöfe an ihre deutschen Amtsbrüder vom 18. November 1965, der den Satz enthielt: »Wir vergeben und bitten um Vergebung.«

ßen. In Warschau, bei der heiligen Messe am Anfang, regnete es in Strömen. In Birkenau regnete es ein bisschen und dann kam die Sonne durch. Am Ende, während des Abflugs, regnete es wieder in Strömen. Es war für uns ein Symbol der Purifikation, ein Zeichen für ein geöffnetes Herz.

Der Papst blieb in Auschwitz etwas länger, als es das Programm vorsah. Er besuchte die Kolbe-Zelle und sprach mit 32 Überlebenden des Lagers. Im »Zentrum für Dialog und Gebet« traf er sich mit den Karmeliterinnen. Am Ende seines Besuches betete er am Mahnmal in Birkenau. Das Gebet war symbolisch. Es war ein ökumenisches Gebet von einem Rabbi und dem Papst unter einem Regenbogen am Himmel. Das war für uns ein Zeichen, dass der Friede in uns ist und dass Gott diesen Platz gesegnet hat.

Der Papst betete in deutscher Sprache die Worte, warum er als Deutscher nach Auschwitz gekommen war. Später erklärte er in Italienisch, in der kirchlichen Sprache, warum er als Papst und Chef der Katholiken aus aller Welt hierher gekommen sei. Er sagte uns, dass wir alle für die Vergebung durch Gott beten müssen. Nur Gott könne uns diese Taten, diese Tragödie vergeben und nur von ihm könne diese Gnade ausgehen.

Natürlich ermordete die SS diese vielen Menschen. Aber auch heute und jetzt leben wir in der Situation der Sünde. Kriege, Terrorismus, Abortus, Euthanasie: Für all diese Sünden müssen wir um Barmherzigkeit und Vergebung von Gott beten. Es ist leicht gesagt: »Ich vergebe Dir.« Aber die Vergebung geht von Gott aus.

Auch in der Lagersituation war Gott präsent. »Wo war Gott in Auschwitz?«, ist eine Frage, weil der Schmerz so grenzenlos ist. Natürlich waren die Leute, die hier ermordet wurden, mehr mit Gott verbunden als wir. Sie waren Gläubige und wenn sie etwas Liebe in ihrem Herzen haben, war Gott da: Er hat gesagt, dass wenn zwei oder drei seinen Namen sängen, er zwischen ihnen sei.

Es ist immer ein Problem, ob Gott auch mit den Tätern, mit den Leuten der SS, war. Wir haben dieses Beispiel von Rudolf Höß, dem Lagerkommandanten des Stammlagers Auschwitz. Vor der Vollstreckung seines Todesurteils hat er gebeichtet.[6]

Wir können niemanden verurteilen. Es ist nicht wichtig, über alles zu richten und alles zu beurteilen, was hier geschehen ist. Aber es ist schwierig, es nicht

---

[6]   Siehe: Gabriele Lesser, Der gute Katholik vom Vernichtungslager, in: taz-magazin, 13./14.6.1998.

zu tun, weil hier zuviel Schmerz war. Es war zuviel Schmerz, und die Bedingungen, unter denen die Menschen starben, wie sie ermordet wurden – es war eine ungläubige Situation.

Mit Jugendlichen aus dem **rechten Milieu** nach **Auschwitz** fahren

Werner Nickolai

57 Jahre
Professor für Sozialarbeit und Sozialpädagogik

In meiner Schul- und Ausbildungsbiografie bin ich nie mit dem Nationalsozialismus konfrontiert gewesen, weder in der Volksschule noch später im Studium noch in der Ausbildung zum Sozialarbeiter hier in Freiburg.

1986, ich arbeitete damals als Sozialarbeiter im Strafvollzug, bekam ich einen Anruf von Kurt Senne. Er fragte, ob ich mir vorstellen könne, mit ihm und einer Gruppe Strafgefangener nach Auschwitz zu fahren. Ich habe damals »ja« gesagt, dass ich mir das gut vorstellen könne. Wir sollten uns mal treffen und ich legte auf. Das Gespräch fand damals in einem fremden Büro statt. Der Kollege, der dort arbeitete, fragte mich: »Du, weißt du eigentlich, wo Auschwitz ist?« Ich sagte: »Ja, ja. Klar. In der Nähe von Dachau.« Ich hatte keine Ahnung und verwechselte Auschwitz mit Dachau.

Mein Zusage verursachte eine prekäre Situation: 1986 war Polen kommunistisch, und es war ausgesprochen schwierig, mit Strafgefangenen dorthin zu fahren und Visa für uns alle zu bekommen. Gleichzeitig wollte ich aber zu meinem Wort stehen und nach sehr vielen Schwierigkeiten klappte es und wir fuhren mit fünf oder sechs jugendlichen Strafgefangenen nach Auschwitz. Unter den Teilnehmern war einer aus der rechtsextremen Szene, der Brandanschläge auf Ausländerheime verübt hatte.

Auschwitz ist für mich die größtmöglichste, die radikalste Ausgrenzung von Menschen, die man vornehmen kann. Es stellte die Verurteilung zum Tod dar. Was für mich dort ganz schwierig war: Der Ort brachte mich mit meiner eigenen Sozialisation in Kontakt. Meine ersten 19 Lebensjahre verbrachte ich in verschiedenen Heimerziehungseinrichtungen. Ich war als Kind und Jugendlicher insofern ausgegrenzt, als dass ich, nicht ehelich geboren, mit sechs Monaten in ein Säuglingsheim kam. Im Kinderheim und später im Jugendheim bin ich groß geworden.

Diese Form der Ausgrenzung, die mitnichten an die Form der Ausgrenzung von Auschwitz heranreicht, macht hochsensibel für Ausgrenzung überhaupt. Wenn ich dazu weiß, dass jugendliche Kinder, die im Dritten Reich nichtehelich – wie ich – geboren wurden, in Jugendkonzentrationslagern[1] untergebracht wurden; wenn ich höre, dass es einen jüdischen Lehrer gab, der Kinder aus einem jüdischen Heim in Auschwitz unterrichtet hat; wenn ich die Geschichte von einem Janusz Korczak[2] kenne, der seine jüdischen Kinder aus einem Heim nach Treblinka begleitet hat und dort mit ihnen in den Tod ging, dann bin ich beim Thema Heimerziehung und stehe mitten in meiner Geschichte. Dabei gibt es für mich einen großen Unterschied: Ich habe das Glück gehabt, in einer anderen Zeit geboren zu sein und bin nicht in ein Jugendkonzentrationslager gekommen.

Um es zusammenzufassen: In Auschwitz hat mich meine Sozialisation, meine Geschichte eingeholt. Heute, mit einem gewissen Abstand und weil ich nun in den vergangenen Jahren etwa fünfzehnmal dorthin gefahren bin, gibt es zwei Punkte, die für mich schwierig sind: Zum einen ist das im Stammlager die Ausstellung über Kinder. Der zweite Punkt ist in Birkenau, wenn ich oben auf dem Turm stehe und die Dimension sehe, die Auschwitz-Birkenau bedeutet. Wenn

---

[1]   In die Jugendschutzlager Moringen und Uckermark kamen nicht uneheliche Kinder, sondern Jugendliche, die als unerziehbar galten oder die Altersgrenze für die Fürsorgeerziehung überschritten hatten. Daneben wiesen Kriminal- und Geheime Staatspolizei Jugendliche ein, die durch ihr unangepasstes oder oppositionelles Verhalten (Arbeitsverweigerung, Homosexualität, Verweigerung des HJ-Dienstes, Zugehörigkeit zur »Swing-Jugend« usw.) aufgefallen waren; Manuela Neugebauer, Der Weg in das Jugendschutzlager Moringen. Eine entwicklungsgeschichtliche Analyse nationalsozialistischer Jugendpolitik, Mönchengladbach 1997, S. 28-29.

[2]   Janusz Korczak (eigentlich Henryk Goldszmit, 1878/79-1942) wurde als Sohn eines Anwalts in einer assimilierten jüdischen Familie in Warschau geboren. Von Beruf war er Arzt, betätigte sich aber auch als Schriftsteller und Pädagoge. 1912 übernahm Korczak die Leitung des neu errichteten jüdischen Waisenhauses in Warschau. Auch nachdem die Juden Warschaus ins Ghetto getrieben wurden, kümmerte er sich um die Versorgung der Kinder. Das Angebot nichtjüdischer Freunde, ihn zu verstecken, lehnte Korczak ab. Zusammen mit Mitarbeitern des Waisenhauses begleitete er am 6. August 1942 die etwa 200 Kinder zum Deportationszug, der sie in das Vernichtungslager Treblinka brachte; Betty Jean Lifton, Der König der Kinder. Das Leben von Janusz Korczak, Stuttgart 1990.

ich das jetzt erzähle, dann geht das doch nah. Wissen Sie, es gibt Dinge, die tun immer wieder weh. Das hört nicht auf. Auch wenn es über 20 Jahre her ist, dass ich das erste Mal im Stammlager in diesem Block mit der Ausstellung über Kinder war: Wenn ich mich erinnere, spüre ich das.

Heute trenne ich zwischen Auschwitz, das für das Konzentrationslager steht und Oswiecim als politische Gemeinde. Ich komme in Oswiecim in der Jugendbegegnungsstätte an. Ich kann dort auf Polnisch begrüßen. Ich treffe Leute, die ich seit vielen Jahren kenne, und ich fahre in ein Stück gewohnte Umgebung. Ich neige zum Wort Heimat, aber da bin ich a bissel vorsichtig – aber so die Richtung.

Nachdem ich angekommen bin, fahre ich ins Stammlager, gehe zur Museumsverwaltung und gebe dort die gesammelte Spende von unserem Verein »Für die Zukunft lernen – Verein zur Erhaltung der Kinderbaracke in Auschwitz-Birkenau«, den die Katholische Fachhochschule und das Christophorus Jugendwerk in Freiburg gemeinsam im November 1993 gegründet haben, ab.

80.000 – damals noch D-Mark – wurden aufgebracht, von denen in Absprache mit der KZ-Gedenkstätte und der Frau Oleksy die Kinderbaracke restauriert wurde. In der Baracke sind zum Beispiel Wandgemälde, vor die, damit sie erhalten bleiben, Plexiglasscheiben angebracht sind. Das ist damals vom Verein mitfinanziert worden. Und wir übernehmen als Paten weiterhin die Kosten, wenn die Baracke beschädigt wird und restauriert werden muss.

Oswiecim betrete ich nicht als abschreckenden Ort, sondern freue mich darauf, vertraute Leute zu treffen und die heutige Vize-Direktorin Krystina Oleksy zu begrüßen und zu umarmen. Ich fahre sehr, sehr gerne dort hin. Aber wenn es um das Konzentrationslager geht, dann ist es nach wie vor für mich ein schwieriges, sperriges Thema. Wenn ich Auschwitz mit den Jugendlichen betrete – im Rahmen einer Führung –, dann ist das vertraute Gefühl weg. Da gehe ich dann mit zitternden Knien hin, zum Beispiel zum Block mit der Kinderausstellung. Wenn ich da überhaupt hineingehe, was ich meistens nicht tue. Ich schaffe das nicht. Ich bleibe draußen und schütze mich, indem ich den Block nicht betrete. Ich halte es nicht aus und das ist mir bewusst. Dennoch weiß ich, dass in Auschwitz unschuldige Kinder umgebracht worden sind. Und das ist es auch für mich, was Auschwitz so schwer nachvollziehbar macht: dass Menschen unschuldige Menschen umbrachten. Das ist für mich bis heute nicht wirklich fassbar.

Nach der ersten Fahrt 1986 habe ich dann nur noch von Auschwitz geträumt. Zu Hause las ich ein Buch nach dem anderen über die Geschichte des Nationalsozialismus und besonders Zeitzeugenberichte. Ich wusste, dass ich Auschwitz nicht das letzte Mal gesehen hatte. Das war für mich relativ schnell und eindeutig klar.

Damals, 1986, war das Konzept so, dass die Gruppe erst nach Warschau ein paar Tage, dann nach Auschwitz für drei Tage und dann noch drei, vier Tage nach Krakau fuhr. Mir war das in den zehn Tagen, die wir dort waren, zuviel Kulturwechsel. Ich kann nicht in Warschau in einem Hotel übernachten und dort fürstlich leben und dann nach Auschwitz gehen und mich mit dem Nationalsozialismus konfrontieren und dann wieder fürstlich leben im ersten Hotel am Platz in Krakau.

Diese Konzeption habe ich später für mich und die Klientel, mit der ich arbeite, verändert. Ich habe gesagt: Wir sind acht oder zehn Tage lang in Oswiecim. Wir wohnen dort und beschäftigen uns mit dem Ort. Unsere Auseinandersetzung und unsere Arbeit findet in Auschwitz im Stammlager und in Auschwitz-Birkenau statt. Und wir erholen uns auch ein Stück weit in Krakau. Das ist aus meiner Sicht kein so abrupter, kultureller Wechsel. Jugendliche, mit denen wir es in der Sozialen Arbeit zu tun haben, sind mit zuviel Orts- und damit verbunden auch Kulturwechseln eher überfordert und später, nach der Fahrt und zurück im wirklichen Leben, dann meist orientierungslos.

1987 fuhr ich dann ein zweites Mal mit Strafgefangenen nach Auschwitz. Zwischen 1988 und 1992 machte ich Projekte mit strafgefangenen Jugendlichen in Dachau und nach der politischen Wende ab 1993 bis heute fahre ich wieder mit Jugendlichen nach Oswiecim.

1996 änderten wir das Konzept der Fahrt. Einerseits ging es um die Auseinandersetzung mit Auschwitz, andererseits haben wir auch Kontakt aufgenommen zur Bevölkerung in Oswiecim. Wir reisten damals mit Jugendlichen aus dem Strafvollzug und Jugendlichen aus dem Ort Adelsheim, die gemeinsam im Sportverein eine Fußballmannschaft stellten, an. In Oswiecim spielten wir dann gegen die Jugendmannschaft von »Uni Oswiecim«. Die Kinder gingen mit rot-weißen Fahnen von der Schule aus ins Stadion, das von der Polizei bewacht wurde. Dort wurden dann alle von allen bejubelt – es war ein richtiger Event. Wie das Spiel ausging, weiß ich nicht mehr. Ich würde mal unterstellen, dass es wohl eher eine Niederlage für uns war. Ich erinnere mich im Moment an keinen Sieg. Damals waren die Verhältnisse für Jugendfußball in Polen anders als in Deutschland. In Polen haben die Jungen geringe Auswahlmöglichkeiten und es war kaum zu unterscheiden zwischen Verein und Schulsport. Ein normaler B-Jugend-Spieler, der bei uns zweimal die Woche trainiert, trainiert in Oswiecim fünfmal – wir hatten nicht wirklich eine Chance.

Über die Jahre hat sich das Konzept dahingehend weiterentwickelt, dass wir im Moment mehr darauf achten, dass sozial benachteiligte und so genannte normale Jugendliche gemeinsam fahren. Im letzten Jahr, also 2006, waren wir mit Jugendlichen aus dem Christophorus Jugendwerk und einigen aus einer sozialtherapeutischen Wohngemeinschaft aus Rostock zusammen mit einer etwa gleichstarken Schulklasse mit Geschichtsleistungskurs eines Gymnasiums in Auschwitz.  Beide Gruppen profitierten voneinander. Die Jugendlichen guckten und wollten wissen, wie eigentlich so Gymnasiasten sind. Die Gymnasiasten guckten: Was ist denn da los mit den Jugendlichen? Und dann kamen sie ins Gespräch. Die Erfahrung ist ja grundsätzlich die, dass gleichaltrige Jugendliche voneinander mehr annehmen als von uns Profis, Sozialpädagogen oder Lehrern.

Insgesamt war das ein sehr gutes Projekt und hat uns in der Ansicht bestärkt, dass man die Gruppe mehr sozial mischen sollte. Unabhängig davon ist es entspannter für alle Beteiligten. Wenn ich abends um zehn oder elf Uhr ins Bett gehe und nicht sicher bin, wie die Gruppe morgen drauf ist, weil vielleicht wieder etwas in der Nacht gelaufen ist, dann ist das nur noch Stress.

Bezahlt werden die Fahrten zum größten Teil von öffentlichen Geldern, also vom Deutsch-Polnischen Jugendwerk und von Zuschüssen der Deutsch-Polnischen Stiftung. Dann bekommen wir Zuschüsse von dem jeweiligen sozialen Träger, bei dem die Jugendlichen untergebracht sind. Das ist zum Beispiel das »Haus der Jugend« oder die Stadtverwaltung oder die Jugendämter, je nachdem. Zum Teil sind es Spenden, die der Verein bekommt und einen Teil bezahlen die Teilnehmer selbst. Ihr Anteil ist in der Regel nicht höher als 50 Euro.

Wir sind zwischen acht und zehn Tage da, meistens rund um Pfingsten. Zeitzeugengespräch und Führungen sind im Programm festgelegt, da muss man sich einfach auf die vorgegebene Zeit einlassen. An drei bis vier Vormittagen machen wir Erhaltungsarbeiten in Auschwitz oder Auschwitz-Birkenau. Wir arbeiten so ab 9 Uhr, wenn man dann richtig anfängt ist es gegen 9.30 Uhr – und dann bis ungefähr 12 Uhr.

Das Programm ist so gestaltet, dass wir es aus der aktuellen Situation ändern können. Ich meine, wir waren 2007 zu Pfingsten da und es war fast jeden Tag 30 Grad warm. Da können Sie nicht im Freien arbeiten. Oder wenn die Gruppe in so einem Zustand ist, dass wir Auschwitz nicht thematisieren wollen, dann können wir auch sagen, wir machen heute einen Ausflug in das Salzbergwerk nach Wielicka oder nach Krakau.

Oder ich ändere den Ablauf, wenn ich merke, dass es zu einer Verweigerung bei der Arbeit kommt. Ob es dabei die Verweigerung der Arbeit ist oder die Verweigerung, sich heute noch einmal auf das Thema Auschwitz einzulassen, das sei dahingestellt. Es ist ein Widerstand da und den muss man gerade an diesem Ort respektieren. Da muss man dann sagen: »Ja, gut, wir sind nicht nur hier zum Arbeiten. Wir sind auch hier zum kennenlernen.« Und wenn ihr sagt, heute nicht und die Blasen an den Fingern drücken – dann kann man sagen: »Ja, gut. Was gibt es für eine andere Möglichkeit?«

Bis heute habe ich ungefähr 15 Gruppen mit durchschnittlich 20 Leuten in Auschwitz betreut. Es sind zusammengezählt etwa 300 Leute, von denen 150 Jugendliche waren. Dreiviertel von ihnen waren sozial benachteiligt und kamen entweder aus dem Strafvollzug oder aus dem Heim oder einer anderen Jugendeinrichtung. Von den 150 Jugendlichen waren etwa 20 rechtsradikal orientiert, zum Teil hardcoremäßig, aus den neuen Bundesländern. Das ist die Klientel, mit der ich arbeite. Ich fahre mit ihnen nach Auschwitz, weil ich nicht will, dass sie auch in diesem Bereich benachteiligt werden. Es ist immer so ein Stück Etikettierung drin zu sagen: mit denen doch nicht. Ich will das einfach nicht. Ich bin mir, nebenbei bemerkt, auch nicht sicher, ob es das schwierigste ist, mit Jugendlichen aus dem rechten Milieu nach Auschwitz zu fahren.

Wenn ich von sozial benachteiligten Jugendlichen spreche, dann sind das

Jugendliche, die zum Beispiel im Rahmen des Strafvollzugs in der Heimerziehung oder in der Kinder- und Jugendpsychiatrie leben. Andere leben auch dort, sind aber nicht dazu verurteilt. Oder es sind Jugendliche, die von der Polizei aufgegriffen werden, und keiner mehr weiß, was da eigentlich los ist. Die kommen dann zur Begutachtung in die Kinder- und Jugendpsychiatrie. Für diese Jugendlichen gibt es Familie so gut wie gar nicht. Wenn sie in Familien leben, dann sind es in der Regel Patchworkfamilien. Häufig leben die Jugendlichen auch bei einem alleinerziehenden Elternteil, meist der Mutter. Die meisten haben Missbrauchserfahrungen bis hin zu sexuellem Missbrauch.

Vor diesem sozialen Hintergrund können sich die jungen Leute nicht auf normale Bildungseinrichtungen einlassen und haben oder machen in der Schule Schwierigkeiten. Durch eine entsprechende Familiensituation, verbunden mit ihrer sozialen Lage und oder auch einer schwachen ökonomische Situation, kommen sie relativ früh in eine Außenseiterposition. Sie finden sich am Rand der Gesellschaft wieder oder lebten dort schon von vornherein. Mit Blick auf Auschwitz können die Jugendlichen ein Ausgrenzungserlebnis nach dem anderen erzählen – wenn sie sich darauf einlassen. Das passiert aber eher selten, da Ausgrenzungserlebnisse sehr schmerzhafte Erlebnisse sind, die von ihnen eher weggedrückt werden.

Ich sage es mal so: Ich kenne keinen jugendlichen Körperverletzer, der im Strafvollzug oder in einer Jugendhilfeeinrichtung ist, der nicht selbst am eigenen Körper Gewalt erfahren hat. Was meiner Erfahrung nach jedoch viel schlimmer ist: Alle Jugendlichen, die Gewalt erlebten, haben dazu das Erlebnis von Beschämung. Das ist nicht nur mein Eindruck, sondern wissenschaftlich erwiesen, dass beschämt zu werden mit die stärkste Triebfeder ist, der stärkste Grund, warum Jugendliche zu Gewalttaten neigen. Bevor sie wieder beschämt oder verletzt werden, schlagen sie lieber zu oder beschämen selbst. Meiner Meinung nach wird zu viel über Gewalterfahrungen von Jugendlichen gesprochen und zu wenig von den psychischen Verletzungen in Form von Beschämung und Ausgrenzung, von bloßgestellt werden im Kindergarten, in der Schule oder durch die Eltern. Die psychischen Verletzungen sind es, die Jugendliche sehr stark prägen. Das wieder zu reparieren, das wieder gut zu machen, ist ein schier unmögliches Unterfangen. Wie tief das geht, sieht man jetzt in der laufenden Kampagne über Klagen von ehemaligen Heimzöglingen auf Wiedergutmachung. Das sind Leute in meinem Alter, manche 60 und älter, die nach wie vor sehr starken Zugang zu diesem seelischen Schmerz haben. Da ist etwas passiert, was den Begriff des Traumas rechtfertigt. Und genau diese Erfahrung von beschämt werden und das Ertragen von physischer Gewalt, das beeindruckt mich an den Jugendlichen. Da kommt meine Sympathie und Empathie für sie her.

Dabei muss ich jedoch sagen, dass alle Menschen – durch die Bank weg – in irgendeiner Form Ausgrenzungserlebnisse gehabt haben oder haben. Beschämt worden sind auch alle – und sei es nur in der Schule, wenn man vom Lehrer fünf Minuten vor die Tür geschickt worden ist.

Jugendliche mit rechtsradikalen Verhaltensweisen und Verhaltensmustern begegnen einem gleichermaßen im Strafvollzug wie in der Heimerziehung wie im gesamten sozialarbeiterischen Feld. Man neigt dazu und glaubt, rechte Jugendliche immer äußerlich an der Glatze zu erkennen. Ich glaube jedoch, dass es noch mehr von den inneren Glatzen gibt. Im Übrigen vermute ich, dass in der erwachsenen Bevölkerung auch mehr Leute leben, die innerlich rechts sind, als wir gemeinhin meinen. In der Sozialforschung spricht man von etwa 15 bis 20 Prozent, die eine manifeste, rechte Einstellung haben.

Die meisten Jugendlichen aus dem rechten Milieu sind als Schulverweigerer oder Schulversager im siebten, achten Schuljahr frühzeitig ausgeschult worden. Sie haben den Nationalsozialismus in der Schule nicht kennengelernt und schreien rechte Parolen in die Gegend, ohne zu wissen, was Nationalsozialismus überhaupt ist. Sozialarbeit erreicht die Jugendlichen in ihrem Rechts-Sein eher selten und wenn es sich um kadergeschulte Leute handelt, überhaupt nicht. Bei sozial benachteiligten Skinheads ist Rechtsextremismus auch mehr eine emotionale Angelegenheit und keine Bildungsgeschichte. Es ist eher ein äußerliches Motiv, aus dem heraus sie eine rechte Rolle einnehmen, weil sie so Aufmerksamkeit und Anerkennung bekommen.

Vor vielen Jahren bin ich mit einem Skinhead in eine Vorlesung an der Uni in Heidelberg gegangen. Ich studierte dort Erziehungswissenschaften und wir hatten über Skinheads gesprochen. Meine Idee war, mit einem Skinhead zu den Studenten zu gehen um das Phänomen: »Wie wurde ich Skinhead? Wie kam ich dazu? Und was bedeutet diese Szene für mich?«, einfach mal zu besprechen.

Ich ging mit dem äußerlich wenig attraktiven Jungen vom Parkhaus zur Uni durch die Innenstadt von Heidelberg. Dabei ist mir aufgegangen oder besser, meine ich erkannt zu haben, warum er Skinhead war: Alle Köpfe flogen rum und die Leute schauten ihn an. Ohne Glatze, ohne entsprechend dicke Arme mit den

Tattoos drauf, ohne Hosenträger, Bomberjacke und Springerstiefel hätte der Jugendliche keine Aufmerksamkeit bekommen. So war das Interesse, das er als Skinhead auf der Straße erhielt, eine Art Anerkennung für ihn. Wir sind ja alle dialogische Wesen, wir brauchen alle Kommunikation. Ich glaube, das Schlimmste, was einem Menschen passieren kann, wäre Gleichgültigkeit. Wenn ich die Anerkennung nun nicht positiv kriege, dann bekomme ich sie wenigstens negativ, weil das immer noch besser als gar keine Kommunikation ist.

Mit der Fahrt nach Auschwitz setze ich mir das Ziel – so eine Art Bildungsauftrag –, Jugendlichen aus dem Knast, genauso wie aus dem Heim, geschichtliches Wissen zu vermitteln. Das kann man auch in Dachau lernen, aber nicht so wie in Auschwitz. Auschwitz, das den Supergau der Menschheit darstellt, interessiert die Jugendlichen, und sie lernen an diesem Beispiel mehr als an allen anderen. Ich wünsche mir, dass sie dort neben dem Wissen auch lernen, zu was es führt, wenn ich Menschen – wie soll ich es formulieren? – ablehne, ausgrenze, für minderwertig halte, wenn ich sie negativ etikettiere, also wenn ich genau das tue, was mir widerfahren ist. Das ist jedoch ein Ziel, das ich so nicht formuliere, weil es die Jugendlichen und mich als Pädagoge überfordern würde.

Alle Teilnehmer, Jugendliche wie Betreuer, nehmen freiwillig an der Fahrt teil. Überwiegend fahren männliche Jugendliche mit; gelegentlich sind auch weibliche Jugendliche dabei. Es ist mittlerweile so, dass wir keine Jugendlichen mehr suchen müssen. Sie treten an uns heran und fragen. Wir fahren zum Beispiel in der Regel immer mit dem Christophorus Jugendwerk hier aus Oberrimsingen und mit Jugendlichen aus Rostock. Und die melden sich dort in ihren Institutionen, weil sie wissen, dass die Fahrt stattfindet.

Unsere Erfahrungen haben uns bestärkt, keine Jugendlichen unter 16 Jahren mitzunehmen. Ich habe den Eindruck, dass es Sinn macht, dass der Nationalsozialismus in der Schule in der neunten und zehnten Klasse Gegenstand ist. Natürlich gibt es Konzepte, auch mit Jüngeren zu fahren. Es gibt in der Didaktik Angebote, wie man sich mit Kindern im Kindergarten mit Auschwitz, mit dem Nationalsozialismus, auseinandersetzen kann. Aber dazu kann ich nichts sagen, das ist nicht mein Metier.

Wenn ich die Teilnahmebedingungen nicht am Alter fixiere, dann sollten möglichst keine Jugendlichen mitkommen, die mit der Bewältigung des Alltags Schwierigkeiten haben. Ein Jugendlicher, der morgens nicht aufstehen kann, ein Jugendlicher, der kein vernünftiges Verhältnis zum Alkohol hat, ein Jugendlicher, der nicht arbeiten will, ein Jugendlicher, der mit einer Tagesstruktur nicht zurechtkommt, sollte möglichst nicht mitfahren. Wenn ich mich damit auseinandersetzen muss, dann kostet das derartig viel Kraft, dass die Kapazität weg oder verringert ist, sich einigermaßen auf Auschwitz einzulassen. Das kann ich nicht leisten. Die Kraft habe ich nicht. Ich will mich nicht ständig über normales Verhalten auseinandersetzen, sondern ich will mich mit dem Jugendlichen darüber unterhalten, was er und ich in Auschwitz erlebt haben. Die Konsequenz daraus ist: nicht überfordern. Nicht den Jugendlichen überfordern und auch nicht mich selbst.

Schwierig ist die Auswahl der Begleiter von der Fachhochschule. Die Leute erzählen es sich gegenseitig und machen so auf das Projekt aufmerksam. Mitfahren wollen 50 oder gar mehr; mitfahren können immer nur drei Studenten oder Studentinnen.

In den Gruppen, mit denen ich nach Auschwitz fahre, achte ich immer sehr stark darauf, dass ich mit 20 bis 25 Leuten fahre und sich das Verhältnis Jugendliche – Betreuer in etwa die Waage hält. Wenn ich mit 20 Teilnehmern fahre, dann sind es in der Regel 10 Jugendliche und 10 Betreuer oder Sozialarbeiter und Studierende aus der Fachrichtung Sozialarbeit/Sozialpädagogik. Das ideale Verhältnis wäre, um es präzise zu sagen: zwei Sozialarbeiter auf drei Jugendliche. Von den zwei Sozialarbeitern sollte einer schon in Auschwitz gewesen sein, weil auch sie dort von Gefühlen und Eindrücken überschwemmt werden. Wenn beide noch nicht in Auschwitz waren, dann sind sie sehr stark mit sich beschäftigt und dann ist die Ressource, nach ihren Jugendlichen zu schauen, vielleicht doch zu gering.

Mir ist dabei wichtig, dass die Jugendlichen, die mitfahren, von Sozialarbeitern begleitet werden, die sie auch im Alltag betreuen. Ich kann mit Leuten, die aus Riegel oder Dormagen im Rheinland oder Rostock kommen, nach der Fahrt nicht weiterarbeiten. Deswegen sollte der betreuende Sozialarbeiter mitgehen. Der Jugendliche muss auch nach Auschwitz einen Ansprechpartner haben, weil immer wieder etwas hochkommt. So können beide das Erlebnis Auschwitz teilen und im Alltag in der Kommunikation halten.

Es gibt vielleicht Szenen, in denen sich der Jugendliche zum Beispiel gewalttätig verhält und der Pädagoge dann sagen kann: Hör mal, wie war das denn damals in Auschwitz? Das ist nicht als pädagogischer Zeigefinger gemeint, sondern als Erinnerung, um noch einmal zu schauen: Wie ist das mit Ausgrenzung? Wie ist das mit Gewalt gegen Menschen? Wie ist das mit ausgrenzender Gewalt gegen Menschen? Was haben wir in Auschwitz gesehen? Wie weit kann das gehen? Dass eine solche Kommunikation später noch einmal möglich ist, ist mir wichtig.

Ich bin nicht sicher, ob die Jugendlichen sich lange oder auch kurz vor der Reise überhaupt einen Kopf machen darüber, was es jetzt bedeutet, nach Auschwitz zu fahren. Ich weiß nicht, ob sie das so nah an sich heranlassen. Direkt vor der Fahrt berichten jedoch alle Jugendliche, warum sie eigentlich nach Auschwitz wollen. Viele fahren, so sagen sie, weil sie über Auschwitz etwas im Fernsehen gesehen oder sonstwo erfahren haben. »Ich will sehen, wie es wirklich dort aussieht«, sagen sie. Es ist ein großes Interesse daran, die Authentizität des Ortes zu erleben.

Wenn von Konzentrationslagern oder Vernichtung der Juden die Rede ist, dann wird weniger über Dachau oder Bergen-Belsen gesprochen, eigentlich ist immer von Auschwitz die Rede. Der Jahrestag im Januar dort oder wenn sie einen Film sehen, das bekommen die Jugendlichen dann doch mit, auch wenn sie in der Geschichte nicht so fit sind. Der Tenor ist: Ich will diesen Ort mal sehen. Es gibt natürlich auch Jugendliche, die sagen, das könnte eine coole Woche werden in Polen. »Ich habe gehört, dass man dort billig einkaufen kann und die polnischen Mädchen seien ja auch ganz nett und schön«, höre ich dann. Das sind auch Aspekte, die eine Rolle spielen.

Ich meine, es ist ja nicht so, dass die Jugendlichen acht Tage nach Auschwitz fahren, sondern sie fahren acht Tage nach Oswiecim. Sie fahren acht Tage nach Polen, wo es billiges Bier gibt, billige Zigaretten, billige Lederwaren, billigen Schmuck. Wo, wie es andere Jugendliche erzählen, man gar nicht mal so schlechten Urlaub machen kann. Sie fahren ein Stück weit in ein neues Land, das sie noch nicht kennen – und das mit einer gewissen Erwartungshaltung, die schon fast Urlaubscharakter haben kann.

In den acht Tagen fahren sie auch im Schutz einer Gruppe nach Auschwitz. Sie fahren nicht allein. Ich habe viele Jugendliche, also so genannte normale und nicht sozial benachteiligte, erlebt bei uns in den Gruppen, die sagten, dass sie nie allein gefahren wären. Sie seien so froh gewesen, dass sie in einer Gruppe da gewesen wären und sie würden niemandem raten, allein dahin zu fahren. Die Gruppe schützt. Die Gruppe trägt, obwohl die Gruppenmitglieder nicht alle dasselbe in Auschwitz erleben. Natürlich muss man das, was da erlebt wird, auch miteinander besprechen oder in Form einer künstlerischen Gestaltung ausdrücken. Dass man zum Beispiel sagt: Lass uns mal ein Bild malen über das, was uns am stärksten beeindruckt hat. Und dass jeder dann sein Werk der Gruppe vorstellt und einbringt und so. Das macht Auschwitz noch einmal zum Thema. Für mich gibt es im Erleben von Auschwitz und Birkenau Unterschiede. Ich glaube auch, dass es für Jugendliche und Erwachsene unterschiedlich ist. Mein Eindruck ist, dass für die Jugendlichen im Stammlager durch die konkreten Häuser, die Bilder und so weiter der Massenmord fassbarer ist als in Birkenau. Birkenau fordert die Vorstellungskraft und trotzdem ist es nicht vorstellbar. Die Grenze dieses Nichtvorstellbaren in Birkenau, das macht Birkenau für mich zum besonderen Ort. Für mich bedeutet Birkenau – wie soll ich sagen? Mich beeindruckt oder mich nimmt Birkenau mehr mit: 175 Hektar, 1.000 Menschen in einer Baracke, multipliziert mit wie viel, ist

unvorstellbar. Das bringt mich an die Grenze meiner Vorstellungskraft. Das beschäftigt mich mehr kognitiv und emotional.

Auf der anderen Seite gibt es dort auch Normalität. Wir haben bei unserem letzten Besuch zu Pfingsten 2007 einen Film gedreht und waren am Nachmittag in Birkenau. Da landete ein Storch auf dem Gelände und lief herum. Oder ich habe dort auch schon Rehe gesehen oder eine Kaninchenfamilie, die über das Gelände hoppelte. Das hat dann auch schon wieder etwas Beruhigendes. Es gibt Natur dort, die wieder blüht.

Jede Reise dokumentiere ich in dem Sinne, dass Jugendliche Protokolle schreiben, worin sie die Frage beantworten: Wie war der Tag für mich? Der Tenor ist, dass sie sich nicht vorstellen können, was in Auschwitz passiert ist. Dieses Ausmaß könnten sie sich nach wie vor nicht vorstellen. Das hätten sie nie erwartet. Ich will nicht sagen, dass die Jugendlichen in der Begegnung mit dem Ort immer stark traumatisiert werden. Aber ich muss sagen, dass ich nicht immer sofort weiß, was die Jugendlichen, wenn sie in den Lagern gewesen sind, empfinden. Man muss an ihnen dran sein, um sie entsprechend aufzufangen, wenn Gefühle hochkommen, wenn Gesprächsbedarf ist.

In Auschwitz machen wir es zur Spielregel für unsere Jugendlichen aus dem rechten Milieu, wenn sie mitgehen, dass wir ihnen sagen: Hört zu, die Skinhead-Uniform bleibt daheim. Wenn es denn unbedingt sein muss, wird die Uniform im Lager auf gar keinen Fall und in der Internationalen Jugendbegegnungsstätte nur dann getragen, wenn es zwingend zur Wesensäußerungsart sein muss, und das nur ohne rechte Symbole.

In Oswiecim erlebe ich mit den Rechten relativ wenig. In der Jugendbegegnungsstätte, je nach anwesenden Gästen, führt es manchmal zu Irritationen, die auch zu Kommunikation führt. Wenn die rechten Jugendliche auf Schulklassen stoßen, haben die Schüler weniger Probleme damit. Probleme haben mehr die Lehrer, die sich dann erkundigen. Da kann es passieren, dass sie, wenn sie denn hören: Oh, Sozialarbeiter, dass sie darüber milde lächeln, weil sie vielleicht ein entsprechendes Bild vom Sozialarbeiter haben. Aber das macht nichts, weil sie möglicherweise auch zwei oder drei Jugendliche in der Klasse haben, die eher rechts orientiert sind. Wenn die dann schauen und mal gucken und sehen, dass es vielleicht gar nicht so unvernünftig ist, was die anderen da machen, ist schon viel gewonnen. Zunächst ist es aber irritierend für sie.

Für die Begegnungsstätte ist es mittlerweile nicht mehr verunsichernd. Sie kennen das Bild und tragen das Konzept mit. Und es ist wichtig, dass die Direktion der KZ-Gedenkstätte das Projekt befürwortet.

Dadurch, dass die Skinheads keine Uniform tragen und nur Glatze haben, fallen sie in Auschwitz oder Birkenau nicht so auf. Das gibt es ja immer wieder junge Männer ohne Haare. Und es ist ja auch nie eine Gruppe von Glatzen, die da rumlaufen. Es sind höchstens einer oder zwei in jeder Gruppe. Ich habe kaum bemerkt, dass die Leute geguckt haben oder irgendwie was war.

Pädagogisch gesehen bin ich der Meinung, dass man rechte Jugendliche in ihrer Kommunikation ernst nehmen sollte, also in dem Sinne ernst nehmen, dass ich sage: Du hast deine Meinung und lass dich jetzt konfrontieren mit einer anderen Erfahrung. Ich meine, die Globalisierung und die Komplexität, die in unserer Gesellschaft abläuft, zwingt dazu, sich einfache, holzschnittartige Bilder zu machen. Die Jugendlichen sind sehr empfänglich für einfache Parolen, die der Rechtsextremismus bietet: klar, überschaubar und ohne einerseits und andererseits. Eine Nation, eine Rasse, ein Führer, ein Volk – fertig. Keine Demokratie, kein Pluralismus.

Vor diesem Hintergrund sollte man Jugendlichen mit rechtsradikalen Verhaltensweisen und Verhaltensmustern die Möglichkeit geben, dass sie in Gesprächen über Erlebnisse in Auschwitz, in der Gruppe oder mit Zeitzeugen oder in der Reflexion neue Informationen an die Hand bekommen. Mit dem Wissen können sie ihre Positionen vielleicht noch einmal überdenken. Sie können prüfen, ob das, was sie da erzählen, wirklich der Wahrheit entspricht. Das ist das Kernziel, das ich vorhin mit Bildungsauftrag beschrieben habe.

Als Sozialpädagoge sage ich: Wenn ich erwarte, dass, wenn der Jugendliche zurückkommt, er sich einer Ausländerinitiative anschließt oder keine Juden- oder Türkenwitze mehr erzählt, dann überziehe ich die Geschichte. Dann überstrapaziere ich die Erwartungshaltung an den Jugendlichen und meine ebenfalls.

Ich denke, Auschwitz kann man als Bildung ein Stück weit emotional vermitteln. Da gibt es schon die Möglichkeit, etwas zu korrigieren. Dass sich die Betroffenheit in Auschwitz transformiert in eine Sensibilität im sozialen Verhalten, also im Umgang mit Mitmenschen, das wäre ein zusätzlich sozial erzieherisches und attraktives Ziel. Doch das formuliere ich so nicht, um mich und die Jugendlichen nicht zu überfordern.

Den Aspekt der Scham, in Auschwitz als Deutscher zu sein und sich und seine Identität in die Generationsfolge als Deutscher zu stellen, habe ich bei den Jugendlichen ganz selten erlebt. Auch das Schuldgefühl ist ein generationsabhängiges Thema. Ich behaupte, dass die jetzige Generation der 17-Jährigen keine Schuldgefühle hat. Auschwitz ist drei Generationen vorher passiert. Die Schüler fühlen sich nicht schuldig, weil sie es in Verbindung mit dem Urgroßvater sehen, den sie nie kennengelernt haben. Dazu kommt, dass die Zeitzeugen in der Regel sagen: Ihr seid nicht schuld, dass es passiert ist. Wenn, dann seid ihr schuld, wenn sich das wiederholt.

Ich finde, das ist ein spannendes Thema, und möchte die These vertreten, dass die Jugendlichen, so wie ich es erlebe, dass sie sich nicht mit der Schuld auseinandersetzen und es auch nicht müssen. Für uns, wo die Eltern oder Großeltern vielleicht noch Täter oder Täterinnen gewesen sein können, da ist es etwas anderes. Da ist es auch viel schlimmer. Bei mir hätte es die eigene Familie sein können. Ich bin knapp nach dem Krieg geboren. Meine Mutter ist 1922 geboren, das ist dann schon näher dran.

Die Jugendlichen setzen sich eher mit den Opfern auseinander und nicht damit, dass die Täter Deutsche waren. Als wir zu Pfingsten 2007 in Auschwitz mit einer Gruppe waren, haben wir einen Film über den Besuch gemacht. »Jugendliche sehen Auschwitz« war das Thema. Bei den Aufnahmen habe ich eine Szene mit einem Jugendlichen erlebt, der sagte, dass er die Bilder dort in der Ausstellung im Stammlager von den unschuldigen Kindern anschaue und überlege, was unsere ältere Generation hier gemacht habe. Ein anderer fragte in seinem Textkommentar, ob man unmenschlich sein könne, ohne es zu merken. Wie fühle es sich an, auf Wehrlose zu schießen?

Diese Sätze bedeuten, dass die Jugendlichen sich mit den Tätern auseinandergesetzt haben. Dass es jemandem gelingt einen Perspektivwechsel vorzunehmen und zu schauen: Wie ist das jetzt dort als Täter? Wie geht das überhaupt? Und wenn es geht, wie geht es dann? Kann ich das überhaupt nachempfinden?, das passiert ganz selten. Ich glaube ja, dass es geht. Dass man sich in die Täter wie auch in die Opfer ein Stück weit einzufühlen kann. Die Mehrheit der Besucher bekommt vielleicht ein Einfühlungsvermögen für die Opfer und das ist eigentlich das zentrale Thema in Auschwitz. Dazu gibt es ein Buch von Harald Welzer: Täter – wie aus ganz normalen Menschen Massenmörder werden, das sich damit beschäftigt. Er hat auch das Buch geschrieben: *Opa war kein Nazi.*

Wie schon gesagt: Mein Ziel ist es, auf den Fahrten den Jugendlichen in einer Form Bildung zu vermitteln, auf die sie sich einlassen können. Geschichtsbücher würden sie keine lesen, aber die Wirkung des Ortes Auschwitz bewirkt einiges und den Zeitzeugen hören sie zu. Vor dem Zeitzeugengespräch haben die Jugendlichen Auschwitz und Birkenau gesehen. Sie haben von dem, der die Besichtigung in den Lagern geleitet hat, vieles erfahren und gehört, wie es den Menschen im Vernichtungslager ergangen ist. Dazu haben sie abends den einen oder anderen Film angeschaut wie zum Beispiel *Schindlers Liste.*

Mit dieser Vorbereitung wissen sie also ein Stück weit, was dieser Zeitzeuge, der in den Gruppenraum kommt, was der erlitten hat. Und ich glaube, dass da eine ganze Menge an Respekt drinnensteckt, unreflektiert, unbewusst: Jetzt erzählt ein älterer Mensch etwas über seine Leidensgeschichte.

Ich sage es mal so: Wenn es uns gelingt, sozial benachteiligte Jugendliche für 20 Minuten, für 30 Minuten, auf etwas zu konzentrieren, dann ist das ein relativ guter Leistungsstand. In Auschwitz aber, beim Zeitzeugengespräch, sind die Jugendlichen in der Lage, fast bis zu zwei Stunden zuzuhören – mucksmäuschenstill und ohne rauszugehen und eine Zigarette rauchen zu müssen. Die sind wie gebannt und hören da zu. Wenn ich dann noch berücksichtige, dass es ein polnischer Zeitzeuge ist, der in radebrechendem Deutsch seine Geschichte erzählt und es schon eine ganze Menge Aufmerksamkeit braucht, sprachlich zu folgen – die Jugendlichen bleiben da sitzen und sind ruhig. Es ist fast so, dass sie – ohne dass es kommuniziert wird – spüren, dass diesem Mensch, der soviel erlebt hat, Achtung entgegengebracht werden muss. Was heißt: Ich bin ruhig, bleibe im Raum und höre zu – und das über fast zwei Stunden.

In keinem anderen Gebiet, auch nicht in dem Bereich, der Spaß und Freude macht, erlebe ich diese Form von Dabei-Sein und Konzentration. Es ist für mich immer wieder faszinierend, dass die Jugendlichen, die sich sonst kaum auf etwas konzentrieren können, so zuhören. Wenn mir jemand erzählen würde, dass sie das schaffen, ich würde es nicht glauben, wenn ich es nicht selbst erlebt hätte.

Ich denke, die konzentrierte Stille ist auch Ergriffensein verbunden mit Achtung gegenüber der Person. Der Zeitzeuge Tadeusz Sobolewicz, der sechs Konzentrationslager überlebte, hat dann auch immer seine Bücher mit dabei und die Jugendlichen gehen hin zu ihm und kaufen dieses Buch und lassen das auch signieren. Ein völlig normales Verhalten, wie Erwachsene das auch machen, wenn sie irgendwo etwas Faszinierendes gehört haben.

Ein Skinhead, zum Beispiel, ist, als die überlebende Zeitzeugin den Raum betrat, in sein Zimmer gegangen und kam mit einer Mütze auf dem Kopf zurück. Er war tief betroffen von ihrer Erzählung und hat sich nach dem Vortrag mit ihr fotografieren lassen. Ich habe später mit ihm gesprochen. Für ihn war das Aufsetzen der Mütze so ein Zeichen des Respekts. Er wollte sie als Überlebende nicht brüskieren mit seinem Skinhead-Dasein.

Was während des Vortrags des Auschwitz-Überlebenden mit ihrer Leidensgeschichte von Ausgrenzungen und Erfahrung von Gewalt in den Jugendlichen passiert und ob das in dem Moment kommuniziert wird, weiß ich nicht. Es erscheint mir schwierig, die leidvollen Erfahrungen in der Todeszone des Vernichtungslagers Birkenau von zum Beispiel Herrn Mandelbaum nachzuvollziehen oder sie in meine Geschichte zu integrieren oder mit ihr zu vergleichen. Wenn das aber möglich wäre, dann – so könnte ich mir das vorstellen – geschieht das ganz sicher unbewusst. Es wäre dann eine Art Affinität, die diese Stille auslösen könnte.

Ich kenne diese Ruhe und Konzentration aber auch von Erwachsenen oder von Jugendlichen, die nicht aus einem sozial schwachen Milieu kommen. Dennoch wäre es mal interessant, mit dem Psychoanalytiker Tilman Moser aus Freiburg darüber zu reden, wie er das sieht. Er hat mit Tätern und Opfern und den Generationen nach den Tätern und nach den Opfern therapeutisch gearbeitet.

Die Darstellungen der Zeitzeugen sind für uns sehr wichtig. Ihre Informationen kommen aus ihrer Biografie, und wenn ich Wochen später mit den Jugendlichen rede und frage, was sie von Auschwitz erinnern, dann ist eines immer sehr im Vordergrund und immer wieder sehr schnell da: das Zeitzeugengespräch. Das hat immer am stärksten beeindruckt. Alle anderen Sachen werden sehr unterschiedlich erzählt. Das kann das Krematorium in Birkenau sein oder irgendwelche Ausstellungsstücke im Stammlager. Das ist sehr differenziert. Aber das Zeitzeugengespräch, das ist etwas, was am tiefsten geht.

Und das ist auch das größte Problem für die nächsten Jahre: Wie geht das ohne Zeitzeugen? Erzählen wir dann die Geschichten, die uns Zeitzeugen erzählt haben? Ich glaube, das wäre sogar wirkungsvoller als die Zeitzeugen zu interviewen: das auf Video aufzunehmen und vorzuspielen.
Ich habe das bei Schülern und Schülerinnen erlebt bei einem Projekt im Konzentrationslager Struthoff. In ihren Protokollen von der Reise kam immer wieder zum Vorschein, wie ihr Begleiter, der Herr Fuß, auf dem Weg durch das Gelände von den Erlebnissen der Zeitzeugen berichtete, die er getroffen hatte. Das scheint eine wirklich gute Methode zu werden, das Fehlen von Zeitzeugen aufzufangen.

In unserem Konzept, ich erwähnte das vorhin schon mal, machen wir an drei Tagen Erhaltungsarbeiten. Wir arbeiten dabei gerne in Birkenau, weil es dort ruhiger ist. Da laufen nicht ständig Besuchergruppen durch und wir sind mehr als Gruppe zusammen. Häufig ist die Arbeit dort, die originalen Lagerstraßen freizulegen von der hohen Erdüberwucherung der letzten 60 Jahre. Zeitlich sind drei Vormittage von 9 Uhr bis 12 Uhr eigentlich wenig, aber doch auch so viel, dass man sieht: Die 20 oder 30 Meter, die haben wir gemacht.

Es sind verschiedene Dimensionen, die bei der Arbeit dort eine Rolle spielen. Zum einen finde ich es wichtig, einen Beitrag dafür zu leisten, dass dieser Ort erhalten bleibt. Ich denke, als Mahnmale müssen Auschwitz und Auschwitz-Birkenau erhalten bleiben. Dann ist die Erhaltungsarbeit eine Form der Auseinandersetzung mit Auschwitz, wo ich vielleicht auf einen Gegenstand stoße, wo ich meinen Gedanken nachgehen kann, ohne etwas zu lesen. Oder ich entdecke mich dabei, dass ich darüber nachdenke, wie die Straße vielleicht im Dezember, im Januar oder Februar ausgesehen hat. Wie war das?

Gleichzeitig ermöglicht mir die Arbeit aber auch, mit den Gedanken den Ort zu verlassen. Bei der Führung kann ich das nicht. Da bekomme ich etwas erzählt und bin konzentriert dabei. Bei der Arbeit in Birkenau kann ich monoton arbeiten und bin mit den Gedanken ganz woanders, plötzlich bei der Familie oder an der Hochschule oder so. Dann kommt die Frage: Hey, wo bist du denn eigentlich? Ist dir eigentlich bewusst, was da gerade geht? Was du da machst und was da passiert ist auf der Straße?

Wenn dann auf unsere Jugendlichen ein Israeli zukommt – wie das vor zwei Jahren passiert ist – und fragt: Was macht ihr da? Und der Jugendliche sagt: Wir sind aus dem und dem Ort und zehn Tage da und restaurieren hier an ein paar Tagen die Lagerstraße und der Israeli dann sagt: »Danke.« Von seiner Familie seien hier Menschen ermordet worden und er fände das toll, dass ihr hier einen Beitrag leistet, damit die Gedenkstätte erhalten bleibe, dann ist das eine Form der Bestätigung, die kann größer nicht sein.

Die Erhaltungsarbeit ist eine Form der Auseinandersetzung, die Flucht ermöglicht und ein Wieder-zurück-Kommen zulässt. Ein Jugendlicher hat es mal
so ausgedrückt: Die Erhaltungsarbeit sei eine andere Form der Auseinandersetzung mit Auschwitz. Für ihn würde Auschwitz dadurch ein erlebbarer Ort. So hat
er das ausgedrückt, ohne zu sagen, was er damit konkret meinte.

Auf der anderen Seite war es aber auch schon so, dass es Situationen in
Auschwitz gab, wo ich mir überlegte: Fahre ich mit der richtigen Klientel da hin?
Mir kommen zu diesem Thema so zwei, drei Bilder in den Kopf: Es gab eine
Situation, da waren auf einer Fahrt drei jugendliche Skinheads dabei. Sie waren
nicht in ihrer Uniform, aber dann doch mit Glatze in Auschwitz und kamen im
Stechschritt aus der Gaskammer im Stammlager.

Oder eine andere Sache war, dass drei jugendliche Skinheads aus drei unterschiedlichen Städten mitgefahren waren. Einer kam aus Freiburg, einer aus
Siegen und einer aus Rostock. Dass dies passierte, war von mir pädagogische
Blindheit. Es hätte mir klar sein müssen, was für eine Dynamik sich entwickelt,
wenn die sich in Auschwitz treffen. Dass da einer der größere Gockel sein wollte als der andere, war klar. Einer wollte den anderen übertrumpfen, so nach
dem Motto: Wer ist hier der absolute Rechte von uns? Das führte dazu, dass
der »Obergockel«, so sage ich mal, in der Jugendbegegnungsstätte einer ame-
rikanisch-israelischen Schülergruppe erzählte, dass die wissenschaftlich-medi-
zinischen Erfolge weltweit der Grundlagenforschung von Mengele zu verdanken seien. Der Jugendliche musste mit seinem Betreuer nach Hause fahren;
das war pädagogisch absolut gerechtfertigt. Dennoch war es für mich etwas
Schmerzhaftes, jemanden aus einer Gruppe rauszudrücken.

Es ist auch der Punkt, wo ich merke, dass dort mein Hauptproblem in der
Pädagogik ist: Wie setze ich Grenzen ohne auszugrenzen? Einerseits muss ich
manchmal Grenzen setzen, die ausgrenzen. Andererseits muss ich die Grenzen
so setzen, dass ich den Jugendlichen immer wieder in die Gruppe zurückholen
kann. Es ist eine Art Rausschmeißen aus dem Zimmer bei offener Tür, durch die
er zurückkommen kann.

In einer weiteren Situation hatte ein Jugendlicher Anstalten getroffen, sich
in den Ofen im Krematorium zu legen, um zu schauen, ob er da eigentlich rein-
passt. Oder als ein Jugendlicher auf das Dach der Gaskammer im Stammlager
stieg und nachschaute, ob da tatsächlich ein Loch war, um das Zyklon B runter-
zuwerfen.

Nun kann man in all dem geschilderten Verhalten die Provokation an den Pädagogen durchaus erkennen. Die Auseinandersetzung mit solchem Verhalten kann ja vom erzieherischen Standpunkt betrachtet schon sehr sinnvoll sein. Aber manchmal ist sie es dann nicht mehr, und es stellt sich mir die Frage: Ist diese Art Brüskierung in Auschwitz noch vermittelbar? Ich meine, ein einziges Mal haben wir einen Jugendlichen mit seinem Bewährungshelfer zusammen heimgeschickt. Das war die Geschichte mit der »Grundlagenforschung« von Mengele. Alle anderen Situationen klärten wir im Gespräch, in der Auseinandersetzung.

Sehen Sie, unser Ansatz ist nicht die Verurteilung von vornherein. Um das Verhalten, die Provokation des Jugendlichen zu verstehen, wollen wir wissen: In welchem Dienst steht die Provokation? Wir fragen erst einmal: Warum tust du das? Was motiviert dich, so etwas zu machen? Was empfindest du da? Will ich, also aus der Sicht des Jugendlichen, will ich, dass der Sozialarbeiter sich zum Beispiel mit mir auseinandersetzt? Oder lehne ich ihn ab und sage mir: Dem Typen, dem zeige ich es jetzt!

Der nächste Schritt ist dann die Frage: Warum lehnt der Jugendliche den Sozialarbeiter ab? Was hat er für Erfahrungen mit anderen Menschen gemacht, dass er den Sozialarbeiter so behandelt? Diese Fragen sind schwer zu beantworten. Es ist sehr situativ. Man muss da sehr genau hinschauen, um zu wissen, was da wirklich los ist. Dieses Abgebrühtsein der rechten Jugendlichen, das sie manchmal zeigen, ist auch eine Art Schutz. Sie wollen nicht wieder verletzt werden. Wenn man das weiß, dann versteht man die Jugendlichen auch wieder. Dann bekommt man auch wieder einen Zugang zu ihnen. Der Stechschritt kann ein Schutz, er kann aber auch eine Provokation sein.

Wenn jemand im Stechschritt aus der Gaskammer kommt, nimmt er die Täterrolle ein, und das ist eine völlig unakzeptable Auseinandersetzung. Das pädagogische Problem mit den Jugendlichen, die sich so verhalten, ist, sie in der Auseinandersetzung nicht zu beschämen. Ich kann nicht konkret erklären, wie das in solchen Fällen geht. Ich muss ein Setting schaffen, in dem sich der Jugendliche öffnet und bereit ist, über sein Verhalten, über das, was er von sich gezeigt hat, zu reden. Es muss mit viel Fingerspitzengefühl passieren. Solange er zumacht, erreiche ich nichts.

Das sind die Überlegungen die ich machen muss: Mache ich es in der Gruppe, im Einzelgespräch? Spreche ich mit ihm morgens oder abends? Oder nach dem Schwimmen? Oder wenn wir in Krakau sitzen? Es kann zum Beispiel sein, dass ich einem Jugendlichen sage: Sprich in der Gruppe darüber und mach es zum Thema. Das kann ich anbieten, wenn er stabil genug ist und keine große Beschämungserfahrung hat, wenn er sprachlich in der Lage ist, sich zu artikulieren und sich in der Gruppe darzustellen. Wenn es ein sensibler Jugendlicher ist, der sehr schnell verletzt ist, der möglicherweise auch sehr viele Beschämungserfahrungen gemacht hat, kann ich ihn in der Gruppe nicht mit seinem unakzeptablen Verhalten konfrontieren. Das Ergebnis wäre: Er macht zu.

Ich mag Ihnen ein Beispiel geben: Heute habe ich mit einem Sozialarbeiter gesprochen, der in einer Jugendhilfeeinrichtung tätig ist. Dort hat ihn ein Kind über Monate so drangsaliert, dass er das in der Supervision ständig zum Thema machen musste. Dann kam die Verabschiedung, die Entlassung des Kindes aus dem Heim, und dieser Junge ist ihm um den Hals gefallen. Er sagte ihm, dass er sein bester Freund sei, der Beste, den er überhaupt gehabt hat. Was ich damit sagen möchte, ist: Das Kind konnte seine Zuneigung nicht anders zeigen als über das Drangsalieren. Wenn ich das verstehe, dann habe ich die Chance, hilfreich zu sein.

Meine erste Aufgabe als Sozialarbeiter ist – und das unterscheidet Sozialarbeit von der Arbeit der Richter am Gericht –, nicht zu verurteilen. Unsere Aufgabe ist zu verstehen. Wenn es also gelingt, wenn ich als Sozialarbeiter Verhalten verstanden habe und sich der Jugendliche zum Beispiel über das Verlassen im Stechschritt aus der Gaskammer mit mir unterhält, dann ist der Lernerfolg möglicherweise größer, als wenn er nicht im Stechschritt herausgegangen wäre. Er hat mit mir die Möglichkeit, darüber zu reflektieren. Denn mit zeitlichem Abstand zu dem Vorfall, vielleicht am nächsten Tag oder Abend, kann ich doch eine Sensibilität, einen Zugang zum Jugendlichen gewinnen und noch einmal darüber reden.

Es ist eine Fähigkeit, dass ich ein Stück weit meine Autonomie aufgebe, um mit einer Gruppe gemeinsam etwas zu machen. Wenn das der Jugendliche erkennt, dann kann ich weiter suchen und fragen: Kommst du öfter in solche Situationen? Machst du häufiger etwas, wo du nicht mehr herauskommst? Und wie ist das überhaupt mit deiner Autonomie?

Vielleicht erkennt der Jugendliche dann, dass der Gruppendruck sehr stark war und er aus der Rolle nicht herauskam. Dass er mit Imponiergehabe sich aufspielen wollte und deswegen mit dem Stechschritt aus der Gaskammer kam. Im Fall des Stechschritts sagte der Jugendliche, ohne dass er sich in die Verräterecke gedrückt fühlte, dass er durchaus erkannt habe, wie er im Zusammenhang mit zwei, drei Leuten etwas gemacht habe, wobei sich eine Situation hochgeschaukelt hätte. Er sei nicht mehr rechtzeitig aus der Dynamik der Gruppe herausgekommen und, um anerkannt zu bleiben, ging er mit.

Der Jugendliche, der über diese »medizinischen Erfolge« von Mengele erzählt hat: Da erinnere ich noch sehr genau, war es auch die Dynamik innerhalb der Gruppe gewesen, die dazu geführt hatte. Und damit wären wir dann auch mitten im Thema: Wie war Auschwitz möglich?

Die Auseinandersetzung mit der Mengele-Geschichte hat mich damals bis an die Grenze der Belastungsfähigkeit gebracht. Ich war kaum aus Auschwitz zurück, da lag ich schon im Krankenhaus mit Brechdurchfall. Einem zweiten Betreuer ging es genauso, der lag mit denselben Symptomen auch in der Klinik. Es war zuviel gewesen. Ich habe Verantwortung. Verantwortung vor dem Ort Auschwitz, vor der Jugendbegegnungsstätte und gegenüber den Jugendlichen, mit denen ich eine gelungene Studienfahrt machen möchte. Misserfolge bei einer Fahrt, abgebrochene Projekte, gescheiterte Maßnahmen, die kennen sie ja alle zur Genüge. Die haben sie fast nur in ihrem Lebenslauf. Sie brauchen positive Erfahrungen, etwas positiv zu beenden.

Ich war mal mit einer Gruppe in Auschwitz, das war das zweite Projekt 1994, da waren die Jugendlichen rechtsradikale Täter aus Rostock-Lichtenhagen. Sie hatten 1992 Brandsätze in ein Vietnamesen-Heim geworfen. Es war ein sehr gutes Projekt, weil für alle Teilnehmer am Ende erkennbar war, was es heißt, Mitläufer zu sein und sich vor öffentlichem Publikum zu kaprizieren.

Über die gelungenen Projekte freue ich mich natürlich. Aber die Projekte, die an die Grenzen des Erträglichen führten, die haben letztlich – wenn es gelingt, und das ist so schwierig dabei – pädagogisch den größeren Erfolg. Ich sage es mal bildlich gesehen: Wer mit einem Glatzkopf nach Auschwitz fährt und glaubt, nach acht Tagen mit einem blond gelockten Jüngling zurückzufahren, das geht nicht.

Der Weg zum Skinhead und dass der dort steht, wo er heute steht, war ein Weg von 16 Jahren. Wenn ich mit ihm acht Tage nach Auschwitz gehe, kann ich in diesen acht Tagen nicht das alles korrigieren, was in den ersten 16 Jahren an Biografie stattgefunden hat, dass er heute so ist, wie er ist. Trotzdem gibt es ja immer wieder Wendepunkte im Leben, Korrekturen in einer Biografie, die manchmal gar nicht planbar sind. Aber ich glaube nicht, dass es so wie bei mir ist, dass Auschwitz ein Stück weit mein Leben und meinen Berufsweg verändert hat, dass dies bei allen Menschen passiert. Ich glaube schon, dass es Besucher gibt in Auschwitz, die dort wie durch ein Museum durchlaufen, tatsächlich berührt sind – aber ein paar Tage später zur normalen Tagesordnung übergehen. Doch Auschwitz kann ein ungeplanter Wendepunkt sein. Die Chance steckt dort für jeden Jugendlichen drin. Aber wer es plant und sagt: Wenn ich das mache, dann kommt auch genau das raus, der muss an Größenphantasien leiden. Das kann man nicht erwarten. Wer sich ein solches Ziel setzt und am Ende redlich ist, der muss sich sagen: Ich habe nichts erreicht.

Den Leuten in der Gruppe geht es in den acht Tagen sehr unterschiedlich. Es gibt Leute, die weinend aus den Lagern rausgehen und sich in der Abschlussreflektion sehr schwer tun, Auschwitz wieder loszulassen. Und es gibt Leute, von denen habe ich den Eindruck, dass sie unberührt wieder zurückfahren. So geben sie sich. Ich kann nicht hineinschauen und persönlich nehme ich es ihnen auch nicht ab.

Früher haben wir mehr reflektiert in der Abschlussrunde in dem Sinne: »Was hat dich beeindruckt in Auschwitz? Was sind für Fragen offen geblieben?« So ein bisschen als eine Evaluation, einer Auswertung: Wie war dieses Projekt für dich? Was könnte bei zukünftigen Projekten anders aussehen? Was war schwer? Was sollte man anders machen?

Das machen wir nach wie vor und dazu gestalten wir ein Ritual. Ich habe den Eindruck, wenn Menschen sich mit etwas ganz Schwerem beschäftigen, dass Rituale helfen können, etwas zu bewältigen. Wir haben gute Erfahrungen damit gemacht, Auschwitz mit einem Ritual zu verlassen, in dem wir am letzten Tag mit der ganzen Gruppe in die Kinderbaracke gehen. Dort waren die Kinder untergebracht, und Jugendliche entwickeln zu Kindern eine stärkere Empathie als zu Erwachsenen.

In der Baracke, für die wir eine Patenschaft übernommen haben, versammeln wir uns und lesen dort eine ganz kurze Passage vor, in der eine Überlebende über ihren Aufenthalt dort berichtet. Es wird authentisch erzählt von einem überlebenden Kind über die Selektion an der Rampe. In diesem Stück sind Worte enthalten, die die Jugendlichen in ihrer Auseinandersetzung mit Auschwitz gehört haben.

Dann bekommt jeder Jugendliche eine Rose. Er darf dann diese Rose in Birkenau, wo wir auch meistens die Erhaltungsarbeiten machen, an den Ort legen, der in dieser Woche für ihn die größte Bedeutung hatte. Da gibt es einige Jugendliche, die legen die Rose in die Kinderbaracke. Andere legen sie an die Selektionsrampe, der nächste legt sie an die Ascheseen. Vor drei oder vier Jahren hatte ich zwei Jungen aus der Volksgruppe der Sinti dabei gehabt. Die haben ihre Rose an der Gedenkstelle für Sinti und Roma abgelegt.

Das Niederlegen der Rose, das ist so eine Form von Verabschiedung und ich habe den Eindruck – und ich hoffe, dass es jetzt nicht eine Projektion von mir ist, aber ich glaube das nicht –, das ist so eine Art von Verabschiedung, die eine Art zeitlichen Schlussstrich unter den Aufenthalt zieht. Ich glaube, alle Jugendlichen, selbst die hartgesottenen, rechten Jugendlichen, fahren mit einem Stück Betroffenheit – ohne dass ich jetzt sage, wir machen jetzt Betroffenheitspädagogik – zurück.

Alle Jugendlichen berichten hinterher, dass sie von Gott weiß wem alles angesprochen worden sind und gefragt wurden: Wie war das da? Was hast Du da erlebt? Oder sie haben von sich aus so einen Erzähldrang, dass sie es der Familie, den Freunden berichten. Sie wissen offensichtlich, dass sie an einem außergewöhnlichen Ort waren. An einem Ort, der außergewöhnlich ist, der berichtenswert ist, wobei die Berichte auch so eine Funktion der Entlastung haben, denn wenn ich etwas erzähle, verarbeite ich es auch. Es gibt auch immer wieder Jugendliche, die gerne ein zweites Mal mitfahren wollen. Sie sagen: Auschwitz möchte ich noch einmal sehen mit einem gewissen Abstand, weil es zuviel auf einmal war.

Zusammenfassend: Wenn ich mit einem rechtsradikalen Jugendlichen in Auschwitz war, kann ich erwarten – und das Ziel wird erreicht! –, dass er der »Auschwitz-Lüge« keinen Glauben mehr schenkt. Wenn zum Beispiel der Zeitzeuge Tadeusz Sobolewicz unseren Jugendlichen erzählt, in Auschwitz wurde vergast, dann erreicht sie das. Ich habe bis heute noch keinen Jugendlichen erlebt, der danach noch sagte: In Auschwitz wurde nicht vergast.

Ich glaube, dass für die Jugendlichen die Fahrt vielleicht nicht unbedingt prägend war, aber Auschwitz bleibt in der Erinnerung. Wie die genau aussieht, ist eine der Aufgaben, die ich bis zu meiner Rente in acht Jahren noch gerne erfüllen würde: eine qualitative Untersuchung darüber zu machen, was ein Besuch in Auschwitz über Jahre hin bewirkt. Dass man Jugendliche interviewt, die vor fünf, sechs Jahren in Auschwitz waren, um mal zu schauen: Was ist von Auschwitz dann noch da? Und wie weit sie glauben, dass Auschwitz möglicherweise auf ihre weitere Lebensgestaltung Einfluss hatte.

Ich muss Ihnen jetzt noch eine Anekdote dazu erzählen: Der Max Mannheimer, Auschwitz-Überlebender, Vorsitzender der Lagergemeinschaft Dachau und Mitglied in unserem Verein, arbeitet als Zeitzeuge schon seit längerem mit Neonazis. Der erzählte mir: »Du, Werner, unlängst war ich mit einer Gruppe Skinheads zusammen und wir haben uns unterhalten über Dachau.« Ich fragte ihn: »Und, wie war es so?« Da sagt Mannheimer: »Oh, du, ich glaube, die habe ich auf den rechten Weg gebracht.« Ich habe ihm gesagt: »Du, Max, da waren die schon.« Max Mannheimer hat kurz überlegt und dann sehr gelacht.

Auschwitz ist eine **menschliche** Angelegenheit

Tomasz Kuncewicz

34 Jahre
Direktor des Jüdischen
Zentrums

Seit der Eröffnung des Jüdischen Zentrums in Auschwitz im Jahr 2000 bin ich hier Direktor. Schwerpunkte des Zentrums sind Bildungsarbeit zu jüdischer Geschichte und Kultur sowie Erziehung zur Toleranz und die Durchführung spezieller Projekte.

Ich komme nicht aus Oswiecim. Geboren wurde ich in Gorzów Wielkopolski (Landsberg an der Warthe), einer Stadt, die in der Nähe der deutschen Grenze liegt. Ein Teil meiner Familie mütterlicherseits stammt aus Poznan, einer Kleinstadt, die während des Krieges vom Deutschen Reich annektiert wurde. Ich weiß, dass sie aus ihrer schönen Wohnung im Stadtzentrum vertrieben wurden und deutsche Besatzer dort einzogen. Die Familie musste sich eine andere, minderwertigere Wohnung suchen und meine Großmutter wurde als Zwangsarbeiterin nach Deutschland geschickt. Wo genau hin, weiß ich nicht. Sie erzählte mir später, wie sie dort von den Russen befreit wurde, dass es Gewalt gegeben hätte und sie sich im Keller verstecken musste.

Die Familie meines Vaters kam aus der Gegend von Vilnius (Wilno), die nach dem Krieg der Sowjetunion angegliedert wurde. Mein Großvater kämpfte in der polnischen Armee zu Beginn des Krieges gegen die Deutschen, geriet aber nicht in Gefangenschaft. In der Gegend, wo er damals lebte, gab es mehr Probleme mit den Sowjets. Ein Teil der Familie musste vor ihnen fliehen, um nicht nach Sibirien in einen Gulag deportiert zu werden.

Aus meiner Familie war niemand im Konzentrationslager. Von meiner Großmutter väterlicherseits erfuhr ich über den Holocaust, weil sie vor dem Krieg viele jüdische Freunde hatte. Sie sah, wie Juden ins Ghetto gesperrt wurden. Ich weiß nicht genau, wie nah sie dabei war, als sie miterlebte, wie viele Juden aus der Stadt in die aus Holz gebaute Synagoge getrieben wurden. Die Nazis steckten sie an und die Juden verbrannten bei lebendigem Leib.

Ich spürte damals, mit 13 oder 14 Jahren, dass dies ein ganz furchtbares Erlebnis gewesen sein muss, das sie nie vergessen konnte. Jedes Mal, wenn meine Großmutter darüber sprach, hatte sie Tränen in den Augen. Ich denke, diese Erzählung war der Ausgangspunkt meines Interesses für den Holocaust. Ich wollte wissen, was passiert, und verstehen, wie es möglich war, solche Gräueltaten zu begehen.

In der Schule, vor allem in der Grundschule, die ich noch in kommunistischer Zeit besuchte, erfuhr ich relativ wenig über Auschwitz. Als ich in die Oberschule kam, das war in der Übergangszeit vom Kommunismus zur Demokratie, wurde es ein bisschen besser, mehr aber auch nicht. Ich las einige Bücher über das Thema, die aber nicht besonders in die Tiefe gingen.

Während der Schulzeit kommen viele Polen auf Klassenfahrt hierher. Aber da Poznan ziemlich weit von Auschwitz entfernt ist, fuhr man von meiner Schule aus nicht hin und ich war 20 Jahre alt, als ich das erste Mal Auschwitz besuchte. Damals wurde es als ein Lager dargestellt, in dem viele Menschen umgebracht worden waren und als wichtiger Schauplatz im Zweiten Weltkrieg. Die Tatsache, dass die meisten der Opfer Juden waren, wurde nicht besonders hervorgehoben. Ich meine, es wurde nur erwähnt, dass sie eine der Opfergruppen waren – das war's.

Wie ich eben erzählte, wurde mein Interesse an den Juden durch Erzählungen meiner Großmutter väterlicherseits geweckt. Ich wollte wissen, wer diese Menschen eigentlich waren. Es war eine Art Suche nach einer vergessenen Vergangenheit und nach Menschen, die über so viele Jahrzehnte ein wichtiger Teil Polens gewesen, und dann plötzlich aus der Erinnerung gelöscht worden waren.

Damit verbunden war für mich das Phänomen Vorurteil und auch darüber wollte ich mehr wissen. Was ist eigentlich ein Vorurteil? Wie sollte man damit umgehen? Wie können wir Menschen uns von Vorurteilen heilen? Diese Themen wiederum haben eine enge Verbindung zur jüdischen Geschichte und zum Antisemitismus, und so studierte ich nach fünf Jahren am Fachbereich Anglistik an der Universität von Poznan drei Jahre Jewish Studies in den USA. Nach dem Studium kam ich hierher ans Zentrum.

Der Name »Jüdisches Zentrum« klingt nach einer religiösen Organisation, die es aber nicht ist. Ich bin kein Jude und ich glaube nicht, dass man jüdisch sein muss, um jüdische Geschichte zu lehren. Auch die anderen ständigen Mitarbeiter hier vom Zentrum sind keine Juden.

Das Zentrum wird neben Zuschüssen für spezielle Projekte von der polnisch-jüdischen Stiftung »Auschwitz Jewish Center Foundation« finanziert, deren Mitglieder in erster Linie Juden sind. Sie hat ihren Sitz in den USA, wurde eigens für die Einrichtung und Erhaltung des Zentrums gegründet und konzentriert sich auf Bildungsarbeit.

Und wir stellen hier ein Art Verbindung zum Ort, wie er früher war, her: eine Verbindung, die im Museum Auschwitz vielleicht manchmal fehlt und die auch der Stadt sehr nützlich sein könnte. Viele Juden sind nach ihrem Besuch von Auschwitz positiv überrascht, hier zu erfahren, dass Oswiecim vor »Auschwitz« eine Stadt mit einer bedeutenden, jüdischen Geschichte war.

Im Zentrum sind wir drei ständige Mitarbeiter und Freiwillige, die hier für einige Zeit arbeiten. Bis Ende August hatten wir einen Zivildienstleistenden aus Deutschland, jetzt warten wir auf einen neuen und es kommt vielleicht noch einer im Winter. Während des Sommers haben wir Praktikanten, meist Juden aus den USA. Wie viele Mitarbeiter wir insgesamt haben, hängt also von der Jahreszeit ab.

Für viele Leute, die noch nie in Auschwitz waren, ist es – glaube ich – schwer, sich vorzustellen, wie man es hier so lange aushalten kann. Die verbreitete Vorstellung ist doch eher die, dass Auschwitz so etwas wie das Ende der Welt ist. Wenn zum Beispiel die jungen Leute ihren Familien und Freunden erzählen, dass sie nach Auschwitz gehen, erleben sie typische Reaktionen wie: »Was für ein schrecklicher Ort, den Sommer zu verbringen!« Dennoch investieren sie einen Teil ihrer Zeit, um zu erfahren, worum es hier geht.

Für sie zu sprechen, finde ich schwierig, weil jeder seine eigene Wahrnehmung hat. Es ist zum Beispiel schwer zu sagen, wie es für die jungen Leute ist, hier zwei Monate zu leben. Ein Teil ihrer Zeit ist mit Auschwitz verbunden; gleichzeitig leben sie hier wie alle anderen auch. Das heißt: Auschwitz ist ganz nah, aber nicht Teil des Alltagslebens. Auf jeden Fall haben die Praktikanten ein umfangreicheres Wissen als der typische Besucher, der meist ein sehr negatives Bild von diesem Ort hat. Für ihn ist Auschwitz ein Platz, an dem er niemals wohnen möchte.

Das erste Mal in Auschwitz, beziehungsweise die Anfangszeit hier, ist für die Praktikanten eine schwierige Erfahrung: In der Vorstellung ist das Ganze sehr emotional und vielleicht sind sie nicht auf alles vorbereitet, was sie hier erwartet. Später wird es eher eine intellektuelle Angelegenheit. Die jungen Leute sehen mehr den Bildungsaspekt und – sie schaffen es.

Ich denke, es kommen unterschiedliche Menschen mit verschiedenen Ansätzen hierher und besuchen Auschwitz. Für viele, so meine Erfahrung, ist es ein sehr ernster und emotionaler Besuch, der eine Menge Mut erfordert. Für andere unterscheidet sich der Besuch nicht von dem anderer Sehenswürdigkeiten.

Für jüdische Menschen ist es wiederum eine Art Pilgerfahrt. Sie werden im Museum meist von eigenen Guides geführt. Das hat damit zu tun, dass vor, sagen wir 15, 20 oder 30 Jahren, die in Auschwitz präsentierten Informationen nicht korrekt, sondern ideologisch beeinflusst waren. Überall wurden damals Fakten gezeigt, aber die Juden kaum erwähnt. Das ist heute nicht mehr so – in den meisten Fällen, hoffe ich zumindest.

Man sollte versuchen, eine einheitliche Version der geschichtlichen Wiedergabe zu finden, auch wenn das eine sehr schwierige Aufgabe sein mag. Und in gewissem Maße bemüht man sich auch darum: Polnische Guides werden in Yad Vashem in Israel ausgebildet, und Guides aus Israel kommen hierher, um sich über die polnische Sichtweise des Holocaust zu informieren. Ich denke, da verändert sich etwas, aber die Dinge brauchen Zeit und der derzeitige Stand ist noch lange nicht ideal. Manchmal ist die polnische Seite nicht sensibel genug gegenüber den Leiden der Juden. Und manchmal bringen umgekehrt die Juden nicht genügend Sensibilität gegenüber den Leiden der Polen auf. Ich meine, die Polen denken, dass die Juden überhaupt nicht darüber sprechen, was mit den Polen geschehen ist. Und die Juden glauben, dass die Polen nur über die polnischen Opfer sprechen. Daher dieser Konflikt.

Zum Beispiel können wir von den Menschen, die hier leben, nicht erwarten, dass sie nicht auf eine Party oder in eine Disko oder auf das Openair Rockkonzert beim alljährlichen Stadtfest gehen. Man will an einem normalen Ort leben. Du kannst nicht auf einem Friedhof leben, oder?

Solange Respekt und Sensibilität gegenüber Auschwitz da ist, und solche Vergnügungsveranstaltungen so gestaltet werden, dass das Gedenken an diesen Ort nicht gestört wird, sollten sie akzeptiert werden. Ein Problem wird es jedoch, wenn etwa die Musik bis zum Lager dröhnt. Ich hoffe, das war nicht der Fall, weiß es allerdings nicht, weil ich nicht auf dem Fest war. Meistens veranstaltet man solche Events auch im Stadtzentrum, relativ weit von den Lagern entfernt und anders geht es auch nicht, es sei denn, man würde die Stadt auflösen.

Ein Beispiel für fehlenden Respekt ist der Fall der Diskothek, der sich zum internationalen Skandal auswuchs. Hier fehlte es an Sensibilität: Zwar liegt das Fabrikgebäude, in dem die Disko untergebracht werden sollte, relativ weit von den heutigen Grenzen des Auschwitz-Museums entfernt. Doch während des Krieges gehörte die Halle zum Lager, es war eine Sklavenfabrik für die Häftlinge, und das war bekannt. Deshalb die Proteste gegen die Disko. Einige Leute in Oswiecim glauben natürlich an einen jüdischen Einfluss, der die Entwicklung der Stadt blockiert. Das ist selbstverständlich ein Mythos.

Ich weiß nicht, was daraus geworden ist, aber nach dem Skandal war im

Gespräch, eine Liste zusammenzustellen von Orten in der Umgebung von Os-wiecim und Auschwitz, die mit der Geschichte des Lagers direkt in Verbindung stehen, und deshalb nicht für Vergnügungseinrichtungen genutzt werden soll-ten. Eine solche Liste wäre sicherlich ein Schritt zur Lösung dieser Probleme. Und über die Disko, die hier in der Stadt ist, habe ich nie gehört, dass irgendje-mand etwas gegen die gehabt hätte.

Irgendwie müssen Auschwitz-Birkenau und Oswiecim eine Koexistenz füh-ren können. Das ist besonders schwer für die Stadt, die mit diesem extrem ne-gativen Erbe belastet ist, für das weder sie noch ihre Einwohner verantwortlich sind. Es ist eine Situation, die von außen – von den Nazis – verursacht wurde. Nun müssen die Einwohner sehen, wie sie mit der Last dieser Vergangenheit und all den negativen Assoziationen fertig werden und umgehen lernen: Es ist ihre Geschichte und gleichzeitig ist sie es nicht. Das macht es so kompliziert. Und auf negative Gedankenverknüpfungen trifft man nicht nur im Ausland, etwa den USA oder Deutschland, sondern auch in Polen selber. Wenn jemand sagt, »Ich komme aus Oswiecim«, dann löst das überall die Assoziation: Oh, mein Gott! Da lebst du? aus.

Dabei dürfen wir nicht vergessen, dass die Situation gleich nach dem Krieg sich in vieler Hinsicht von der heutigen unterschied. Man sah Auschwitz da-mals anders als heute. Auschwitz war natürlich die Stätte eines Massakers, ein Ort der Brutalität und des Mordens. Aber ich weiß nicht, ob das damals als etwas so Außergewöhnliches gesehen wurde. Es hatte überall in Polen viele Massaker gegeben und trotzdem musste das Leben weitergehen. Wer nach dem Krieg nach Hause zurückkehrte, wollte sein Leben dort wieder aufbauen, wo er zuvor gelebt hatte und ließ sich dort nieder. Ein großer Teil der Stadt war zerstört und die Lager waren dort, wo Menschen lebten. So zogen Menschen in die Gebäude, die da waren und viele davon waren Häuser, in denen die Nazis während des Krieges gelebt hatten. Man konnte nicht groß wählen, wo man nun leben wollte.

Wir mögen das schockierend finden und vielleicht würde man heute andere Entscheidungen treffen, ich weiß es nicht. Dennoch ging es vor 60 Jahren nur darum, irgendwo leben zu können und so wurde für die lokale Bevölkerung das Lager Teil ihres Lebensraums, weshalb sie auch ganz anders damit umgehen als Leute von außerhalb. Viele Besucher sind zum Beispiel sehr überrascht, dass es Wohnhäuser mit Blick auf Brzezinka, das Lager Birkenau, gibt. Wie kann man in so einem Haus leben? Es ist wahrhaftig keine schöne Aussicht.

Ich verstehe das. Selber würde ich niemals in einem Haus mit Blick auf Birkenau leben wollen und kenne auch niemanden, der das wollte. Jeder wünscht sich ein Haus mit Blick auf die Berge oder die See. Aber die Lokalbevölkerung sieht es größtenteils als normal an. Auch hier war es so: Die Leute kehrten nach dem Krieg dorthin zurück, wo sie gewohnt hatten. Sie bauten dort Häuser und das Lager wurde Teil ihrer Umgebung.

Ich denke, es wäre gut gewesen, wenn die Behörden vor 60 Jahren gesagt hätten: Wir lassen dieses Gebiet unbebaut, wir erklären diese Gegend zur Ruhezone, weil sie diese besondere Bedeutung hat. Dafür geben wir euch an anderer Stelle Land, wo ihr euch ansiedeln könnt. Auf diesen Gedanken ist damals aber niemand gekommen. Wie also kann man das heute von den Bürgern erwarten?

Da ich gleichzeitig hier und in Krakau wohne, erlebe ich durch das Pendeln Oswiecim und Auschwitz nicht so direkt. Es ist immer noch schwer für mich, beide Orte einzuordnen. Für mich persönlich bedeutet Auschwitz, dass ich mich stärker verpflichtet fühle, auf Negatives zu reagieren und das Bewusstsein und das Wissen über das, was passiert ist, und welche Lehren wir heute daraus ziehen können, weiterzugeben. Ganz allgemein heißt das: Toleranz lehren und jegliche Art von Vorurteilen bekämpfen. Das ist in gewisser Weise meine Mission, die mit dieser Stätte verbunden ist, und so gehe ich auch damit um.

Wir wissen jetzt, und das war vorher nicht so klar, dass Vorurteile zu einem Holocaust führen können und das ist eine Warnung an alle, nicht nur für Deutschland. Es passierte zwar damals in Deutschland, dennoch müssen wir Auschwitz aus einer universellen Perspektive betrachten. Wenn man die Frage des Holocaust nämlich nur auf Deutschland beschränkt, dann ist es sehr leicht zu sagen: Wir sind ja keine Deutschen. Bei uns kann das nicht passieren. Nein! Auschwitz ist eine menschliche Angelegenheit. Es kann überall geschehen!

Deshalb setze ich mich für Toleranz ein und bekämpfe Vorurteile im Alltagsleben. Ich reagiere, wenn Leute fremdenfeindliche Ansichten äußern. Das ist das Mindeste, was ich tun kann. Ich halte zum Beispiel dagegen, wenn jemand eine beleidigende Äußerung macht wie: »Alle Roma sind Diebe.« Dann sage ich beispielsweise: »Warum sagst du das? Es stimmt nicht«, oder so etwas. Ich lasse solche Bemerkungen nicht durchgehen.

Auch wenn ich beleidigendes Graffiti sehe, reagiere ich. Manchmal überstreiche ich es selbst. Oder, wenn es zum Beispiel Schmierereien an der Mauer eines Ladengebäudes sind, sage ich dem Besitzer: »Mach was! Das darf da nicht stehen bleiben.« Das sind kleine Schritte, aber auch die bewirken etwas, das kann man sehen. Natürlich kann man nicht alle Kämpfe gewinnen, aber in den meisten Fällen funktioniert es.

Das
Museum

Auschwitz ist auch ein
Bildungszentrum

Teresa Swiebocka

60 Jahre
Stellvertretende Direktorin

Seit gut dreißig Jahren arbeite ich im Museum Auschwitz-Birkenau. Es war meine erste Stelle nach dem Geschichtsstudium mit Spezialisierung auf moderne Geschichte an der Jagiellonian Universität in Krakau. Nach dem Abschluss suchte ich Arbeit und mein Professor Józef Buszko schlug vor, mich um eine Stelle beim Museum Auschwitz-Birkenau zu bewerben. Anfangs wollte ich nur für ein oder zwei Jahre hier arbeiten und auf eine Stelle als Historikerin am Institut für Schlesische Geschichte in Kattowitz warten. Aber dann …

Ich wusste, dass einige meiner Familienangehörigen während des Krieges verschwunden und in Konzentrationslagern umgekommen waren, kannte aber damals die Namen der Lager nicht. Mein Vater wurde nach Deutschland in ein Arbeitslager geschickt, meine Mutter von der Stadt aufs Land umgesiedelt. Dort bin ich geboren. Mein Mann hat seinen Vater in Auschwitz verloren. Er hat ihn nie wirklich kennengelernt, denn er war erst eineinhalb Jahre alt, als sein Vater in Birkenau in der Gaskammer umgebracht wurde. Er war kein Jude, sondern als Mitglied der polnischen Untergrundarmee ein politischer Gefangener. Nachdem er gefasst wurde, verbrachte er nur eineinhalb Monate im Lager. Er erkrankte an Typhus und kam in den Krankenblock. Nach einer Selektion wurden alle Gefangenen getötet.

Bevor ich anfing, hier zu arbeiten, war ich nie in Auschwitz gewesen. Meine Eltern hatten mir davon erzählt, aber damals wollte ich nichts mit diesem Teil der Geschichte zu tun haben. Doch dann – eines Tages – war ich hier. Zunächst wurde ich der Historischen Abteilung zugeordnet. Hier beschäftigte ich mich zum ersten Mal mit der Geschichte der Lager. Ich las Berichte von Überlebenden, studierte Akten des sogenannten Höß-Prozesses und des Prozesses gegen 40 SS-Wärter des Lagers Auschwitz, die in den ersten Jahren nach dem Krieg in Warschau und Krakau stattfanden.[1] Als ich die Aussagen der Zeugen und Erklärungen der SS-Männer in diesen Prozessen las, wurde ich regelrecht in das Thema, die Geschichte des Lagers, hineingezogen. Erst langsam, dann immer stärker.

Als das Historische Institut in Kattowitz anrief und mir miteilte, die Stelle, auf die ich wartete, sei nun frei, sagte ich: Ja, gut – aber ich müsse hier erst noch meine Arbeit abschließen. Sie wollten ein paar Monate auf mich zu warten. Nach drei Monaten riefen sie wieder an, dann nach sechs. Ich schob meine Zusage so lange hinaus, bis mir plötzlich klar war – ich wollte meinen Job hier gar nicht wechseln.

Was faszinierte mich so an der Arbeit? Es war nicht nur die Geschichte im engeren Sinne. Vor allem durch die Begegnungen mit Auschwitz-Überlebenden hatte ich ein viel umfassenderes Verständnis für diesen Ort und seine Geschichte bekommen. Ich erkannte, wie wichtig es war, ihre Erfahrungen weiterzugeben. Das war ein Teil ihrer Botschaft.

Es wäre jedoch deprimierend und hoffnungslos, nur über die tragische Vergangenheit und den Tod zu reden. Man kann Auschwitz – bei aller Komplexität des Ortes und seiner Geschichte – auch aus einer anderen Perspektive betrachten. Und das war die zweite Botschaft der Überlebenden: dass Auschwitz eine Warnung und wichtige Lektion für die Zukunft ist.

In den letzten 20 Jahren hat sich das Museum von Auschwitz nach und nach weiterentwickelt. Es ist nicht nur Friedhof, Museum und Gedenkstätte – es ist auch Bildungszentrum. Dabei geht es um die Frage, wie wir unser normales Leben und unsere Beziehungen in der heutigen Welt so führen können, damit so etwas wie Auschwitz nie wieder passieren kann.

In diesem Zusammenhang ist die Arbeit hier fast so etwas wie eine Mis-

---

[1]   Eine knappe Darstellung, die diese Angaben bestätigt, ist: Sybille Steinbacher, Auschwitz. Geschichte und Nachgeschichte, München 2004, S. 107-109.

sion. Es ist kein typischer Job wie im Büro, in der Bibliothek oder an einem historischen Institut. Hier kann man nicht gleichgültig bleiben. Sie müssen mit Leidenschaft und viel Einfühlungsvermögen an die Arbeit gehen. Und wenn Sie mit dem, was sie tun, eine Möglichkeit haben, andere Menschen davon zu überzeugen, warum das »niemals Vergessen« so wichtig ist, dann sehen sie auch ihre Arbeit aus einem ganz anderen Blickwinkel. Ja, und darum wollte ich hier bleiben.

Wie groß das Interesse der Welt an diesem Thema ist, wurde mir bewusst, als ich 1982 in Großbritannien während der Vorbereitungen zu einer Ausstellung dort Auschwitz-Überlebende traf. 1985 organisierten wir in Genf für die Vereinten Nationen die Ausstellung »Auschwitz – ein Verbrechen gegen die Menschlichkeit«, deren Kuratorin und Co-Autorin ich war. Sie wurde zum Jahrestag der Erklärung der Menschenrechte eröffnet.[2] Beide Projekte machten mir bewusst, dass die Bedeutung dieses Ortes viel größer war und ist als die anderer – wichtiger – Gedenkstätten in Polen. Auschwitz hatte und hat eine internationale, universelle und globale Dimension und Bedeutung.

Ein weiterer Punkt: Ich arbeite hier am original erhaltenen, am physischen Ort des Geschehens, einem Friedhof ohne Gräber. Ein Platz wie dieser wirft immer problematische Fragen hinsichtlich Erhaltung, Erklärungen und des Gedenkens auf. Hier ist alles sehr komplex, selbst die Geschichte des Lagers. Anfangs glaubte man, die Gaskammern dienten nur dem Massenmord an den Juden. Es stimmt zwar, dass sie im Rahmen der Pläne der Nazis, alle europäischen Juden zu ermorden, gebaut wurden. Wir erfuhren später, dass auch Menschen anderer Herkunft und Nationalität in die Gaskammern geschickt wurden: Roma, sowjetische Kriegsgefangene, Kranke und Gefangene, die versucht hatten zu fliehen. An einem Tag im Jahr 1942 zum Beispiel flohen sieben polnische Gefangene aus dem Lager. Als Vergeltung wurden 300 andere Polen derselben »Strafkompanie« in der Gaskammer ermordet.[3]

---

[2]   Im gleichen Jahr veröffentlichte das United Nations Centre for Human Rights: Kazimierz Smolen/Teresa Swiebocka (Ed.), Auschwitz – a crime against mankind.

[3]   Nach Angaben von Danuta Czech gelang am 10. Juni 1942 neun polnischen Häftlingen die Flucht aus Birkenau, etwa 320 Häftlinge der Strafkompanie wurden am 11. Juni im Bunker Nr. 1 durch Gas ermordet; Danuta Czech, Kalendarium der Ereignisse im Konzentrationslager Auschwitz-Birkenau 1939-1945, Reinbek 1989, S. 224-225. Henryk Swiebocki, Spontane und organisierte Formen des Widerstan-

Um mehr über solche Ereignisse zu erfahren, arbeiten wir mit den Überlebenden von Auschwitz zusammen. Sie und andere Zeugen sind sehr wichtige Quellen für unser Wissen über das Lager: Wir haben Fotografien gesammelt, mehr als 3.000 schriftliche Zeugnisse und 2.000 Tonbänder mit Berichten ehemaliger Häftlinge und vieles andere zusammengetragen. Manche Erinnerungen sind fast 50 Jahre alt, geschrieben oder erzählt aus der lebendigen Erinnerung und nicht nach dem Anschauen von Nachkriegsfilmen oder ähnlichen Zeitdokumenten.

Manchmal unterliefen den Überlebenden dabei kleine Fehler: Daten oder Namen sind nicht immer korrekt. Aber für uns zählt vor allem, dass sie uns die Atmosphäre im Lager beschreiben. Nur sie können über persönliche Gefühle, Hunger und die Beziehungen untereinander berichten, über den Geruch in der Luft reden, die primitiven sanitären Verhältnisse, die ständige Todesangst in Worte fassen. Täglich sahen sie Leichen und wussten nicht, ob sie morgen selbst an deren Stelle liegen würden. Einige Überlebende haben sehr gute autobiografische Bücher geschrieben. Auf diese Weise lernten wir die vielen Gesichter des Überlebens und der Überlebenden kennen.

Mit einigen von ihnen verbinden uns persönliche Beziehungen, die wir sehr hoch schätzen. Die meisten Überlebenden vertrauen und sprechen mit uns und besuchen das Museum. Heute kommen nach und nach ihre Enkel und die Familien der Opfer zu uns und suchen nach letzten Spuren ihrer Angehörigen. Manchmal können wir ihnen helfen. Manchmal auch nicht. Nicht alle Unterlagen sind erhalten geblieben. Aber Sie sollten die Gesichter, die Augen sehen, wenn wir jemandem ein Dokument mit dem Namen eines Angehörigen zeigen können!

2005 haben wir rund 4.600 Briefe mit Informationen an Familien von Auschwitz-Überlebenden verschickt und baten um weitere Auskünfte oder um die Bestätigung von Berichten. Da ist zum Beispiel die Geschichte zweier Kinder, Bruder und Schwester, die im Lager getrennt wurden. Keines von beiden wusste, dass der andere überlebt hatte. Unser Historiker fand Hinweise in den Akten, und das Geschwisterpaar konnte nach 60 Jahren wieder vereint werden.

---

des in Konzentrationslagern am Beispiel des KL Auschwitz, in: Ulrich Herbert/Karin Orth/Christoph Dieckmann (Hg.), Die nationalsozialistischen Konzentrationslager – Entwicklung und Struktur, Bd. 2, Göttingen 1998, S. 959-982 spricht von sieben Häftlingen.

In solchen Momenten dabei zu sein, ist ein wunderbares, ein tief bewegendes Erlebnis.

Eine Genehmigung, die KGB-Archive einzusehen, bekamen wir nach dem Zusammenbruch des Kommunismus. Unsere Historiker fanden dort zum Beispiel eine Sammlung von 69.000 deutschen Todesurkunden im Original. Diese Dokumente hatte die Rote Armee nach der Befreiung des Lagers Auschwitz mit nach Russland genommen. Jetzt wurden sie dem Museum zurückgegeben. Darunter fand mein Mann, der auch hier arbeitet, ein Dokument über seinen Vater und dessen Tod.

Es ist also etwas ganz Besonderes, hier zu arbeiten. Die Arbeit war nie einfach, weil Auschwitz eine universelle Bedeutung hat und das Symbol für Holocaust, Genozid und Schrecken ist. Dieses Thema ist nach wie vor emotional stark beladen und entsprechend schwierig ist die ständige Entwicklung des Museums und der Ausstellungen.

Auch viele Ereignisse der Nachkriegszeit belasteten uns. Während der kommunistischen Zeit gab es zwei Hauptkritikpunkte. Erstens: die weit verbreitete Zahl von vier Millionen Opfern, zweitens: dass nur Polen als Opfer dargestellt wurden.

Es ist etwas kompliziert, beides zu erklären. Zum ersten Punkt: In der aufgeheizten Nachkriegsatmosphäre wurde die Zahl der Opfer in Auschwitz und Birkenau auf ungefähr vier Millionen Menschen geschätzt. Man hatte dafür die Kapazität der Gaskammern sowie ihre Betriebszeiten hochgerechnet.[4] Wissenschaftliche Forschung gab es damals dazu noch nicht. Das erste Mal nannte die Russische Kommission diese Zahl in einem berühmten Film über die Befreiung des Lagers. Mehr als 20 Jahre stand sie in 19 Sprachen auf dem Internationalen Mahnmal in Birkenau. Sie tauchte immer wieder in Publikationen und den Massenmedien auf und wurde zu einer Art »Dogma«.

In der Zeit argumentierten Kritiker, dass die Weiterverwendung der falschen Zahl Neonazis und anderen, die den Massenmord in den Lagern leugnen, gute Argumente liefern würde. Anfang der 1990er Jahre veröffentlichte unser Historiker Dr. Franciszek Piper das Buch *Die Zahl der Opfer von Auschwitz* mit seinen Forschungsergebnissen und korrigierten Opferzahlen, aufgeteilt in Kategorien und Nationalitäten. Daraufhin wurden wir wieder aus unterschied-

---

4   Siehe: Steinbacher, Auschwitz, S. 104-107.

lichen Richtungen angegriffen. Die eine Seite fragte, wie wir dazu kämen, so ein »Dogma« umzuwerfen. Die andere Seite und vor allem viele Auschwitz-Überlebende glaubten, dass tatsächlich vier Millionen Menschen in den Lagern gestorben waren, und wollten deshalb die Zahl unverändert lassen. Vor der Veröffentlichung seines Buches hatte man die Opfer meist als homogene Gruppe betrachtet. Man sah häufig Bildunterschriften wie: »Menschen auf dem Weg in die Gaskammer – hier starben vier Millionen Menschen«, oder ähnliches. Einzelne Nationalitäten oder Gruppen wie Juden, Polen oder Roma wurden nicht genannt.

Aber auch in den freien, demokratischen Ländern des Westens wurde der Genozid der Nazis manchmal ähnlich undifferenziert behandelt. Im Nürnberger Prozess 1945 und 1946 spielte das Ausmaß des Massenmordes an den Juden keine besondere Rolle. Die Nazi-Verbrechen wurden allgemein als »Verbrechen gegen die Menschlichkeit« behandelt und verurteilt. Wer die Opfer waren und warum sie getötet wurden, darauf ging man nicht ein.

Auch viele Juden mochten sich gleich nach dem Krieg nicht mit den Opfern beschäftigen. Ende der 1940er und in den 1950er Jahren wollten sich die meisten einfach nur wieder ein normales Leben aufbauen. Das änderte sich nach dem Eichmann-Prozess 1961 in Jerusalem und den Frankfurter Prozessen 1963-1965 und 1965-1966.[5] Anstelle der allgemeinen Bezeichnung Genozid benutzte man nun Ausdrücke wie »Shoah« und »Holocaust«, wenn vom Massenmord an den Juden die Rede war.

Zum zweiten Vorwurf, wir hätten während der kommunistischen Zeit nur von polnischen Opfern gesprochen und den Massenmord an den Juden kaum erwähnt: Das ist nicht ganz richtig. Es stimmt zwar, dass auf dem Mahnmal in Birkenau, im russischen Dokumentarfilm über die Befreiung und auf einigen Schrifttafeln der Ausstellung nur allgemein vom »Verbrechen gegen die Menschlichkeit« die Rede war. Und es ist auch richtig, dass besonders die kommunistische Propaganda die Opfer als Kämpfer gegen den Faschismus zusammenfasste, ohne ethnische Gruppen wie Polen, Juden, Roma oder andere zu nennen. Doch in vielen unserer Veröffentlichungen – auch während der kommunistischen Ära – verschwiegen wir nicht, dass Massentransporte von Juden aus ganz Europa hier im Lager eintrafen und sie hier ermordet wurden. Das

---

5   Siehe zu den Nachkriegsprozessen: Steinbacher, Auschwitz, S. 113-119.

kann man zum Beispiel in den 1958, 1960 und 1965 erstmals veröffentlichten »Auschwitz Chroniken« und den »Heften von Auschwitz« nachlesen.[6] In diesen älteren Veröffentlichungen steht vieles über die unterschiedlichen Judentransporte. Sie werden zum Teil heute noch nachgedruckt, etwa die »Auschwitz Chroniken« oder »Inmitten des grauenvollen Verbrechens. Handschriften von Mitgliedern des Sonderkommandos gefunden in Auschwitz« oder »Auschwitz seen by the SS«.

Nach dem Zusammenbruch des Kommunismus und dem politischen Wechsel in Polen 1989 wurde die Zensur in Krakau abgeschafft, der wir vorher alle Veröffentlichungen hatten vorlegen müssen. Jetzt konnten wir viele wichtige Informationen in den Ausstellungen ergänzen oder revidieren. So wurden am Internationalen Mahnmal in Birkenau neue Plaketten angebracht. Wir sprachen jetzt von ungefähr 1,4 Millionen Toten und gaben an, dass die meisten der Opfer Juden waren. Sie können sehen: Am Beispiel der Opferzahl wird deutlich, wie lange das Museum Auschwitz-Birkenau zwischen zwei Stühlen – dem des politischen Geschäfts mit seinen PR-Mechanismen und dem der historischen Wissenschaft – saß.

Ein anderes Konfliktfeld sind die persönlichen Einstellungen zum Thema »Auschwitz«. Menschen – vom normalen Besucher bis zum Überlebenden – reagieren emotional sehr unterschiedlich auf den Ort. Sie konfrontieren uns mit ihren sehr gegensätzlichen oder umstrittenen Formen des Erinnerns, mit verletzten Gefühlen oder Vorurteilen. Damit konstruktiv umzugehen, ist auch Teil unserer Arbeit.

Ich will Ihnen das am Beispiel menschlicher Haare beschreiben. Wir zeigen seit vielen Jahren in unserer ständigen Ausstellung menschliches Haar. Dann wollte das Holocaust Memorial Museum in Washington eine neue Ausstellung eröffnen und darin eine Handvoll menschlicher Haare aus Auschwitz zeigen, die wir ihnen, nach einer Vereinbarung, zur Verfügung stellten.

Als die Meldung, in der neuen Ausstellung werde menschliches Haar gezeigt, durch die amerikanische Presse ging, entbrannte dort eine heftige Diskussion. Einige Auschwitz-Überlebende protestierten. Sie wollten überhaupt keine menschlichen Haare öffentlich ausgestellt sehen, weil es das Haar ihrer

---

[6] Die »Hefte von Auschwitz« erscheinen seit 1959. Die Chroniken von Danuta Czech erschienen zwischen 1959 und 1963 in der Schriftenreihe des Museum Auschwitz.

Großväter oder Großmütter hätte sein können. Man solle das Haar begraben. Alles andere sei ein erneuter Missbrauch an den Juden. Andere Juden aber schrieben, doch, man solle menschliches Haar ausstellen. Schließlich sei es der beste Beweis für den Holocaust.[7]

Was sollten wir tun? Die Haare der Menschen begraben? Ausstellen oder nicht? Wir mussten uns die grundlegende Frage nach unserem Verständnis dieses Ortes stellen: Ist Auschwitz ein Museum? Eine Institution? Oder ist es nur Gedenkstätte und Friedhof? Auschwitz ist für uns zuerst ein Friedhof und deshalb beschlossen wir, von nun an anderen Ausstellungen Haare nicht mehr zur Verfügung zu stellen. Nur hier, am Ort des ehemaligen Lagers, haben wir das moralische und juristische Recht, menschliches Haar, solange es möglich ist, zu zeigen.

Als wir dann Anfragen bezüglich menschlicher Asche bekamen, sogar von jüdischen Gemeinden in Europa und den USA, lehnten wir konsequent und ohne jeden Zweifel ab. Nein! Die Asche der Menschen muss hier bleiben. Wir sollten sie noch nicht einmal berühren. In Birkenau gibt es viele große Flächen mit menschlicher Asche. Um sie zu schützen, haben wir dort schwarze Steine mit der Aufschrift »In Erinnerung an die Männer, Frauen und Kinder, die Opfer des Nazi-Genozids. Ihre Asche liegt hier. Mögen sie in Frieden ruhen« aufgestellt. Früher liefen Besucher über diese Flächen; manche nahmen sogar Stücke menschlicher Knochen als Souvenir mit.

Bei solchen Entscheidungen in Bezug auf die Gedenkstätte unterstützen uns, seit die neue Regierung 1989 den Internationalen Auschwitz-Rat ins Leben rief, 25 Experten aus vielen Ländern. Darunter sind Juden, Polen, Vertreter der Roma, Auschwitz-Überlebende, Historiker, sogar ein Rabbi und ein Priester.[8]

---

[7]   Über die Diskussion berichtete: Timothy W. Ryback, Evidence of Evil, in: The New Yorker, 15.11.1993.

[8]   1990 rief die Ministerin für Kultur und Kunst, Isabella Cywilska, den Internationalen Rat des Staatlichen Museums Auschwitz-Birkenau ins Leben. Im Juni 2000 ernannte der Premierminister Jerzy Buzek einen neuen Internationalen Auschwitz-

Mit ihnen diskutieren wir neue Projekte auf internationaler Ebene.

Ein Beispiel dafür ist die Erneuerung der Ausstellungen in Auschwitz I und in Birkenau. Vor 15 Jahren begannen wir mit der Planung. Unser Problem: Wir können immer nur eins nach dem anderen realisieren und wussten anfangs nicht, wo wir anfangen sollten. Wir diskutierten und entschieden uns dafür, als Erstes Gedenktafeln an den Orten des Geschehens anzubringen. Und weil die Mehrzahl der Opfer von Auschwitz in Birkenau umgebracht worden war, begannen wir dort. Da das Lager nicht vollständig erhalten ist und man von manchen Gebäuden nur noch Reste oder das Fundament sieht, wollten wir sowohl Geschichte und Bedeutung einzelner Teile des Lagers, als auch die wichtigsten Ereignisse erklären. Dafür sollten Granitsteine und -tafeln mit Inschriften und anderen Informationen wie Fotografien, Plänen oder Zeichnungen verwendet werden. Wir wollten die Steine in Birkenau nur an einigen Stellen zur Information aufstellen und gleichzeitig mit ihnen Elemente des Gedenkens einführen. Auch den Text auf den Steinen, die Übersetzungen ins Hebräische und Englische, diskutierten wir. Alles sollte von höchster Qualität sein. Und die Steine sollten die Stätte nicht beeinträchtigen und das Lager als Ganzes so unberührt wie möglich lassen. Dieses Modell wurde auf einer Konferenz von einigen der Experten kritisiert. Sie bestanden darauf, Birkenau solle leer bleiben. Dort solle Stille herrschen. Keine Information. Nichts. Nur Stille. Lediglich Handzettel mit Informationen würden akzeptiert. Aber was, wenn es regnet? Wie sollte das im Winter gehen? Was ist mit Menschen, die eine Brille brauchen?

Als wir uns mit Experten auf dem Gelände des Lagers trafen, fragte ich sie, wie wir mit dem Wald am Ende des Lagers und in der Nähe der Gaskammern der Krematorien IV und V umgehen sollten. Sie meinten, die SS habe mit dem Wald die Gaskammern und Krematorien verstecken wollen, damit man sie vom Lager aus nicht sehen konnte. Ich sagte, da gäbe es vermutlich noch etwas Wichtigeres, und zeigte ihnen Fotografien von ungarischen Juden nach der Selektion an der Rampe, aufgenommen von der SS. Auf diesen Bildern erkennt man den Wald. Aber er ist nicht leer. Man sieht dort die Menschen, wie sie auf den Tod in den Gaskammern warten. Kinder, Mütter und Großmütter, alte Menschen – die letzten Momente ihres Lebens. In unmittelbarer Nähe zu ihnen

---

Rat, der nun als ein beratendes Organ der Regierung in Fragen der Gedenkstättenarbeit auftritt. Da der Rat für die Dauer von sechs Jahren berufen wird, konstituierte sich im Mai 2006 in Warschau der derzeitige Auschwitz-Rat.

standen die Gaskammern mit den Krematorien und dort lag ein Teich, in den die Asche der Toten gekippt wurde.

So wie diesen Wald gab es viele Orte in Birkenau, zu denen Erklärungen fehlten. Ohne sie würden die Besucher jedoch die Geschichte des Lagers nicht verstehen können. Zum Beispiel die Krematorien: Ohne Information sah man nur die Ruinen der gesprengten Gaskammern und Krematorien. Mit Informationstafeln konnten wir den physischen Ort des Geschehens mit historischen Informationen verbinden. Obwohl nicht alle Experten gegen unsere Pläne waren, mussten wir die Argumente der Kritiker überdenken und hart daran arbeiten, den besten Weg zu finden. Alles geschah mit viel Überlegung. So fertigten wir zunächst von den

Informationstafeln zwei Modelle im Maßstab 1:1 und entschieden uns dann für Steine aus schwarzem Granit und stellten sie in Birkenau auf.

Später begleitete ich dort einen Gast von der amerikanischen Botschaft. Der Mann war kein Experte und sah den Ort mit den Augen eines normalen Besuchers. Er sagte zu mir: »Teresa, ich gratuliere dem Museum zu dieser guten Arbeit.« Ich fragte: »Gratulieren? Wozu?« Er antwortete, weil wir diese Steine mit Erklärungen aufgestellt hätten. Da war mir klar, wie notwendig das gewesen war.

Damals wollten wir auch mit etwas Neuem beginnen. Wir mochten im Museum nicht länger nur anonyme Opfergruppen, Zahlen und Nationalitäten nennen. Keiner kann sich eine Zahl von 1,4 Millionen Toten vorstellen. Sie sagt nichts aus. Aber mit individuellen Lebensgeschichten kann man Empathie wecken, und das ist meiner Meinung nach sehr wichtig: Die Nazis wollten ja nicht nur das Leben dieser Menschen zerstören. Sie versuchten auch, deren gesamte Zivilisation, ihre Traditionen, ihre Kultur und Bräuche und ihren Beitrag zu 1.000 Jahren europäischer Geschichte auszulöschen.

Ein Beispiel für das Neue ist die Renovierung des »Sauna-Gebäudes« in

Birkenau. Die »Sauna« liegt am Ende des Lagers, dort, wo meistens auch die Führungen enden. In dem Gebäude richteten wir eine Ausstellung mit Zeugnissen individueller Lebensgeschichten wie Fotos, Zeugenaussagen, Interviews und Briefen ein. Die Besucher sehen die Gesichter der Menschen, erfahren, wann sie geheiratet haben, welchen Beruf sie ausgeübt und was sie in ihrer Freizeit gemacht haben.

2005 Jahr brachten wir dann Erklärungen und Gedenkelemente an der so genannten Judenrampe an, dem Ort, an dem die Massentransporte der Juden zwischen dem Frühjahr 1942 und Mai 1944 entladen und selektiert wurden.

Nun ist es höchste Zeit, uns wieder den Plänen für eine neue Ausstellung im Stammlager Auschwitz I zu widmen. Ich bin jetzt 60 Jahre alt und hoffe, dass ich in meinen letzten Arbeitsjahren die Umsetzung des ambitioniertesten Projekts des Museums erleben kann: die Überarbeitung der permanenten Ausstellung. Die alte Ausstellung ist 50 Jahre alt und es wurden lediglich einzelne Elemente und Inschriften hinzugefügt. Wichtige Themen wie Anfang und Entwicklung des Lagers, kriminelle Experimente, Todesmärsche und Befreiung fehlen. Der neue Museumsdirektor engagiert sich sehr für das Überarbeitungskonzept der Ausstellung. Teile des aktuellen Plans sind bereits an das Kulturministerium in Warschau geschickt worden. Was sich nicht ändert: Die neue Ausstellung wird sich weiterhin hauptsächlich auf dem Lagergelände befinden und in den Erdgeschossen der Gebäude präsentiert werden. Sie wird so ausgerichtet sein, dass sie die Authentizität des Ortes nicht beeinträchtigt.

Obwohl ich seit mehr als 30 Jahren hier arbeite, den Ort und viele Themen so genau kenne, kommen mir immer noch manchmal die Tränen, besonders nach Treffen mit Überlebenden. Ihre unglaublichen Zeugnisse berühren mich immer wieder. Zum Beispiel das bewegende Buch von Krystyna Zywulska, in dem sie beschreibt, was sich in dem Wald zwischen den Krematorien IV und V abspielte: Sie erzählt, wie sie dort eines Tages fünf Männer trifft, unter ihnen ein sehr feiner Herr, der sie an einen Professor aus ihrer Nachbarstadt erinnert. Er fragt sie: »Meine Dame, wissen Sie, was sie mit uns machen werden?« Er könnte mein Vater sein, geht es ihr durch den Kopf, und sie antwortet ruhig, mit einem Lächeln, um keinen Verdacht zu wecken: »Desinfektion.« Die Gesichter der Männer hellen sich auf. Sie danken ihr für ein paar Minuten Illusion und atmen erleichtert auf.

Sie schreibt im Buch auch über Kinder im Wald auf dem Weg zu den Gaskammern. In einer Szene entfernt sich ein kleines Mädchen von der Gruppe, um eine Blume zu pflücken. Der SS-Wärter schreit das Kind an und tritt nach ihm. Das Mädchen fällt ins Gras. Es weint nicht, hält nur den Stängel der Blume umklammert – die Blüte war abgefallen – und starrt den SS-Mann mit weit aufgerissenen Augen an. Die Mutter hebt das Kind auf und geht mit den anderen weiter, das Mädchen wendet seinen Kopf und blickt den Wärter über die Schulter ihrer Mutter an. Die Augen dieses Kindes, schreibt Zywulska, verdammten den gesamten Nazismus.

Ich kenne das Buch sehr gut, ich habe es viele Male gelesen. Aber wenn ich zu diesem Teil komme, bin ich immer noch erschüttert und hoffe, alle Leser sind es auch, denn Auschwitz und Auschwitz-Birkenau sind nicht einfach historische Stätten. Sie sind Orte voller Emotionen; sie sind mit Menschen verbunden. An diesem Ort kann man nicht unbeteiligt bleiben. Man kann sich Birkenau nicht vorstellen, wenn man es nur auf dem Computerbildschirm mit Google Earth anschaut. Nein, wer die Atmosphäre spüren will, wer der schmerzlichen Bedeutung dieses Ortes und seiner Lektion für die Welt nahekommen will, der muss

den authentischen, physischen Ort aufsuchen. Hier können sie persönlich beteiligt sein. Sie können beten, können Blumen niederlegen, eine Kerze anzünden oder ein Gedicht laut vorlesen – alles Momente des Gedenkens.

Ich erinnere mich, wie wir einmal in Birkenau zur »Sauna« gingen. Das Gelände war völlig leer. Plötzlich hörte ich eine Stimme das Kaddish singen. Ein Rabbi stand allein in der Nähe der Krematorien IV und V vor dem Teich und den schwarzen Steinen, auf denen steht, dass die Asche der verbrannten Opfer dort hineingeworfen wurde. Der Rabbi stand da und betete. Auf den schwarzen Steinen konnte er seinen Stein ablegen. Ich erinnere das so ... und ich war so ... wissen Sie ...

Dieser **Platz** ist für Deutsche sehr schwer

Ewa Pasterak

51 Jahre
Museumsguide für Deutsche

Die deutschen Gruppen stellen mir oft die Frage, wie lange ich hier schon beschäftigt sei, wie lange ich das hier schon mache. Dann sage ich, dass ich das schon eine sehr lange Zeit täte, dass ich seit mehr als 20 Jahren im staatlichen Museum Auschwitz-Birkenau beschäftigt sei.

Anfangs habe ich nur polnische Gruppen geführt. Das war in den 1980er Jahren; ich war jung und es war anders als heute. Heute habe ich fast täglich Führungen und Kontakt zu Tausenden von Menschen: Pro Jahr führe ich mehr als 100 Gruppen mit jeweils 20 oder 30 Personen. Wie viele es in meinem Berufsleben bis heute gewesen sind, habe ich nie gezählt. Wenn manchmal Leute kommen, die vor zwei oder drei Jahren in einer meiner Gruppen waren und Auschwitz wieder besuchen, dann erinnere ich mich an ihre Gesichter. Ich habe die Leute im Kopf.

Meine Familie kam nach dem Krieg aus einem kleinen Dorf in der Nähe von Wadovize nach Oswiecim. Wadovize liegt nicht weit von hier, nicht weit von Krakau. Mein Vater hat mir viel über den Ort und über die Zeit nach Kriegsende erzählt. Damals gab es in Oswiecim die chemische Fabrik, die 1954 der Grund für meine Eltern war, hierher zu kommen. Mein Vater bekam zunächst einen Arbeitsplatz in einer kleinen Fabrik. Meine Mutter war Hausfrau. Zuerst kam mein Bruder zur Welt, 1955 dann ich.

Ich bin in Oswiecim im schönen Teil der Altstadt in einem kleinen Haus aufgewachsen. Meine Zeit als Kind in Oswiecim war so schön. Es war so schön in diesem ruhigen, alten Teil der Stadt. Wir hatten einen schönen, großen Garten neben dem Haus. Es gab eine große Wiese, wo heute »Kaufland« steht. Dort wuchsen früher viele alte Bäume.

Als kleines Kind wusste ich nichts von dem ehemaligen Konzentrationslager. Wir Kinder sagten oft: »Wir gehen jetzt zum Fluss, an die Sola, neben der Höß-Villa.« Wenn ich hörte, dass der Treffpunkt die Höß-Villa war, dachte ich nicht an das Lager, sondern an die Stelle am Fluss, wo wir gut schwimmen und springen konnten, weil das Wasser dort tief genug war.

In meine Schulklasse gingen zwei oder drei jüdische Jungen, die in den 1960er Jahren von Oswiecim nach Deutschland und später nach Israel emigrierten. Sie waren sieben oder acht Jahre alt, als sie nicht mehr zur Schule kamen und in ihre neue Heimat übersiedelten. Ich fragte meine Eltern nicht, warum die Jungen nach Deutschland auswanderten, weil ich nicht sehr viel wusste. Später, als ich mehr Wissen über das hatte, was hier passiert ist, habe ich mich oft gefragt, warum sie gerade nach Deutschland ausgewandert sind. Ich verstand es nicht.

Dennoch war es so, dass ich als Kind sehr früh über vieles etwas wusste: über die ehemaligen Konzentrationslager, die Gedenkstätte. Meine Eltern und alle Menschen, die ich als Kind in Oswiecim kannte, feierten den 1. November, den Tag der Allerheiligen. Wir besuchten den Friedhof und es war und ist bis heute Brauch, auch zur Gedenkstätte, zum Krematorium I oder an die Todeswand zu gehen. Alle, auch die Kinder meiner Brüder, meine Freunde, machen das und so kam ich in Kontakt mit dem, was dort passiert war.

Ich erinnere mich noch an eine andere Begebenheit: Als ich ein kleines Mädchen war, wollte mich meine Mutter, die mit einer Kollegin die Gedenkstätte besuchen wollte, mitnehmen. Doch es ging nicht. Damals war es für kleine Kinder verboten, auf das Gelände zu gehen und so wartete ich mit meinem Bruder vorne am Eingang. Später hörte ich, wie die Kollegin und meine Mutter sich erzählten, was sie gesehen hatten. An ihre Eindrücke erinnerte ich mich sehr lange, und wenn ich dann im Sommer zur Sola kam, ungefähr 600 bis 700 Meter von hier, vom Stammlager entfernt, hatte ich die Information im Kopf, dass nicht weit von diesem schönen Fluss entfernt ein so schrecklicher Ort gewesen war.

In meiner Schulzeit bekam ich mehr und mehr Informationen über die fürchterlichen Zeiten und das, was hier während des Zweiten Weltkriegs passiert war. Als ich dann auf dem Gymnasium war, jobbte ich im Sommer in der Information des Museums. Damals kamen sehr viele Gruppen, es war Anfang der 1970er Jahre, und ich half bei den Führungen. Und weil von Zeit zu Zeit Leute kamen, die mir Fragen stellten, las ich mehr und mehr Literatur über die Lager. Ich wollte mehr wissen und das war der Anfang. Ich war damals 18, 19 Jahre alt.

Nach dem Abitur machte ich die Ausbildung zur Guide und legte die notwendigen Prüfungen ab. Ich traf viele Kollegen in der Gedenkstätte, machte viele Reisen, auf denen ich mich mit dem Thema beschäftigte und bei denen ich auch andere Gedenkstätten besuchte. Dabei wurde die Verbindung zur Gedenkstätte hier enger und enger.

Für uns alle und unsere Arbeit an der Gedenkstätte waren und sind die ehemaligen Häftlinge sehr wichtig. Ich achte sie sehr, achte ihre Kraft, wenn sie ab und zu in die Gedenkstätte kommen und uns führen. Ihnen gegenüber fühle ich mich klein, wie eine Schülerin: Ich meine, wir waren nicht im Lager, wir haben nicht überlebt und wissen nicht viel. Die Zeitzeugen erzählen und erklären uns, was so schrecklich war, und wir Guides versuchen zu verstehen, was damals die jungen Leute im Alter von 17, 18, 19 Jahren hier erlebt haben.

Mit Gruppen aus Deutschland beschäftige ich mich seit sieben oder acht Jahren fast jeden Tag. Am Anfang hatte ich große Angst wegen der deutschen Sprache und vor dem Kontakt mit Deutschen. Etwa zehn bis fünfzehn der rund 200 Guides des Museums arbeiten mit deutschen Gruppen. Ich hatte von einigen gehört, dass es mit den Deutschen schwierig und ein großer Stress sei, weil Auschwitz ein wichtiger Teil ihrer Geschichte ist. Heute habe ich keine Probleme mehr – weder mit der Sprache noch mit den deutschen Besuchern. Ich habe gelernt zu verstehen.

Die meisten Deutschen, die Auschwitz besuchen, sind Jugendliche, 18 oder 19 Jahre alt. Dann kommen in eher kleinen Gruppen Studenten, 20 bis 25 Jahre alt. In der nächsten Altersklasse gibt es dann eine große Pause. 30-Jährige, 40-Jährige und 50-Jährige sind eher selten hier. Die 60-Jährigen, 70-Jährigen und 80-Jährigen besuchen das Museum dann wieder häufiger. Aber sie sind im Vergleich zu den Jugendlichen eher wenige.

Für die jungen Leute brauche ich viel Zeit. Für sie ist Auschwitz ein frisches und schwieriges Thema, weil ich vom deutschen Volk berichte. Ich erzähle über ihre Großeltern oder Urgroßeltern. Das ist nicht einfach für mich und auch nicht für die jungen, deutschen Besucher. Sie reagieren sehr spontan. Das sehe ich, wenn ich die Führungen mache. Sie weinen sehr schnell. Da muss ich aufpassen.

Bei den Jugendlichen ist es so, dass sie ruhig werden, wenn wenig Gruppen auf dem Gelände sind. Sie konzentrieren sich. Vielleicht habe ich oft Glück, weil ich Gruppen ohne Problemkinder führe. Sie haben mit Auschwitz und den Informationen, denen sie hier ausgesetzt sind, nicht so große Probleme wie Kinder, die aus schwierigen Verhältnissen kommen.

Gestern zum Beispiel hatte ich eine Gruppe von Jugendlichen im Alter von 15, 16 Jahren. In dieser Sportgruppe, sie machen Judo, gab es einige, die hatten Schwierigkeiten in der Schule, in der Familie. Am Anfang war diese Gruppe sehr, sehr laut. Als wir vom Parkplatz zum großen Gebäude kamen, waren 20 Gruppen vor uns und 20 Gruppen warteten. Ich dachte nur, na ja, das wird ja was! Ich sagte zu ihnen ganz klar: »Wir haben zwei Möglichkeiten: Entweder wir sind ruhig und gehen über das Gelände. Oder wir gehen zum Parkplatz zurück.« Es gäbe keine andere Möglichkeit. Die Reaktion kam sofort. Die Schüler machten große Augen. Ich wartete ein paar Minuten und dann fragte ich nochmals, ob wir ins Museum oder auf den Parkplatz gehen sollten.

Das normale Programm ist ungefähr drei Stunden und dreißig Minuten lang. Für diese Jugendlichen war eine Stunde schon zuviel. Ich zeigte der Gruppe nicht die ganze Ausstellung, weil zu viele Gruppen in den Räumen waren. Wir waren nur an den wichtigen Punkten und dort auch nicht in, sondern vor den Gebäuden. An einem ruhigen Platz diskutierten wir ein bisschen. Die Jugendlichen wussten nicht sehr viel über die Nazi-Zeit. Aber es war gut. Am Ende gab es viele Fragen.

Eine Frage, die fast immer kommt, wenn ich am Ende der Führung im Stammlager die Rudolf Höß-Villa zeige, ist, ob er hier wirklich mit seiner ganzen Familie gelebt habe – mit seinen Kindern in direkter Nähe zum Lager, zur Gaskammer, zum Krematorium. Und ob ich wissen würde, was mit den Kindern nach dem Krieg passiert sei. Wo sie leben, ob sie einen anderen Namen hätten und so weiter. Ich berichte dann ein bisschen über die Kinder. Meist fragen die Jugendlichen dann auch nach befreiten KZ-Kindern[1] und was weiter mit ihnen passiert sei. Viele erkundigen sich nach den Soldaten der SS und wollen wissen, welche Soldaten hier beschäftigt waren, wo sie ihren Dienst gemacht haben und wo sie lebten. Und die jungen Leute fragen nach der Befreiung des Lagers und nach den Russen.

Zum größten Teil sind die Schülergruppen nicht gut vorbereitet. Den Schülern ist häufig klar, dass viele Menschen hier ermordet wurden, dass Krieg war, es KZs gab und was dort passierte. Aber was mit Jugendlichen ihres Alters hier und anderswo geschah, wissen sie oft nicht. Es ist ihnen nicht wirklich bewusst, wie viele Kinder und Jugendliche nach Auschwitz deportiert worden sind und das Lager nicht lebend verließen.

Für deutsche Jugendliche ist Auschwitz schwierig. Sie haben nicht die Zeit, all die Informationen im Kopf zu behalten und sie später auch gut zu verarbeiten. Man kann ihnen in den kurzen Führungen nur Informationen geben, Fotos anschauen lassen. Die Krematorien. Zwei Tonnen Haare. Menschen. Fotos. Daten. Immer Tod. Immer Schreckliches – es war eine schreckliche Zeit und es ist eine schreckliche Geschichte.

Deshalb wäre es gut, wenn diese Gruppen mehr Zeit hätten, wenn sie sich besser vorbereiten würden. Es erscheint mir wichtig, dass auch sie über das Thema »Kinder« oder das ehemalige Frauenlager in Birkenau mit den Kinderbaracken, in denen es bis heu-

---

[1] Es wird geschätzt, dass sich ungefähr 230.000 Kinder und Jugendliche unter 18 Jahren unter den 1.300.000 Menschen befanden, die zwischen 1940 und 1945 ins Konzentrationslager Auschwitz deportiert wurden. Die Mehrheit von ihnen, über 216.000 Kinder, waren jüdisch und über 11.000 waren Roma. Die übrigen Kinder stammten aus Polen, Weißrussland, der Ukraine, Russland oder anderen Ländern. Nur wenig mehr als 20.000 Kinder und Jugendliche, einschließlich 11.000 Roma wurden in den Lagerakten verzeichnet. Kaum mehr als 650 von ihnen überlebten bis zur Befreiung. Quelle: Museum Auschwitz

te Zeichnungen und Wandmalereinen gibt, etwas wissen sollten. Das ist auch der Grund, weshalb wir zurzeit Dokumente für eine Ausstellung vorbereiten, in der es um Häftlingskinder geht, auch solche, die überlebt haben.

Natürlich gibt es Lehrer, die wissen, warum sie hierher kommen, und Schüler, die relativ gut vorbereitet sind auf das, was sie hier sehen und was ich ihnen erzähle. Aber ich hatte auch schon eine Gruppe, wo der Lehrer mich in Birkenau am Ende eines vierstündigen Aufenthalts fragte, warum ich das immer alles wieder aufwärmen müsse. Ich war vier Stunden mit den Schülern unterwegs gewesen, was schwierig war. Ich habe großen Respekt vor den jungen Leuten, weil ich verstehe, dass dieser Ort hier für sie nicht einfach ist. Und dann fragt der Pädagoge mich so was. Das war eine Katastrophe für mich und ich war völlig schockiert.

Während Jugendliche ihre Gefühle zeigen, zeigen die nur wenig älteren, also Studenten, ihre Emotionen eher nicht. Ihre Gefühle sehe ich mehr in den Augen. Ähnliches geschieht mit Erwachsenen und älteren Leuten. Sie offenbaren ihre Gefühle auch nicht. Ich möchte nicht sagen, dass sie kalt sind oder sofort eine Mauer um sich herum bauen. Aber von Zeit zu Zeit fühle ich, als ob es so wäre.

Zu Beginn meiner Arbeit als Guide irritierte es mich sehr, dass ich keinen Kontakt zu den älteren Deutschen bekam. Es war kein Augenkontakt da. Sie sprachen nicht mit mir. Ich dachte anfangs, dass meine deutsche Sprache für die Leute unverständlich sei. Manchmal dann, zum Ende einer Führung, kamen aus einigen Gruppen einzelne Deutsche zu mir. Sie fragten mich etwas. Oder sie sagten, dass es für sie wichtig gewesen sei, in Auschwitz und Birkenau gewesen zu sein. Ich erinnere mich an einen Mann, der zu mir kam und: »Vielen Dank«, sagte, die einzigen Worte, die er die ganze Zeit über gesprochen hatte.

Mein Wunsch und Bestreben zu Beginn einer Gruppe sind, dass ich sofort einen guten Kontakt zu den Deutschen bekomme. Ein guter Kontakt macht es für mich einfacher. Ohne Kontakt weiß ich nicht, was die Leute denken, was sie jetzt im Kopf haben, wenn wir zum Beispiel an der Todeswand oder in dem Block stehen, in dem die Fotos von der Befreiung des Lagers zu sehen sind: diese total erschöpften Personen, diese Kinder, vor denen dann 20 Deutsche stehen, junge Leute, Ältere, und schauen. Ich möchte wissen, was sie sehen. Ich möchte es finden. Ich brauche vielleicht auch ihre Hilfe, denn ich muss ihnen sagen, was hier war. Was mit den Menschen hier gemacht wurde.

Ich möchte wissen, was die deutschen Leute im Kopf haben, wenn ich ihnen diese Bilder zeige. Wenn ich vor ihnen als Polin stehe und ihnen zum Beispiel von den deutschen Verbrechern erzähle. Von den Prozessen, von den Verurteilungen und den Skandalen, weil einige Täter nie vor Gericht gestellt wurden. Es kommen so viele Menschen hierher, die viel wissen, die viel gehört haben. Die sehen hier Beweisstücke, Exponate, Haare. Sie sehen ein Promille von dem, was hier passiert ist. Und dann habe ich nicht viel Zeit, weil hinter uns schon die nächste Gruppe kommt – es ist schwierig.

Ich habe zum Beispiel Leute von einer sehr großen internationalen Bank geführt. Eine von den Besuchern war eine Frau. Es gab eine Zeitbeschränkung und ich konnte nur kurze Informationen geben. Wir waren auch in Block 5, wo Koffer, Sachen von Kindern, Hab und Gut der Deportierten ausgestellt sind. Ich sagte ihr dort, dass, wenn wir diese Exponate anschauen, der Verstand das, was wir sehen, schon gar nicht mehr aufnimmt. Es ist zu viel. Was hier, in Auschwitz, menschlich passiert sei, das könne man nur mit dem Herzen verstehen. Und wenn man es versteht, dann tue es weh.

Normalerweise bin ich mit den Gruppen drei Stunden zusammen. Im ersten Teil der Führung, im Stammlager, sprechen wir wenig miteinander. Ich erzähle, ich zeige, wir schauen Fotos an. Nach ungefähr einer Stunde kommen langsam die Fragen der älteren Besucher. Sie fragen meist nicht nach den Lagern, sondern nach dem Krieg und wo die polnische Bevölkerung gelebt habe. Da kann ich dann tiefer in die Geschichte eintauchen und über Auschwitz und den Bereich herum erzählen. Die Frage ist für mich aber auch ein Signal, dass ich vielleicht einen Fehler gemacht habe. Dann gehe ich zurück zum 1. September 1939 und berichte, was in Polen und in dieser Region passierte. Ich fahre dann fort, über die Massenvernichtungen zu erzählen und über all das, was hier geschah. Ich berichte darüber, was das Schrecklichste war.

Ich habe den Eindruck, dass Ältere die Informationen über den Massenmord, der zum Beispiel von ihren Eltern mit verursacht wurde, überfordert. Es ist nicht fassbar für sie. Vermutlich möchten sie eine Art weiße Karte finden, einen Punkt, wo sie unschuldig sind, wenn sie nach den Polen fragen und wo die gewesen seien, was die gemacht haben während des Massenmords. Manchmal kommen auch Sätze wie: Die Polen hätten doch auch vom Massenmord gewusst oder gar partizipiert. Wenn das passiert, muss ich weiter erzählen, wie die Situation hier war. Sehr oft kommt auch die Frage, wo die Amerikaner, die Alliierten, gewesen seien. Es wird gesagt, dass die Amerikaner zum Beispiel die Bahnlinie nicht bombardiert hätten, nachdem sie 1944 die Lager aus der Luft aufgenommen hatten.

Anhand dieser Fragen und Feststellungen habe ich den Eindruck gewonnen, dass die Deutschen, vor allem die Älteren, die Realität von Auschwitz vor Ort nur schwer oder gar nicht aushalten können. Es ist sehr hart für sie und ich verstehe das. Ich möchte einen guten Kontakt zu den Menschen herstellen, weil ich erkenne, wie schwer es für die Deutschen ist, hier zu sein. Ich habe oft darüber nachgedacht, wie es wäre, wenn ich als Deutsche hierher käme und mir die Lager ansehen würde. Ich weiß nicht, ob ich die Reise nach Polen machen würde. Ob ich mir Auschwitz anschauen könnte. Ich weiß es nicht. Vielleicht würde ich all das Schreckliche nicht hören und nicht sehen und gar nichts darüber wissen wollen. Ich würde es nicht fühlen wollen, weil es einfach zuviel wäre.

Weil ich die Deutschen verstehe, ist es so schwierig, deutsche Gruppen zu führen. Ich kann es nachempfinden, dass es für sie hier schrecklich ist. Ich kann nachvollziehen, was sie fühlen, wenn sie die Fotos hier sehen, auf denen ein deutscher SS-Arzt in zwei, drei Stunden 800 Menschen zum Tode verurteilte und dabei nicht weit von hier mit seiner Familie gelebt hat.

In der Gedenkstätte gibt es sehr, sehr viele Besucher und für mich ist auch das schwierig. Wenn ich mit 20, 30 Personen aus Deutschland in den Raum gehe, wo diese Fotos von der Selektion hängen und dieser Raum ist nicht ruhig, dann ist das für mich anstrengend. Es ist anders, wenn die Gruppe Zeit hat und wir die Führungen an zwei Tagen machen können. Wir haben dann zum Beispiel mehr Raum in Birkenau. Dort ist es ruhiger und wir bekommen einen besseren Kontakt zueinander. Dort lasse ich den Besuchern meiner Gruppe Zeit, viel Zeit, wenn es diese Möglichkeit gibt. Dort ist es besser.

Am Anfang erzähle ich in Birkenau noch sehr viel: wo wir sind, in welchen Bereichen. Was das war, warum es dort stand. Dann erzähle ich nichts mehr. Ich gehe mit den Leuten zu den Stellen, wo die Fotos, die sie im Stammlager schon gesehen haben, vor über 60 Jahren aufgenommen wurden. Sie stehen an dem Platz, wo zum Beispiel Selektionen durchgeführt, wo die Menschen zum Sterben oder Leben aufgeteilt wurden. Wir stehen dort, wo die Menschen noch lebten. Und dort, wo sie später schrien und starben. Dort lasse ich ihnen sehr viel Zeit. An diesen Orten erzähle ich nicht sehr viel. Wir gehen schweigend. Die Deutschen brauchen das.

Ich habe zum Beispiel einmal im Winter einen Mann geführt. Er war etwa 80 Jahre alt. Später, nach der Führung, dachte ich, dass es vielleicht ein ehemaliger deutscher Soldat war, der hier bei der SS gearbeitet hatte. Aber ich weiß es nicht genau. Ich habe ihn nicht gefragt. Ich war damals im ersten Jahr meiner deutschen Führungen, war unerfahren und hatte ein wenig Angst: Wir fingen an im Stammlager. Es war ein sehr kalter Tag. Es gab damals noch keine Heizung in den Gebäuden. Ich erzählte in Block 4 und erklärte die Fotos. Da fragte er mich auf einmal, ob mir nicht kalt sei. Ich sagte ja, mir sei kalt. Er sagte, dass wir das hier lassen könnten und nach Birkenau fahren sollten. Als wir dort waren, sagte er zu mir, dass ich ihm nicht mehr zu erzählen bräuchte, er nur mit mir zusammen durch das Gelände gehen wolle. Es war total still und wir haben dort nicht mehr als ein paar Sätze miteinander gesprochen. Wir waren an der Rampe. Wir waren in einer der Holzbaracken, an den Ruinen der Krematorien und am Mahnmal. Aber vor allem waren wir an den Ruinen der Krematorien. Am Ende sagte der Mann zu mir: »Gott sei Dank, dass ich nicht alleine, sondern zusammen mit Ihnen hier gewesen bin.« Er habe viel von Auschwitz und Auschwitz-Birkenau gewusst, weil er Soldat gewesen sei. Er sagte nicht, ob und wo er hier im Zweiten Weltkrieg gearbeitet hatte.

Ähnliches ist mir später häufiger passiert, wenn ältere Männer gar nicht mehr sprachen oder nur noch ganz kurze Kommentare abgaben. Oder nur darum baten, nicht alleine auf dem Gelände zu bleiben.

Es gab auch andere Situationen. Ich führte eine Familie, wo das älteste Mitglied ungefähr Ende 70 war. Es gab eine Tochter, die war ungefähr 25. Für mich war das sehr anstrengend, weil der Kontakt zwischen den Eltern und der Tochter nicht gut war. Die Tochter fragte ihre Eltern ständig: »Warum? Wie war das alles bloß möglich? Warum habt ihr davon nichts gewusst? Das glaube ich euch einfach nicht.«

Als wir in Birkenau waren, sagte mir die ältere Frau: »Entschuldigung. Aber ich möchte ihnen sagen, dass meine Tante hier Gauleiterin war.« Ich fragte, ob sie das ihrer Tochter gesagt hätte, und sie antwortete: »Ja. Deshalb haben wir auch dieses Problem gerade hier mit dieser Diskussion und diesen Reaktionen.«

Ich stand in der Mitte zwischen diesen Leuten, von denen die Tante hier als Gauleiterin gearbeitet hatte. Die junge Frau sagte mir später, dass sie Deutsche sei, aber nicht in Deutschland arbeiten würde. Sie habe einen guten Job in der Schweiz. Für sie sei das besser. Sie hätte dort neue Kollegen, denen sie nicht sofort sagen würde, dass sie Deutsche sei, weil sie ab und zu Probleme gehabt habe, im Ausland Deutsche zu sein.

Für uns Guides, die wir deutsche Gruppen führen, ist es eine schwere Arbeit und in diesem Fall war es besonders kompliziert. Ich stand in der Mitte und bekam alle Emotionen dieser Menschen ab. Und dann muss ich ihnen erklären, wo die polnische Bevölkerung während des Massenmords war. Verstehen Sie? Ich bin Polin, nach dem Kriegsende geboren. In meiner Familie ist keiner in einem Lager inhaftiert gewesen, keiner ist gestorben. Ich habe eine Nachbarin, deren Mutter und Schwester nach Auschwitz deportiert und dort ermordet wurden. Und dennoch: Wenn ich hier Führungen mache, geht es natürlich auch um mein Volk. Ich erzähle von den polnischen Kindern, die nach Auschwitz deportiert und ermordet wurden. Oder ich berichte den Gruppen von polnischen, inhaftierten Frauen, wenn ich im Korridor von Block 6 oder 7 des Stammlagers stehe. Dort hängen an den Wänden Frauenporträts, die Polinnen mit geschorenen Köpfen, in Häftlingskleidung und einer Nummer zeigen.

Dann erlebe ich diese deutsche Familie mit ihren Problemen. Das ist sehr schwierig. Manchmal möchte ich aufschreien. Es ist mir manchmal zuviel und das merke ich daran, dass ich nervös bin, schlecht schlafe.

Ich reagiere auf die Dinge, die ich mit den Besuchern erlebe, nicht immer sehr emotional. Ich reagiere öfter auch kalt. Aber ich denke, das ist normal, weil ich ständig und intensiv mit den Themen Auschwitz – deutsche Gruppen beschäftigt bin. Natürlich kann man es so machen, dass man nur Daten, Zahlen und Tagesleistungen der Krematorien herunterbetet. Aber ich habe vor meinen Augen Menschen, die das so nehmen und bei denen dass später im Kopf steht: dass von der Bauleitung, der Waffen-SS und der Polizei in Auschwitz diese Projekte vorbereitet und die Tagesleistung der Krematorien in Birkenau mit 2.000 bis 3.000 Leichen pro Tag festgelegt wurden. Dabei ging es um zu verbrennende Leichen. Es ging um Menschen, die noch sterben würden – und das wurde vorbereitet von Deutschen. Von deutschen Technikern, Polizisten und Waffen-SS. Und ich sehe, wie cirka einen Meter von diesen Ruinen der Krematorien entfernt die Menschen aus Deutschland stehen und mir zuhören und die Informationen bekommen. Ich meine, das sind Menschen. Die haben doch auch ein Herz! Die haben Eltern, Großeltern, Urgroßeltern, die eine Verbindung zum Krieg hatten, und jetzt leben sie in der Mitte von Europa. Oder die deutschen Familien, in denen es Täter und Opfer gleichzeitig gab. Die Familien, deren jüdische Mitglieder zum Beispiel hier umkamen, während andere Familienmitglieder im Krieg Soldat waren.

Ich möchte nicht sagen, dass ich eine gute Psychologin bin. Aber ich sehe und fühle ein bisschen, was für ein Mensch da steht. Eines möchte ich überhaupt nicht: den Deutschen wehtun. Doch kann hier für sie jede Information schmerzhaft sein. Das macht es so schwer, die deutschen Gruppen zu führen.

Dieser Platz ist für Deutsche sehr schwer. Sie wissen, wo sie sind, egal, wie gebildet sie sind, egal, wie viel sie von Auschwitz wissen. Viele von ihnen haben die Courage und fühlen den Schmerz, das Entsetzen und wissen nicht, wohin mit diesen Emotionen. Wohin mit der Wut darüber, dass es passiert ist. Dass sie Deutsche sind und es irgendwie an ihnen hängt, was vielleicht sie oder ihre Urgroßeltern, ihre Großeltern oder auch Eltern verursacht haben. Ich fühle ihr schlechtes Gewissen, ihre Scham. Ich fühle, wie verletzt einige von ihnen von der deutschen Geschichte sind.

Es ist zum Beispiel so, dass nicht alle Deutschen während der Führung mit mir Kontakt aufnehmen, weil sie nicht wissen, was ich dann tue. Dennoch sehe ich, wenn sie weinen, wenn zum Beispiel die Schüler weinen. Ich reagiere darauf unterschiedlich, weil ich auch ein Herz habe. Wenn ich die Angst dieser Leute in den Augen sehe, dann sage ich nichts mehr, gehe nicht tiefer. Dann sehe ich, sie sind schon voll. Es reicht.

Häufig sehe ich in den Augen der Männer diese große Angst. Manchmal weinen die äl-

199

teren Männer, wenn sie im Keller von Block 11 die Gefängniszellen ansehen. Sie wissen vermutlich, was Krieg und Gefängnis bedeuten. Die Frauenaugen sind anders. In ihnen sehe ich nicht diese große Angst, von den Gefühlen überrollt zu werden.

Die Deutschen leiden hier unter ihrer Geschichte. Natürlich tun sie das. Manchmal kommen Leute nach der Führung zu mir und bedanken sich oder sagen, dass es ein guter Unterricht gewesen sei. Häufiger als früher kommen heute Ältere zu mir und sagen: »Ich schäme mich dafür, weil ich Deutsche oder Deutscher bin.« Das passiert oft. Oder wenn ich am Ende einer Führung den Leuten zum Abschied meine Hand geben mag. Ich als Polin – ihnen als Deutsche. Es passiert von Zeit zu Zeit, dass jemand etwas ängstlich ist, mir die Hand zu geben, weil ich aus dem Volk stamme, von dem Tausende Menschen von den Deutschen umgebracht worden sind. Ich erinnere mich an einen Mann, dem fiel das sehr schwer. Er war in dem Alter, in dem die Männer gewesen waren, die all diese Verbrechen begangen hatten.

Dennoch ist es möglich, dass in solchen Situationen, wie ich sie eben schilderte, bei einem Menschen etwas innerlich heil, ein kleines Stück wieder ganz wird. Wichtig dafür ist, dass die Erwachsenen nicht in großen Gruppen hierher kommen. Sie brauchen die Möglichkeit, hier ein bisschen alleine zu sein. In Ruhe zu schauen und nicht in den großen Gruppen über das Gelände zu gehen und unter Zeitdruck zu stehen. Wegen der Zeitbeschränkung sind sie vielleicht ein bisschen nervös und dann ist guter Kontakt schwierig.

Wenn zum Beispiel Priester kommen, dann brauchen die nur wenige Kommentare. Sie wollen öfter ruhig bleiben und nicht mit anderen Leuten zusammentreffen. Führe ich eine große Gruppe, muss ich relativ laut Deutsch sprechen. Dann fühlen sich die Deutschen nicht gerade wohl. Die laute, deutsche Sprache ist für sie hier schwierig und es stört sie, wenn alle sehen, dass hier eine deutsche Gruppe unterwegs ist. Sie wissen nicht, wie die anderen Besucher auf sie reagieren, wenn sie sie wahrnehmen: Ich sehe doch auch, wie die anderen sofort schauen.

Ganz schwer ist es, wenn sich zum Beispiel jüdische Gruppen und deutschen Gruppen in Birkenau begegnen. An der Rampe zum Beispiel sitzen die jüdischen Gruppen sehr oft und erzählen. Ich gehe mit den deutschen Gruppen auch dort hin, wo die Selektionen durchgeführt wurden und möchte ein bisschen berichten und zeigen. Dann sehe ich in den Augen der Deutschen: Bitte.

Jetzt nicht und nicht hier. Dann lasse ich diesen Punkt und gehe weiter und erzähle woanders diesen Teil.

Bei solchen Begegnungen denke ich oft: Mein Gott, das sind die Enkel oder Urenkel der Menschen, die hier ermordet wurden. Und die stehen den Enkeln oder Urenkeln aus dem Volk gegenüber, die den Massenmord verursacht haben. Ich hatte diesen Sommer ein Erlebnis in Birkenau mit einer deutschen Gruppe. Es war ein Teil israelischer Soldaten dort, alles junge Leute. Von ihnen kam einer auf eine deutsche Gruppe zu und sprach die Schüler auf Englisch an. Die jungen Leute sprachen miteinander wie Jugendliche miteinander sprechen, wie die eben so erzählen: Woher kommt ihr? Was macht ihr hier? Warum seid ihr hier? Ganz normal. Wir haben hier auch trinationale Gruppen: polnische, jüdische und deutsche junge Leute, die über das Gelände gingen. Es geht! Und ist der Anfang von Verständigung, von miteinander diesen Schmerz hier aushalten. Von miteinander sein.

Die EU sollte **Verantwortung**
übernehmen

Andrzej Kacorzyk

43 Jahre
Direktor des Bildungszentrums

Ich bin überzeugt, dass die Stadt Oswiecim die besten Aussichten aller Städte in Polen hat, sich in der Europäischen Union zu entwickeln. Meiner Meinung nach geht es erstens in Richtung kulturelles Leben und zweitens dahin, dass Oswiecim die Stadt des Friedens ist. Drittens kann man hier ein internationales Bildungszentrum aufbauen, das sich mit den Themen Freiheit und Toleranz beschäftigt. Und das darf man nicht vergessen: Ein großes Besucherzentrum für das Museum wird immer notwendiger. Das brauchen wir und die ganze Infrastruktur drum herum, zum Beispiel Hotels.

Dabei geht es nicht um Hotels, die wir schon kennen, also um die Bettenburgen. Es geht um mehr. Es geht um Institutionen und Gästehäuser wie zum Beispiel die Internationale Jugendbegegnungsstätte. Es geht um Häuser mit einem zusätzlichen Angebot an Konferenzräumen, an Bibliotheken mit Literatur, die sich mit dem Thema Auschwitz und Themen wie Freiheit und Toleranz beschäftigen.

Auf der ganzen Welt haben wir irgendwelche Konflikte. Warum also könnte man nicht in der Nähe der Gedenkstätte ein Zentrum für die Ausbildung von Diplomaten aus aller Welt gründen? Natürlich kann man auch in Genf oder Berlin oder Warschau die jungen Diplomaten ausbilden. Nur hier könnte man das viel besser machen, weil man an einem konkreten Beispiel zeigen kann, was am Ende von falschen politischen Richtungen steht. Genau aus dem Grund sind wir ja hier, in Auschwitz. Die Gedenkstätte mit ihrer Pädagogik arbeitet zum Beispiel auch mit der deutschen Bundeszentrale für politische Bildung zusammen.

Seit 1979 stehen Auschwitz und Birkenau auf der Liste des Weltkulturerbes der UNESCO. Die Europäische Union sollte die Verantwortung für das, was wir hier haben und tun, übernehmen. Dazu gehören zum Beispiel auch die Kosten der Gedenkstätte.

In allen Gedenkstätten in Polen wird kein Eintritt genommen. Das steht im Gesetz über die Gründung des Museums Auschwitz. Nur für eine von Guides geleitete Besichtigung muss bezahlt werden. Jede Besichtigung vom Museum beinhaltet beide Lager: Auschwitz und Birkenau. Natürlich kann man auch nur eine Stätte besichtigen. Aber das schlagen wir nicht vor. Abzüglich dieser Einnahmen kostet das Museum etwa 20 Millionen Zloty pro Jahr: Darin enthalten sind zum Beispiel Kosten für Strom, die Pflege der Gedenkstätte und die Gehälter für 240 Mitarbeiter.

Die Leute arbeiten im Archiv, den wissenschaftlichen Abteilungen, in der Bibliothek, den Sammlungen, zum Beispiel Kunst und all dem, was nach dem Zweiten Weltkrieg übrig geblieben ist. Sie sind tätig in der konservatorischen Abteilung, im Verlag und stellen Material für Ausstellungen zusammen. Hinzu kommen die Museumsguides. Wir benutzen für Auschwitz das Wort Guide oder Museumsmitarbeiter, weil wir das Wort Museumsführer als nicht passend empfinden.

Um bei uns als Guide ausgebildet zu werden, müssen die Kandidaten mindestens das Abitur und bereits irgendetwas mit diesem Thema zu tun gehabt haben. Am besten ist es, wenn sie pädagogisch ausgebildet sind, aber das ist nicht Bedingung. Es gibt einen Vorbereitungskurs, bei dem die Auszubildenden eine Liste mit verschiedenen Themen bekommen, die sie selbst aufbereiten müssen. Dann folgen im Herbst zwei Monate lang Seminare mit Historikern aus der wissenschaftlichen Abteilung und Pädagogen aus dem Bildungszentrum des Museums und Mitarbeitern aus Universitäten, die wir einladen.

Danach müssen sich die Kandidaten weiter vorbereiten und Ende Januar, Anfang Februar führen wir das Examen durch, das aus drei Teilen besteht. Erst ein Test mit 30 Fragen, die sich auf die Geschichte des Lagers, Nachkriegsgeschichte der Gedenkstätte, Konflikte um Auschwitz und Fragen über den Antisemitismus in Polen und Europa beziehen. Dann folgt ein mündliches Examen vor der Kommission, wobei die Kandidaten drei Fragen lösen müssen. Zwei beziehen sich auf die Geschichte des Konzentrationslagers und eine Frage beschäftigt sich mit der Geschichte Europas im 19. und 20. Jahrhundert. Der dritte Teil ist eine praktische Prüfung: Der Kandidat macht eine Führung für die Kommission. Insgesamt dauert die Prüfung drei Wochen.

Wenn das Examen bestanden ist, kann Mann oder Frau bei uns einen Vertrag unterzeichnen und sofort mit den Führungen beginnen. Im Aufenthaltsraum der Guides gibt es ein Heft, in das sie alle Termine eintragen, an denen sie arbeiten können. Der Zeitplan zeigt dann, mit welchen Gruppen die Leute arbeiten werden.

Alle Guides müssen jedes Jahr an den Weiterbildungen des Museums teilnehmen. Dazu gehören auch praktische Dinge, wie man zum Beispiel auf dem Gelände Menschen retten oder Gruppen evakuieren kann. Bei diesen Schulungen für etwa 200 Personen sind auch Vorträge über den Umgang mit psychischen Belastungen möglich. Wir nennen das Workshop und bieten es jeweils für die Sprachgruppen, also zum Beispiel für englisch-, deutsch- oder auch italienisch-sprechende Guides an. Die Gruppen aus diesen Ländern haben jeweils spezifische Probleme mit einem Besuch der Gedenkstätte. Dabei geht es nicht nur um die Vermittlung von Wissen, sondern auch darum, über alles, was zwischen Guide und Gruppe passiert, zu sprechen.

Im Rahmen der Fortbildung werden auch neue Themen wie zum Beispiel Jedwabne[1] oder die Konservierung der Ruinen der gesprengten Krematorien aufbereitet. Unsere Mitarbeiter berichten den Guides bei einem Lokaltermin auf dem Gelände, was bei den Konservierungsarbeiten gefunden wurde, wie es voran geht und welches die nächsten Schritte sind.

Die dritte Themengruppe sind Wünsche, also was unseren Guides noch an Informationen fehlt. Es sind meist Fragen, die von Gruppen häufig gestellt werden. Zum Beispiel, ob das Treppenhaus in Block 4 original sei oder wie die Guides auf die Frage von israelischen oder polnischen Gruppen: »Was fühlen hier Deutsche?« reagieren können.

Die Guides arbeiten unterschiedlich. Manche studieren, arbeiten als Lehrer, als Historiker, als Konservatoren im Museum oder sie machen das hauptberuf-

---

[1]   Zu den Ereignissen in Jedwabne und der heftigen Debatte in Polen siehe: Karol Sauerland, Polen und Juden. Jedwabne und die Folgen, Berlin/Wien 2004.

lich. Insgesamt sind wir 250. Ein Guide muss mindestens 30 Gruppen im Jahr über das Gelände führen. Zum Beispiel haben wir hier einen Mann aus Japan, der Führungen macht. Er wohnt schon seit Jahren in Oswiecim und ist ständig in der Gedenkstätte, weil wir sehr viele Besucher aus Japan haben. Er betreut über 5.000 Personen im Jahr.

Insgesamt kann man sagen, dass seit Beginn dieses Jahrhunderts ein Drittel der Besucher aus Polen und zwei Drittel aus dem Ausland kommen. Zu den größten Gruppen aus dem Ausland gehören US-Amerikaner, Deutsche, Briten, Franzosen, Israelis, Süd-Koreaner, Norweger und Schweden. Wir haben auch immer mehr Besucher aus Finnland und Dänemark.

Im Jahr 2006 waren es 750.000 Besucher, die in Gruppen durch das Gelände geführt wurden. Wir schätzen, dass zusätzlich nicht weniger als 20 Prozent aller Besucher ohne Anmeldung auf dem Gelände des ehemaligen Lagers waren. Das heißt, dass ungefähr 250.000 auf eigene Faust durch das Museum gegangen sind, womit das Museum von einer Million Menschen besucht wurde. Ein Jahr später kamen 1,3 Millionen Besucher und 2008 waren es etwas weniger – 1,1 Millionen.

Die Besucherzahl wuchs von Jahr zu Jahr und seit 2006 pendelt sie sich bei mehr als 1 Million Gäste pro Jahr ein. Mittlerweile gibt es ein großes Problem bei uns: Sehr viele Leute aus aller Welt kommen mit sehr vielen Fragen zu uns. Sie wollen eine Führung mitmachen und wir wollen niemandem absagen. Deswegen sind wir auf das, was wir eine »Standardtour« nennen, gekommen. Viele Leute reagieren darauf positiv, weil sie nur ein paar Stunden Zeit haben, um Auschwitz und Auschwitz-Birkenau zu

Besucherzahlen: Auschwitz & Birkenau 2001-2008 [*)]

* 2008 > bis Oktober

205

besichtigen. Dennoch stehen wir nach 2005 und 2006 vor einer großen Diskussion. Thema ist die Menge der Besucher in der Gedenkstätte. Wir müssen
etwas ändern. So kann es nicht weitergehen.

Dabei geht es nicht nur um den Standardbesuch. Die Menschen haben generell Probleme mit der Verarbeitung von Informationen und Zahlen. Viele sind
nicht gut auf Auschwitz vorbereitet. Sie wissen über die Geschichte nicht sehr
viel und die Guides müssen, wie sie sagen, »alles machen«: die Gründung des
Lagers am 14. Juni 1940, die Wannsee-Konferenz, die Kriegsgefangenen im Lager, von denen so-und-so-viel Tausend getötet wurden und so weiter. Niemand
kann all diese Informationen verarbeiten. Es ist zuviel.

Das ist das erste Problem – die historische Darstellung des Lagers. Das
zweite Problem stellen Gruppen dar, die wir auf besondere Art und Weise betreuen sollen und wollen. Ein Beispiel dafür sind Gruppen aus Norwegen. 10.000
bis 15.000 junge Leute kommen von dort pro Jahr zu uns. Es gibt sprachliche
Probleme mit den Gruppen, für die wir englischsprachige Guides zur Verfügung
stellen. Vokabeln wie zum Beispiel »Blockführerstube« oder »SS« oder »Kommandant« werden häufig nicht verstanden. Dann sind die jungen Leute, 14 bis
15 Jahre alt, generell eine spezielle Gruppe von Menschen und nach ein bis eineinhalb Stunden total müde. Wir wollen deswegen zusammen mit Pädagogen
aus Norwegen ein Programm vorbereiten, das auf die jungen Leute abgestimmt
ist.

Das dritte Problem ist die Grundausstellung in Auschwitz. Sie befindet sich
in den original historischen Gebäuden, die nur teilweise umgebaut sind. Wenn
in einem Raum auf einmal drei Gruppen stehen und sprechen, dann ist die Aku-
stik so schlecht, dass niemand mehr weiß, worum es geht. Keiner aus einer
polnischen Schülergruppe zum Beispiel hört mehr zu, weil sie das erste Mal
in ihrem Leben Japaner sehen, die ebenfalls im Raum sind. Dazu kommen die
Israelis mit ihren blau-weißen Fahnen: Das sind Probleme, die nicht nur damit
zu tun haben, ob, sondern wie vielen Leuten auf einmal man Informationen
vermitteln kann.

Im Jahr 2008 haben wir deshalb ein neues System eingeführt. Jeder Besucher bekommt einen Kopfhörer und kann Informationen hören. So stören sich
die Gruppen nicht mehr gegenseitig. Ein solches System wird in Yad Vashem
in Israel benutzt – und im Vatikan. Und wir überlegen auch, ob wir nicht das
System der Audio-Guides einführen. So etwas haben fast alle Gedenkstätten

in Deutschland. Besonders interessieren uns dabei die I-Guides, die in Buchenwald benutzt werden und ganz neu sind: Außer Audiokassetten haben sie auch Video, mit denen man Berichte von Überlebenden einspielen und Kopien von Dokumenten darstellen kann.

Die Zahl der deutschen Besucher ist über die Jahre fast gleich geblieben. Es kommen zwischen 30.000 und mehr als 50.000 Menschen zu uns. 2007 waren es zum Beispiel 60.000 Besucher. Es sind vor allem Jugendliche und junge Leute, die im Zuge des deutsch-polnischen Austauschs in Polen und häufig Gäste der Internationalen Jugendbegegnungsstätte und des Zentrums für Dialog und Gebet sind. Die Menschen aus Deutschland, die über 60 Jahre alt sind, kommen im Zuge von Studienfahrten in die Gedenkstätte. Es sind auch Vertriebene dabei. Sie nehmen an so genannten »Heimfahrten« nach Ober- oder Niederschlesien teil und besuchen das Museum.

Und es kommen viele Besucher, die mit Billigfluglinien nach Krakau fliegen. Vor ein paar Monaten führte ich eine kleine Gruppe aus Berlin durch das ehemalige Lager. Der Sohn hatte seinen Eltern zur Goldenen Hochzeit einen Flug nach Krakau geschenkt und war mit seiner Frau und mehreren Freunden mitgereist. Sie hatten Krakau besichtigt und wollten unbedingt nach Oswiecim, um hier die Gedenkstätte zu besuchen. Oder zum Beispiel die vielen Wallfahrtsreisenden, besonders aus Bayern, von denen die meisten Teilnehmer ältere Leute sind. Und es kommen auch viele Delegationen aus Deutschland.

Wenn ich als Guide zum Beispiel junge Deutsche über das Gelände führe, dann ist es charakteristisch, dass sie am besten von allen Gruppen vorbereitet sind. Zehn Prozent wissen viel und haben einiges verstanden; bei 90 Prozent ist es nicht immer so, wie wir das erwarten. Es gibt zum Beispiel das Problem mit dem Beginn des Zweiten Weltkrieges am 1. September 1939. Es gibt Jugendliche, die überhaupt nicht verstehen, wo und wann der Krieg angefangen hat. Sie wissen nicht, was die NSDAP und wer Adolf Hitler war. Eventuell kennen sie die Namen Hitler und Himmler. Aber das war es dann auch schon.

Das zweite Problem ist: Wer waren die Polen in Auschwitz? Viele Deutsche wissen nicht, dass Auschwitz und seine Geschichte für Polen eine so große Bedeutung hat: als ein Symbol von Terror, Versklavung und Verfolgung von Polen auf dem von Nazi-Deutschland besetzten Gebieten.

Das dritte Problem ist: Wer waren die Täter? Ich habe den Eindruck, dass die jungen Leute die Rolle der deutschen Täter – ja, wie soll ich es sagen?

– aus der Geschichte von Auschwitz und Birkenau ausgeschnitten haben. Es ist schwer für sie zu hören, dass die Täter in Auschwitz Deutsche waren. Aus ihrer Sichtweise waren die Täter SS-Soldaten oder auch Nazis – und das könnten auch Polen oder Ukrainer oder Rumänen gewesen sein.

Eine weitere Schwierigkeit sind Gruppen aus Großstädten und ihre Vorbereitung auf die Fahrt. Man kann sie manchmal daran erkennen, dass am Mahnmal in Birkenau von 15 bis 20 Personen nur wenige die Gedenktafel in deutscher Sprache lesen. Sie suchen Tafeln in anderen Sprachen: in Polnisch, in Russisch, in Kroatisch. Dann gibt es auch Moslems in den Gruppen aus deutschen Großstädten. Wie soll man sie vorbereiten? Es ist nicht einfach für diese Schüler aus Deutschland. Leider haben wir bis jetzt keine spezielle Ausbildung für Guides, die Führungen mit Deutschen in deutscher Sprache machen. Aber alle, die diese sehr schwierige Arbeit leisten, sind speziell von uns ausgewählt.

Für Gruppen aus Deutschland ist es besonders schwierig, die Gedenkstätte zu besichtigen. Und für die Gruppen aus Israel ist es ebenso schwer. Beide sind sehr besondere Gruppen für uns. Auch für die Gruppen aus Polen ist es nicht so einfach. Generell kann man sagen, dass es vermutlich für jeden Besucher erst mal eine Belastung ist, sich Auschwitz und Birkenau auszusetzen.

Wir können zum Beispiel sehen, wie Schüler aus verschiedenen Ländern sich hier verhalten, ob sie etwas auslachen oder sich anscheinend merkwürdig verhalten. Man muss da ganz vorsichtig sein mit dem Beurteilen und Bewerten von anderen Menschen und wissen, dass Schüler manchmal nicht im Stande sind, Auschwitz lange auszuhalten. Sie können ihre Emotionen nur zeigen, indem sie etwas mit ihnen machen  und das ist dann »unpassendes« Verhalten.

Wenn es möglich ist, berücksichtigen wir bei den Führungen mit polnischen Schülern auch den Antisemitismus in Polen während des Zweiten Weltkrieges. In der Länderausstellung von Polen, sie entstand 1984, findet man über den Aspekt der Kollaboration von Polen mit den Deutschen fast keine Hinweise. Andererseits wurde in den letzten Jahren das Programm über den Holocaust in die Schulen eingeführt und das Lehrbuch *Holocaust begreifen* herausgegeben. Dieses Buch beschreibt auch sehr schwierige Probleme wie die polnisch-jüdischen Beziehungen und hat unter anderem auch den Fall Jedwabne aufgegriffen, bei dem Polen ihre jüdischen Nachbarn im Sommer 1941 in eine Scheune trieben und das Gebäude anzündeten.

Insgesamt ist die Frage nach Kollaboration ein sehr emotionales Thema in Polen. Wir müssen erforschen und beurteilen, wie viele Polen zum Beispiel ihre jüdischen Nachbarn verraten oder gar getötet haben. Wir müssen versuchen zu durchleuchten, wie viele Polen sich Besitz aneigneten, der ihnen nicht gehörte. Dabei ist es wichtig, genau hinzuschauen, wie die Bedingungen in den östlichen, von den Deutschen okkupierten Ländern waren.

Wir sind uns bewusst, dass Auschwitz eine phantastische Chance für Leute bietet, diesen Ort für ihre Zwecke zu benutzen. Die Instrumentalisierung von Auschwitz begann sofort nach dem Zweiten Weltkrieg. So gab es in den 1950er Jahren in der riesengroßen Ausstellung viele Elemente der kommunistischen Ideologie. Dort war zum Beispiel immer die Rede vom deutschen Faschismus und nicht von Nationalsozialismus, weil das Wort Sozialismus in der kommunistischen Lesart etwas Positives bedeutete und von den Kommunisten besetzt war. Aus Hitler machte man in der Ausstellung einen Faschisten und stellte es so dar, dass der Faschismus in Deutschland nur ein Stück auf dem Weg zum amerikanischen Imperialismus war. Als nächste Etappen wurden die Nachkriegskriege, zum Beispiel im Fernen Osten und Korea gezeigt.

Dem Besucher wurde in Auschwitz ebenfalls präsentiert, dass nicht Hitler auf die Idee der Konzentrationslager gekommen war, sondern man zeigte auch andere KZs, zum Beispiel in Afrika. Dabei wurden die russischen Lager, also die Gulags, natürlich nicht gezeigt. Diese Art der Darstellung war eine Instrumentalisierung von Auschwitz.

Ich will ihnen ein weiteres Beispiel dafür geben, wie die Politik einen direkten Einfluss auf das hatte, was hier in der Grundausstellung gezeigt wurde. Ab dem Görlitzer Vertrag, der 1950 zwischen Polen und der ehemaligen DDR geschlossen wurde, bis 1970[2] wurde alles, was mit den deutschen Verbrechern der deutschen Nationalsozialisten verbunden war, auf die DDR und die BRD bezogen, gezeigt und vermittelt. Nach 1970 gab es die erste Veränderung der

---

[2]   Der »Görlitzer Vertrag«, in dem die DDR die Oder-Neiße-Grenze gegenüber Polen anerkannte, wurde am 6. Juli 1950 unterzeichnet.

Darstellung: Nicht mehr alle Deutschen waren schlecht, sondern nur noch eine bestimmte Gruppe: Die Nachfolger von Hitler lebten alle in der Bundesrepublik Deutschland und die DDR war ein gutes, von Faschisten freies Land von Arbeitern und Bauern.

Ein weiteres Beispiel: Es war auch nicht so, dass nach 1945 alle Polen Kommunisten waren. Die ehemaligen polnischen Häftlinge, die nach 1945 auf die Idee kamen, das Gelände von Auschwitz, Auschwitz-Birkenau und möglicherweise auch anderer Lager unter Schutz zu stellen, die waren überhaupt keine Kommunisten. Es gibt eine umfangreiche Korrespondenz zwischen Warschau und Oswiecim, in der diese heftige Auseinandersetzung geschildert wird. Sie zeugt davon, wie hart die Menschen hier daran gearbeitet haben, dass die Lagergebäude nicht abgerissen und demontiert wurden. Sie wollten verhindern, dass die Ausstellung eine Steinwüste wurde.

Die Zeiten waren damals andere als heute und ungefährlich war das nicht: Diese Art Widerstand hätte die Leute ins Gefängnis bringen können. Die Initiatoren wussten, dass einige überlebende Häftlinge von Auschwitz – vor allem politische Häftlinge – nach dem Zeiten Weltkrieg von polnischen Behörden zum Tode verurteilt wurden. Major Witold Pilecki ist ein typisches Beispiel dafür.[3] Insgesamt kann man sagen, dass sich bis 1989 Politiker und Funktionäre der Volksrepublik Polen direkt in die Darstellung von Auschwitz eingemischt haben.

Ich meine, nicht nur die polnische Seite instrumentalisierte Auschwitz für ihre Zwecke. In einigen Länderausstellungen war es ähnlich. Die hatten zum Beispiel überhaupt keinen Kontakt zur Geschichte des Lagers, wie die Ausstellung der ehemaligen DDR. Eine Darstellung des Widerstands in Deutschland verbunden mit dem, was in Auschwitz passierte, fand gar nicht statt. Ähnliches

---

[3] Witold Pilecki (1901-1948) war Offizier der polnischen Armee und seit November 1939 Kommandeur einer Untergrundorganisation, die später Teil der polnischen Heimatarmee wurde. Von 1940 bis 1943 war er im KZ Auschwitz und organisierte die Widerstandsbewegung. Im April 1943 floh er aus Auschwitz, ging nach Warschau zur Heimatarmee und berichtete über die Zustände im KZ. Innerhalb der Heimatarmee war Pilecki Angehöriger einer Abteilung, die den Widerstand gegen eine sowjetische Besatzung organisieren sollte. Im Sommer 1944 beteiligte er sich am Warschauer Aufstand und ging in deutsche Kriegsgefangenschaft. Im Mai 1947 wurde er vom polnischen Geheimdienst verhaftet, in einem Schauprozess u. a. wegen Spionage und Attentatsvorbereitungen angeklagt und zum Tode verurteilt. Am 25. Mai 1948 wurde Pilecki in Warschau hingerichtet.

konte man auch in der bulgarischen Länderausstellung sehen.

Heute wird Auschwitz zum Beispiel vom iranischen Präsidenten Mahmoud Ahmadinedjad instrumentalisiert. Er wollte hierher kommen, um nach Beweisen des Holocaust in Auschwitz zu suchen. Angemeldet hat er sich – nur gekommen ist er noch nicht. Es hätte natürlich auch andere Plätze gegeben, wo er nach Beweisen suchen kann. Nur – er zeigte auf Auschwitz. Wir würden ihn willkommen heißen. Warum nicht? Und wir würden ihm alles zeigen, was wir unseren Besuchern auch zeigen und ihm entsprechende Dokumente präsentieren, die den Massenmord beweisen.

Das Problem sind nicht nur die Leute, die davon überzeugt sind, dass Auschwitz nach dem Zweiten Weltkrieg gebaut wurde. Die kommen nicht hierher, um nach Spuren oder Dokumenten zu suchen, die ihr Urteil revidieren können. Nein. Es gibt Besucher, die kommen hierher und wollen sich davon überzeugen, dass Auschwitz eine große Lüge ist. Sie fragen sofort nach der Ankunft: Wo ist das Schwimmbad? Wo ist die angebliche Gaskammer? Und dann versuchen die uns davon zu überzeugen, dass keine Spuren von Zyklon B an den Wänden zu finden seien und so weiter. Sie hören uns nicht zu, sondern sie halten uns einen Vortrag. Sie kommen hierher, um zu bestätigen, was sie schon wissen. Es sind nicht viele Besucher so, aber sie werden sichtbar durch ihre Fragen, ihr Verhalten. Ein Beispiel: Vor ein paar Monaten war eine Gruppe aus dem Ausland hier. Die sind durch das Stammlager gegangen und haben die ganze Zeit gelacht und wollten in die Gaskammer mit offenen Bierdosen in den Händen gehen. Wir haben diese Gruppe sofort vom Gelände geschafft.

Aus jedem Land gibt es solche Gruppen, die ein bisschen merkwürdig sind. Dänemark war kein Einzelfall.

Die
Freiwilligen

Bei jungen Deutschen ist das Thema
Schuldgefühl eigentlich immer da

Karl
Richter-Trümmer

20 Jahre
Zivildienstleistender

An meinem 19. Geburtstag, am 12. Juli 2005, bin ich in Oswiecim angekommen. Der Grund war banal: Meine österreichische Autobahnvignette war genau
am 12. abgelaufen und ich wollte nicht noch eine Woche zusätzlich lösen. So bin
ich drei Tage früher losgefahren und kam nicht am 15., wie ursprünglich geplant,
sondern am 12. Juli hier an. Das mit meinem Geburtstag hatte ich vor meiner
Ankunft einem Freiwilligen erzählt und als ich hier ankam, sangen mir die Zivis
ein Geburtstagsständchen und brachten mir Kuchen aus der Küche. Das war
echt super. Ein schöner Empfang.

Der erste Grund, warum ich hierher bin, ist der Zivildienst. Vor der Muste-
rung dachte ich, ich werde ausgemustert. Ich habe ein schlechtes Kreuz und
schlechte Knie, eine Rot-Grün-Sehschwäche und sonstige Dinge. Trotz allem
kam ich dennoch rein zum »Kartoffelschälen«. Und dann war es für mich klar:
Kartoffelschälen wollte ich nicht und ich entschied mich für den Zivildienst. Ich
habe damals lange darüber nachgedacht, was man so alles machen kann, und
ich bin drauf gekommen, dass ich auch im Ausland arbeiten kann. Mich sprach
ein Freund an, der machte seinen Zivildienst im Gedenkdienst und arbeitete in
Wien im Anne Frank-Zentrum als Obmann. Mit einer Wanderausstellung war er
durch ganz Deutschland getourt. Er empfahl mir den Gedenkdienst.

Weil ich ein Jahr als Austauschschüler in Frankreich gewesen bin, wäre ich gern ins französischsprachige Brüssel oder nach Paris oder nach Berlin, wo es auch Stellen gab, gekommen. Das wollten bis zu fünfzehn Bewerber auch und ich schaffte es noch nicht einmal in die engere Auswahl. Das hat mich ziemlich deprimiert.

Für die Vorauswahl auf die Stelle in Auschwitz las ich eine Menge Bücher, damit ich gut ankam und sagen konnte: Ja, ich habe das und das Buch gelesen und ich war dort und dort. Ich kannte den Ort von einer Studienfahrt des Gedenkdienstes und Auschwitz wurde es dann auch.

Heute ist mein letzter Tag hier und ich bereue es nicht, 14 Monate hier gewesen zu sein. Wenn es Brüssel oder Paris geworden wäre, käme ich jetzt vermutlich mit einem großen Minus auf dem Konto nach Hause. Ich kenne einen, der hat sich in Brüssel eine Wohnung für 600 Euro genommen. Dazu noch das Metroticket und alles Geld wäre erst mal verpumpt. Hier ging sich das finanziell für mich super aus und ich habe genau das gemacht, was ich wollte: mit Jugendlichen arbeiten.

Mit dem Thema Holocaust habe ich vorher nicht viel zu tun gehabt und es hat mich auch nicht extra interessiert. Ich lernte es in der Schule und das war es dann auch ungefähr. Durch die Vorbereitung des Gedenkdienstes kam ich schnell rein in dieses österreichische Bild von Geschichte, wo die Aufarbeitung der Nachkriegszeit einfach inakzeptabel ist. Ich dachte mir, dass ich dagegen schon etwas machen könnte und so war es Eigeninitiative, dass ich mich nochmal in dieses Thema reingehängt habe.

Die geschichtliche Aufarbeitung des Nationalsozialismus und das Sprechen darüber fingen in Österreich, ähnlich wie in Deutschland und den meisten europäischen Staaten, erst in den 1970er und 1980er Jahren an.

In Österreich ist man dem Thema deswegen so lange aus dem Weg gegangen, weil der gesamte Staatsvertrag darauf aufbaut, dass wir Opfer der Deutschen, Opfer Hitlers waren und Widerstand geleistet hatten. Das hielt die Moskauer Deklaration fest und war die Basis, auf der Österreich weiter als eigenständiger Staat nach dem Zweiten Weltkrieg existieren konnte. 1992 hat sich dann das erste Mal ein Bundeskanzler dazu bekannt, dass auch Österreicher Mitschuld am Holocaust tragen.[1] Man sagt nicht mehr: Österreich war

---

[1]   Am 8. Juli 1991 bekannte sich der österreichische Bundeskanzler Vranitzky vor dem Nationalrat zur »Mitverantwortung für das Leid, das zwar nicht Österreich als

das erste Opfer des Nationalsozialismus. Es wird mehr differenziert. An den Schulen ist dieser Standpunkt mittlerweile auch ankommen und wird anders als früher gelehrt. Vorreiter für diese Entwicklung war der Gedenkdienst. Er ist – ziemlich spät – 1992 gegründet worden.

Wie das mit Österreich und dem Nationalsozialismus gewesen war und welches Geschichtsbild bis in die 1990er Jahre vermittelt wurde, ist sehr gut in der Länderausstellung im Stammlager, also Auschwitz I, zu sehen. Da wird völlig ausgeblendet, dass vor der »Heim ins Reich-Geschichte« es schon einen massiven Antisemitismus gab und dass mit den Deutschen später heftig kollaboriert wurde. Eigentlich braucht man sich die Ausstellung nicht in Gänze anzuschauen. Es reicht das erste, vier Quadratmeter große Foto, auf dem man »in Militär-Stiefel in Österreich einmarschieren sieht. Darüber steht dann in 30 Zentimeter großer Schrift: »Österreich – erstes Opfer des Nationalsozialismus«.

Auf der einen Seite wird in der Ausstellung schon auch dargestellt, dass Hitler Österreicher war und dass er in Wien von Politikern wie dem Lueger[2] lernte, wie man mit Fremdenhass politisch umgeht und ihn ausnutzt. Auf der anderen Seite spiegelt die Ausstellung, die sich am meisten mit dem Widerstand der Kommunisten beschäftigt, zum größten Teil das Identitätsbild, das sich die Österreicher von sich geschaffen haben: Es basiert darauf, dass sie nach 1945 von sich behaupteten, immer schon anti-deutsch gewesen zu sein. Das musste man so sagen – anders kann ich das nicht interpretieren. Sehr wenig geht man auf die Juden ein. Es gibt eine Tafel von prominenten Juden aus Österreich, die in Auschwitz umgekommen sind – das war es.

Als ich die Ausstellung das erste Mal sah – das war 2005 –, da habe ich nur gedacht: Was für Deppen waren das denn? Dann dachte ich: Es war halt so. So haben sie die Geschichte gesehen und interpretiert. Und das ist dann auch schon wieder interessant, weil ich anhand der Ausstellung sehen kann, wie gerissen die Politiker diese Opfergeschichte ausnutzten. Sie verlangten zum Beispiel von Deutschland Reparationszahlungen, damit sie die eigenen, jüdischen

---

Staat, wohl aber Bürger dieses Landes über andere Menschen und Völker gebracht haben«; Heidemarie Uhl, Das »erste Opfer«. Der österreichische Opfermythos und seine Transformationen in der Zweiten Republik, in: ÖZP 2001/1, S. 19-34.

[2] Es handelt sich um Dr. Karl Lueger, der von 1897-1910 Bürgermeister von Wien war und mit einer antiliberalen, antikapitalistischen und antisemitischen Agitation hervortrat.

Opfer auszahlen konnten. Darüber kann man nur noch lachen, so schlimm ist das. Ich hätte nie gedacht, dass sie das damals wirklich getan haben – aber es war so. Ich weiß nicht, in welcher Größenordnung, aber wir haben von Deutschland Geld bekommen.

Es gibt in Österreich einen Verband der Widerstandskämpfer, der hat zusammen mit der Bundesregierung, damals schon große Koalition, eine Infotafel initiiert, die jetzt am Eingang zur Ausstellung steht. Das Dokumentationsarchiv in Österreich, das die Zeit des Nationalsozialismus damals aufbereiten sollte und heute gegen neue, rechtsextreme Strömungen vorgeht, hat viel gearbeitet und diesen Text gemacht. Er wurde, glaube ich, mehrfach umgeschrieben, weil die jeweilige Fassung irgendjemandem einfach nie gepasst hat. Jetzt steht dort, rechts neben dem Eingang, dass die Ausstellung nicht mehr dem heutigen Geschichtsbild Österreichs entspräche und erneuert werden würde. Wie lang wird wohl die neue Konzeption der Ausstellung dauern, wenn schon eine kleine Tafel solch ein Bürokratenspiel verursacht?[3]

Als ich meine Familie nach der Nazi-Zeit gefragt habe, war ich noch sehr jung. Meine Großeltern haben nie wirklich etwas erzählt. Sie sagten, das sei eine andere Zeit gewesen und blablabla. Die einzige Großmutter, die ich später erlebt habe, die war damals schon sehr vergesslich. Aber mein Großonkel, der war Flieger in der Wehrmacht und hat London bombardiert. Er wohnte in Klagenfurt, in Kärnten, wo Haider 40 Prozent hatte. Das war ein sehr netter alter Herr, aber er redete manchmal ziemlichen Blödsinn über dieses Thema, wie mir meine Mutter später mal erzählte.

---

3   Im September 2008 war die Ausstellung unverändert. Offenbar fehlt ein offizieller Beschluss zur Neugestaltung der Länderausstellung in Auschwitz vonseiten der österreichischen Regierung, wie es in einem Projektbericht, gefördert aus Mitteln des Nationalfonds der Republik Österreich für Opfer des Nationalsozialismus im Juni 2008 heißt. S. a. Dokumentationsarchiv des österreichischen Widerstand (www.dow.at).

Mit uns Kindern unterhielt er sich nicht über Politik oder so. Was aber interessant war: Er hat uns immer nach unseren Geschichtsbüchern, also den Büchern aus der Schule gefragt. Er wollte wissen, wie wir den Nationalsozialismus jetzt lernen und las sich das durch. Ich fand das cool, dass er sich dafür interessierte, was wir lernten. Er bekam so mit, was er damals durch Propaganda falsch vermittelt bekommen hatte und erarbeitete sich das Thema später selbst. Mit 80 fing er noch an und lernte Englisch, mit 82 kaufte er sich einen Computer und so Sachen. Vor zwei Jahren ist er gestorben. Bis zuletzt war er ziemlich fit. Er trieb jeden Tag Sport, weil es das Wichtigste sei, wie er immer sagte. Aber zu Politik hat man nie mehr aus ihm herausbekommen, als dass er Flieger war.

Mein Vater ist 1946 geboren. Er lernte das Thema Nationalsozialismus und Holocaust in der Schule noch nicht, ist dem gegenüber aber recht aufgeschlossen. Meine Eltern besuchten mich im Oktober in Auschwitz, haben sich Führungen geben lassen und wir diskutierten dann lang über dies und jenes. Aus eigenem Ansporn wären sie vermutlich nicht nach Auschwitz gefahren. Polen lag nicht unbedingt in ihrer Vorstellungswelt. Und dann auch noch Auschwitz! Das ist kein leichtes Thema. Es war für sie etwas Bedrückendes, etwas, was sie runterzog, und dem hätten sie sich nicht ausgesetzt, was ich gut verstehen kann.

Klar, man sollte sich das hier mal anschauen. Aber es ist auch schwer. Das ist hier ja kein schöner Ausflug oder ein netter Urlaub. Auschwitz ist schon heftig, und deswegen gibt es auch genug Leute, die nicht hierher fahren.

Ich fand Auschwitz und alles, was damit zusammenhängt, einfach sehr interessant und konnte mir deshalb auch gut vorstellen, ein Jahr hier zu arbeiten. Natürlich ist es schwer, wenn man aus dem Lager herauskommt und dann erst einmal fertig ist. Aber am zweiten Tag ist es schon anders. Und wenn ich fertig mit der Arbeit war, dachte ich einfach nicht mehr über Auschwitz nach. Mir sind beide Lager, also das Stammlager und Auschwitz-Birkenau, als Arbeitsort lieber als eine stinkende Fabrik. In den Lagern habe ich mit Leuten wirklich arbeiten und sie aufklären können, weil Auschwitz etwas ist, das sehr sensibilisieren kann. Ich glaube, das ist mir einige Male gelungen in den 14 Monaten, die ich hier bin. Ich betreute in der Zeit zwischen 35 und 40 Gruppen und es gab immer wieder junge Leute, die auf das Thema wahnsinnig angesprungen sind. Vor allem die Zeitzeugen sind ein gute Quelle, den Massenmord zu beschreiben und zu vermitteln.

Ich meine, Gedenkdienst klingt so nach: Und morgen legen wir einen Kranz dort nieder und Freitag beten wir das Kaddish oder so. Das würde mir persönlich nichts geben. Mein Ansporn vom ersten Tag an ist gewesen, Jugendlichen und Erwachsenen, die hierher kamen, etwas mitzugeben. Ich wollte ihnen zeigen, dass Auschwitz nicht nur Geschichte ist, sondern täglich in irgendeiner Form passiert. Es gibt immer noch Rassismus und wird es vermutlich immer weiter geben. Das Einzige, was man da machen kann, ist mit offenen Augen durch die Welt gehen und dagegen wirken, wo man kann. Das habe ich den Leuten mitteilen und ihnen dafür Kraft geben wollen. Es sind sehr, sehr schöne Momente gewesen, in denen die Leute voller Emotionen, voller Zuversicht und als veränderte Menschen diesen Ort verließen. Gerade in so einer Phase, wenn man 16 ist, kann ein Besuch in Auschwitz schon ein heftiger Einschnitt ins Leben sein.

Die Leute, die hierher kommen, sind sicher in der Internationalen Jugendbegegnungsstätte sehr gut aufgehoben. Leider ist sie eine Art »deutsche Insel« in Oswiecim. Das wird auch eher in der Stadt so gesehen: Das hier ist das »Deutsche Haus«, wo die deutschen Gruppen hinkommen, die manchmal ausschwärmen und die Cafés und Bars ein bisschen beleben. Damit sich das ändert, dafür tut der Direktor hier im Moment sehr viel. Ausstellungseröffnungen, Philosophieabende – damit versucht man, die Leute aus der Stadt und Umgebung ins Haus zu holen. Leider werden diese Veranstaltungen eher von der »High Society« der Stadt und nicht von den normalen Oswiecimer besucht, obwohl die Veranstaltungen für jeden offen sein sollten. Ab und zu kommen auch junge Leute hierher und unterhalten sich dann schon mal mit den Gruppen. Aber solche Kontakte sind eher selten.

Wenn die Gruppen hier ankommen, wissen die meisten von ihnen nicht, wie sie fünf Tage in Auschwitz überstehen können. Die meisten stellen sich unter Auschwitz nicht mehr als die Lager vor und wissen auch nicht, dass Birkenau ein Nebenlager von Auschwitz ist. Wenn sie dann hier sind und sehen, dass Oswiecim eine Stadt ist, in der Leute arbeiten und wohnen, dann sind sie erstaunt. Hier gibt es ein Kino und Cafés und Geschäfte, hier spielen Kinder und wohnen Menschen. Den Leuten geht es zwar nicht übermäßig gut, aber das hat primär eher nichts mit Auschwitz zu tun. Die ganze Arbeit der Jugendbegegnungsstätte beruht ja darauf, dass sie in der Nähe der Konzentrationslager und der Stadt liegt. Es geht darum, den Gruppen zu zeigen, dass es hier neben der Geschichte der Lager auch Normalität gibt. Man kann sich hier wohl fühlen.

Den Leuten vor ihrer Reise ein Bild davon zu vermitteln, wie es hier aus-sieht, ist auf jeden Fall fairer, als sie hier ins kalte Wasser fallen zu lassen. Nur: Eine gute Vorbereitung hatten vielleicht zehn, vielleicht 15 Gruppen von zirka 40, die ich hier betreute. Die meisten wussten oft sehr, sehr wenig, muss ich sagen. Und über Polen kannten sich die wenigsten aus. Gute Gruppenleiter, die öfter hierher kommen und im Thema sind, die machen mindestens ein, zwei Stunden, in denen den Schülern vorher erklärt wird, was Oswiecim ist, und sie geben ihnen einen Überblick über die polnische Geschichte.

Viele kommen ja hierher und haben bis dato keinen Juden kennengelernt und wissen auch nichts über das Judentum. Dabei ist das ganz normal: Auf der Welt gibt es 18 Millionen von ihnen. Es ist wichtig, dass man da ein wenig auf-klärt, weil so viele Vorurteile existieren. Die meisten wissen halt gar nichts und trauen sich auch nicht zu sagen, dass sie nichts wissen.

Am besten für das Thema Auschwitz ist ein längerer Aufenthalt von fünf bis sechs Tagen und eine Gruppenstärke von etwa 15 Personen. Es gibt Schulen, die mit 90 Leuten herfahren. Das ist dann keine Arbeit mit den Menschen mehr, sondern hauptsächlich Überorganisation. Häufig kommen Schüler auch hierher und wollen nur Party machen.

Generell, meine ich, ist es gut, wenn die Gruppen vielleicht mittags an-kommen und sich ein bisschen ausruhen. Nachmittags sollten sie durch die Stadtführung erklärt bekommen: Wo bin ich hier? Und sie sollten, bevor sie ins Stammlager gehen, über das Judentum aufgeklärt sein. Wenn ich Gruppenleiter wäre, würde ich den Aufenthalt hier in Auschwitz reduziert gestalten. Reduziert in dem Sinne, dass ich nicht mehr als zwei Punkte pro Tag machen würde. Eine gute Gruppe braucht einfach länger Zeit, bis sie mitbekommt, um was es hier geht. Wenn sie im Lager waren, brauchen sie Zeit, um das individuell und als Gruppe aufzuarbeiten. Die ersten zwei Tage sind immer sehr schwer. Die Leute sind ausgepowert.

Ich hatte wunderbare Gruppen, ich hatte miese Gruppen, ich hatte sehr schlechte Gruppen. Eine wunderbare Gruppe kam aus Norddeutschland, wo der Lehrer schon fünfzehnmal hier war. Er machte es wie in den meisten Gruppen: Individuelle Anmeldung; nur die fahren mit, die es interessiert. Sein Programm ist sehr emotional und vermittelt nicht nur die Geschichte. Es geht auch um Gefühle in Bezug auf den Ort. Und der Lehrer gibt den Jugendlichen viel Freizeit und haut die Zeit hier nicht so voll. Jeder kann – keiner muss. Am Ende der fünf, sechs Tage versuchen die Leute dann, auch irgendetwas für eine Präsentation in der Schule zu erarbeiten. Er hat einen längeren Abschnitt dabei, bei dem sie Abschied nehmen. Die Schüler sitzen am letzten Abend im Haus der Stille und jeder liest ein Gedicht vor, das er sich in der Seminarwoche ausgesucht hat.

Ein Beispiel für eine Gruppe, die gar nicht gut lief, waren Leute aus einer Abendschule. Der Betreuer hatte etwas von der Begegnungsstätte von einem Freund gehört, der beim deutsch-polnischen Jugendwerk arbeitet. Er nahm es hier sehr ungenau und sah das wohl eher als eine Klassenfahrt an, wo man mal zusammen einen saufen geht. Abends wurde also gesoffen und morgens um zehn gefrühstückt. Dann mal eben das Lager angeschaut und dann Pause. Wenn der Gruppenleiter schon so eine Einstellung hat und auch sonstigen Blödsinn daherredet, also zum Beispiel, dass man das und das nicht so wortwörtlich nehmen solle, wie soll dann die Gruppe mit einem anderen Gefühl nach Hause fahren, als wenn sie gerade auf Mallorca gewesen ist?

Am ersten, am zweiten Tag ist es für die meisten hier ja so, dass sie in den Reflektionsrunden so grundsätzliche Dinge sagen wie: »Ich kann es nicht verstehen. Ich komme damit nicht klar«, und es geht um die Schuldfrage. Wenn dann der Lehrer nicht kapiert, dass es in der Reflektion nicht um Diskussionen geht, und ständig reinquatscht in Rückmeldungen aus der Gruppe – dann kommt dabei einfach nichts heraus. Wenn er zum Beispiel damit anfängt, den Prozess in Bezug auf die Schuldfrage zu blockieren, indem er sagt, dass der Antisemitismus keine Erfindung des Nationalsozialismus sei und blablabla, dann wird da einfach etwas abgewürgt, was für die Leute wirklich wichtig ist. Sinn und Zweck von Reflektionsrunden ist ja nicht, Fragen zu beantworten, sondern die richtigen Fragen zu stellen. Es besteht dabei die große Chance, dass die Leute merken, dass sie mit ihren Gefühlen nicht alleine sind. Dass andere ähnlich empfinden und es ihnen ähnlich schlecht geht. Durch Zuhören und Selbstreden können sie ihre Gefühle dann für sich aufarbeiten.

Anderes Beispiel: Ich erlebte eine Gruppe aus einer Schule für Erzieherinnen und Erzieher. Das waren Leute mit sozialer Kompetenz und das merkte man. Die lernten Pädagogik und es geschahen wunderschöne Momente in den abendlichen Runden. Sie nahmen das hier ernst und ich merkte: Da ging wirklich was weiter.

Normalerweise bin ich als Freiwilliger immer dabei gewesen, wenn die

Gruppen in die Lager gingen. Nach den ersten Malen – ich kannte bereits das Meiste – habe ich mich immer etwas abseits gehalten und fand immer mehr Gefallen daran, die Menschen zu beobachten. Nehme ich mal das Stammlager: Einer geht rein, schaut ein bisschen, macht ein Bild mit seiner Digitalkamera und geht wieder raus. Ein anderer geht in den Block 4, macht Ähnliches wie Person eins. Dann sieht er die dort ausgestellten Haare und sagt nichts mehr.

Wie Menschen auf zum Beispiel schockpädagogische Dinge wie ausgestellte Handschuhe oder Koffer oder Haare reagieren oder wie sie sich die Häftlingsporträts in Block 7 und 8 anschauen, ist unterschiedlich. Als Zivi und Begleiter muss ich aufpassen, dass die Gruppe nicht zu lange in den einzelnen Ausstellungsräumen hängenbleibt und später einfach gar nicht mehr kann und fertig ist. Wenn das passiert, ist es auch immer wieder schön zu sehen, dass sich die Gruppenmitglieder untereinander wirklich helfen, weil sie halt Freunde sind. Es passiert öfter, dass jemand in Tränen ausbricht und dann wird aus der Gruppe heraus diese Person aufgefangen. Wenn niemand da ist, gehe ich mit den Leuten aus dem Block raus. Ich klopfe ihnen auf die Schulter oder nehme sie in den Arm – je nach dem, was ich da als angebracht halte. Es hängt auch ein bisschen vom zwischenmenschlichen Kontakt ab, wie weit ich gehen kann und was nötig ist. Manchmal halte ich auch einfach nur die Hand. Sich irgendwo hinsetzen, in den Himmel oder in die Sonne schauen: Dann geht es oft schon nach einer Zeit wieder besser. Reden ist häufig nicht so der Punkt. Einfach da sein, daneben stehen. Ein gutes Gefühl geben.

Emotionale Reaktionen im Stammlager hängen total vom Gruppengefühl ab und wie weit sich die Leute öffnen können und wollen. Gefühle zeigen da eher Mädchen als Jungen. Grundsätzlich ist es so, dass in dem Alter junge Männer weniger Emotionen zeigen dürfen. Es ist für sie überhaupt nicht angebracht, gerade wenn sie sich als Mann profilieren wollen, in Tränen auszubrechen. Ich meine: man ist 16 und dann auch noch vor all den Freunden: Da zeigen Jungen sehr, sehr wenig Emotionen.

Aber in den Reflektionsrunden geben sie häufig interessante Kommentare ab. Wenn ich zum Beispiel meine, diese Gruppe berührt gar nichts, die sind da durchgegangen, als ob sie ein Museum für Biologie besuchen, dann wurde ich häufig eines Besseren belehrt. Einer sagt etwas und häufig noch einer und dann kommt: »Als ich da durchgegangen bin, da ging ja gar nichts mehr. Ich habe überhaupt nicht mehr reden können und mir war schlecht.«

Ich beobachte auch, dass bei jüngeren Jungen, die sich vielleicht nicht so gepflegt ausdrücken können, manchmal so etwas Einfaches kommt: »In dem und dem Raum ging es mir gar nicht gut.« Das offen und dann auch noch vor der Gruppe zuzugeben, das ist für die jungen Männer oft schon sehr, sehr viel. Manchmal ist das mehr, als wenn ein Mädchen in Tränen ausbricht. Bei ihnen hatte ich häufig den Eindruck, dass es sogar gewollt war: Sie sollen weinen, weil sie Mädchen sind und die sind emotional. Es passiert auch, dass Mädchen die ganze Zeit nur heulen, einfach, weil sie es gewohnt sind. Wo es gar nichts mehr zur Sache tut, ob sie nun heulen oder lachen.

Auf der anderen Seite helfen sich Mädchen häufiger besser über alles hinweg. Sie halten sich an den Händen und gehen zusammen. Da sind Bindungen zwischen den Freundinnen, die oft viel stärker sind als bei den Jungen. Die sind dann doch eher allein. Bei ihnen ist es eher so, dass sie keine Emotionen zeigen dürfen. Und da ist Auschwitz in dem Alter schon schwer. Deswegen ist oft ein Kommentar, der für ein Mädchen eher weniger wichtig ist, für einen 14-Jährigen sehr hoch einzuschätzen. Besonders dann, wenn jemand gerade nicht so emotional ist, also »Fußballspieler« oder »Kerl« ist. Ich erlebe es auch, dass es in Richtung coole Sprüche geht. Oder ein anderer Abwehrreflex: Wegschauen, weil man das nicht mehr erträgt. Oder einfach einen Witz machen, damit man wieder fröhlich ist. Das passiert jetzt nicht direkt in den Blöcken, sondern eher, wenn drei oder vier Leute in der Begegnungsstätte zusammenstehen. Einer hält es dann nicht mehr aus und fängt irgendein blödes Thema an, um etwas zu sagen, auf das die anderen auch einsteigen können. Das geht dann von Fußball bis Weltliteratur – alles Mögliche wird geredet, was nicht grad mit Holocaust zu tun hat – und das ist ein Zeichen, dass es zuviel ist.

Manchmal ist es so, dass die Leute Auschwitz nicht so berührt, weil sie sich das anders vorgestellt haben. Sie denken, es sei ein ruhiger Trauerort, der nur von wenigen Leuten besucht wird. Dann passiert etwas anderes, weil sie gerade mit reichlich Besuchern auf dem Gelände sind und die Gruppe gleichzeitig mit drei anderen Gruppen in einem Raum in der Ausstellung steht.

Viele sind dann in Birkenau erschüttert. Andere sehen in Birkenau fast gar nichts und sagen, dass sei dort doch alles Wiese. Birkenau ist dann interessant, wenn die Gruppen von dem Zeitzeugen Herrn Mandelbaum über das Gelände geführt werden. Er hat im Jüdischen Sonderkommando in der Todeszone in den Gaskammern gearbeitet. Wenn er mit ihnen zur Ruine vom Krematorium II geht und er ihnen auf halb Deutsch, halb Jiddisch erzählt: Dort war die Gaskammer, dort der Ofen, die Schaufel und das ging so und so – und ihnen zeigt, wie das wirklich war, das geht vielen dann sehr, sehr nah.

In Birkenau, durch die Weite dort und das Gehen auf dem Gelände, entstehen häufig sehr interessante Gespräche. Das kann über persönliche Dinge sein oder irgendwelche speziellen Themen, die Gruppenmitglieder grad mit dem Guide besprechen wollen. Der Guide Herr Foks macht das sehr gut. Er arbeitet für das Museum und geht in Birkenau mit den Gruppen hinten zwischen die Krematorien III und IV. Da ist ein Weg und daneben ein Wäldchen mit Bänken. Da setzt er sich dann mit den Leuten hin, macht kurz Pause und spricht zu den Leuten als Zeitzeuge. Ursprünglich ist er Birkenauer und wurde als Kind für den Bau des Lagers ausgesiedelt. Er kennt die ganzen Bauernhöfe und die Bewohner um das Lager herum. Den Leuten erzählt er, wie und was er damals sah und geht direkt auf persönliche Fragen ein.

Wenn die Gruppen aus Birkenau zurückkommen, reagieren sie unterschiedlich: Wie war das Wetter? Wie war der Guide? Wie waren die Emotionen? Wie war die Gruppendynamik? Das sind alles Dinge, die ihr Erleben mit beeinflussen. Manche lachen und machen Schmähs und Sonstiges, weil ihnen grad danach ist. Sie lassen das Thema jetzt mal beiseite und machen etwas anderes und bekommen den Kopf frei. Andere kommen und verteilen sich über das Gelände: Einer geht ins Zimmer, der andere geht einkaufen und Cola besorgen. Oder der Nächste setzt sich dorthin und raucht eine. Ich will da jetzt keine Qualitätsregeln erstellen, was man machen darf oder nicht, was gut oder schlecht ist und was sie hier offenbaren sollen. Das kann wirklich jeder so machen, wie er will. Die Leute brauchen Ruhe, um darüber nachzudenken, was sie gerade gesehen und erlebt haben. Ich hatte zum Beispiel vor einigen Tagen eine Gruppe, die am Abend Alkohol in Massen zu sich nahm. Der Grund dafür war, glaube ich, eher nicht Auschwitz. Die Gruppe sah es generell so, dass die Fahrt eher eine »Trinkfahrt« war. Das war dann echt deren Bier.

Ich sprach vorhin mal ganz kurz die Sache mit dem Schuldgefühl an. Das ist etwas Grundsätzliches, was in Auschwitz die meisten Leute erleben. Was ich dabei mitbekommen habe, ist, dass dieses Thema bei Österreichern weniger präsent ist als bei Deutschen. Bei denen ist es eigentlich immer da. Für mich war das früher ähnlich. Ich dachte immer: Mein Vaterland hat Mist gemacht und deswegen muss ich jetzt etwas tun. Das hat sich hier geändert. Ich mache das hier nicht mehr für mein Vaterland, weil ich das einfach einen Blödsinn finde. Ich bin auch kein Botschafter von Österreich und muss jetzt erzählen, wie die Regierung gerade arbeitet oder nicht arbeitet. Nein. Ich mache das für mich und gebe es anderen Leuten weiter.

Ich meine, wenn deutsche Jugendliche das erste Mal mit dem Holocaust im Geschichtsunterricht konfrontiert werden, dann verlieren sie irgendwie auch ihre Unschuld als Staatsbürger. Weil sie Deutsche sind, ist Auschwitz auf einmal total nah. Wenn sie lernen, Volk X hat Volk Y umgebracht, dann ist es immerhin Volk X. Aber im Fall von Auschwitz sind es die Deutschen und das sind sie und das ist sehr schwer.

Deutsche Jugendliche sind hier häufig auch mit dem Gedanken konfrontiert, dass sie verspottet oder ihnen in Auschwitz »Heil Hitler« nachgerufen werden könnte. Oder dass jemand auf sie zukommt und sie beschimpft oder mit dem Finger auf sie zeigt. Ich glaube, das ist eine Angst, die viele hier haben. Ich meine, im Ausland passiert das häufig genug. Da werden Deutsche mit dem Massenmord konfrontiert, indem ihnen »Heil Hitler« und »Nazis« hinterher geschrien wird. Da kommen die sich natürlich blöd vor. Ich meine, in Österreich wissen ja nur Insider, dass Hitler Österreicher war.

Die meisten, die in der Familie etwas haben, die bekommen es ja doch irgendwie mit: versteckte Fotoalben, Geschichten, die nicht erzählt werden, Lebensläufe, die nicht stimmen. Oder dass zum Beispiel Familienmitglieder, wenn sie auf die Nazi-Zeit angesprochen werden, aggressiv reagieren oder abwiegeln oder hartnäckig schweigen. Ich meine, man muss sich auch in einen SS-Mann hineindenken: Der erzählte seinen Kindern sicher nicht, dass er in Auschwitz oder anderswo gemordet hat. Der würde doch immer sagen: »Ich war an der Ostfront.« Oder sie erzählen, dass sie verwundet und ein Jahr im Erholungsheim waren. Ich würde es auch nicht sagen.

Oft wissen die Leute auch gar nicht, was bei ihren Großeltern oder Urgroßeltern während der Nazi-Zeit los war. Das wird den Jugendlichen meistens von ihren Eltern nicht erzählt oder die wissen es häufig selbst nicht. Trotzdem trägt man den Holocaust im Herzen und das geht dann tief in den Bauch. Die Enkelkinder oder Urenkelkinder sitzen dann hier mit etwas Unausgesprochenem. Sie fühlen sich, wenn sie hier sind, gebrandmarkt, laufen durch ein Lager, spüren, dass sie es ganz tief berührt und haben keine Ahnung, warum ihnen das passiert. Von denen, die etwas von ihren Familien wissen, denken sich einige: »Wenn ich jetzt etwas sage, dann schauen mich die anderen schlecht an, weil mein Großvater das und das gemacht hat.« Sie kommen hier einfach mit dem diffusen Gefühl nicht klar, dass ihre Vorväter Mist gebaut haben oder Dreck am Stecken hatten. Sie fühlen sich schuldig, als würde ihnen die ganze Zeit ein Stempel aufgedrückt: Du musst das jetzt büßen.

Zum Teil resultiert dieses Gefühl der Schuld auch aus so etwas wie: »Es nicht verstehen können und wollen und dann wegschauen«, was ja in jedem Menschen drin ist. Mit diesen Gefühlen gehen die meisten in die Lager. Viele sagen zum Beispiel nach den ersten Tagen, sie müssten sich extra gut benehmen, weil sie Deutsche seien. Und sie fänden es schrecklich, wenn andere da durchgingen und auch noch fotografieren würden. Das könne doch alles nicht sein. Die meisten sind wirklich fertig.

Ich hatte eine Gruppe, die kam aus Nordhausen. Die Leute waren zwischen 50 und 70 Jahre alt. Wir hatten eine Eingangsrunde gemacht und gefragt: Mit welchen Gefühlen gehe ich hierher? Was sind meine Erwartungen? In dieser Runde berichtete das älteste Gruppenmitglied davon, dass das Lager Dora-Mittelbau gleich neben dem Ort gelegen habe, in dem sie als Kind groß geworden sei. Ich weiß gar nicht mehr genau, was sie noch sagte. Ich erinnere mich aber daran, wie sie erzählte, dass ihre Eltern dort als Aufseher gearbeitet hätten und sie gesehen habe, wie sie die Häftlinge behandelten. Es war das erste Mal, dass diese Frau darüber sprach und sie brach in Tränen aus. Wirklich, es war ergreifend, dass sie sich in der ersten Runde schon so geöffnet hatte und so ehrlich war. Ich hatte großen Respekt vor ihr.

Die 13-, 14-, 15-Jährigen habe ich so erlebt, dass sie in einer Phase sind, in der sie noch wenig eigene Identität haben und sie dem, was sich durch die Schuldfrage aufgebaut hat, ausgeliefert sind. Und wenn das erst mal angekommen ist, dann sitzt es sehr fest. Die meisten trauen sich nicht, es zu sagen. Sie schweifen in den Reflektionsrunden herum oder verschweigen es komplett. Es ist ganz schwer, aus ihnen herauszubekommen, und man weiß nicht wirklich, was in den Köpfen vorgeht. Bei Älteren ist das schon leichter, weil sie eher darüber sprechen. Bei den Erzieherinnen, die ich vorhin erwähnte, war es leicht. Sie konnten sich reflektieren, sie kannten die Methoden. Bei den Jüngeren ist es eher so, dass sie sich schuldig fühlen und sich fragen: »Ja, und warum müssen wir uns jetzt noch schuldig fühlen?« In dieser Frage steckt auch, dass es gewollt ist, dass sie sich schuldig fühlen, was wirklich vollkommener Blödsinn ist. Ich glaube, das kommt aus etwas, worüber sie noch nicht wirklich nachgedacht haben und es trotzdem in sich tragen, weil sie es gehört haben und nicht damit umgehen können.

In Auschwitz musst du dir über Schuld Gedanken machen, ganz klar. Und jeder macht sich hier auch darüber Gedanken. Das Beste, was passieren kann ist, dass Schuldgefühl letztlich zu Verantwortung wird. Es ist dann nicht mehr Verantwortung für etwas Vergangenes, sondern Verantwortung für heute und jetzt und für das eigene Leben und das von anderen, – dass man dafür seinen Teil leisten kann, dass es allen gut geht. Dafür muss man manchmal nur über den Zaun schauen, um an etwas Anderes zu denken als an: Wo kriege ich mein Fressen her? So ungefähr. Also diese Geschichte von: So lange es mir gut geht, geht es mir gut und alles andere ist mir scheißegal. Ich finde, wenn man es schafft, nicht nur auf sich zu schauen, sondern auch die anderen wahrzunehmen, dann ist schon viel geholfen.

Ich habe ihnen meistens zu diesem Thema gesagt: »Stellt die Frage, ob ihr schuldig seid, einem Zeitzeugen.« Wenn dir als junger Mensch ein polnischer überlebender Jude wie Herr Mandelbaum, der in den Gaskammern in Birkenau gearbeitet hat, sagt, dass du nicht schuldig bist, dann ist das Thema einfach abgehakt. Und irgendwann kommt dann der Umschwung.

Gerade die Zeitzeugen erleben die Gruppen sehr intensiv. Für viele ist das der Punkt, wo sie den persönlichen Bezug bekommen, wo sie den Holocaust und Auschwitz ganz speziell in einem direkten und ganz anderen Licht sehen und sich selbst intensiver Fragen stellen. Also: Was interessiert mich jetzt noch? Oder: Wie ist das und das? Und sie sind häufig ganz erstaunt, wenn ihnen dann jemand wie Herr Mandelbaum am Ende seines Vortrags erzählt: »Ich hoffe, ihr werdet alle Minister.« Oder: »Die Frauen bekommen einen schönen Mann oder die Männer bekommen eine schöne Frau.« Solche Sachen halt, so etwas Lebendiges.

Ich habe Herrn Mandelbaum ja in diesem Jahr hier häufiger gesehen und wir

haben so einen Opa-Enkel-Kontakt aufgebaut. Jedes Mal, wenn er kam, umarmte er mich und wir
redeten über alles Mögliche. Irgendwann ist mir
das in Leib und Seele gegangen und ich umarmte
ihn auch zurück. Ich freute mich immer, wenn wir
mal eine halbe Stunde über nichts geredet haben.
Oder über Autos. Er sagte immer: »Du musst dir
ein gutes Auto kaufen.« Er wurde wie ein echter
Freund, obwohl ich nicht immer zuhörte, wenn er

den Leuten erzählte. Ich habe ihn häufig auch nur beobachtet. Er ist so cool.
Mandelbaum ist mein Lieblingszeitzeuge.

Für mich war die schwierigste Zeit hier im Januar und Februar. Man kann das
als Winterdepression abtun, aber es sind einige persönliche Dinge passiert. Ich
lernte im Dezember ein Mädchen kennen und besuchte sie und nach drei Tagen
war dann überhaupt nichts mehr.

Im Februar kam dann ein Anruf, dass meine Großmutter gestorben sei,
meine Großmutti, mit der ich richtig gut Kontakt hatte und die so etwas wie
eine richtige Instanz war in unserer großen Familie mit 26 Leuten. Dann wurde
meine Mutter krank und meine Eltern trennten sich: Das war für mich nicht so
einfach. Meine Eltern sind ziemlich konservativ und eine Trennung stand nie zur
Debatte. Ich bin in einer Familie aufgewachsen, wo es mir immer gut ging. Ich
habe fünf Geschwister und es war eine schöne Zeit mit der Familie, auch wenn
wir uns mal gestritten haben. Aber es war immer so, dass der andere für einen
da war und wir uns immer aufeinander verlassen konnten. Ich habe mich zum
Beispiel immer mit meinem Bruder Paul gestritten. Aber wenn etwas Wichtiges
war, dann hat der eine dem anderen geholfen. Und dass die Familie irgendwie
bröseln kann, das habe ich mir nie vorstellen können. Als das so anfing, da ging
es mir schlecht. Das ging ein paar Wochen so: Ich hatte keine Gruppen. Das
Wetter war kalt. Wir hatten im Januar teilweise minus 30 Grad. Ich wollte dann
auch längere Zeit mit den Kollegen nicht darüber reden – bis auf Ludwig. Es
war so, dass meine Kollegen hier meine Freunde waren. Ich sah sie jeden Tag
im Büro und mit dem Ludwig habe ich eine dicke Freundschaft aufgebaut. Wir
können echt über alles reden. So eine tiefe Freundschaft hatte ich bisher nur zu
sehr wenigen Personen und irgendwie mögen wir uns ziemlich gerne. Ich wer-

de ihn bald in Erfurt besuchen. Auch zu den anderen hatte ich oft gute Kontakte, also zu Nina und Melanie zum Beispiel.

In Oswiecim selbst kam es nicht so richtig zu Freundschaften. Ich habe mich oft mit der Claudia getroffen, das ist ein polnisches Mädchen. Wir schikken uns immer Postkarten von Orten, wo wir gewesen sind. Ich bin ja viel in der Welt unterwegs. Bei meiner letzten Polenreise war das dann leider etwas zuviel und ich habe es nicht ganz geschafft: Ich hätte alle drei Tage eine neue Postkarte schreiben müssen. Dann ist da auch noch Bartek. Der ist 16 Jahre alt und hat nur wenig andere Freunde hier und deswegen kam er ziemlich häufig zu uns. Er ist echt nett, aber ich habe jetzt nicht so eine tiefe Freundschaft aufbauen können.

Dann hatte ich viele »Fortgeh-Bekanntschaften«, also Leute, die man so kennt und mit denen man ein Bier trinkt und tanzen geht. Das waren so Leute aus Oswiecim und Umgebung, die am Sonnabend hierher kommen und ins »Menago« gehen, um zu tanzen. So wie Pauline zum Beispiel, ein total offenes Mädchen, die es Klasse findet, wenn sie mit Ausländern Englisch schwafeln kann.

Dann habe ich viele Freundschaften aufgebaut mit Leuten zu der Rezeption zum Beispiel. Die mögen mich auch alle, was mir bei der Arbeit sehr geholfen hat. Es gibt so eine Grundregel: Wenn man mit der Rezeption gut steht, steht man mit dem ganzen Haus gut. Oder auch die anderen: alles sehr nette Leute. Meine ehemalige Chefin habe ich in Warschau besucht. Oder die Gabrysia, die mich jeden Tag zum Arzt fuhr, als ich eine Mandelentzündung hatte. Dann baut man so Kurzfreundschaften zu Gruppenteilnehmern auf, die sich dann irgendwann verlaufen. Obwohl ich mich auch gerade kürzlich in eine Frau verliebt habe. Da war eine Gruppe und da war die Sandra dabei, eine Geschichtsstudentin aus Leipzig. Wir sind so in Kontakt gekommen und dann zwei Wochen zusammen durch Polen gereist und es wurde intensiv. Wir waren 24 Stunden auf engstem Raum und haben uns wirklich gut verstanden, was ich mir so nicht vorgestellt hatte.

Früher war ich eher jemand, der keine Freunde hatte und auch nicht so offen auf Leute zugegangen ist. Ich war ein ruhiger Typ, eher gelassen und bodenständig und habe geschaut, dass alles gut läuft. In den 14 Monaten habe ich mich verändert. Auf jeden Fall. Ich weiß, dass ich viel Sozialkompetenz dazugelernt habe. Das Einzige, was mich stört an diesem offenen Zugang, den ich jetzt zu Menschen habe, also, das ich mit jedem und mit so vielen reden kann, ist, dass ich vielleicht ab und zu anmaßend bin, weil es mich manchmal anzickt. Da habe ich dann schon zynische Bemerkungen gemacht, wenn ich gefragt wurde: Wie geht es dir denn so bei der Arbeit? Mich nervte das manchmal, dass ich mit den Leuten reden musste und ich kam mir mit den zynischen Sprüchen besser vor, als ich wirklich war.

Mein Wissen über Auschwitz ist hier in der Zeit sehr erweitert worden. Es ist über das Vorher und Nachher und alles um den Holocaust sehr groß. Dann die ganzen Kontakte, die ich jetzt habe: zu Deutschland, zu hier, zu Zeitzeugen, zu wichtigen Personen in diesem Bereich. Da könnte ich gut drauf aufbauen, wenn ich jetzt zum Beispiel Geschichtspädagoge werden würde. Da ist das, was ich hier gemacht habe, ein richtig guter Anfang.

Aber das Wichtigste ist, dass ich jetzt richtig gut etwas mit Leuten anfangen und mit ihnen arbeiten kann. Ich kann auf sie zugehen und weiß inzwischen auch, wann es mir zuviel wird. Das habe ich am Anfang nicht gehabt. Da habe ich mich sehr reingesteigert und war nach fünf Tagen so kaputt, dass ich einfach ein paar Tage brauchte, um wieder bei mir anzukommen.

Ich kann Stimmungen recht gut fassen und wusste, wenn irgendetwas in der Luft hing, wenn was nicht gepasst hat. Was hier dazugekommen ist, ist, dass ich die Stimmungen auch lenken kann. Das es nicht in falsche Richtungen geht. Also nicht nur passiv spüren, sondern auch aktiv eingreifen. Ich bezeichne mich jetzt nicht als Pädagoge, weil ich nie eine Ausbildung bekommen habe in der Richtung. Alles, was ich hier machte, war von dieser Perspektive aus betrachtet, eigentlich »pseudo« – würde ich jetzt selbst von mir mal sagen. Aber ich habe viele verschiedene Konzepte und deren Hintergründe kennengelernt: wie man – speziell hier – mit Jugendgruppen umgehen kann und warum man jetzt Reflektionsrunden macht und so.

Morgen fahre ich nach Hause. Mal sehen, ob ich mich mit ein paar Kumpels treffe und weggehe. Am Sonnabend fahre ich auf jeden Fall zu einem AFS-Camp, das Programm, mit dem ich ein Jahr in Frankreich war. Das ist ein Return-Camp, also für Leute, die nach einem Jahr Austausch wieder zurückkommen. Ich habe die im vergangenen Jahr vorbereitet.

Dann werde ich mich wieder immatrikulieren, nicht in Technische Mathematik, also dem Studium, mit dem ich angefangen habe, sondern vermutlich in Volkskunde und Soziologie. Technische Mathematik war sehr interessant, aber es war mir zuviel. Ich weiß mittlerweile, wo meine Grenzen sind und ich will etwas machen, wo ich mich nicht die nächsten fünf Jahre nur mit Zahlen beschäftige. Ich habe immer schon viel mit Freunden gemacht und das möchte ich auch weitermachen. Ich will nicht ackern, um einen Abschluss zu haben und dann noch mehr ackern, um einen Job zu bekommen. Ich meine, in der Technischen Mathematik bekommst du sofort Arbeit und die ist auch gut bezahlt. Aber es ist nicht mein Ding, die ganze Zeit am Büroschreibtisch zu sitzen. Das habe ich jetzt gemerkt. Ich möchte mich viel lieber während des Studiums entscheiden, in welche Richtung es geht. Deswegen mag ich etwas Geisteswissenschaftliches studieren, weil es dort breiter gefächerter ist, ich mich nicht gleich festlegen muss und mich dann am Ende zwischen diversen Taxijobs entscheiden kann. Nein, im Ernst: Ich mache lieber etwas, was mich interessiert, und Kultur fand ich immer schon spannend. Also jetzt nicht Kultur im Sinn von Oper und klassischer Musik, sondern eher die Richtung interkulturelles Lernen: also zum Beispiel herausfinden, warum man sich in Paris nicht zwei, sondern vier Bussies gibt. In Österreich würde niemand jemanden, den er nicht kennt, sofort küssen.

Ich meine, heute ist mein letzter Tag und ich habe noch nicht so richtig mit allem abgeschlossen. Ich hatte in den letzten Tagen auch überhaupt keine Zeit, darüber nachzudenken. So die letzte Woche – hm, ja. Aber jetzt war noch mal Stress. Ich hatte auch bis jetzt überhaupt noch keine Zeit, mich von allen so richtig zu verabschieden. Es fällt mir wahnsinnig schwer zu denken, morgen bin ich nicht mehr hier.

Wie eine andere **Welt** war
das hier anfangs für mich

Jusuf Capalar

24 Jahre
Zivildienstleistender

Ich komme aus dem Burgenland in Österreich. Bis zum vierten Jahrgang besuchte ich einige technische Schulen und begann nach ein paar Extraprüfungen mein Studium mit Richtung Technische Physik. Im Oktober 2004 wurde ich österreichischer Staatsbürger – meine Eltern kommen aus der Türkei – und bekam eine Einberufung zum Militärdienst. Bevor ich richtig in mein Studium einsteigen wollte, war es mir wichtig, den Militärdienst hinter mich zu bringen. Bei dem, was ich machen wollte, war eines sicher: Ich bin gegen Waffen und Gewalt und wollte keinen Dienst im Bundesheer leisten. Auch den Zivildienst in Österreich fand ich nicht so interessant. Ich wollte etwas Sinnvolleres tun. Und ich wollte in der Zeit darüber nachdenken, ob ich das, was ich angefangen hatte zu studieren, auch zu Ende machen wollte.

Nach Auschwitz zu gehen und hier meinen Gedenkdienst als Zivilersatzdienst zu leisten, kam über den Verein »Niemals Vergessen« zustande. Ich hätte auch die Möglichkeit gehabt, über eine andere Trägerorganisation in Jerusalem den Ersatzdienst als Sozialdienst zu leisten. In Israel wäre es mir aber klimatisch zu heiß gewesen. Wenn ich jetzt so an den Entscheidungsprozess denke, dann war nach Auschwitz zu gehen ein spontaner Wunsch. Ich habe mich, ohne lange nachzudenken, für diesen Ort entschieden. Einfach so. Eine andere Wahl in Polen hätte ich allerdings auch nicht gehabt.

Als ich meiner Familie erzählte, dass ich ein Jahr in Auschwitz als Gedenkdiener arbeiten wolle, haben die mich, na ja, so ein bisschen für verrückt erklärt. Wie schon gesagt, meine Eltern kommen aus der Türkei und die Familie hat nichts mit dem Holocaust zu tun gehabt.

Als ich hier ankam, holten mich mein Vorgänger und der Leiter der Computerabteilung vom Bahnhof ab. Wir fuhren zum Zentrum für Dialog, wo ich die ersten vier Wochen wohnte, bis ich die Wohnung meines Vorgängers bekam. In den ersten Tagen nahm ich an Führungen durch das Museum teil. Ich lernte die Arbeitsstätte und die Materie, mit der ich mich die nächsten zwölf Monate beschäftigen sollte, genauer kennen. Man zeigte mir die verschiedenen Abteilungen des Museums, und ich schaute mir die Konservierungsabteilung an, in der Ausstellungsgegenstände gereinigt und präpariert werden, das Besucherzentrum, die Kunstsammlung, die pädagogische Abteilung und das Archiv, in dem auch die Computerabteilung untergebracht ist.

Wie die ersten Eindrücke für mich waren, weiß ich im Detail nicht mehr so genau. Ich erinnere mich, dass ich alles als groß empfand. Ich hatte weder gewusst noch geahnt, dass Auschwitz mehr als 40 Außenlager hatte. Vor allem das Vernichtungslager Birkenau hat mich in seiner Größe einfach überwältigt.

Ich höre von vielen, dass sie geschockt sind und die ersten Tage für sie schrecklich waren. Ich war vielleicht nicht so geschockt wie die anderen; es war eher etwas anders: Ich war erschüttert von dieser Fläche. Und davon, dass Menschen damals tatsächlich nichts anderes vorhatten, als so etwas zu bauen, um Menschen zu ermorden. Dieses große Konzentrationslager Birkenau mit den Gaskammern und Krematorien: »Man sieht den Wald vor lauter Bäumen nicht mehr«, so in etwa war mein erster Eindruck. Ich öffnete meine Augen und sah diesen Ort, wo einst viel Leid und Elend herrschte, das heute durch Stacheldrähte und Mauern fast noch spürbar ist.

Wie eine andere Welt war das hier für mich. Als ich anfing hier zu arbeiten, hatte ich zwei- oder dreimal nachts Alpträume über irgendetwas mit Auschwitz.

In den elf Monaten, die ich jetzt hier bin, besuchten mich mein Bruder und ein Freund von mir. Wir schauten die Ausstellung an und sie waren schockiert von dem, was sie sahen. Und dass man fast einen ganzen Tag braucht, um durch das Stammlager zu gehen und sich alles anzuschauen. Sie hatten nicht gedacht, dass so viele Menschen hier ermordet worden sind.

Am Anfang habe ich sehr viel über Auschwitz gelesen. Das tue ich jetzt nicht mehr. Mir ist klar, dass es so schrecklich war, damals. Ich muss das nicht immer wieder lesen. Es reicht mir, wenn ich diese Personalkarten jeden Tag vor Augen habe und die lese. Aber darauf gehe ich nachher noch konkreter ein.

 Angefangen habe ich meinen Dienst in der Computerabteilung des Archivs im ehemaligen Block 24. Meine erste Aufgabe bestand darin, handschriftliche Texte in Heften oder Briefen in deutscher Kurrentschrift oder in Sütterlinschrift zu lesen, zu entziffern und in den Computer einzutippen, sprich transkribieren. Der größte Teil der Texte waren Aufzeichnungen in deutscher Kurrentschrift von Arthur Liebehenschel. Er war vom 11. November 1943 bis zum 8. Mai 1944 zweiter Lagerkommandant von Auschwitz I gewesen. Nach dem Zweiten Weltkrieg nahm ihn die US-Armee gefangen, lieferte ihn an Polen aus, wo er in Krakau am 24. Januar 1948 hingerichtet wurde. Ich war der Erste, der seine Texte las. Die Schrift kann ich mittlerweile fast fließend lesen.

In der Zeit seiner Haft schrieb er wöchentlich in Hefte und Briefe an seine Frau Annelie. Er erwähnte zum Beispiel: »Heute habe ich wieder einen Brief geschrieben an Dich.« Ganz am Schluss, bevor er gehenkt wurde, schickte er, glaube ich, das ganze Material seiner Frau.

Die ersten drei Monate meiner Zeit hier, transkribierte ich etwa 200 Seiten seiner Hefte, ungefähr 35.000 Wörter. Die Arbeit war sehr umfangreich und dauerte seine Zeit. Im Material war auch sein vermutlich letzter Brief vom 21. Dezember 1947, in dem Arthur Liebehenschel über seine Urteilsverkündigung vom nächsten Tag im Nachhinein hinzufügte: »Mein soeben erhaltenes Urteil lautet: ›Zum Tode!‹ Ich sterbe unschuldig.«

Dass er unschuldig sei, hat er mehrmals seiner Frau geschrieben. Vermutlich meinte er, dass er – im Gegensatz zu anderen Kommandanten und Kollegen in Auschwitz – auch Gutes getan hätte. Er verbot zum Beispiel die Stehzellen in Block 11 und ließ die schwarze Wand, also die Hinrichtungswand, entfernen. Und er hob den Befehl auf, dass jeder Flüchtling, der wieder eingefangen worden war, erschossen wurde.

Von Arthur Liebehenschel zu lesen, berührte mich ein bisschen. Wenn man so seine Briefe und die Hefte studiert, möchte man eigentlich nicht glauben, dass er ein Krimineller war. Ein sehr gläubiger Mensch, also gottgläubig, schien er gewesen zu sein. Er betete viel und schrieb darüber. Ich glaube, er hat seine Frau sehr geliebt. Wenn ich jetzt etwas Gutes über ihn sage, dann heißt das nicht, dass ich ihn unterstütze oder so. Das, was hier passiert ist, war alles sehr, sehr schrecklich.

Nach dem Transkribieren des Liebehenschel-Materials arbeitete ich etwa einen Monat in der Videoabteilung. Ich sah mir dort Filme über das Konzentrationslager Auschwitz an, machte mir Notizen, schrieb eine Zusammenfassung oder auch Beschreibung und übersetzte anschließend. Seit sieben Monaten helfe ich nun mit, Daten der Häftlinge aus Mauthausen in eine ordentliche Datenbank einzutragen und zu vervollständigen. Mit Auschwitz hat das insofern zu tun, weil viele Häftlinge im Januar 1945 bei der Evakuierung von Auschwitz nach Mauthausen überstellt wurden. Wenn sie die Todesmärsche oder den Transport im oftmals offenen Güterwaggon überlebt hatten, wurden sie dort erneut erfasst.

Meine wichtigste Aufgabe ist nun herauszufinden, wer welche Nummer in welchen Konzentrationslagern besaß, damit man nach einer Vernetzung von Daten aus anderen Lagern, Personen schneller finden kann, nach denen zum Beispiel Angehörige suchen. Bis heute habe ich Informationen von etwa 15.000 Häftlingen recherchiert, ergänzt und fixiert. Das ist die Hälfte der etwa 30.000 eingescannten Personalkarten von Mauthausen.

Auf den Karteikarten ist neben Nachname, Vorname, Geburtsdatum oder Geburtsort des Häftlings, auch sein Ankunftsdatum und die Häftlingsnummer im Konzentrationslager Auschwitz vermerkt, sowie durch wen er eingewiesen wurde. Ebenfalls ist auf den Karten notiert, warum Personen, die nicht wegen ihrer jüdischen Religion inhaftiert wurden, ins KZ kamen. Als »polnischer Schutzhäftling« wurden die Leute eingesperrt oder wegen Arbeitsvertragsbruch, Waffenbesitz, weil die Person Bibelforscher, also Zeuge Jehovas, war. Wer illegal Flugblätter verteilt oder Diebstahl begangen hatte, ohne Ausweispapiere gereist war, kam in die Lager. Die Leute wurden wegen des »Verdachts des Schleichhandels« eingeliefert, weil sie angeblich »arbeitsscheu« waren oder »asoziales Verhalten« an den Tag gelegt hatten. Anfangs dachte ich mir schon etwas dabei, wenn ich das las. Das waren ja meist so winzige Sachen, oft Kleinigkeiten wie

Fahrrad gestohlen – absurde Gründe für eine Haft im Konzentrationslager, die einem Todesurteil gleichkam. Später war es mir nicht mehr so wichtig. Also in dem Sinn, dass ich nicht mehr darüber nachdachte.

Manchmal ist auf der Personalkarte mit einem einfachen diagonalen Strich und einem Datum darüber vermerkt, dass der Häftling gestorben ist. In solchen Fällen bekomme ich oft Gänsehaut.

Neben der Arbeit in der Computerabteilung lese ich häufig Korrektur von Präsentationen und Vorträgen und übersetze Texte, die mir die Übersetzungsabteilung des Museums gibt. Bei den Texten handelt es sich oft um Briefe, Auszüge aus Büchern oder Ähnlichem. Ich arbeite aber auch für Einzelpersonen wie Herrn Prof. Andrzej Strzelecki, der hier in der Gedenkstätte als Historiker tätig ist, oder Herr Prof. Dlugoborski, ein überlebender Häftling von Auschwitz. Und ich bekomme in unregelmäßigen Abständen immer wieder Übersetzungen von Webseiten, Artikeln und einzelnen Texten vom Englischen ins Deutsche oder umgekehrt auf den Schreibtisch.

Ich bin froh, wenn meine Zeit als Gedenkdiener hier vorbei ist. Seit elf Monaten bin ich jetzt hier und freue mich darauf, wieder nach Hause zu fahren. Das geht jedem hier so. Gebracht hat mir die Zeit, dass ich mich jetzt im Museum gut auskenne, vieles gesehen habe und viel lernen konnte. Wenn ich an meine Arbeit denke, also an das Transkribieren der Liebehenschel-Aufzeichnungen und die Digitalisierung der Karteikarten und dass Letzteres ein Riesenprojekt ist, bei dem ich mitwirke, dann freut mich das schon. Ich habe überhaupt nicht den Eindruck, dass meine Arbeit hier sinnlos war. Militär wäre sinnlos gewesen. Aber das hier? Nein. Überhaupt nicht.

In der DDR hat man wenig über Auschwitz geredet

Andreas Geike
23 Jahre
Praktikant

In damals noch Wilhelm-Piek-Stadt, nach der Wende dann Guben, wurde ich geboren und wohne mittlerweile seit drei Jahren in Cottbus. Dort studiere ich gerade Sozialarbeit in einem deutsch-polnisch integrierten Studiengang. Man muss da auch ein Praktikum machen und für den zweiten Teil davon arbeite ich im Museum Auschwitz.

Ich habe über deine Frage, warum ich mich gerade mit dem Thema Auschwitz beschäftige, zu Hause lange nachgedacht. Auf Anhieb wäre mir da auf gar keinen Fall die Idee einer Antwort eingefallen. Mich interessiert einfach, wie und warum man Menschen dazu bringt, so etwas wie den Holocaust, wie Auschwitz zu tun, weil ich ein Menschenbild habe, das den Menschen eigentlich ziemlich positiv darstellt.

Ersten Kontakt mit einer Gedenkstätte des Holocaust hatte ich in der Schule. Wir sind zweimal auf einer Studienfahrt für jeweils eine Woche, glaube ich, in Theresienstadt gewesen. Da gibt es auch, ähnlich wie hier, eine Praktikantenstelle von »Aktion Sühnezeichen«. Ein Freiwilliger ist immer dort. Als ich da war, haben wir uns ganz gut verstanden und unterhalten und dabei ist in mir der Wunsch entstanden, meinen Zivildienst in Theresienstadt zu machen. Hat dann aber leider nicht geklappt. Ich war, zugegeben, ein bisschen träge. Hätte ich mich da ein wenig mehr reingehängt, wäre es vielleicht was geworden. Aber ich habe mich nicht weitergehend gekümmert, da ich es primär erst mal wichtiger fand, gleich nach dem Abitur aus Guben wegzukommen.

Meine Entscheidung, nach Auschwitz zu gehen, hängt sicherlich auch mit der Neonaziproblematik in Guben zusammen. Mit denen hatte ich immer Probleme. Es war eben nicht so, dass ich zu dieser Main-Group in der Stadt ge-

238

hörte. Ich war da nicht drin. Der Wunsch, gegen die Neonazis möglicherweise etwas zu tun, ist bei einer der Schulfahrten nach Theresienstadt entstanden. Und seitdem, also seit ich 15 Jahre alt bin, bin ich politisch immer irgendwo links organisiert und empfinde die Arbeit als angesagt. Als dann 1999, ungefähr 200 Meter von meiner Haustür entfernt, ein Algerier, der vorher nachts von Neonazis durch die Stadt gejagt worden war, in Panik durch eine gläserne Haustür sprang und im Hausflur verblutete, bewegte ich mich grad so im Spektrum »Antifa«. Wir waren nicht viele und ich wirtschaftete da irgendwie mit und definierte mich auch darüber. Nach der Ausländerhetze, merkte ich das erste Mal, dass meine politische Arbeit gefährlich ist. Wir machten damals ein oder zwei Aktionen dazu und organisierten Demos. Dann war da die Geschichte mit dem Gedenkstein für den Algerier. In der Diskussion darüber stieß ich auf viel Widerstand, wenn ich Partei für ihn ergriff und nicht so unbedingt das sagte, was die herrschende Meinung war: Er sei ja selbst Schuld gewesen, weil er nachts um halb drei auf der Straße herumgeturnt sei. Als ich dagegen diskutieren musste, bin ich so ein wenig innerlich verhärtet. Später trat ich in die PDS ein und bin da immer noch. Ich versuche, mich irgendwie ein bisschen zu engagieren. Von Zeit zu Zeit arbeite ich in Projekten gegen Neonazis, weil ich da die Verantwortung, die ich zu diesem Thema bei mir sehe, praktisch umsetzen kann. Das ist für mich ganz wichtig und eine Methode, das alles zu verarbeiten. Ich wüsste sonst nicht, wohin mit all den Gedanken, die sich immer wieder zu diesem Thema entwickeln.

Ich meine, Neonazismus gab es auch zu Ostzeiten. Es lebten sehr viele Kubaner und Vietnamesen als Fremdarbeiter in der DDR und mussten unter Angriffen mit rassistisch-fremdenfeindlichem Hintergrund leiden. Warum die Gewalttätigkeit gerade in Ostdeutschland so explodiert ist, weiß keiner so genau. Ich nehme an, dass es mit der Wende zusammenhängt. In der DDR gab es diese gesellschaftlichen Sicherheiten, also, dass man sich darauf verlassen konnte, auch wenn das manchmal lange gedauert hat, dass man immer eine Arbeit und eine Wohnung fand. Egal, wie man die Schule gemacht hatte, man lebte ein relativ sicheres Leben und war durchgeplant. Nach 1990 musste man sich für alles persönlich richtig einsetzen und das haben einige nicht geschafft und schaffen es bis heute nicht. Wenn dann jemand merkt, dass er in der Gesellschaft nicht mehr sicher leben kann, weil er der Globalisierung und den Veränderungen mit größerem Risiko und größerer Selbstverantwortung ausgesetzt ist, bekommt er Angst. Es gibt ja die Theorie, dass ein Mensch, der sich Gefahren ausgesetzt fühlt, eine starke Autoritätsperson und eine stark auftretende Gruppe sucht. Ich glaube, genau das Bedürfnis befriedigen die Neonazis. Wenn sich dann jemand bei denen möglicherweise sicher fühlt, kann er sich da hineinsteigern und dann auch mitmachen.

Ich bin dann nach Cottbus und habe dort meinen Zivildienst in einer Behindertenwerkstatt gemacht. Danach wollte ich eigentlich etwas Geisteswissenschaftliches studieren. Andererseits fand ich es auch interessant, irgendetwas auf der Schiene Sozialarbeit zu machen. In Cottbus kann man Sozialarbeit studieren. Ich bewarb mich, als der deutsch-polnische Studiengang an der Fachhochschule gerade eingeführt wurde, und bekam einen Studienplatz. Heute sind wir sieben Leute, die dort mit dem Schwerpunkt interkulturelle Sozialarbeit studieren. Die nächste Frage war: Was mache ich im Praktikum? Ich hatte nicht unbedingt Lust auf die typischen Arbeitsgebiete in der Sozialarbeit – also mit alten Menschen oder Jugendlichen arbeiten – und kam so wieder auf Auschwitz. Per Email fragte ich im Museum an, ob das mit dem Praktikum überhaupt gehen würde. Man antwortete mir ziemlich schnell und schlug mir vor, in dieser Abteilung zu arbeiten – aufgrund des Studiums denke ich.

Ich arbeite jetzt seit fast zwei Monaten im Museum. Zurzeit bin ich im Bildungszentrum. Offiziell heißt es »Internationales Bildungszentrum über Auschwitz und den Holocaust« und ist eine Abteilung im Museum, die ganz frisch gegründet und gerade aufgebaut wird. Aufgabe ist, das ganze Bildungsangebot des Museums zu koordinieren, zu managen und durchzuführen. Laut Praktikantenstelle arbeite ich vorwiegend in der Informationsabteilung, mache da Öffentlichkeitsarbeit und arbeite an der deutschen Fassung der Internetseite. Momentan übersetze oder prüfe ich bereits übersetzte Texte. Ich war aber auch schon mit anderen Aufgaben beschäftigt und saß an der Museumsinformation und habe in der Bibliothek gearbeitet. Polnisch lerne ich gerade. Ich kann die Sprache so einigermaßen, kann mich verständigen, einkaufen gehen und meinen Kolle-

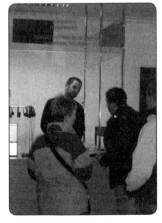

gen sagen, was ich möchte und was ich brauche und verstehe auch einiges.

Auf jeden Fall war meine Familie erstmal begeistert, dass ich etwas Ordentliches studiere und vom deutsch-polnischen Studiengang waren sie auch angetan. Auschwitz haben sie so hingenommen, ohne etwas Besonderes halt. Meine Eltern waren auch schon hier und haben mir einige Sachen gebracht. Beide sind 53 Jahre alt und wir schauten uns Krakau und die Lager an. Sie waren allem gegenüber sehr offen und motivieren mich.

Es ist ja so, dass man in der ehemaligen DDR wenig über Auschwitz und den Massenmord an den Juden geredet hat, was möglicherweise anders als im Westen war. Auschwitz stand eher am Rand und nicht im Zentrum der Betrachtung. In der DDR war Buchenwald und die offizielle Selbstbefreiung des Lagers Thema, so, wie sie von Bruno Apitz in »Nackt unter Wölfen« dargestellt wird. Im Buch wird beschrieben, wie sich 1945 die dort inhaftierten Kommunisten bewaffneten, ihre Peiniger umbrachten und siegten. Das musste ich noch in der Schule lesen. Rein geschichtlich war es anders. Die Amerikaner befreiten das Lager. Davor hatten Häftlinge einige Wachleute überrumpelt und wohl mit den Amerikanern über Funk Kontakt aufgenommen und sie zum Lager gelotst.

Die DDR zog jedenfalls ihr Selbstbild aus der Selbstbefreiung des Lagers durch die Kommunisten. Nach dieser Lesart war der antifaschistische Staat DDR aus den Exilanten und Häftlingen der ehemaligen Konzentrationslager hervorgegangen und hatte eigentlich gar nichts mit dem Nationalsozialismus zu tun. Das spielte eine sehr große Rolle und wurde immer und überall falsch dargestellt. Im Museum Auschwitz gibt es in der Bibliothek ein Buch über Gedenkstättenpädagogik aus den 80er Jahren, wo etwas über Buchenwald drin steht. Es ist ein kurzer Abriss von damaligen Mitarbeitern über fünf, sechs Seiten. Man kann an diesem Text sehr gut sehen, wie die geschichtliche Verfälschung in den Mittelpunkt gerückt wurde.

Die ist sicher auch ein Grund, warum sich die wenigsten in der ehemaligen DDR mit ihrer nationalsozialistischen Zeit wirklich auseinandergesetzt haben; also inwiefern sie schuldig oder mitschuldig oder nicht schuldig waren. Ich kann mir aufgrund dessen vorstellen, dass, wenn man als Zeitzeuge des Nationalsozialismus die zwölf Jahre deutscher Geschichte reflektiert, sich viele sagen, dass sie wenig Einfluss auf Entscheidungen gehabt hätten. Sie wären da hineingewachsen, hätten da gelebt und das Beste daraus gemacht – ähnlich, wie man das heute auch tut.

Sicherlich ist der Umgang mit Auschwitz auch von Generation zu Generation anders. Je weiter weg man davon geboren ist, desto unbefangener geht man damit um. Dennoch: Wenn man dann hier ist, besteht die Gefahr einer emotionalen Zerreißprobe und eines Kraftakts, die man hier zu bewältigen hat.

Als ich das erste Mal Auschwitz besuchte, war ich mit dem Studiengang in Krakau zum Sprachkurs. Wir hatten uns so überlegt, dass wir eigentlich Auschwitz mitnehmen sollten, weil es in der Nähe ist und man es ja mal gesehen haben müsse. Wir sind mit dem Bus hierher. Natürlich kam ich mit den inneren Bildern der Holzbaracken hier an und hielt Ausschau, und: Wo sind die denn? Ich hatte mir das so vorgestellt, dass die mir praktisch gleich entgegenschlagen, wenn ich aus dem Bus steige und ich erst mal total alle bin. Aber das war nicht so. Als wir ankamen, realisierte ich überhaupt nicht, dass ich schon im Ort Oswiecim war. Ich war irgendwie auch der Auffassung, das sei ein Dorf und einige Kilometer weiter liege das Lager.

Auf dem Parkplatz von Auschwitz sind wir raus aus dem Bus. Im Gebäude warteten wir nicht lange, sind gestartet und haben uns das Stammlager angeguckt. Es war so, wie es viele auch berichten: dass sie erschüttert waren. Das war vor allen Dingen die Geschichte mit den ausgestellten Haaren und den Schuhen. Wir sind dann noch nach Birkenau. Mir ging es zum Schluss so, dass ich, als ich dort am Mahnmal stand und den Text der deutschen Gedenkplatte durchlas, auch kurz geweint habe.

Das zweite Mal war ich im Februar 2006 hier. Ich wollte das Praktikum vorbereiten und mit einem Freiwilligen sprechen, wie und wo man eine Wohnung organisiert. Zweimal war ich im Museum und schaute mir dort meinen Arbeitsplatz an, um eine Vorstellung davon zu bekommen, wohin ich hier kommen würde. Als ich jetzt zum dritten Mal hierher kam, war eine gewisse Spannung und Vorfreude da – wenn man das so sagen kann. Ich freute mich auf die Arbeit und besorgte mir eine Wohnung, was super geklappt hat. Da bin ich dann auch ziemlich schnell eingezogen. Es ist eine relativ große Zweiraumwohnung mit fast 40 Quadratmetern und kostet möbliert und warm 800 Zloty, was für den

Schnitt hier sehr viel ist. Bis ich mit dem Praktikum anfing, blieben mir noch drei bis vier Tage Zeit, in der ich mir die Stadt erarbeitet habe und schaute: Wo kann ich einkaufen? Wo ist ein Arzt möglicherweise? – solche Sachen halt. Zum Museum fahre ich mit dem Bus.

Hier in der Stadt habe ich ein, zwei Kontakte zu Polen, weil man im Museum mit den Leuten zusammenarbeitet oder sie trifft. Die Verschlossenheit, die man den Polen so nachsagt, ist eigentlich gar nicht so. Samstag war ich zum Beispiel mit ein paar Leuten im Pub und wir saßen an einem großen Tisch. Es kam eine Gruppe von Jugendlichen rein und fragte, ob sie sich zu uns an den Tisch setzen können. Sie begannen sofort ein Gespräch mit uns, was natürlich nicht so toll aufgrund der Sprache ging. Wenn man miteinander spricht, geht es viel um Politik und um die Kaschinsky-Brüder, was gerade sehr, sehr problematisch ist in Polen. Und – klar – wir reden viel über Fußball und Frauen. Mit dem abends Weggehen habe ich das aber nicht so. Ich stehe kurz vor sechs Uhr morgens auf, weil wir im Museum um sieben Uhr mit der Arbeit anfangen.

Insgesamt ist das Leben in Oswiecim wie in Guben. Ich wohne hier ein bisschen außerhalb in einem kleinen Neubaugebiet mit viel Grün dabei. Es gibt viele kleine Geschäfte und wenn ich morgens zum Bus gehe, grüßen sich sehr viele Menschen. Ich sehe eigentlich auch immer die gleichen. Es ist halt eine Kleinstadt. Der Charakter ist auch so. Man geht seinen Weg irgendwie. Man achtet auf das, was die anderen machen. Aber man ist halt mehr unter sich. Es gibt eine von vielen Kneipen, in die ich gehen würde, weil die relativ ansprechend und für junge Leute ausgerichtet ist. Dann sind da zwei Diskotheken, in denen man tanzen kann. Ich war auch mal da und es ist nicht viel anders als in Deutschland. Es gibt ein Kino. Es gibt ein Kulturzentrum. Es gibt eine Schwimmhalle. Es gibt eine relativ erfolgreiche Eishockey-Mannschaft, wie ich mir sagen lassen hab´.

Hier, in Auschwitz oder besser der Stadt Oswiecim in eine Diskothek zu gehen, darüber machte ich mir anfangs keine Gedanken. Das war für mich natürlich. Die eigentliche Diskussion darüber, die es dann gab, die entdeckte ich später für mich. Da wurde ich darauf aufmerksam, dass das ja gar nicht in die Gedenkkultur passt, wie sie in Deutschland Gang und Gäbe ist – oder, wie sie in Deutschland gerne verstanden wird. Ich kann mir schon vorstellen, dass einige erst mal Luft holen und fragen: Wie geht das denn? In Auschwitz in die Disco?

Es waren auch etliche aus meinem Studiengang, die sich, als wir das erste Mal hier waren, darüber aufregten, dass da Menschen in der unmittelbaren Nähe des Lagers wohnen. Da wurden dann so zynische Kommentare gerissen wie: Das muss ja eine schöne Wohnung sein, die direkt auf dieses Lager zeigt. Du machst das Fenster auf und schaust erst mal auf einen Wachturm oder auf Baracken. Oder, wenn Du eine Etage höher wohnst, auf »Arbeit macht frei«. Dabei fällt mir ein: Als ich zum zweiten Mal hier war und mir meinen Arbeitsplatz anschaute und meinen Chef kennenlernte, bot er mir für den Fall, dass ich keine Wohnung finden würde, an, in der Gedenkstätte in einem Gästezimmer zu übernachten. Wie im Hotel, bloß dass es im ehemaligen Lager Auschwitz liegt. Da hatte ich irgendwie, da habe ich ganz kurz einen Anflug gehabt, das weiß ich noch. Aber sonst?

Als ich zwei Wochen hier war, da war ich auch in einer Disko. Das fand ich ganz normal. Ich habe auch kein Problem damit, hier ein Open-Air-Rock-Konzert zu besuchen, dass in 650 Meter Luftlinie vom Stammlager stattfindet. Warum auch? Ich meine, in Deutschland, wurden rechte Jugendclubs mit städtischen Geldern unterstützt. Muss man sich mal überlegen: Da sind sich Stadtverordnete von ihrem Gewissen her klar, dass sie Steuergelder für Menschen ausgeben, die so was wie Auschwitz wieder fordern. Was ich dabei aber viel schlimmer finde, ist, wie man die Sache mit den Jugendclubs für die Rechten insgesamt in Deutschland akzeptiert und toleriert und damit die Einstellung, dass man Auschwitz wiederholen müsse, auch noch unterstützt. Wenn man dann, weil es in die deutsche Gedenkkultur in Bezug auf Auschwitz nicht passt, zum Beispiel hier nicht auf ein Rock-Konzert gehen darf, dann widerspricht sich das.

Außerdem kann mir nicht vorstellen wie das wäre, wenn mir ständig jemand sagen würde, wie ich mich in meiner Stadt zu bewegen hätte. Das wäre eine Strafe für die Menschen hier, dass die Nazi-Vergangenheit ihnen etwas impliziert, was nicht ihrs ist. Man darf doch den Leuten hier nicht verbieten, Spaß zu haben. Das geht doch nicht. Schlimm wäre das.

Auschwitz ist ein hartes Thema und es würde auch einen Menschen überfordern, wenn er sich das, was hier passiert ist, die ganze Zeit vor Augen halten würde. Meinen ersten Tiefschlag, der mich in das Thema runterholte, hatte ich auf einer der Schulfahrten nach Theresienstadt. Woran ich auch innerlich lange gearbeitet habe, war etwas, was ich in Birkenau sah. Dort gibt es eine Stelle neben dem Krematorium II, wo Knochenreste auf der Erde liegen. Als ich das sah, das war ganz böse für mich. Das war schwierig.

Ich arbeite ja während des Praktikums in Block 11. Das ist nicht der Todesblock auf dem Gelände des Stammlagers, sondern der gegenüber vom Krematorium I. Ich hatte mir die ersten paar Tage Gedanken  darüber gemacht, dass die erste ehemalige Gaskammer in Auschwitz das Erste ist, was ich morgens auf meinem Weg zum Arbeitsplatz sehe. Und ich hatte ein oder zwei Alpträume. Das war auch da.

Jetzt ist das für mich nicht mehr schlimm. Natürlich weiß ich, wo ich bin und was hier passiert ist. Mir ist das bewusst. Nur die emotionale Reaktion ist mit der Zeit weggegangen. Es wäre ja auch schwierig, wenn ich mir jeden Tag darüber tiefe Gedanken machen würde, wo ich hier bin und was hier passiert ist. Beim Arbeiten schaue ich zum Beispiel aus dem Fenster und sehe eher die Touristen als den relativ prägnanten Stacheldrahtzaun oder den Wachturm. Wenn ich mal eine Gruppe habe und durch das Tor mit dem »Arbeit macht frei« gehe, erzählen mir die Leute immer: »Ach, wir sind ja jetzt plötzlich durch dieses Tor gegangen.« Das nehme ich beispielsweise auch nicht mehr bewusst wahr, dass ich jetzt durch dieses Tor gehe. Ich hoffe, du verstehst jetzt, wie ich das meine: Es gibt einfach Abwehrmechanismen beim Menschen. Man sagt sich: Ich will mich damit nicht mehr in der Tiefe befassen.

Ich kenne das Thema, weil es ein Problem in der Sozialpädagogik ist. Ich habe darüber mal eine Reflexion geschrieben. Wenn jetzt zum Beispiel ein Sozialarbeiter ständig mit Drogenleuten zusammenarbeitet oder mit Menschen vom Straßenstrich, mit Jugendlichen, die sexuell missbraucht worden oder Behinderten oder psychisch Kranken, dann muss der seine Emotionen da raushalten können. Es gibt einen Wissenschaftler, der hat psychologische Profile von Pflegern beschrieben, die in einer Nervenheilanstalt arbeiteten, und von Patienten, die dort behandelt wurden. Er ist drauf gekommen, dass beide Gruppen sich auf Dauer gar nicht mehr so sehr unterschieden. Aber das passiert nicht bewusst, es geschieht einfach. Und weil das so ist, sind Abwehrmechanismen und Schranken wichtig. Wenn man längere Zeit hier ist, dann fängt man an, zum Beispiel über all das auch etwas lax zu reden. Das ist ein Abwehrmechanismus.

Es ist schwer, sich selbst dahingehend zu reflektieren und andere können es vermutlich besser beurteilen, wie ich am Anfang auf Auschwitz regierte und wie ich jetzt regiere.

Ich sprach mal mit Alex, der ist im Block, wo die SS-Leute früher gearbeitet haben. Ich fragte ihn, wie er das könne. Er erzählte mir daraufhin, dass eine Journalistin aus Belgien eine Mitarbeiterin des Museums das Gleiche gefragt hätte. Sie wollte irgendwas schreiben oder so. Später, als die Leute vom Museum und die Frau aus Belgien in einer Runde beim Kaffee saßen, antwortete die Frau vom Museum mit einer Gegenfrage: Wie das denn nun für sie sei? Wie sie erst hier zwei Tage arbeiten und jetzt locker in einem Gebäude sitzen und Kaffee trinken könne, in dem früher Menschen umgebracht worden seien? Wie das denn ginge?

Insgesamt finde ich es ganz wichtig, Distanz zu wahren und diesen Schnitt zu machen: Oswiecim hier – Museum da, was für die Menschen hier unglaublich wichtig ist. Andererseits lauert, wenn man diesen Schnitt macht, sofort die Gefahr der Schlussstrichdebatte. Was mir zu diesem Thema immer einfällt und womit ich auch in Diskussionen argumentiere: Wir haben uns in Theresienstadt damals den Film *Der letzte Schmetterling* angeschaut. Da hat man unter anderem auch gezeigt, wie ein Clown gezwungen wird, die Aufführung einer Kinderoper im Konzentrationslager Theresienstadt vorzubereiten. Der Film war sehr traurig und hat mich und andere total runtergezogen und viele weinten.

Sich nach dem Film weiter mit dem Thema zu beschäftigen – das war ein Problem. Nach solchen emotionalen Reaktionen ist die Hemmschwelle davor ganz, ganz hoch. Diese Hemmschwelle spielt möglicherweise in Bezug auf die Schlussstrichdebatte, die heute mehr von älteren als von jungen Menschen geführt wird, eine wesentliche Rolle, weil das Thema Schuld aufkommt. Die älteren, die zur Generation der Nationalsozialisten gehörten und deren Kinder, also die so genannten Kriegskinder, die fühlen sich häufig beim Thema Auschwitz, Holocaust angegriffen. Wenn die dann hierher kommen, kann Auschwitz eine riesige Belastung für sie sein, weil der Ort nicht nur Schuld, sondern auch Anklage bedeutet. Dabei kommt die Anklage gar nicht mehr so sehr von außen. Es ist mehr etwas, das innerlich mit den Schuldgefühlen zusammenhängt und vermutlich nur sehr schwer zu verarbeiten ist.

Genau da könnte heute die Erwachsenenbildung ansetzen. Aber die wird im Museum und auch in Deutschland sehr vernachlässigt. Warum das so ist, das frage ich mich immer mehr, seitdem ich hier bin. Pädagogik wird fast nur auf Jugendliche und Schüler ausgelegt. Das sind zwar die kommenden Generationen und die sind wichtig. Aber warum bloß für die? Es gibt so viele Gruppen von Menschen, die hierher kommen und für die es kein Angebot gibt. Zum Beispiel die Gruppe meiner Eltern. Die waren ja auch das erste Mal hier.

In diesem Zusammenhang ist mir eine ganz komische Geschichte passiert, die ich auch in einem meiner Berichte reflektierte: Die hatten hier im Lager für die SS-Männer und SS-Frauen eine Bibliothek mit allem Zeug, was die Nazis so aufgeschrieben haben. Die existiert heute noch vollständig und ich war eine Zeit lang dort beschäftigt. Meine Aufgabe war, die Bücher digital zu katalogisieren. Interessant ist, dass die Sammlung sehr viel Belletristik und Kinder- und Jugendbücher wie zum Beispiel *Horst will zur Hitlerjugend* und so was enthält. In die Bücher las ich mich ein bisschen ein und sie sind wirklich durch und durch rassistisch, militaristisch und nazistisch.

In diesem Zusammenhang entdeckte man mich so als Bibliotheksguide und ich durfte ab und zu besonders Deutschen die Bücherei zeigen. Einer von ihnen war ein älterer Herr aus Köln, vielleicht Mitte 70. Jedenfalls sagte ich ihm, es sei ja kein Wunder gewesen, dass Jugendliche, die diese Bücher gelesen hätten, später auch in der Lage gewesen seien, Juden so zu richten. Er sagte daraufhin, dass er diese Bücher ja auch gelesen und niemanden gerichtet hätte. Pädagogisch war das für mich ein totales »Boah-ey«-Moment. Es war interessant: Die sind damit aufgewachsen und was dabei an Gesinnung herauskam, war nicht in allen Fällen gleich, wie ich das damals angenommen hatte. Für mich war das ein voller Tritt in den Fettnapf und eine gute Erfahrung.

Ich kann mir zum Beispiel schwer vorstellen, mit Neonazis nach Auschwitz zu fahren. Ich weiß nicht, ob das geht. Wichtig wäre es auf jeden Fall, denn die Gedenkstättenpädagogik auf ihrem heutigen Stand erreicht die falsche Klientel, finde ich. Sie erreicht genau die Menschen, die zum Beispiel von Auschwitz und dem Nationalsozialismus wissen und eine gewisse Einstellung dazu haben. Die aber, die sie wirklich erreichen müsste, also die mit einer neonazistischen Grundhaltung, die erreicht sie nicht. Auf der anderen Seite weiß ich nicht, ob man mit Neonazis überhaupt ins Museum gehen kann: Man kann nicht dafür garantieren, dass die nicht mit »Sieg heil« rausgehen und solche Sachen.

Schülergruppen, die nach Auschwitz kommen, nehme ich nicht so direkt wahr. Mehr Einblick habe ich in die Touristenströme, die sich so durch das Museum bewegen. Was auch eine Erfahrung für mich war: Leute zu sehen, die sich vor die Verbrennungsöfen im Krematorium stellten und sich dort von ihren Bekannten fotografieren ließen. Oder, das habe ich auch gesehen, wie jemand andeutete, er würde jetzt über den Stacheldrahtzaun klettern und sich dabei fotografieren ließ. Das fand und finde ich erstaunlich und schlimm, dass es den Respekt, der nötig ist und mit dem man sich diesem Ort nähern kann, dass es den in einigen Fällen nicht gibt. Das es so ist, mag mit der Gedenkkultur zutun haben, die in den Ländern gelebt wird, aus denen die Leute kommen. Man merkt schon, wie unterschiedlich Gruppen auf das reagieren, was sie sehen. Ich sehe zum Beispiel, dass deutsche Jugendliche immer sehr bewegt und in einer relativ melancholischen Stimmung durch das Lager gehen. Amerikaner, das sieht man zum Beispiel deutlich, gehen mit dem Walkman durch, sind gelassen und schlendern.

Es ist, glaube ich, und ich will da jetzt nichts Falsches sagen, schon so, dass in der Grundausstellung generell und bei den geführten Touren in Auschwitz und Birkenau die Guides teilweise einen besonderen Blickpunkt auf polnische und nicht unbedingt auf jüdische Häftlinge richten. Ich kann das verstehen, wenn man die Opferrolle annimmt und sich dann auch hier, in Auschwitz, darüber definiert. Polen wurde ja mehrfach von Großmächten aufgerieben. Diese Rolle ist jedoch nicht ganz richtig, wenn man versucht, sich objektiv den Themen Konzentrationslager, Inhaftierung und Massenmord zu nähern. In diesem Zusammenhang mag ich dir ein Beispiel geben: Es ging in Polen vor einiger Zeit ein großes Spektakel durch die Medien. Die Geschichte spielte in Jedwabne, einem kleinen, polnischen Dorf, dessen Bewohner 1941 die dort lebenden Juden umbrachten, bevor die Nazis kamen. Diese Geschichte, die im Jahr 2000 in Polen veröffentlicht wurde, brachte Themen wie Antisemitismus vor und während des Zweiten Weltkriegs und Kollaboration mit den Deutschen an die Oberfläche. Für viele Menschen, vor allem für eher nationalkonservativ eingestellte war und ist diese Wahrheit und die Tatsache, dass Jedwabne kein Einzelfall war, schwer zu akzeptieren. Sie nehmen Polen bis heute als Opfer der Nazis wahr. Dazu kommt das Thema Antisemitismus, der heute in Polen genauso alltäglich wie in anderen Ländern Europas ist.

In der Zeit, in der ich hier bin, habe ich mich sicher verändert. Zum einen ging es darum, ein Jahr im Ausland zu verbringen. Das ist eine Erfahrung, die hat mich selbstbewusster gemacht, weil ich weiß, dass ich solch eine Situation bewälti-ge. Zum anderen veränderte sich meine Wahrnehmung zum Beispiel in Bezug auf Israel. Als der Krieg dort jetzt ausbrach, gab es in der PDS eine Diskussion, die ich früher unterstützt hätte. Seit der Auseinandersetzung mit dem Thema hier vor Ort würde ich heute sagen, dass Art und Weise der Debatte, streng ge-nommen, antisemitisch war. Ich kann heute die Position von Israel nachvollzie-hen, verstehen und akzeptieren. Und obwohl ich Israel verstehe, finde ich Krieg erschreckend. Wenn Menschen für etwas geopfert werden, wenn Menschen befohlen wird: »Du gehst jetzt dahin und stehst für etwas ein« – auch unter der Maßgabe, dass du möglicherweise erschossen wirst – diese Vorstellung finde ich schlimm. Ich bin sehr froh darüber, dass ich das nicht machen muss und mir auch kein Staat befiehlt, für irgendwas erschossen zu werden.

Und dann ist mir hier bewusst geworden, wie schön ich es finde, nicht, wie meine Eltern in der ehemaligen DDR, gezwungenermaßen einen festgelegten Weg gehen zu müssen. So, wie ich momentan lebe, hätte ich in der DDR nicht leben können. Das wäre verboten gewesen. Diese Freiheit gab es einfach nicht. Heute kann ich tun, was ich will und muss keine Angst haben, wenn ich etwas mache. Es ist für mich möglich, hier zu sein, weil ich unter anderem auch ein DAAD-Stipendium bekam. Dass ich mir dort Unterstützung holen konnte, um in die Welt zu gehen und das von der Gesellschaft gewünscht wird, das finde ich toll.

Wir aus den Nachfolgegenerationen können den
Holocaust gar nicht vollständig erfassen

Tilman Daiger

19 Jahre
Freiwilliger im Sozialen Jahr

Gestern habe ich meine Arbeit als Freiwilliger im Rahmen des Sozialen Jahres im Jüdischen Zentrum in Oswiecim angefangen. Meine Hauptaufgabe wird daraus bestehen, Leute durch das jüdische Leben von Oswiecim zu führen. Inhaltlich sind das Besichtigungen auf einem hohen Wissenslevel zum Jüdischen Zentrum, zum jüdischen Leben in Oswiecim und zur jüdischen Geschichte der Stadt, und mir raucht im Moment so ein bisschen der Kopf von dem ganzen Material, das auf mich zukommt.

Vor einem Jahr war ich zum ersten Mal in Auschwitz. Die Situation war damals vielleicht auch nicht gerade so geschaffen für den Besuch des Lagers. Wir waren mit etwa 70 Leuten zwischen 12 und 25 Jahren aus dem Landesjugendorchester Nordrhein-Westfalen auf einer Orchesterreise in Südpolen unterwegs und haben sechs oder sieben Konzerte gegeben, davon eines in Krakau. Ich spielte dort als Cellist.

An einem Tag besuchten wir dann auch Auschwitz nach dem Motto: Wenn die schon mal da sind, dann müssen die das auch gesehen haben. Mit dem Ort hatten wir uns im Vorfeld überhaupt nicht auseinandergesetzt. Die Reise war rein auf die Musik ausgerichtet und von einem kleinen Kulturprogramm begleitet. Und da war dann auch Auschwitz dabei. Wir hatten einen sehr straffen Zeitplan und waren drei Stunden im Stammlager. Birkenau sahen wir gar nicht.

Die Leute sind sehr unterschiedlich mit dem Besuch der Gedenkstätte umgegangen. Einige aus der Gruppe haben sich nicht auf den Besuch eingelassen. Warum weiß ich nicht genau. Aus Angst vielleicht. Es traf mich, wie manche rumalberten, und ich habe mich mit denen auch nicht ausführlicher unterhalten.

Die meisten hat es jedoch sehr bewegt. Es sind viele Tränen geflossen und es war sicherlich ein sehr intensives Erlebnis. Seltsamerweise hat das nicht lange angehalten. Auf der Rückfahrt war die Stimmung im Bus sofort wieder ausgelassen. Die meisten waren ein, zwei Stunden danach so fröhlich, als wäre nichts passiert, und es waren oft diejenigen, bei denen noch kurz zuvor die Tränen geflossen waren. Das ging mir alles zu schnell. Ich war noch so in diesen Bildern gefangen. Es war mir fremd, so unmittelbar im Anschluss wieder Party zu machen. Ein paar anderen ging es ähnlich wie mir. Aber wir waren nur eine kleine Gruppe.

Ich glaube, es ist ganz wichtig, gerade in einer Gedenkstätte wie Auschwitz, eine gewisse Anschaulichkeit des Grauens herzustellen, damit es keine vollkommen abstrakte Sache bleibt. Aber es ist schwierig, ähnlich wie im normalen Schulunterricht, diese Gratwanderung zu schaffen. Also die Herausforderung zu meistern, das Geschehene mit Bildmaterial oder auch Texten anschaulich zu machen, ohne die Schüler abstumpfen zu lassen und den Holocaust zu bagatellisieren.

Ich glaube, es ist schwer, für diesen Ort Adjektive zu finden. Es übersteigt auf eine gewisse Art und Weise Sprache. Ein solches Grauen ist wortlos. Nicht umsonst hat Adorno gesagt, dass man nach Auschwitz keine Gedichte mehr schreiben dürfe.

Ähnlich denke ich über Filme, die den Holocaust darstellen. Sie verursachen bei aller Anschaulichkeit einen Trugschluss: Im Moment, in dem man sie sieht – aber eben auch nur sieht –, glaubt man, etwas zu begreifen, was viel zu komplex für das Medium ist. Ich weiß nicht, ob ein Film es einfacher oder besser macht. Ich glaube eher, er schafft die Illusion, das Grauen begreifen zu können, und er bedient zusätzlich – und das finde ich gefährlich – ein eher voyeuristisches Interesse. Ich glaube sowieso, dass wir aus den Nachfolgegenerationen den Holocaust gar nicht vollständig erfassen können.

Dennoch war für mich der erste Besuch der Gedenkstätte eine sehr eindrucksvolle Erfahrung. Er hat mir beim Verstehen von einigen Dingen sehr geholfen. In meinem direkten Umfeld gibt es keine totalitären Regime mehr. Die Generation vor mir hatte den Stalinismus in Form der ehemaligen DDR vor der Haustür und ihre Eltern waren als Kinder involviert in den Nationalsozialismus. Ich bin jetzt quasi die zweite Generation nach dem Nationalsozialismus und für mich ist es fast selbstverständlich, in Frieden und Freiheit leben zu können. Wenn ich darüber nachdenke, wie gut es mir deswegen geht, macht es mich immer wieder froh.

Das, was ich hier jetzt mache, ist auch ein Resultat davon, dass ich mir sage: »Es geht mir richtig gut.« Ich habe eine ganze Menge toller Voraussetzungen und auch eine ganze Menge Kraft, weil es mir derart gut geht. Davon möchte ich etwas weitergeben und versuche, das als Freiwilliger im Jüdischen Zentrum zu tun. Dieser Ort bietet so viele Möglichkeiten. Gerade weil das wirkliche Grauen, der unmenschliche Hass der Vergangenheit angehören, ist für mich die Auseinandersetzung damit immer auch ein Blick in die Zukunft. Das klingt sehr abstrakt, aber man muss genau dort beginnen: mit stetiger Kommunikation, mit internationalen Treffen und dem Wunsch, etwas zu verändern.

Hier ein Jahr zu sein, fanden meine Eltern, sei prinzipiell eine gute Sache. Sie haben mich voll unterstützt. Mein Vater hegte gegen eine soziale Tätigkeit zunächst eine gewisse Abneigung. Ich habe keine große Vorqualifikation für meine Arbeit hier, und er war der Meinung, ich hätte doch genügend andere Talente, die ich bei anderen Sachen einsetzen könne. Das war sein einziger Einwand und hatte mit Auschwitz nicht direkt etwas zu tun. Im Gegenteil: Er freut sich darüber, dass ich die Möglichkeit habe, nach Auschwitz zu gehen und hier viele Eindrücke und Erfahrungen zu sammeln. Aber wie Eltern halt so sind: Immer so ein bisschen besorgt, dass man bloß nicht in irgendeiner Weise unter die Räder kommt. Es sind halt trotz allem Eltern.

Für meine Arbeit bekomme ich im Rahmen des European Volontary Service ein kleines Taschengeld von 170 Euro. Weil ich ausgemustert bin, erhalte ich noch 154 Euro Kindergeld und bin so finanziell ganz gut versorgt. Mit zwei anderen Volontären wohne ich in einer Wohnung im Plattenbau zusammen. Eine kleine, feine WG.

Dadurch, dass ich jetzt hier wohne, ist für mich der Name Auschwitz entdämonisiert. Wenn ich zum Beispiel mit meinen WG-Mitbewohnern darüber rede, in Auschwitz zu leben, dann ist das mittlerweile schon fast selbstverständlich, auch wenn ich erst drei, vier Tage hier bin. Außerhalb Polens ist das anders: Als ich vorgestern mit meinem Vater sprach, sagte er: »Sprich doch bitte von Oswiecim und nicht von Auschwitz, sonst kommen bei mir sofort die Bilder hoch, die ich dabei im Kopf habe. Ich möchte mir nicht vorstellen, dass mein Sohn da wohnt.« Damit ist er nicht allein. Die ganze Welt kennt Auschwitz und verbindet damit eine ganz bestimmte Sache.

Mein Vater ist 1945 geboren. Er war Teil der so genannten 68er Generation. Er hat in Berlin gelebt und auch mitdemonstriert. Die Auseinandersetzung mit dem Nationalsozialismus und dem Holocaust war bei uns zu Hause stets präsent. Ich weiß nicht, wann ich das erste Mal vom Holocaust erfahren habe. Ich wusste sehr früh, zumindest in groben Zügen, über die wichtigsten Fakten Bescheid. Und ich wusste, dass wir Deutsche eine sehr schwierige Geschichte haben. Zuerst kam sämtlicher »Input« sicherlich von meinen Eltern, bald erfuhr ich mehr auch durch die Schule, die Auseinandersetzung mit Freunden und durch eigene Recherche.

Was mir immer – zumindest in Ansätzen – bewusst war, war die Tatsache, dass wir einen Nazi-Verbrecher in der Familie haben. Mein Urgroßvater mütterlicherseits war einer der Hauptdelinquenten der Euthanasie. Vor fünf Jahren habe ich mir das genauer von meiner Mutter erzählen lassen. Er war das, was man damals »Irrenarzt« genannt hat. In der Nähe von Braunschweig arbeitete er für die T-4 Kampagne und brachte in diesem Rahmen viele Menschen um. 1945 wurde er als NS-Verbrecher von den Amerikanern inhaftiert und beging Selbstmord. Das ist im Groben, was ich weiß. Ich recherchiere dazu im Moment noch weiter, weil es mich sehr interessiert und ich gerne weitere Fakten wissen würde.

Der Umgang mit dem Nationalsozialismus war deshalb manchmal nicht ganz einfach. Meine einzige Großmutter, die noch lebt, ist seine Tochter. Aus Rücksichtnahme ihr gegenüber haben wir das Thema nicht immer in letzter Konsequenz vertieft. Mit ihr habe ich nie offen über ihren Vater reden wollen und können. Es war ihr Vater, den sie als Tochter schätzt und liebt, und als er noch lebte, hatte sie trotz allem ein gutes Verhältnis zu ihm. Es ist selbstverständlich schwierig für sie, damit umzugehen. Ich will und kann von ihr auch nicht verlangen, sich damit so schonungslos auseinanderzusetzen, wie es für uns als Generation, die wir nicht direkt in die Schuldfrage involviert sind, möglich ist.

Als ich die Geschichte von meinem Urgroßvater erfuhr, war ich ohne Frage schockiert. Nationalsozialismus und Verbrechen im Nationalsozialismus gingen mich auf einmal persönlich etwas an. Die rein abstrakte Auseinandersetzung, die man sonst ganz bequem führen kann, weil man immer über die anderen redet – über die, die irgendwann irgendetwas getan haben und die man bequem als Unmenschen abstempeln kann –, gab es für mich nicht mehr. Diese Familiengeschichte ist für mich aber kein Grund, eine Art von persönlicher Schuld zu sühnen und tilgen zu wollen. Das kann ich nicht. Und ich möchte es auch nicht. Sie war eher auch ein Grund, wenngleich sicherlich nicht der entscheidende, warum ich mich bei »Aktion Sühnezeichen/Friedensdienste« bewarb.

Wie schon gesagt: Bei uns zu Hause gab es außerhalb des Themas »Urgroßvater« einen schonungslosen Umgang mit dem Nationalsozialismus, der auch im Kontext einer zukünftigen besseren Verständigung der Völker stand. Die kann man ja ganz praktisch angehen, und ich versuche hier, den Anfang zu machen.

Das Jüdische Zentrum habe ich mir dafür nicht wirklich ausgesucht. Ich wusste anfangs nur ansatzweise, worum es sich dabei handelt. Beim Auswahlseminar des ASF, also der Aktion Sühnezeichen, gab ich es als eines der Projekte an, das mich interessiert. Warum ich dann vom ASF

für das Jüdische Zentrum ausgewählt wurde, weiß ich nicht: Jude bin ich nicht. Jüdische Vorfahren habe ich auch nicht. Ich bin noch nicht mal christlich und nicht getauft. Religion betrachte ich eher von außen – aber sie interessiert und fasziniert mich enorm. Aus Interesse an ihr und der Auseinandersetzung mit Glauben – aber nicht aus dem Kontext heraus, ein gläubiger Mensch zu sein – ging ich zum Beispiel den Jacobsweg, bevor ich hier nach Auschwitz kam.

Im Nachhinein habe ich mich sehr darüber gefreut, dass es dieses Projekt wurde. Es ist stark mit inhaltlicher Arbeit verbunden, und ich habe die Möglichkeit, mich hier intensiv mit dem Judentum auseinanderzusetzen. Das habe ich bisher noch nie gemacht und es ist, wie ich jetzt schon merke, eine sehr bereichernde Möglichkeit. Das Judentum als Religion hat eine ganz entscheidende Bedeutung, nicht nur im Zusammenhang mit dem Holocaust, sondern auch als Mutterreligion des Christentums und des Islam. Ich finde es spannend, diese Wurzeln zu entdecken und mehr und mehr verstehen zu lernen. Beim Auswahlseminar des ASF habe ich mir die Projektberichte über Auschwitz/Oswiecim durchgelesen. Die ersten Zeilen waren meistens darüber, was Oswiecim für eine Stadt ist: mit Hochhaussiedlungen, Supermärkten, einer großen Fabrik. Über diese Stadt wusste ich im Vorfeld kaum etwas. Auch von Auschwitz weiß ich noch nicht so viel, wie ich wissen möchte. Ich habe ein paar Bücher gelesen und dann gab es die Informationen aus der Schule.

Ich brauche sicherlich noch meine Zeit, um zu realisieren, wo ich hier wirklich bin. Seit vier Tagen bin ich jetzt hier und so wirklich angekommen bin ich noch nicht. Lager und Stadt liegen beide so nah beieinander. Ich kann es jetzt noch nicht abschließend beurteilen, aber es ist kein einfacher Ort zum Leben und der Winter wird vermutlich lang.

Oswiecim erlebe ich als eine kleine, gewöhnliche, polnische Industriestadt, die eine gewisse graue Perspektivlosigkeit ausstrahlt. Hier, in der Gegend, gibt es keine schöne Wohnsiedlung. Es stehen nur Plattenbauten und nicht viel mehr. Also ein bisschen trist alles. Zum Glück ist das Wet-ter schön und die Gegend am Sola-Fluss entlang ist sehr hübsch. Es gibt hier eine Musikschule und ich habe mir fest vorgenommen, Leute zu suchen, die auch Musik machen. Ich spiele Cello. Und ich will in einen Verein gehen und Tischtennis spielen, was ich auch schon zu Hause gemacht habe. Immerhin werde ich hier für ein Jahr leben und möchte auch wirklich am polnischen Leben teilhaben und mich nicht nur in einer deutschen Enklave aufhalten. Ich möchte alles versuchen, so gut wie möglich in das polnische Leben einzusteigen und Kontakt zu Leuten von hier aufzubauen. Das war in den ersten Tagen nicht ganz leicht. Was mir auffällt, ist, dass die Nachbarn nicht grüßen. Überhaupt nicht grüßen. Selbst wenn man sich schon einige Male gesehen hat. Ich versuche, die Leute anzuschauen, ihnen zuzunicken oder so, und sie reagieren nicht. Das erweckt bei mir ein bisschen den Eindruck, dass die Einwohner in diesem Ort nicht wirklich glücklich sind. Es ist vielleicht auch nicht ganz einfach, in einer Stadt mit dieser Vergangenheit zu leben. Ich las heute in einem Bericht von einem Oswiecimer, das Lager habe seiner Stadt den Namen quasi geraubt.

Der Hauptplatz der Stadt ist nett. Der hat mir wirklich gut gefallen. Der Bunker, der in der Mitte steht, ist wirklich kurios. Am Sonntag war ich mit zwei Zivis auf dem Markt und habe dort noch ein paar Sachen für unsere WG ein-

gekauft. Was mich dort schockiert hat, war, dass ganz offen neben Früchten und Klamotten Nazi-Symbole angeboten wurden. Mir fiel fast die Kinnlade runter. Ich habe es mir im ersten Moment gar nicht erklären können. Hier, in Oswiecim, Auschwitz, werden Arbeitsbücher, Hakenkreuze, Nazi-Embleme und Nazi-Orden angeboten. Das schien mir allzu unwirklich.

Als Deutscher im Jüdischen Zentrum in Oswiecim zu sein, ist für mich erst mal spannend. Ich habe in den beiden Tagen, die ich jetzt dort arbeite, auch schon die ersten Erfahrungen gesammelt. Gestern Abend kam ganz spontan eine Gruppe aus Tel Aviv im Jüdischen Zentrum vorbei. Sie waren nicht Teil einer organisierten und angemeldeten Reisegruppe, sondern reisten privat zu den Wurzeln ihrer Familie. Das weibliche Familienoberhaupt war in Oswiecim geboren und die Familie floh einige Wochen vor der Besetzung Polens durch die Deutschen nach Palästina und überlebte so den Holocaust. Onkel und Tanten, die hier blieben, starben. Kurz nach der Wende war sie dann das erste Mal nach dem Zweiten Weltkrieg in Oswiecim. Gestern brachte sie nun ihre Familie mit. Die Gruppe bestand aus fünf Leuten. Das ältere Ehepaar mit der Frau aus Oswiecim, ihr Sohn und seine beiden Kinder, 17 und 13 Jahre alt. Für die beiden Youngsters hatte ich schon so ein bisschen etwas Befremdliches. Sie sind nicht von sich aus auf mich zugegangen. Aber ich hatte auch nicht das Gefühl, dass sie mich, weil ich Deutscher bin, ablehnten. Ihre Großmutter war total aufgeschlossen. Sie fragte mich, warum ich hier sei. Ich erzählte ein wenig von mir, und dann sagte sie: »Das ist so schön für mich, hier einen Deutschen zu treffen. Damit habe ich nie gerechnet. It surprises me. A wonderful surprise for me.« Am Anfang der Begegnung hatte ich ein bisschen Angst. Aber alle waren mir gegenüber so freundlich, dass so ein Anflug von Unsicherheit ganz schnell verflog. Gerade die ältere Frau, die knapp 75 Jahre alt war, hat sich wirklich darüber gefreut, dass sie einen Deutschen traf. Und dass der ihren Enkeln, die in der Schule und über die eigene Familiengeschichte erfahren haben, was für Verbrecher die Nationalsozialisten waren, erleben ließ, wie anders deutsche Jugendliche heute sind. Fachlich war ich kaum eingearbeitet. Trotzdem freuten sie sich, dass ich ihnen halt irgendwie zu helfen versuchte. Und ich freute mich, dass ich etwas Positives vermitteln konnte. Wir gingen zu den Gräbern ihrer Vorfahren, ihren Urururgroßeltern, die 1910 gestorben sind.

Ich kann gar nicht genau sagen, was ich erwartet habe – nur sicher nicht eine solche Begegnung am ersten Arbeitstag. Es war für mich eine wunderschöne, menschliche Erfahrung.

Die

Besucher

Lass uns über
Auschwitz sprechen

Avner Shemesh

28 Jahre
Security Guard und
Jurastudent

Zehn Jahre war mein Vater alt, er nach Israel kam, meine Mutter war fünf. Beide stammen aus Georgien. Dort gab es zwar keinen Holocaust, aber beide haben unter dem Antisemitismus im Land gelitten. Mein Vater erzählte mir, dass es für ihn in der Schule eine Schande war, Jude zu sein. Seine Mitschüler lachten ihn aus und gaben ihm das Gefühl, nichts wert zu sein. Deshalb war es sehr wichtig für ihn, alles hinter sich zu lassen und in Israel, dem Land der Juden, zu leben.

Ich bin in Beer Sheva geboren und besuchte dort eine religiöse Schule. Dort gab es eine Kombination von Religionsunterricht und anderen Fächern wie Physik oder Mathematik. Es kamen also beide Welten zusammen: die religiöse und die weltliche. Ich bin nicht religiös, ich bin gläubig. Die meisten Juden, 95 Prozent, sind orthodox, fünf oder sieben Prozent sind Reformierte.

Nach der Schule ging ich zur Armee. In Israel gibt es eine allgemeine Wehrpflicht. Jeder Junge, der die High School beendet hat, leistet drei Jahre Militärdienst. Mädchen machen 21 Monate. Nach dem Ende dieser Zeit bist du verpflichtet, jedes Jahr einen Monat in der Armee zu verbringen. Du wirst der Einheit zugeordnet, in der du warst und trainierst wie während des Militärdienstes.

In Auschwitz zu arbeiten, ist kein leichter Job für mich. Ich bin hier in einem Todeslager, nicht in einem Spiel oder – mal so als Beispiel – in der Hauptstadt von Griechenland. Hier Security Guard zu sein bedeutet, dass ich zwei unterschiedliche Seiten beachten muss. Auf der einen Seite steht Avner, der Jude, auf der anderen Seite bin ich Teil des israelischen Geheimdienstes. Meine primäre

Verbindung zu Auschwitz ist, dass ich Jude bin. Ich will dir diese innere Verbindung, die entsteht, weil ich Jude bin, erklären. Ein Beispiel: Wenn ein Muslim im Sudan oder Kuwait von einem Selbstmordattentat im Irak hört, bei dem zwanzig Araber starben, ist ihm das egal. Jedenfalls den meisten ist es das. Und das frage ich dich jetzt als Christin: Wenn du beispielsweise hörst, dass in Amerika ein paar Christen bei einen Selbstmordanschlag getötet wurden, bewegt dich das als Christin? Wenn du als Jude, als Israeli, hörst, dass an einem Ort, an dem du selbst vielleicht noch nie warst, jemand in einer Synagoge getötet wurde, dann ist das für jeden Juden etwas ganz Schlimmes. Sie sind traurig. Sie leiden und denken: Was kann ich tun? Wie kann ich helfen? Und diese Bruderschaft, diese Verbundenheit in der jüdischen Welt ist einzigartig.

Dazu kommt, dass, seit ich ein kleiner Junge war, der Holocaust-Tag zu meinem Leben gehört. An diesem Tag werden in Israel viele Zeremonien veranstaltet und in zwei Minuten gedenken wir gemeinsam der Toten: Jeder bleibt dort stehen, wo er gerade ist und tut gar nichts – außer in sich gehen, Gedanken und Seele beobachten und daran denken, was während des Holocausts geschah.

Weißt du, es ist in der heutigen Welt nicht leicht, Jude zu sein, weder in Israel noch anderswo. Alle Juden haben viel gelitten und fürchten immer noch, dass man ihnen wieder etwas antut. Ich will nicht, dass so etwas passiert – schon gar nicht an einem Ort wie Auschwitz. Deshalb muss ich in meiner Arbeit als Security Guard ständig in Bereitschaft sein und die Gruppen, die ich schütze, zusammenhalten.

Besonders die Sicherheit von Kindern ist aus unserer Sicht eine höchst sensible Angelegenheit. Den Kindern darf nichts passieren. Auf keinen Fall. Wir machen den Guides im Museum das Leben manchmal ziemlich schwer, eben weil wir nicht wollen, dass in Auschwitz, dem zentralen Ort des Holocaust, etwas passiert. Ich darf als Security Guard nicht den Kopf verlieren und emotional werden. Ich muss meine Arbeit machen – trotz all der Emotionen und Gefühle! Manchmal will ich gar nicht in die Blöcke hineingehen, weil die israelischen Guides so gut sind. Sie können sehr gut erklären und wissen, wie man die Jugendlichen in den Gruppen emotional aufrüttelt. Einerseits möchte ich näher herangehen und mehr Information hören, um das Puzzle des Holocaust zu vervollständigen. Andererseits muss ich die Gruppe schützen, sie bewachen und abseits bleiben. Es darf nicht sein, dass ich von etwas gefesselt werde und denke: Oh mein Gott, was ist hier passiert? Ich darf mich nicht zu sehr in diese

Gedanken verlieren. Wenn deshalb etwas der Gruppe passieren würde – ich weiß nicht, wie ich nach Israel zurückkehren und damit leben könnte.

Normalerweise gehe ich deshalb auch nicht mit in die Krematorien. Ich weiß, dort weine ich und bin dann auf der anderen, der emotionalen Seite. Es gibt zum Beispiel einen Wald in Polen, der heißt Lepochova. Dort wurden jüdische Kinder ermordet. Da ist es auch sehr schwer für mich. Ich denke, ich kann für mich und auch die anderen Security Guards, die bis zu zweimal im Jahr hierher kommen, sprechen: Wenn jemand kein Gefühl, keine Sensibilität für den Holocaust entwickelt hat, emotional blockiert ist oder mit dem Thema nicht klar kommt, kann er seinen Job hier nicht machen.

Was Auschwitz betrifft, trenne ich Auschwitz und Birkenau. Auschwitz steht für den größten Teil der Welt für das, was geschehen ist. Für die jüdische Welt ist Birkenau auf eine Art dieser Ort. Lass mich erklären, wie ich das meine: Ich bin der polnischen Regierung sehr dankbar, dass sie es in all den Jahren ge-

schafft hat, dass dieser Ort nicht ganz verfiel und ihn vor noch stärkerer Beschädigung bewahrte. Heute besuchen jedes Jahr mehr als eine Millionen Menschen Auschwitz und die Regierung garantiert dafür, dass die Besucher hier sicher sein können. Und das nicht nur in diesem Jahr, sondern jedes Jahr! Das beeindruckt mich sehr.

Ich habe allerdings ein Problem mit der Bezeichnung »Museum«. Auschwitz ist kein Museum. Auschwitz ist ein Todeslager. Und wir Juden haben das Problem, dass der Holocaust damals uns passierte. Es gibt neben Auschwitz noch mehr Orte auf der Welt, wo ein Holocaust stattfand oder stattfindet: Die Türken brachten die Armenier um oder der Völkermord im Sudan. Was ich damit sagen will, ist: Auschwitz ist heute ein Symbol, das jedem Menschen auf der Welt sagt: Sieh her! Wir sind alle Menschen. Für uns ist der Humanismus das Geheimnis des Lebens, und dieses Leben ist unser einziges.

Und dann: Schau dir die Deutschen an. Vor 1940 waren sie sehr zivilisierte und kultivierte Menschen. So viele berühmte Künstler kamen aus Deutschland. Die beste Kultur, das beste Design – alles aus Deutschland. Und selbst sie begingen einen Holocaust. Deshalb muss Auschwitz uns heute daran erinnern, dass Menschen böse sein können. Sie können töten, können schlecht sein. Auschwitz heute soll der ganzen Welt sagen: Lasst uns geduldiger, freundlicher sein!

Ich sage nicht: Lasst uns weltweit Frieden schließen. In der Liga spiele ich nicht. Aber Auschwitz mahnt uns alle, friedlicher und sensibler mit unserer Familie, unserem Nachbarn und unserem Nachbarland umzugehen.

Meine Besuche hier in den Todeslagern und die Erfahrungen im Krieg veränderten zum Beispiel meine Einstellung gegenüber den Palästinensern. Früher war ich dem gleichgültig gegenüber, dass sie ihren eigenen Staat gründen, sich entwickeln und ihren Kindern Bildung ermöglichen wollten. Und in meiner Nähe haben wollte ich sie schon gar nicht. Ich wollte Distanz zu ihnen, auch weil Selbstmordattentate ein Teil meines Lebens sind, seit ich Teenager war. Das war zu einer Zeit in Israel, da sagten mir meine Eltern: »Fahr nicht mit dem Bus! Geh´ die 45 Minuten zur Schule zu Fuß.« Damals hörtest du alle zwei, drei Tage, dass sich ein Selbstmordattentäter in Haifa, Beer Sheva oder Tel Aviv in einem Wohnblock, auf der Straße oder im Bus in die Luft gesprengt hatte – und das beispielsweise zehn Menschen in einem Restaurant starben. Dazu kam, dass sich meine Eltern es sich nicht leisten konnten, mich mit einer Gruppe junger Leute aus der Schule nach Auschwitz zu schicken. Das war zu teuer. Alles, was ich damals über den Holocaust wusste, hatte ich in der Schule im Geschichtsunterricht gelernt.

Weißt du, viele Leute fragen im Zusammenhang mit Auschwitz immer wieder: Warum behandelt ihr Juden – gerade nach dem Holocaust – die Palästinenser so schlecht? Ich behaupte nicht, dass ganz Israel menschlich sauber ist. Wenn eine große Armee gegen ein Land kämpft, dann passieren immer schlimme Dinge. Wir sind Menschen, keine Maschinen. Wir wollen Israel zu einem sicheren Land machen, und dabei versuchen wir, nicht gegen unsere moralische Erziehung zu handeln.

Zum Beispiel finde und fand ich es bis heute immer merkwürdig, dass die Menschen in Israel nur zu Zeremonien wie etwa Beerdigungen zusammenkommen. Ich frage mich, warum sie es nicht vorher schaffen, sich in ihrem Schmerz zu verbinden und ihn zu teilen? Wir sind so kluge Leute – warum können wir diesen kleinen Schritt nicht tun? Warum kommen erst 2005, zur Gedenkfeier des 10. Todestages unseres ermordeten Ministerpräsidenten Izchak Rabin, Zehntausende von Menschen in Tel Aviv auf der Straße zusammen, singen gemeinsam Friedenslieder und halten Kerzen in ihren Händen? Warum schaffen sie das nicht vorher?

Weißt du, Ideen wie: Wir müssen nach Frieden streben, dem Töten und dem Leiden ein Ende setzen und aufhören, Menschen auszugrenzen, haben die meisten Studenten auf der Welt. Ich habe den Eindruck, dass gerade ich als israelischer Student, wie auch meine Freunde, uns darum besonders bemühen müssen. Wenn ich zum Beispiel in Auschwitz bin und dort eine deutsche Gruppe sehe, kann ich nicht sagen, dass ich gemischte Gefühle hätte. Ich hasse die Deutschen nicht. Ich gebe den Deutschen nicht die Schuld. Das ist eine Folge meiner Erziehung in Israel. Dort lernst du, die Deutschen nicht zu verurteilen.

Mir ist es egal, ob ein Nazi Kanadier, Franzose oder Däne ist. Aber es ist mir nicht egal, dass jemand ein Nazi ist. Es ist sehr wichtig, dass du das verstehst. Für einen Israeli macht es keinen Unterschied, ob jemand ein Palästinenser oder ein Georgier ist. Für uns ist jeder zuallererst ein Mensch. Aber wenn jemand einen Bombengürtel trägt, dich – und sich selbst – töten will, dann ist er für mich kein Mensch mehr.

Lass mich dir erzählen, was ich in diesem Zusammenhang vor zwei Jahren erlebte. Damals, ich hatte gerade damit angefangen, Delegationen zu bewachen, war in einer Gruppe Monika Hertwig, die Tochter von Amon Göth, dem Kommandanten des Ghettos Plazov bei Krakau.[1] Ihr Vater war in Wien geboren und leitete als SS-Untersturmbandführer von Februar 1943 bis September 1944 das Ghetto Plazov. Er ermordete und schlachtete dort viele Juden ab. Zum Beispiel nahm er morgens, nachdem er aufgewacht war, seine Waffe und schoss auf die Leute im Ghetto, weil er nicht wollte, dass die da herumliefen. Und dann besucht also seine 1945 geborene

---

[1]   Amon Leopold Göth wurde 1908 in Wien geboren. Nach Tätigkeiten bei der »Volksdeutschen Mittelstelle« in Kattowitz und als »Judenreferent« bei den SS- und Polizeiführern in Lublin und Krakau übernahm Goeth im Februar 1943 das Kommando über das KZ Krakau-Plazow. Im Rang eines SS-Hauptsturmführers leitete er das Lager bis zum September 1944. Göth wurde nach dem Krieg nach Polen ausgeliefert, am 5. September 1946 vom Obersten Polnischen Nationalgericht zum Tode verurteilt und am 13. September vor seinem ehemaligen Wohnhaus in Plazow hingerichtet. Zum KZ-Krakau-Plazow siehe: Angelina Oster, Im Schatten von Auschwitz. Das KZ Krakau-Plaszow – Geschichte und Erinnerung, in: Dachauer Hefte 19 (2003), S. 170-179.

Tochter das ehemalige Ghetto Plaszov mit einer israelischen Delegation. Kannst du dir vorstellen, was das bedeutet? Natürlich hatte ich zu Beginn dieses Treffens eine Menge merkwürdiger Gefühle, weil sie die Tochter eines Massenmörders ist. Vielleicht kam sie ja nur mit uns zusammen, um sich besser zu fühlen. Aber ich versuchte, diese Gedanken beiseite zu schieben. Als ich sie sah – du weißt, als Security Guard kann ich nicht einfach hingehen und jemanden umarmen. Ich muss Haltung bewahren und darauf achten, dass den Leuten nichts passiert. Aber später, abends im Hotel, ging ich zu ihr und sagte ihr, dass ich nicht wisse, was ich an ihrer Stelle getan hätte. Dass ich ihren Mut und ihre Bereitschaft bewundern würde, mit einer israelischen Delegation nach Polen zu kommen und dort sogar mit den Leuten zu reden.

Was ich damit sagen will: Die Zeit des Holocaust ist vorbei. Du darfst ihn dir nicht zum Feind machen. Ich folge der Idee, mich wegen des Holocaust nicht als etwas Besonders anzusehen. Es ist heute unsere Aufgabe, mehr darüber zu erfahren und ihn zu verstehen. Und da ist noch etwas, was ich Schülern, Studenten und allen anderen immer sage: Bittet die Menschen, die den Holocaust erlebt haben, nicht um Entschuldigung. Kommt einfach zu uns, lasst uns über Auschwitz sprechen und versuchen, alles zu tun, damit so etwas nie wieder passiert.

Die Koffer, auf denen die Namen stehen – das nahm mir fast die Luft weg

Laura Fuchs-Eisner

20 Jahre
Studentin

In Wien studiere ich Vergleichende Literaturwissenschaften, weil Sprache, Kultur und Literatur optimal kombiniert werden. Das hat mir gefallen und mich am meisten interessiert.

Ich komme aus einem sehr toleranten, politisch rot-grünen Elternhaus. Mein Vater ist Bahnbeamter und meine Mutter Hauptschullehrerin. Das Dorf, im dem ich groß geworden bin, hat so 2.000 Einwohner, die sehr verstreut leben. Es gibt sehr viele Bauern, »tiefschwarz« natürlich. Mit tiefschwarz meine ich deren politische Einstellung. Die sind schon teilweise sehr intolerant Menschen gegenüber, die politisch eine andere Meinung haben. Natürlich ist der Bürgermeister auch »schwarz«.

Im ländlichen Bereich waren und sind die Themen Holocaust und Judenverfolgung überhaupt nicht präsent. Ich denke, dass früher auf dem Land der Informationsfluss gar nicht da war. Viele Menschen haben nichts gewusst und später weigerten sie sich, irgendetwas aufzunehmen. Das Gefühl habe ich bei meinen Großeltern auf jeden Fall und bei meinen Großtanten und Großonkeln auch. Denen ist es während des Krieges wirklich besser gegangen als später bei der Besatzung durch die Alliierten. In Oberösterreich waren die Russen[1] und unter denen haben sie gelitten. Dadurch entstand ein anderes Weltbild. Man kann ihnen das kaum vorhalten: In meiner Familie gibt es wenige Mitglieder, die im Krieg gestorben sind. Mein Urgroßvater war zu alt, um in den Krieg zu gehen und mein Großvater zu jung. Von daher haben die sehr wenig Schlimmes erlebt. Die Jüngeren, die in der Hitlerjugend waren, fanden das toll. Es war Gemeinschaft für sie. Und deswegen sperren sie sich bis heute dagegen, etwas anderes aufzunehmen.

Ich hatte eine Großtante, der habe ich gerne zugehört, wenn sie aus ihrer Kindheit erzählt hat. Aber ich war damals wirklich zu klein, um bei ihr konkret nachzufragen. Im Nachhinein, wenn ich mich an das Erzählte erinnere, dann erscheint es so, dass Mutterkreuz und Turnverein für sie damals wirklich etwas Schönes waren. Meine Urgroßmutter hatte das Mutterkreuz verliehen bekommen. Meine Großtante erzählte mir später, wie sie zum Ende des Krieges in den Wald gegangen sind und das Mutterkreuz und die ganzen Turnabzeichen vergraben haben. Das war ziemlich schlimm für sie, weil es die wertvollsten Dinge waren, die sie damals besaßen.

Es fällt mir schwer, ihnen deshalb Vorwürfe zu mache. Sie hatten kein Radio, kein Fernsehen. Sie wuchsen mit den Geschichten auf, dass Hitler die österreichische Wirtschaft verbesserte und der Nationalsozialismus ihnen gut tat und so weiter. Es ist schwer, dann umzudenken.

Nach dem Zweiten Weltkrieg wurde über den Nationalsozialismus kaum offen geredet. Ich weiß nicht, ob sie die Nachrichten über die Judenverfolgung und die Konzentrationslager, ob sie, und wenn ja wie, das aufgenommen haben. Ich weiß nur, dass alle relativ konservativ waren, was Ausländer und Juden anging, obwohl sie selbst wenige bis gar keine Erfahrungen mit ihnen hatten.

Bis auf Geschäftsbeziehungen hat in meiner Familie persönlich keiner Juden gekannt. Mein Großvater erzählte mir, dass sein Vater vor dem Krieg mit Juden zum Beispiel Vieh gehandelt hätte. Weil der ihnen den Preis drückte, wurde er zu einer Art Feindbild. Jeder andere hätte das wahrscheinlich auch gemacht. Nur die Kinder, die nahmen das so auf, dass die Juden ihnen weniger

---

[1]   Die sowjetische Besatzungszone bestand aus Niederösterreich in den Grenzen von 1937, dem Burgenland und dem Mühlviertel (nördliches Oberösterreich). Das südliche Oberösterreich gehörte zur amerikanischen Zone.

Geld für die Ware gegeben hätten, als sie wert war. So jedenfalls, setzte sich das im Kopf meines Großvaters fest. Man muss dazu sagen, dass er auch nur vier Jahre zur Dorfschule gegangen war und durch nichts seinen Horizont hat erweitern können wie zum Beispiel einer Lehre in einer Stadt. Wenn man immer im Dorf gelebt hat, ist man vermutlich sehr empfänglich für Ideen von außen, die von Autoritäten kommen und dann auf fruchtbaren Boden fallen. Ich kann ihm da keinen Strick draus drehen und verstehe ihn auch irgendwie.

Ich glaube, der Geschichtsunterricht meiner Eltern in den 1950er Jahren hörte mit dem Jahr 1936 auf. Die Themen Nationalsozialismus und die ganze »Heim in's Reich-Problematik« wurde ihnen nicht vermittelt. Was sie über diesen Bereich wissen, eigneten sie sich nach der Schule an.

Für meine Eltern und auch für mich ist das Thema Hitler und Nationalsozialismus nicht mehr wirklich eine Belastung in dem Sinne, als dass wir uns persönlich betroffen fühlen würden. Wir ärgern uns zum Beispiel darüber, wenn Österreich sich als Opfer Hitlers darstellt. Das hat so überhaupt nicht gestimmt und stimmt bis heute nicht. Österreich war kein Opfer, sondern aktiv beteiligt. Ich meine, wir können diese Einstellung heute haben, weil wir uns keiner Schuld bewusst sind. Für meine Großeltern ist das schon schwieriger. Und weil das so ist, reden sie nicht darüber.

Mit meinem Großvater, er war Jahrgang 1930, habe ich über den Nationalsozialismus gesprochen. Damals war ich 12, 13 Jahre alt und in der Hauptschule. Ich saß an seinem Bett und wir haben dann geredet und führten politische Diskussionen. Er war FPÖ-Wähler, also für die Freiheitliche Partei Österreich und rechts, was irgendwie auch so rüberkam. Ich kann mich erinnern, wie er einmal sagte, dass Hitler von der Judenverfolgung ja nichts gewusst habe. Das seien alles die Funktionäre gewesen. Ich meine, es war mir damals schon klar, dass das so nicht stimmen konnte, ich hatte das gerade in der Hauptschule gelernt. Damals habe ich sehr oft mit ihm darüber gestritten und hatte das Gefühl, dass er total zumachte für all die Gedanken, die von mir kamen. Er starb, als ich 13 war. Es wäre interessant, mit ihm heute darüber zu sprechen.

Auschwitz wollte ich mir immer anschauen. Ich finde, man muss es einfach gesehen haben, und jetzt habe ich die Gelegenheit am Schopf gepackt und bin hierher gefahren. Ich besuche meine Freundin Sarah. Ihr Freund wird hier ein Jahr arbeiten, und ich bewundere ihn dafür, dass er das macht. Ich finde es gut und er profitiert sicher davon. Er wird viele interessante Menschen kennen-

lernen und kann sich intensiv mit dem Holocaust beschäftigen. Es ist ein Ge-
schenk, in das Thema tief einsteigen zu können. Ich könnte mir vorstellen, auch
so etwas zu machen. Ich muss einfach schauen, wie sich das bei mir weiter so
entwickelt.

Als die Sarah mir schrieb, ich solle doch nach Auschwitz kommen, habe ich
meine Sachen gepackt und bin unbelastet hierher gefahren. Anfänglich hatte
die Reise sehr wenig mit Auschwitz und dem ganzen Rundherum zu tun. Ich
wollte einfach wegfahren und das war eine gute Gelegenheit. Ich dachte mir:
Ich nehme es einfach so, wie es kommt. Ich werde mir Auschwitz anschauen
und mich vor Ort informieren. Jetzt, wo ich hier bin, denke ich, ich hätte vor
der Reise mehr lesen sollen. Aber das denke ich jedes Mal, wenn ich irgendwo
hinfahre.

Als ich mir das Ticket gekauft habe, war es ganz normal. Es war nichts
besonderes, »Auschwitz hin und zurück« zu lösen. Der Verkäufer sagte zu mir:
»Ja, Auschwitz. Da war ich auch schon einmal. Fahren Sie das erste Mal hin?«
Und er wünschte mir »viel, viel Glück«.

Auf der Zugfahrt war ich im Zwiespalt. Erstens habe ich mich geärgert, dass
ich keinen Reiseführer oder irgendetwas mitgenommen hatte. Ich hätte wirklich
schon gerne im Zug etwas über Auschwitz gelesen. Und dann hatte ich auch
so ein bisschen Angst – Angst davor, das Stammlager zu besichtigen und Angst
vor Albträumen. Ich war früher ein sehr verschrecktes Kind und konnte nach
Erzählungen in der Hauptschule über das Konzentrationslager Mauthausen, das
ungefähr eineinhalb Stunden Autofahrt von uns entfernt liegt, nächtelang nicht
schlafen. Solche Sachen haben mich immer schon sehr aufgewühlt. Als wir
dann in der Hauptschule auf eine Exkursion nach Mauthausen fahren sollten,
bin ich nicht mit, weil ich wieder nachts nicht schlafen konnte. Meine Mutter hat
damals gesagt: »Okay, du darfst dieses Jahr zu Hause bleiben, aber du musst
mir versprechen, dass du einmal hinfährst.« Sie sagte auch, wir müssten den
damals Inhaftierten und Gestorbenen zumindest diese eine Ehre erweisen und
uns das anschauen, uns mit ihnen beschäftigen und sie nicht ganz vergessen.

Ich habe ihr dieses Versprechen damals gegeben und es auch eingelöst. Im
vergangenen Jahr im Gymnasium nahm ich an der Exkursion teil. Ich hatte einen
solchen irrsinnigen Horror davor, dass es mich gar nicht so schockieren hätte
können, wie ich es mir vorher vorgestellt hatte. Und so erlebte ich es dann auch
nicht als so schlimm, wie ich es befürchtet hatte. Es ist eben doch ein großer

Unterschied, ob man über die Gräuel hört und sich das Ganze bildlich und lebhaft vorstellt oder ob man Ruinen besichtigt. Als ich Sonntag in der Nacht um zwölf Uhr in Oswiecim ankam, war es nicht besonders. Ich bin aus dem Zug ausgestiegen, Sarah holte mich ab und ich war müde und deshalb auch nicht fähig, irgendetwas um mich herum aufzunehmen.

Montag sind Sarah und ich dann zum Stammlager gegangen. Sie hatte mir vorher sehr schockiert erzählt, dass die Wohnhäuser bis an die Mauer des Lagers Auschwitz heran stehen würden. Ich dachte: »Oh nein, das ist ja total schlimm.« Als ich dann dort war, habe ich das als ganz normal empfunden, dass die da Tür an Tür wohnen. Wir sind dann ins Museum und im ersten Moment war ich überrascht, dass ich keinen Eintritt bezahlen musste. Ich hatte fest damit gerechnet und mein Geld dabei. Wir verzichteten auf eine Führung, die sicher informativ gewesen wäre. Einerseits konnten wir so das Lager allein ein wenig entdecken und dort, wo wir länger schauen wollten, bleiben und andere Sachen übergehen. Auf der anderen Seite war es allein fast schlimmer als mit einer Gruppe, weil man zwischen mehreren schon ein wenig abgelenkter ist. Der Besuch war sehr bedrückend, vor allem der Block mit den Sälen, in denen die menschliche Habe ausgestellt ist. Puh, das war schon sehr, sehr schwer. Vor allem die Haare.

Wir hatten vermutlich eine Stoßzeit erwischt und waren mitten in der Menschenmenge. Da ist man schon so darauf trainiert, dass man wenig an sich heran lässt, was vielleicht auch ganz gut ist so. Ich habe Leute in den Blocks weinen gesehen und dachte mir: Das kann ich nicht, wenn so viele Leute um mich herum sind. Wenn ich alleine drinnen gewesen wäre, dann wäre es mir um einiges schlechter gegangen. Aber ich habe mich auch sehr zusammennehmen müssen. Vor allem die Koffer, wo die Namen drauf stehen – das nahm mir fast die Luft weg.

Birkenau war auch sehr schwierig, und es war gut, dass ich dort eine Führung hatte. Es ist so weitläufig und allein wäre ich vielleicht nicht an die richtigen Stellen gegangen. Und auch die Geschichten, die dazu erzählt werden, Zahlen und Fakten, ja, das ist schon wichtig, dass man das weiß. Ich habe Birkenau fast noch schlimmer empfunden als das Stammlager: von der Größe, von den Zahlen, von

der Dimension her. Die Holzbaracken habe ich irrsinnig beklemmend gefunden. Die waren neben den Haaren im Hauptlager das Schlimmste für mich.

Die Ruinen der Krematorien waren für mich nicht so schockierend. Da kann man sich einfach nicht hineinversetzen. Das ist eine so andere Dimension, die kann man gar nicht mehr fassen. Aber die Holzbaracken … und wenn es dann heißt, dass da 400 bis 500 Menschen drin gelebt haben, in einer Baracke, die normalerweise für 52 Pferde vorgesehen war: Das war heftig für mich.

Ich ging den Weg im Lager an den Gleisen entlang und habe es teilweise nicht fassen können. In der »Sauna« stand ich vor den Fotos und las mir die Familiengeschichten durch: wer mit wem verheiratet war, wer was beruflich gemacht hat. Die Guide sagte zu uns: »Das waren normale Menschen, die hatten Träume.« Ich stand davor und dachte, dass die Familie auf den Fotos auch meine

hätte sein können. Es ging mir schlecht, als ich die Fotos sah und als ich in die Gesichter schaute, war es doppelt unvorstellbar. Wenn man nur Fakten hört, dass zum Beispiel im Krematorium II 1.000 Menschen verbrannt wurden, dann ist das eine unvorstellbar große Menschenmenge. Das kann man nicht fassen und einordnen. Man registriert die Zahl und denkt sich eher nicht soviel dabei. Wenn man dann aber so individuelle Geschichten sieht, dass so viele Gedanken vernichtet wurden, so viele Lebensinhalte, soviel Zukunft – das ist zwar schwierig, aber eher zu

verstehen. Da wird dann erst wirklich klar, wie wertvoll ein einziges Menschenleben allein ist und was für ein unvorstellbares Verbrechen der Holocaust war. Von der »Sauna« aus bin ich dann so die Gleise entlang zurück zum Eingang gegangen und war einfach froh, als ich wieder draußen war.

Hitler war Österreicher, ich bin Österreicherin. Nur: Mich bedrückt das kaum. Es ist mir nicht so wichtig, ob jemand ein Franzose, ein Italiener, ein Deutscher oder ein Österreicher ist. Was mich viel mehr bedrückt ist, dass Österreich bereits eine Diktatur war, bevor Hitler uns quasi »heimgeholt« hat.

Schon vor Hitler hatte Dollfuß, Chef der christlich-sozialen Partei, das österreichische Parlament aufgelöst und eine Diktatur ausgerufen. Weil Wien immer schon die Arbeiterstadt war, lebten dort sehr viele Rote und Kommunisten. Es gab massive Aufstände und Schießereien und es herrschten bürgerkriegsähnliche Zustände. Menschen kamen um und wurden eingesperrt, die Todesstrafe wurde wieder eingeführt und es wurden Leute wegen ihrer politischen Meinung verfolgt. Es war eine Diktatur und abgeschwächte Form von Faschismus – es war Austro-Faschismus.[2]

Ich habe den Eindruck, damit beschäftigt sich Österreich kaum oder viel zu wenig. Heute, im September 2006, steht Österreich kurz vor Wahlen. Und wie machen BZÖ und FPÖ Wahlkampf? Mit Ausländer-raus-Parolen! Also mit Diskriminierung, mit Ausgrenzung und so weiter. Das ähnelt dem »Geschrei« aus den 1930er Jahren. Ich finde das so gefährlich. Momentan befinden wir uns in Österreich meiner Meinung nach wieder in einer »brodelnden« Situation. Es geht zum ersten Mal seit dem Krieg nicht mehr bergauf. Schön langsam, aber deutlich baut auch bei uns das Sozialsystem ab und die sozialen Gefüge verschieben sich. Die Schere zwischen ein paar sehr Reichen und vielen eher Ärmeren wird größer. Und wieder sucht man nach Sündenböcken. Es ist anscheinend einfach bequemer, ohne sich groß zu informieren, auf eine bestimmte Gruppe von Menschen zu schimpfen und ohne irgendwelche ökonomischen oder politischen Hintergründe genauer zu durchdenken, mit dem Finger auf die »Schuldigen« zu zeigen.

Das ist jetzt zwar ein wenig zu vereinfacht dargestellt und wahrscheinlich auch zu drastisch formuliert – aber für mich drängt sich ein Vergleich einfach

---

[2]   Zu Dollfuß und dem Austrofaschismus: Emmerich Tálos/Wolfgang Neugebauer (Hg.), Austrofaschismus – Politik, Ökonomie, Kultur 1933-1938, Wien 2005.

auf: Damals waren es die Juden, heute sind es die Türken. Damals war es Hitler, heute heißen sie Haider, Strache, Westenthaler – wie auch immer. Die zugrunde liegenden Strukturen sind erschreckend ähnlich und das Konzept des Aufhetzens und der Abgrenzung aufgrund kultureller Unterschiede funktioniert damals wie heute bestens.

Vor diesem Hintergrund habe ich immer den Eindruck, dass man sich zwar viel mit dem Zweiten Weltkrieg und mit den Konzentrationslagern auseinandersetzt, nur mit der Zeit vorher beschäftigt man sich kaum. Dabei ist die doch genauso wichtig. Das ist doch genau das, was man wissen sollte: Warum kam es überhaupt dazu? Was war der Nährboden?

Antisemitismus gab es in Österreich immer und wurde durch die konservativen Parteien sehr forciert. Schon vor 1933 und vor allem in Wien waren die Juden Sündenbock für alles und das, obwohl sie die Kultur und dort gerade Kunst und Literatur sehr prägten. Weil die Juden Geschäftsleute waren, ging es ihnen immer besser und so wurden sie zur Zielscheibe. Später hat man sie dann ausgeplündert.[3]

Über die damalige Wirtschaftslage und was in den Köpfen der Menschen vorgegangen ist in der Schule etwas zu lernen, finde ich fast wichtiger als über Kriegszüge oder Kriegsstrategien, also wer wen in welcher Schlacht geschlagen oder angegriffen hat. Das ist total nebensächlich. Und es merkt sich auch keiner. Aber genau das nimmt man immer wieder in der Schule durch und das finde ich so falsch. Es wäre viel wichtiger, sich mit der Zeit vorher zu befassen. Nur dadurch kann man es vielleicht verstehen oder nachvollziehen und weiß, was man heute vermeiden sollte.

Ich kann es nachvollziehen, dass sich die Österreicher nach dem Ersten Weltkrieg gekränkt gefühlt haben oder ihnen teilweise auch der Boden unter den Füßen weggerissen wurde. Die KuK-Monarchie war vorher so riesig. Und was davon dann übrig blieb – ich kann es schon verstehen, dass die das Gefühl gehabt haben, dass der Staat nicht überlebensfähig war und sie froh waren, in ein Reich eingegliedert zu sein, wo sie ein Teil von etwas waren und groß und stark wurden. Ja, ja, und das war dann der Schritt ins Verderben.

Wenn ich hier in Auschwitz bin, verstehe ich einiges, von dem ich eben

---

3   Zum Antisemitismus in Österreich vor dem Ersten Weltkrieg siehe: Peter Pulzer, Die Entstehung des politischen Antisemitismus in Deutschland und Österreich 1867-1914, Göttingen 2004.

erzählte. In gewisser Hinsicht beschäftige ich mich hier, an diesem Ort, intensiver mit dem Thema. So, von der reinen Besichtigung der Konzentrationslager wurde mir nichts klar. Aber durch die Gespräche mit den anderen verstehe ich das, was mir meine Familie erzählte, wie das Ganze passieren konnte, auf einer anderen Ebene. Man kennt die ganzen Geschichten, ja. Man liest darüber. Man hat Bilder gesehen. Man hat es in der Schule durchgekaut und so weiter. Und man hat sich immer wieder Filme angeschaut. Aber erst durch die Gespräche mit anderen, da fallen mir einfach Sachen ein und es ordnet sich einiges.

Ich habe das Gefühl, dass es gut war, dass ich mir Auschwitz angeschaut habe. Meine anfängliche Angst davor lässt sich schwer beschreiben. Es ist für mich so unvorstellbar, wie grausam man sein kann. Ich hatte Angst, das Elend wirklich zu sehen und mit Dingen konfrontiert zu werden, die ich vielleicht gar nicht begreifen möchte. Aber ich habe versucht, mich in die Situation hineinzuversetzen. Natürlich geht das nicht wirklich, aber ich habe es versucht. Und ich habe mir gedacht, ich würde wahrscheinlich nicht einmal fünf Minuten in so einer Situation durchhalten können.

Ich bin froh, dass ich endlich hierher gekommen bin, mich damit auseinandergesetzt und dieses Versprechen meiner Mutter gegenüber eingelöst habe. Ich denke, sie hat Recht: Jeder sollte sich diese Stätten zumindest einmal ansehen und versuchen, zu verstehen, dass so etwas immer wieder passieren kann, wenn wir nicht ständig aufpassen und versuchen, die Diskriminierung sozialer Gruppen schon im Kleinen zu entdecken und sofort zu stoppen.

.

Mein **Schuldgefühl** war eine wirksame Abwehr gegen Weinen und das Empfinden meiner inneren Kanäle

Guillaume
Carle Renoux

25 Jahre
Fotografiestudent

Ich komme aus Uzès in der Provence, einem touristischen Städtchen in der Nähe von Nimes. Im Sommer ist Uzès so überfüllt, dass man kaum die Straßen entlang gehen kann – im Winter ist der Ort trist und leer. Jetzt lebe ich in Paris, studiere Fotografie und arbeite als Videokünstler.

Es ist schon sehr, sehr lange her, sechs oder sieben Jahre, dass ich das erste Mal die Idee hatte, nach Polen zu reisen. Diesen Sommer sprach ich darüber mit einem jüdischen Freund, der meinte, dass wenn ich nach Polen reise, ich auch Auschwitz besuchen solle. Ich dachte darüber nach und – warum nicht? Ich beschloss also, nicht nur herumzureisen und Fotos zu machen, sondern auch nach Auschwitz zu fahren.

Bevor ich gestern die Lager besuchte, war ich nervös. Als ich dann im Stammlager stand, war es seltsam: Ich war allein dort, also nicht in einer Gruppe. Es war Sonnabend, und ich war überrascht, dass es so voll war. Wenn ich Dir mein Inneres während des Besuchs beider Lager beschreibe, kann ich sa-

276

gen, dass mir viele, ungeordnete Gedanken durch den Kopf gingen. Ich war durcheinander. Vieles, was ich sah, empfand ich als merkwürdig und dem Ort und seiner Geschichte nicht angemessen. Ich sah Leute, wie sie gleich nach dem Besuch des Lagers im Restaurant nebenan aßen. Ich sah Touristen in Shorts und Hemden und Familien, die am Eingang zum ehemaligen Konzentrationslager Fotos machten. Ein Mädchen lachte vor einem Bild von jüdischen Kindern im Lager. Im Stammlager liefen Kinder herum und hatten ihren Spaß. Nun sind Kinder keine Erwachsenen und du kannst ihnen nicht vorschreiben, den Holocaust nach-

zuempfinden. Aber ich halte es nicht für eine gute Idee, ihnen Auschwitz im Alter von sieben oder acht Jahren zu zeigen. Ich habe darüber nachgedacht und kann nicht nachvollziehen, wie man Auschwitz als »Attraktion« betrachten kann. Ich kann mich in den Lagern nicht amüsieren. Sie sind kein Spielplatz.

Mir fiel es sehr schwer, die Gaskammer im Stammlager mit dem Wissen zu betreten, dass dort Kinder, Frauen und Männer umgebracht wurden. Ich war fassungslos, dass einige Besucher da hineingingen, als sei das etwas vollkommen Alltägliches. Es war respektlos. In der Gaskammer habe ich die Wand berührt und für einen sehr kurzen Moment vage etwas gespürt. Ich bin ein empfindsamer Mensch und vielleicht war das der Eindruck eines tiefen Gefühls. Vielleicht hatte es auch etwas mit der Dramatik des Ortes zu tun – ich weiß es nicht. Für mich war es wichtig, überhaupt etwas zu fühlen, auch wenn es nur unbewusst war. Auf jeden Fall war es nichts, das man leicht analysieren könnte.

Während des Besuchs im Lager spürte ich Distanz, so als wäre ich gar nicht in Auschwitz. Ich empfand es wie eine Kopie und es war schwierig für mich, mir nur ein bisschen die Realität des Lagers vorzustellen, auch, weil sie über 60 Jahre zurückliegt. Zu viele Menschen sind an diesem schrecklichen Ort umgekommen. Es ist sehr schwer fassbar, wie man dermaßen mit Methode morden konnte. Ich verstehe es bis heute nicht.

Das Leiden spürte ich dort nicht, was aber nichts zu sagen hat: Das passiert mir auch, wenn ich zum Beispiel ein Buch über die Nürnberger Prozesse lese oder einen Film über den Holocaust sehe. Auch als ich die Erinnerungen des Auschwitz-Überlebenden Primo Levi gelesen hatte oder nach Spielbergs Film *Schindlers Liste*. Interessant für mich war das Buch *Der Tod ist mein Beruf* von Robert Merle. Beim Lesen versetzt du dich in den Kopf eines Täters und in seine Art, die praktische Ausführung der Vernichtung zu durchdenken. Nach dem Buch veränderten sich meine Überlegungen über das einzigartige Phänomen der Opfer-Täter-Beziehung. Mein Eindruck ist: Jeder Mensch kann Opfer und Täter zugleich sein. Beide Seiten sind in einer Seele vorhanden.

Im Zusammenhang mit Auschwitz sehe ich es so, dass viele Opfer in gewisser Weise perfekt auf die Lager vorbereitet waren. Das funktionierte so: Einige Menschen dominierten, andere unterwarfen sich und wurden in den Ghettos drangsaliert und gequält. Dann steckte man sie tagelang in Viehwaggons. Und als sie im Lager ankamen, war man freundlich und zuvorkommend zu ihnen, als sei das alles nur ein bedauerliches Missverständnis gewesen. Wenn du jemanden geistig und seelisch kaputt machst, ist er nicht mehr derselbe Mensch wie zuvor – ein Transformationsprozess setzt ein. Dabei können Menschen den Verstand und die Seele anderer Menschen soweit zerstören, dass sie sich nicht mehr wehren oder kämpfen wollen und können. Dabei genießt der Sieger seine Dominanz und gewinnt und gewinnt und kann damit nicht aufhören und der Verlierer nimmt seine Opferrolle an und benutzt diese, um Druck auf andere Opfer auszuüben.

Dieses Phänomen kann man in vielen Situationen beobachten und war auch einer der Gründe, warum sich all die Menschen dann im Lager – Juden, Kommunisten, Homosexuelle, Sinti und Roma und so weiter – nicht gegen die SS wehren konnten. Wenn man bedenkt, dass 100.000 Menschen von ungefähr 100 SS-Leuten[1] bewacht wurden, dann wäre eine Befreiung aus eigener Kraft durchaus möglich gewesen. Aber es passierte nicht, weil die Menschen mit Prinzip seelisch kaputt gemacht worden waren.

Ein anderes Beispiel: Wenn du die Reaktionen der französischen Opfer des

---

[1]   Im April 1944 umfasste die SS-Besatzung des gesamten Lagerkomplexes Auschwitz etwa 3.000 Wachposten. Bis zum Kriegsende waren insgesamt 7.000 SS-Angehörige, darunter 200 Frauen, in Auschwitz tätig gewesen; Steinbacher, Auschwitz, S. 34; ausführlich: Aleksander Lasik, Die SS-Besatzung des KL Auschwitz, in: Waclaw Dlugoborski/Franciszek Piper (Hg.), Auschwitz 1940-1945. Studien zur Geschichte des Konzentrations- und Vernichtungslagers Auschwitz, Bd. 1: Aufbau und Struktur des Lagers, Oswiecim 1999, S. 321-384.

Zweiten Weltkriegs betrachtest, dann entdeckst du ebenfalls beide Seiten: Nach der Befreiung Frankreichs gab es Leute aus der Resistance, die sich an denen, die mit den Deutschen kollaboriert hatten, rächten – ja, sie sogar blutig bestraften. Damit wurden sie zu Tätern und dafür schämen sich einige Menschen in Frankreich bis heute. Sie meinen, dass mit der Besetzung der deutschen Armee zum ersten Mal in der Geschichte Frankreichs das ganze Land zum Opfer wurde. Mit der Befreiung wurden wir jedoch zu Tätern.

Sich damit und mit den Themen Antisemitismus und Vichy-Regime näher zu beschäftigen, beunruhigt die Franzosen und macht sie nervös. Sie sind normalerweise darüber auch nicht besonders gut informiert. Im Geschichtsunterricht erfuhren und erfahren sie bis heute teilweise nur, was damals wegen der Nazis in Frankreich passierte.

Das ist auch meine Hauptkritik am Geschichtsunterricht in der Schule und am College: dass die 1920er und 1930er Jahre so gut wie gar nicht behandelt werden. In dieser Zeit entwickelten sich viele Ideen in den Köpfen der Bevölkerung, die schließlich die Katastrophe der Jahre 1933 bis 1945 möglich machten.

Ich nahm die Geschichte zwischen 1933 und 1945 ziemlich früh in der Sekundarschule durch und erinnere mich an gar nichts. Im College hatte ich glücklicherweise zwei ausgezeichnete Geschichtslehrer. Sie verschwiegen nichts über den Zweiten Weltkrieg, auch nicht über das Vichy-Regime – bis heute das schlimmste Beispiel von Politik in Frankreich. Seitdem sind die 1920er und 1930er Jahre die Periode, die mich am meisten interessiert. Es war meiner Meinung nach eine sehr unbewusste Zeit und die Menschen lebten in einem tiefen Widerspruch: Es gab eine große Lebensfreude und gleichzeitig entstanden viele gefährliche Ideen in Frankreich, England, Italien, Deutschland, Spanien und anderen Ländern. Ein völlig überzogener Nationalstolz verband sich mit der Idee des Antisemitismus und diese Mixtur breitete sich immer weiter aus. Davon bekam die kleine Oberschicht und die politische Elite in Frankreich, England und anderen Ländern gar nicht viel mit, glaube ich. Antisemitismus war für sie kein Thema. Für die Betrachtung der damaligen Geschichte ist das sehr, sehr wichtig.

Die Franzosen waren zum Beispiel nach dem Ersten Weltkrieg massiv gegen Deutschland eingestellt. Meiner Meinung nach versuchten sie, die Deutschen zur Verantwortung zu ziehen und sie möglichst schwer zu bestrafen. Dabei wurden die Franzosen extrem unmenschlich: Alle waren zufrieden mit den Reparationszahlungen, und dass die Deutschen hungerten.[2]

Wenn Menschen nichts zu essen haben, werden sie wahnsinnig. Das ist so. Nur um den Hunger zu stoppen, lassen sie sich von irren Ideen anziehen und tun verrückte Dinge. Und genau das taten die Deutschen. Sie folgten dieser Wahnsinnsidee namens Nationalsozialismus, mit allem, was dazu gehörte. Von diesem Standpunkt aus betrachtet, war meiner Meinung nach die fehlende Menschlichkeit in Frankreich mitverantwortlich für den Zweiten Weltkrieg.[3]

Was mir zum Beispiel auffällt ist, dass Bücher und Filme der 1950er Jahre ein schönes Bild zeichnen, das überhaupt nicht echt ist. Die Frage: »Warum konnte es passieren?«, blendeten sie völlig aus. Gleich nach der Katastrophe mochten die Menschen in Frankreich nichts davon sehen oder hören. Weil das alles Vergangenheit war, wollten die Menschen vergessen und das ist gefährlich. Mit dem Krieg in Algerien ist es übrigens ähnlich. Viele Franzosen wollen bis heute nicht die Wahrheit darüber wissen, unter welchen Bedingungen die Algerier während der französischen Kolonialherrschaft lebten und was im Bürgerkrieg geschah.

Ich denke, heute haben wir eine Situation, in der viele Menschen Antisemitismus und den Holocaust bereits vergessen haben. Mit Beginn des neuen Jahrtausends kommt der Antisemitismus nach und nach und mit neuem Gesicht und in einem anderen Kontext zurück. Irgendwie ist er unter der gesellschaftlichen Oberfläche immer vorhanden. Und das ist die Realität, in der die Bevölkerung lebt und von der die Politiker, meiner Meinung nach, entweder keine Ahnung haben oder sie nicht sehen wollen.

---

[2]   Die Bestimmungen des »Versailler Vertrages« waren nicht »unmenschlich« hart; sie waren im Gegenteil weniger rigoros ausgefallen, als es im Bereich des Möglichen war. Frankreich war zunächst entschlossen, das Deutsche Reich dauerhaft zu schwächen: umfangreiche Gebietsabtretungen, drastische Rüstungsbeschränkungen und weitreichende Reparationsverpflichtungen Deutschlands. In langen und erbitterten Diskussionen konnten die USA und Großbritannien Frankreich zu Abstrichen ihrer territorialen Maximalforderungen bewegen. Siehe: Eberhard Kolb, Die Weimarer Republik, München 2002, S. 23-37.

[3]   Im Gegensatz zum Ersten Weltkrieg trägt Deutschland allein die Verantwortung für den Ausbruch des Zweiten Weltkrieges. Frankreich kann keine Mitverantwortung angelastet werden. Krieg war vielmehr fundamentaler Bestandteil der nationalsozialistischen Weltanschauung und diente der Verwirklichung der rassistischen Utopie vom »Lebensraum im Osten«. Die Nationalsozialisten wollten Krieg und ihre Politik zielte seit 1933 darauf ab, Deutschland kriegsfähig zu machen.

Bei meinem Besuch fand ich es schwer erträglich zu sehen, dass Künstler im Stammlager Auschwitz Bilder ausstellen. Kunst hier? Ich finde das schwierig. Ich will dir das erklären, was nicht ganz einfach ist: In meinen Augen setzten die Nazis in Auschwitz und Birkenau sehr kreativ die Idee einer »Industrie des Todes« in die Praxis um. Wenn man genau hinschaut: Gaskammern und Krematorien sind ihre perfekte, teuflische Erfindung der Umsetzung ihres Plans von der »Endlösung«. Die war ihre Vorstellung von etwas Großem. Für mich ist das, also eine umgesetzte Idee von etwas Großem, Kreativität und Kunst.

In diesem Zusammenhang denke ich einerseits, dass es ist eine interessante Idee ist, der bösen Kreativität des Nazismus die gute Kreativität von Künstlern entgegenzusetzen. Andererseits irritierte mich das, was ich nicht verstand. Wichtiger als eine Bewertung, ob das nun richtig oder falsch ist, scheint mir jedoch die Diskussion hinterher zu sein, denn wenn du Auschwitz künstlerisch verarbeitest, musst du wissen, dass sich damit auch die Interpretation der »Endlösung« verändert. In diesem Zusammenhang betrachte ich auch den 11. September. Mit diesem Verbrechen verhält es sich ähnlich: Wenn man es nicht aus der Perspektive der Opfer und ohne Mitgefühl für ihr Leiden betrachtet, kann man darin die Vorstellung von etwas Großem sehen.

Birkenau erlebte ich anders als Auschwitz. Dort traf ich nicht diese munteren Familien, die Fotos machten und so was. Ich spürte dort mehr Respekt. Mein erster Gedanke dort war, wie dumm die Nazis und die SS gewesen waren. Dann erschien es mir so, dass die Nazis in den Lagern ihre und die Emotionen der Häftlinge getötet hatten.[4] Beide waren emotional tot. Ohne Emotionen als regulierenden Faktor konnte der Intellekt dann diese grausamen Taten verüben. Es ist wichtig, das zu verstehen: Der Verstand ohne Emotionen ist nichts Gutes. Er kann schnell unmenschlich werden, wenn Menschen gar keine Gefühle mehr haben.

Weil die Gebäude so zerstört sind, dachte ich erst später an die Opfer und dann auch mehr an das Phänomen an sich als an ihr Leid. Als mir das bewusst wurde, fühlte ich mich ein wenig schuldig. Ich weiß aber, dass dieses Schuldgefühl eine wirksame Abwehr gegen Weinen und das Empfinden meiner inneren

---

[4]   Dieser Eindruck trügt, wie beispielsweise das Fotoalbum eines SS-Offiziers aus Auschwitz zeigt; siehe: http://www.ushmm.org/research/collections/highlights/auschwitz.

Kälte war. Mir wurde deutlich, wie blockiert ich war. Nach dem Besuch ging ich auf mein Zimmer und alles kam hoch. Es ging mir schlecht. Auschwitz war wie ein Spiegel für mich und die gesamte Menschheit. Ich war völlig durcheinander. Nicht wegen der Zeit des Zweiten Weltkriegs, sondern weil ich mich

fragte, was Menschlichkeit eigentlich ist und bedeutet. Ich dachte in Bezug auf diese Frage gestern über das Asch-Experiment nach. Kennst du das? Ich habe darüber einen Dokumentarfilm auf dem Fernsehsender Arte gesehen. Es ist ein amerikanisches Experiment, mit dem Konformität getestet wird und dessen Ergebnisse überall auf der Welt gleich sind. Es geht so: Es gibt fünf Teilnehmer. Vier bilden eine Gruppe, einer ist für sich allein. Dann hast du fünf Linien. Vier sind gleich lang, eine ist kürzer. Die Vierergruppe zeigt nun auf die kurze Linie und behauptet dem gegenüber, der allein ist, alle Linien seien gleich lang. Wenn nicht schon in der ersten oder zweiten Runde – spätestens in der dritten Runde sagt auch der Einzelne, alle Linien seien gleich lang, obwohl das nicht stimmt.

Dieses Experiment zeigt, dass nicht die Wahrnehmung des Individuums entscheidend ist, sondern der Wunsch, zu einer Gruppe zu gehören. Sie werden von der Gruppendynamik mitgerissen und – wenn dies das Ziel der Gruppe ist – können sie gewalttätig werden und tun grundlos oder einfach auf Befehl schreckliche Dinge. Für mich heißt das konkret für die Gegenwart: Wenn es die Umstände begünstigen, können viele Menschen, und mehr als wir glauben, töten. Dieses Experiment ist für mich ein Schlüssel zum Verstehen der Menschen und das deren gedachte und gelebte Humanität nicht unbedingt eine freiwillige Überzeugung sein muss.

Ich glaube, deshalb fühlte ich mich auch so traurig und verletzt nach dem Besuch von Auschwitz und Birkenau. Mir wurde bewusst, wie wenig ich die Menschen begreife. Meine Gefühle sind da immer sehr gespalten weil ich einerseits Menschen liebe und ich andererseits manchmal richtig Angst vor ihnen habe. Ich glaube an die Menschlichkeit, aber gerade an einem Ort wie hier in Auschwitz, fällt mir das sehr schwer.

Warum töten Menschen andere Menschen? Das ist doch nicht normal. Und vielleicht steht Auschwitz für dieses anormale Verhalten. Es ist ein sehr kleiner Ort, um etwa 1,5 Millionen Menschen zu töten. Dabei ist die genaue Zahl gar nicht so wichtig, weil du dir all die Menschen, die hier umgebracht wurden, gar nicht vorstellen kannst. Was zählt, ist die Absicht, dass tatsächlich getötet wurde. Für mich ist Auschwitz ein Synonym für grenzenloses Morden.

Weißt du, nach meinem Besuch in Auschwitz kam mir der Gedanke, dass Antisemitismus irgendwie nicht fassbar ist, weil er in so unterschiedlichen Formen auftritt. Bei uns in Frankreich gab und gibt es nur einen kleinen Anteil der Bevölkerung, der sich dafür schämt, was im Zweiten Weltkrieg während des Vichy-Regimes passierte. Die meisten tun das nicht. Sie sagen: »Was hätten wir tun können? Es war eben so. Wir mussten überleben, nicht wahr?« Und da hast du es dann wieder, das Ergebnis des Asch-Experiments – Konformität.

Nimm zum Beispiel General de Gaulle: Sein Charakter war leicht zu durchschauen. Ich mag an ihm, dass er kein Heuchler war. Er stand zu seinem Antisemitismus und versteckte ihn nicht, wie so viele andere.[5]

Gerade der versteckte Antisemitismus hat meiner Ansicht nach mehr Bedeutung als der offen gezeigte von Skinheads und anderen Extremisten. Versteckter Antisemitismus ist in der Gesellschaft sehr verbreitet, obwohl niemand offen darüber spricht. Das macht ihn noch gefährlicher, wobei das Schlimmste ist, dass die Kinder diese Art von Antisemitismus von ihren Eltern vermittelt bekommen. So wird er von Generation zu Generation weitergegeben und dabei immer stärker.

In Frankreich verurteilen wir einen Rassisten für antisemitische Äußerungen. Ich frage mich: Warum bestrafen wir Leute wie den rechtsextremen Politiker Jean-Marie Le Pen für das, was sie sagen? Die französischen Gesetze halte ich in dieser Hinsicht nicht für besonders wirksam, denn das Schlimme sind nicht die Worte, sondern die Gedanken dahinter. Kommt dann so ein Kerl wegen seiner Äußerungen ins Gefängnis, steigt sein Einfluss beim Publikum und je mehr Leute ins Gefängnis gehen, desto mehr Rückhalt bekommen ihre

---

5   Mit dem Sechs-Tage-Krieg vom Juni 1967 schwenkte die französische Regierung auf eine proarabische Haltung um. Charles de Gaulle bezeichnete nicht nur Israel als arrogant und aggressiv, sondern er nannte Juden insgesamt selbstsicher und herrschsüchtig; Werner Bergmann, Geschichte des Antisemitismus, München 2002, S. 128.

Ideen in der Bevölkerung. Ich meine, wenn jemand öffentlich eine dumme Idee vertritt, sollte man sie als solche verstehen und entlarven!

Bevor ich morgen abreise, will ich mir noch die Stadt anschauen. Die Menschen hier erlebe ich als sehr offen und liebenswürdig und ich bin froh, nach dem Besuch der Lager und der Konfrontation mit dem Massenmord in normales Leben eintauchen zu können. Kennst du die Fotografin Lee Miller? Sie hat gesagt, dass in einem Krieg nicht die Toten sondern die Überlebenden wichtig seien. Dieser Standpunkt gefällt mir: Leben ist immer wichtiger als der Tod. Wenn zum Beispiel junge Leute zusammenkommen, passiert so etwas wie Menschlichkeit. Bei älteren Leuten ist das meiner Meinung nach anders: Wenn die sich treffen, prallen nur ihre Erinnerungen aufeinander, weil sie mit den Jahren abstumpfen und sich und andere häufig gar nicht mehr wirklich wahrnehmen. Das kann man nur schwer ändern, denn wer sich als älterer Mensch dagegen auflehnt, wird oft von seiner Generation ausgegrenzt.

Deshalb haben es junge Leute so viel leichter, miteinander in Kontakt zu kommen – und wenn es durch Zufall ist. Wenn beispielsweise junge Deutsche, junge Israelis und junge Franzosen hier in Auschwitz zusammenkommen, dann ist das gut für ihre Zukunft. Mit dieser Erfahrung wachsen sie auf und das macht das Leben einfacher. Alle jungen Leute auf der ganzen Welt können das tun. So wie ich zum Beispiel: Ich bin allein nach Polen gekommen und ich spreche viel mit Polen. Es gibt viele Unterschiede zwischen uns und unseren Kulturen. Wenn ich mich aber näher damit beschäftige, sehe ich, wie gering die Gegensätze eigentlich sind. Im Grunde sind wir uns doch alle sehr ähnlich in Mentalität, Frustration oder Verwirrung – auf gewisse Art sind wir identisch, weil wir dasselbe Fundament haben. Deshalb wäre für mich die einzige Lösung, die Kluft zwischen Israelis und Deutschen und Franzosen zu schließen. Wenn du andere Menschen siehst, erkennst du dich häufig selbst – wie in einem Spiegel: Oh! Du bist wie ich! Und das ist der Augenblick, in dem du Menschlichkeit erlebst.

Ich **weinte**

Tobias Uhlmann
19 Jahre
Schüler

Also, ich fang jetzt mal so an: Meine Großmutter war zwölf Jahre alt, als sie aus Ostpreußen flüchtete. Als ich Kind war, hat sie mir von ihrer Reise und dass sie fast auf der Flucht gestorben wäre, erzählt. Sie war ziemlich lange unterwegs und ist ungefähr 2.000 Kilometer zu Fuß nach Berlin gegangen. Dann wurde die Familie getrennt. Ein Teil ist zu Fuß Richtung Nordsee gelaufen und wohnt jetzt in der Nähe von Bremen in Worpswede. Ein anderer Teil ist wieder zurück und in Richtung Osten nach Dresden gegangen und viele von ihnen leben immer noch dort.

Als ich ungefähr fünf, sechs Jahre alt war, hat meine Großmutter mir das erste Mal von der Vergasung erzählt. Sie sagte, dass die Gaskammern wie Waschräume ausgesehen hätten und die Leute reingedrängt und dann vergast wurden. Das habe ich seitdem nie wieder vergessen.

Später beschäftigte ich mich mit dem Zweiten Weltkrieg und der Problematik Nazis, Juden und warum die Nazis das überhaupt gemacht haben. Durch den Geschichtsunterricht wurde das Interesse immer größer. Als im Mai 2006 Herr Jäckel in unserer Klasse fragte, wer mit nach Auschwitz fahren wolle, war ich gleich neugierig. Es ging darum, dort die Lager zu besichtigen und einen Zeitzeugen zu sprechen.

Das fand ich von Anfang an positiv. Es kam mir gelegen, weil mich das Thema irgendwie seit Jahren fesselt und im Unterricht viele Fragen nicht beantwortet worden waren. Und ich wollte unbedingt Auschwitz sehen. Ich wollte etwas davon wahrnehmen, wie das früher war, wie das während des Zweiten Weltkriegs ausgesehen hatte. Dresden war ja zertrümmert. Man sieht das heute noch. Was man nicht sieht, ist, was sie mit den Gefangenen, was sie mit den Juden gemacht haben. Deswegen wollte ich hierher, nach Auschwitz.

Wir sind eine Gruppe von 38 Schülern im Alter von 16 bis 19 Jahren. Bevor wir hierher gefahren sind, haben wir uns mehrmals getroffen und Gruppen gebildet, die jeweils ein Thema bearbeiten. Ich bin in der Gruppe »Vernichtung« und soll speziell die Ermordung der Häftlinge wiedergeben. Wir sind acht. Es gibt zum Beispiel noch die Gruppe »Auschwitz-Birkenau«, die das Lager allgemein bearbeitet, oder die Gruppe »Zyklon B«, die das Gift thematisiert. Insgesamt sind es 13 Gruppen mit im Schnitt vier bis acht Leuten. Eine Mitschülerin arbeitet alleine. Sie hat das Zeitzeugengespräch und berichtet darüber.

Vorbereitet wurden wir für die Fahrt einerseits durch den Geschichtsunterricht, der leider nur wenig abdecken konnte. Ich habe im letzten Schuljahr eine Sprachklasse besucht und wir hatten nur zwei Stunden à 45 Minuten in der Woche Geschichtsunterricht, was ziemlich wenig war. Zusätzlich hat sich jeder von uns individuell von zu Hause aus informiert und das Thema bearbeitet.

Für mich war das Internet eine gute Quelle, dann die Geschichtsbücher. Leider hatte ich ziemlich wenig Zeit, weil ich einige Prüfungen ablegen musste, und ich muss ehrlich gestehen, dass ich trotz der Aufgaben zu wenig vorbereitet bin. Das merke ich jetzt, wo ich hier bin.

Die Gruppen können bis zum 31. Oktober recherchieren und schreiben. Bis dahin müssen wir unsere Arbeiten spätestens abgegeben haben. Wie ich gehört habe, sollen die später ins Internet gestellt werden und für alle Leute zugänglich sein. Und das ist auch unser Ziel: Auschwitz unbedingt sehen und darüber berichten. Ich denke, es ist sehr wichtig, über diesen Ort und unsere Fahrt auch andere zu informieren. Und wie ich heute mitgekriegt habe, sollen wir auch an einem Bundeswettbewerb teilnehmen.

Auf der Busfahrt von Meißen habe ich wenig über das nachgedacht, was hier so sein könnte. Ich bin ein ziemlich spontaner Mensch, muss ich sagen, und lebe meistens den Moment. Ich wollte den Ort erstmal wahrnehmen. Hier hat man alles vor Augen. Hier kann man Antworten finden, die man vielleicht nicht hören oder sehen würde, wenn man sie sich schon zurecht gedacht hat.

Ich kam hierher und wollte wissen: Wie war das für die Lagerinsassen? Für die Häftlinge? Für die Juden? Die größte Frage war: Wie konnten die Nazis das überhaupt tun? Wie kamen sie auf diese Idee? Und ich wollte auch das Ausmaß sehen. Die Größe.

Was ich vorher wusste, war, dass mich auch eine Stadt und nicht nur die ehemaligen Konzentrationslager erwartet. Unser Lehrer, Herr Jäckel, hat uns darüber berichtet. Er war ja schon mehrmals hier und hat Oswiecim immer mit Meißen verglichen, die Stadt, wo unsere Schule ist. Meißen ist mit etwa 30.000 Einwohnern ein bisschen kleiner als Oswiecim mit 40.000.

Als ich hier ankam, dachte ich, ja, eine kleine polnische Stadt. Eine ziemlich nette Stadt. Mir hat das relativ gut gefallen hier. Und so habe ich anfangs auch gar nicht so darüber nachgedacht, was hier vor über 60 Jahren passiert ist.

Ich erzählte eben, dass uns ein Gespräch mit einem Zeitzeugen, einem Überlebenden des Sonderkommandos in Birkenau, angekündigt worden war. Ich hatte großen Respekt vor diesem Treffen. Ein Mensch, der so etwas überlebt hat, der hat das Grausamste, was man sich vorstellen kann, überlebt. Der hat die Hölle überlebt. Und davor hatte ich sehr viel Achtung. Und die habe ich immer noch.

Kennengelernt habe ich ihn, als wir gerade zu Mittag aßen. Ich saß mit den Lehrern am Tisch und neben mir war ein Platz frei. Da hat sich Herr Mandelbaum hingesetzt. Ich wusste nicht, dass er es war, also unser Zeitzeuge. Er kam und sagte: »Hallo meine lieben Leute.« Und: »Guten Appetit.« Er war herzlich wie später auch die ganze Zeit. Ein sehr höflicher Mann. Ein sehr fröhlicher Mensch. Er hat die ganze Zeit, wo er mit uns saß, fröhlich und normal geredet. Er zog sich nicht zurück und saß still in seiner Ecke und sagte nichts. Er war offen, suchte Kontakt und wirkte die meiste Zeit ziemlich glücklich.

Ich saß da neben ihm und wusste, neben mir sitzt ein Mensch, der hat soviel durchgemacht. Das war beeindruckend, beängstigend. Dann wurde ich ein bisschen ruhiger und dachte darüber nach, was er alles erlebt hat. Er ist fast 84 Jahre alt. Mir schossen ziemlich viele Fragen auf einmal durch den Kopf. Er hat das Grauen gesehen und ist heute trotzdem fröhlich. Und dann habe ich mich gefragt: Wie macht er das?

Ich fand und finde ihn immer noch ziemlich beeindruckend. Es ist einfach bewundernswert, wie Herr Mandelbaum damit umgeht. Jetzt noch. Wie er darüber berichten kann. Und sich nicht einfach zurückzieht. Er ist ständig unter den

Jugendlichen, unter den Leuten, und erzählt davon. Und ich finde, das ist sehr wichtig. Denn jeder sollte davon wissen. Wenn man davon nichts weiß, könnte so etwas, denke ich, ziemlich schnell wieder passieren. Herr Mandelbaum war sehr ruhig. Er war sehr bedacht. Und er wusste, dass er uns das erzählen muss. Er verschwieg uns kein Detail. Er erzählte uns alles, was er wusste. Es gibt ja Leute, die andere immer schonen wollen und die Details unterschlagen. Das tat er nicht.

Ich habe über die Vernichtung hier wirklich viel gesehen und gehört. Ich kann fast sagen, ich weiß da fast alles. Aber speziell die Vergasung, die war quälend. Das war kein schneller Tod, sondern immer ein langsamer Tod. Der schnellste Tod war eigentlich, wenn die Nazis die Häftlinge mit Kleinkaliberwaffen und Genickschuss umgebracht haben. Dann waren sie schnell tot. Aber die Vergasung war das allerschlimmste. Die Menschen sind langsam gestorben. Unter höllischsten Schmerzen. Und mit den Händen kratzten sie an den Wänden, mit den Nägeln sind die in den Beton. Manche bissen sich Fleischfetzen aus dem Arm vor Schmerz.

Einerseits hatte mir meine Großmutter über die Vergasung viel erzählt, andererseits erfuhr ich dank der Führung und durch Herrn Mandelbaum sehr viel. Er hat im jüdischen Sonderkommando gearbeitet und gesehen, was in den Gaskammern passierte. So was wie er zu erleben, kann ich mir absolut nicht vorstellen. Es ist so eine psychische Belastung. Herr Mandelbaum hat das sehr gut berichtet. Er habe die Wahl gehabt, ob er überleben wolle oder nicht. Als er am ersten Tag an seinen Arbeitsplatz kam, wollte er zuerst die Leichen nicht anfassen, und dort überhaupt arbeiten wollte er auch nicht. Er habe die Personen gesehen, die dort in der Gaskammer lagen, und berichtete uns, dass er Grauen empfand. Und sein Überlebenswille hat, so glaube ich, das verstanden und den Teil des Gehirnes ausgeschaltet, der sich ekelte, der Grauen empfand.

Er erzählte uns, dass seine Arbeit als Zeitzeuge, also den jungen Leuten berichten wie es war, so wie ein Job sei. Und wenn er danach nach Hause gehe, sei er im Garten und bei seiner Frau, dann schalte er ab. Er träume manchmal davon, vom Lager, so ein Mal im halben Jahr. Ich weiß nicht, ob es bei ihm immer so war. Er hat nur erzählt, wie er es jetzt macht. Und dass er so etwas kann, dass er einfach abschalten kann, dass – ich weiß nicht, ob ich das auch könnte. Wenn ich etwas ziemlich Krasses, sage ich mal, erlebt habe, dann denke ich noch Wochen und Monate später immer wieder daran.

Als wir dann das erste Mal ins Lager Auschwitz I gefahren sind, ich den Zaun und die Gebäude sah, das war schon heftig. Ich hatte es vor Augen und konnte mir das bildlich vorstellen, was hier geschehen ist.

Im Stammlager hatten wir eine Führung, die war ungefähr zwei bis drei Stunden lang. Es ging ziemlich schnell los: raus aus dem Bus, rein in das Lager. Wir hatten kaum Zeit, davor zu stehen und erst mal ein bisschen ruhiger zu werden und das auf uns wirken zu lassen. Wir sind gleich losgerannt.

Ich brauchte erst mal eine halbe Stunde, um überhaupt richtig zuhören zu können. Dass ich in Auschwitz vor dem Stammlager stand, konnte ich kaum fassen. Das ging alles ziemlich schnell.

Wir gingen dann den Weg entlang und kamen an das Tor, wo drüber steht »Arbeit macht frei«. Und im Nachhinein, als wir wieder rauskamen, habe ich mir gedacht, die Deutschen, die Auschwitz aufbauten und betrieben, haben die Leute mit diesem Spruch bloß verarscht. Die Häftlinge haben gearbeitet und gearbeitet. Aber Freiheit? Die sind gestorben. Die waren nicht frei im Lager. Die waren frei im Himmel. Das waren keine freien, lebendigen Menschen im Lager: Sie wurden geschunden, zu Tode gequält. Und das alles nicht in Freiheit.

Uns erzählte der Guide, dass in der Villa, in der Lagerkommandant Rudolf Höß gewohnt hatte, heute Menschen wohnen. Ich meine, das ist in unmittelbarer Nähe vom ehemaligen Lager. Direkt am Zaun. Also, darüber musste ich erst mal nachdenken. Das war mir erst mal unbegreiflich. Ich weiß nicht, ob ich da wohnen könnte. Man hat doch ein ziemlich großes Stück Geschichte, die wirklich nicht schön ist, direkt vor der Haustür. Wie die Leute das bloß verkraften? Vielleicht haben die nicht so den Bezug dazu und denken vielleicht nicht so darüber nach. Das ist doch schon ziemlich krass.

Als ich auf den Wegen zwischen den Gebäuden des Stammlagers mal zwei Minuten angehalten und geschaut habe, kamen die Bilder von alleine. Ich habe ja einige Filme und Fotos gesehen. Als ich die erinnerte, konnte ich mir das richtig vor dem inneren Auge vorstellen: Da sah ich auf einmal Leute entlanglaufen in gestreiften Uniformen, die vielleicht gerade geprügelt wurden. Dann war erst mal ziemliche Stille und ich musste mich mal sammeln, um weitergehen zu können. Das ist ziemlich ergreifend, wenn man das vor Augen hat. Man kann das fast anfassen und sieht es direkt im ganzen Umkreis: Hier ist etwas ganz Grausames passiert.

Ich bin leider in keiner der Länderausstellungen im Stammlager gewesen. Dazu war keine Zeit. Heute Morgen, nach dem Frühstück, arbeiteten wir in der Gruppe mit Literatur aus der Bibliothek an unseren Aufgaben. Da wäre Zeit gewesen, nochmal in das Lager zu gehen. Ich glaube, vier Mann sind auch gegangen. Aber ich nicht. Ich wollte erst mal am Nachmittag Birkenau sehen.

Herr Mandelbaum hatte erzählt, dass Birkenau die Todesfabrik war, und da dachte ich, das ist garantiert noch schlimmer als das Stammlager. Da arbeitest du erst mal mit Büchern und was die hier so haben, und gehst dann hin.

Zum Thema Vernichtung hatte ich in einem Buch über die Krematorien gelesen. Darin war die Verbrennung der Toten als Thema separat und ziemlich genau beschrieben worden. Das Buch, das ich heute las, hat leider nicht so die Eindrücke der gefangenen Häftlinge wiedergegeben, sondern beschäftigte sich mit der Architektur. Der Autor beschrieb die Öfen, wie sie gebaut wurden und deren Kapazitäten. Das waren mehr Zahlen als Empfindungen. Ich suchte ziemlich lange nach einem anderen, fand aber nichts. Ein Lehrer gab mir dann ein gutes Buch. Aber ich hatte heute noch keine Zeit, das zu lesen. Damit will ich mich morgen nochmal befassen. Das Buch ist von einem Zeitzeugen geschrieben.

In Birkenau sind wir durch das Tor rein. Ich sah die Schienen, die sich über Hunderte von Metern im Lager erstrecken, und habe wieder vor meinem geistigen Auge gesehen, wie die Waggons da stehen und die Leute daneben. Es ist ja riesig groß.

Wenn man sich vorstellt, was für ein Leben dort eigentlich war: Der Platz, an dem die Selektionen zum Beispiel durchgeführt wurden, war ein ziemlich bedeutsamer Punkt für die Häftlinge. Da entschied sich, ob sie für ein paar

Wochen oder Monate weiterleben, vielleicht auch nur ein paar Tage. Oder ob sie gleich umgebracht wurden. Wenn du darüber nachdenkst, dass Menschen durch Menschenmassen gehen und sagen: »Du gehst nach links. Du gehst nach rechts. Du kannst weiterleben. Du stirbst.« Das ist unbegreiflich. Dass irgendwelche Menschen ankommen und zum Beispiel über mein Leben entscheiden und sagen: »Du bist zu jung. Stirb. Ja, du bist kräftig. Du darfst arbeiten«, kann ich mir nicht vorstellen.

Und dann die Ansammlung der Baracken. Als wir drin waren, in den Barakken, und ich dort die Schlafunterkünfte sah, dachte ich: Das ist ein Bett? Da passten maximal drei Leute nebeneinander. Ich fragte den Guide, wie viele darin geschlafen hätten. Er meinte, bis zu sechs Personen. Und das sei im ganzen Lager so gewesen. Es waren bis zu 100.000 Häftlinge gleichzeitig in Birkenau. Es ist zwar ein riesiges Gelände, aber trotzdem, denke ich, war es ziemlich eng.

Als wir uns im Sanitärbereich die Toiletten anschauten, war das schokkierend. Ein Loch neben dem anderen. Die saßen da eng nebeneinander und hatten nur eine viertel Minute Zeit, ihre Notdurft zu verrichten. Ich kann das immer noch gar nicht richtig begreifen. Es ist einfach nur unmenschlich von den Nazis gewesen. Mich hat auch die Größe dort, als ich heute in Birkenau war, ziemlich beeindruckt und sehr schokkiert. Diese Dimensionen dort. Das ist einfach unglaublich.

Als wir auf dem Weg zu den Krematorien II und III waren, war auch eine Gruppe Israelis dort. Ich wusste, dass ihre Vorfahren in den Krematorien am Ende des Weges gequält und umgebracht worden waren. Für mich war das schwer, da hinzugehen und mir das anzuschauen. Wenn man die Ruinen dort sieht, wo man den Menschen vorgaukelte, sie dürften duschen, sie dürften sich waschen – man gab denen Handtücher und Seife und alles und – schlimm. Sie haben sie bis zum letzten Moment praktisch belogen und betrogen, um sie dann zu quälen und zu töten. Ich stand da und stellte mir das vor. Ich hätte weinen können.

Es war eine sehr besondere Situation, mit den Israelis zum selben Zeitpunkt am selben Ort zu sein. Wir aus Deutschland und die aus Israel. Ja, sie sangen dort. Sie musizierten. Sie schwiegen. Und sie dachten an ihre verstorbenen Vorfahren und Glaubensbrüder und Glaubensschwestern. Es war schön zu sehen.

Wir sprachen vor dem Mahnmal in Birkenau mit einem jungen israelischen Soldaten. Der war aus der Gruppe seiner Kameraden auf uns zugekommen und fing an, mit einem meiner Klassenkameraden zu reden. Er war freundlich. Die beiden schienen sich ziemlich gut verstanden zu haben, und der Soldat erzählte, dass alle zwei Jahre eine Gruppe von Militärs hierher kommen würde und den Verstorbenen gedenke. Sie wollen so ihre Wunden heilen.

Und das war wieder mal so ein Zeichen, dass die Welt eigentlich eins ist. Das jeder mit jedem kann. Es war ein ziemlich gutes Gefühl. Kontakt geht. Kontakt ist sehr wichtig. Speziell über dieses Thema zu reden ist überhaupt das wichtigste.

Mit den Israelis gemeinsam am Mahnmal stehen – da fühlte ich mich auch schlecht, weil ich Deutscher bin und hauptsächlich Deutsche diese Verbrechen begangen haben. Ja, ich fühlte mich ziemlich miserabel in dieser Situation. Es wurden auch Deutsche hier getötet – ganz klar. Aber ich fühlte mich in diesem Moment ganz klein.

Die Idee, in Birkenau Blumen niederzulegen, kam von allen. Es ist wichtig, dass man die Verstorbenen des Holocaust und der Verfolgung insgesamt nie vergisst. Man muss ihrer gedenken und man muss wissen, was die Leute durchgemacht haben. Das war etwas sehr Schreckliches, weil sie viele Qualen durchlebten und teilweise in Aufständen versuchten, sich dagegen zu wehren, obwohl sie nichts hatten, womit sie sich wirklich hätten wehren können. Und sie taten es trotzdem. Man muss daran einfach denken. Und wir dachten daran und hatten ziemlich viel Mitleid mit den Leuten. In der Schweigeminute, nachdem unsere Gruppe die Blumen niedergelegt hatte, versuchte ich mir immer wieder vorzustellen – wie schon die ganze Zeit vorher, als ich über das Gelände lief –, was die Menschen durchgestanden haben. Zwei meiner Mitschüler sagten ein paar Worte. Es war ein schöner Moment, da zwischen den Klassenkameraden in Birkenau zwischen den Krematorien am Mahnmal zu stehen und den Toten zu gedenken. Und es war auch Glück dabei, denn Birkenau ist Geschichte und ist vorbei. Es wird nie wiederkehren. Das muss man sich immer wieder einreden. Und das weitererzählen, damit sich das jeder Mensch einredet. Wenn alle Leute sich einreden, dass so was in der Zukunft nicht wieder passiert, dann wird das auch nicht passieren.

Es ist so, wie Herr Mandelbaum sagt: Man sollte das Leben genießen. Die Frauen sollen sich einen guten Mann und die Männer eine gute Frau suchen. Und man soll studieren und gute Noten erarbeiten und Minister werden. Er hat in einem Buch geschrieben, wie sehr er sich freute, die Natur, die Pflanzen und die Bäume wieder zu sehen, nachdem er vom Todesmarsch geflohen war. Er hat sich über die ganz kleinen, eigentlich selbstverständlichen Dinge gefreut. Herr Mandelbaum machte mich darauf aufmerksam, dass die kleinen Dinge des Lebens einen doch ziemlich glücklich machen können. Wenn man drüber nach- denkt: Man braucht nicht viel Geld. Man braucht nichts außer ein paar schöner Momente. Das fand ich ziemlich schön, dass er sagte, dass wir über unser Leben und darüber nachdenken sollten, wie wir leben und wie wir unser Leben genießen. Und ob wir es überhaupt genießen.

Das alles habe ich bis jetzt noch gar nicht verarbeitet. Ich brauche immer ein bisschen Zeit, damit so was sacken kann. Durch die vielen Informationen, die wir gestern und heute bekamen, ist irgendwann mal der Punkt bei mir erreicht, wo ich nicht mehr aufnahmefähig bin. Ich habe zwar in Birkenau dem Guide zu- gehört und verstanden und das wahrgenommen, aber richtig verinnerlicht habe ich das bis jetzt noch nicht. Das war viel zu viel. Es war nicht nur die Menge der Informationen. Es war auch das grauenhafte, was da passiert ist. Ich stelle mir das immer bildlich vor. Alles. Und da kann ich nicht soviel aufnehmen, weil das einfach viel zu grausam war.

Als wir zum Beispiel in Birkenau fertig waren, sind wir zurück zum Bus. Neben dem stand noch ein anderer mit einer Reisegruppe. Die waren auch grad am Abfahren in Richtung Stammlager und hielten dort an. Ich guckte so, als wir dort vorbeifuhren, und schaute so, und die Leute der anderen Reisegruppe stiegen aus. Ich dachte: Was machen die da? Die gehen doch da nicht auch noch rein? Die sahen sich beide Lager an einem Tag an. Und auch in den Lagern: Viele Reisegruppen. Viele Jugendliche rannten da einfach durch. Die konnten das wahrscheinlich gar nicht begreifen oder so, weil alles viel zu schnell ging.

Heute Abend will ich auch nicht mehr darüber nachdenken und versuche, mich abzulenken. Ich rede dann über irgendein Thema, Fußball oder irgendwas. Das ist wie eine Abwehrreaktion nach all dem Grausamen heute. Nur geklappt hat das fast nie. In vielen Gesprächen über Sport, über irgendwas, verliere ich doch immer wieder die Fassung, weil ich zwischendurch immer wieder daran denken muss. Ich war teilweise sehr schockiert von Auschwitz und Birkenau und den Tränen nah. Ich weinte. Wenn ich da unvorbereitet gewesen wäre, ich weiß nicht, wie ich da ausgesehen hätte.

Es ist für mich jetzt auch nicht einfach, die krassen Gegensätze hier zu verarbeiten: Vor über 60 Jahren wurden hier etwa 1,4 Millionen Menschen ermordet. Und heute, um die Lager herum, in denen so viel Schreckliches passiert ist, leben in Oswiecim und den kleinen Orten mehr als 40.000 Menschen. Ganz normal. Das ist schwierig für mich.

Ich habe Glück gefühlt, als ich Herrn Mandelbaum traf. Es hat mich sehr froh gemacht, dass ich ihn sehen und ihm zuhören durfte. Und ich war dankbar, dass er überlebt hat. Ja, ihn zu treffen war ein ganz besonderer Moment des Glücks.

Und dann war da noch was: Wir sind heute nach dem Abendbrot zum Einkaufsmarkt gegangen und kamen auf die Straße. Ich roch da was und guckte so in Richtung Horizont und sah Rauch aufsteigen. Da musste ich natürlich gleich wieder an die Lager denken. Aber ich wusste, die arbeiteten nicht mehr. Es ist vorbei. Es war ein gutes Gefühl zu wissen, dass es wirklich vorbei ist und es bloß irgendwas war, was da brannte. Vielleicht ein Autoreifen. Wer weiß?

Wir jüdischen Menschen brauchen mehr
Respekt gegenüber den Toten

*Amit, Or
und Amir*

*17 Jahre
16 Jahre
17 Jahre
Schüler*

Amit: Ich bin Mitglied einer Delegation von 46 Schülern aus Israel. Wir sind alle zwischen 16 und 17 Jahre alt und kommen aus Aschkelon. Heute haben wir uns Auschwitz aus der Nähe angesehen und Petr Grunfeld zugehört, der als Kind das Vernichtungslager Birkenau überlebt hat.

Ich bin hierher gekommen, weil ich Auschwitz, wie es war, nicht wirklich fühlen kann, wenn ich es nur aus Büchern und von Fotos her kenne. Und wenn ich Auschwitz nicht erlebt habe, kann ich auch nicht der Familie oder Freunden davon erzählen. Stell dir vor, in 30 oder 40 Jahren wird es keine Überlebenden mehr geben, die wirklich wissen, wie es dort war. Dann könnten Leute, die keine Juden sind, behaupten, dass sei alles gar nicht passiert. Ihr lügt. Ihr könnt nicht beweisen, dass sechs Millionen Juden ermordet wurden.

Meine Großmutter und mein Großvater sind Überlebende des Holocaust und stammen aus Rumänien. Sie lebten nicht im Ghetto, aber sie mussten den Aufnäher mit dem gelben Stern auf der Kleidung tragen. 1940 wurde mein Großvater Avram im Zug nach Auschwitz deportiert. Unterwegs sei er geflüchtet, erzählte mir meine Großmutter. Wäre er im Zug geblieben, hätten sie ihn umgebracht. Die Flucht war seine einzige Chance. Er habe sich gesagt: »Jetzt oder nie«, sei aus dem Waggon gesprungen und in einen Wald gelaufen. Dann kehrte er zu Fuß nach Hause zurück, wo ihn meine Großmutter Esterika auf dem Dachboden versteckte. Er starb 1992 in Israel, als ich zwei Jahre alt war. Deshalb hatte ich keine Gelegenheit, mit ihm darüber zu sprechen. Aber meiner Großmutter geht es mit 86 Jahren noch ziemlich gut. Das Erste, was ich tun werde, wenn ich in ein paar Tagen nach Israel zurückkomme, ist, sie besuchen und fragen, wie sie und mein Großvater den Holocaust überlebten.

Aus meiner näheren Familie ist also niemand in Auschwitz oder Auschwitz-Birkenau gestorben. Aber einige entfernte Verwandte sind hier ermordet worden. Darüber habe ich, bevor ich mit der Delegation hierher fuhr, in meiner Familie nach Information gesucht. Ich fand acht bis zehn Namen. Auch viele Angehörige meiner Freunde aus der Delegation sind in Auschwitz oder Birkenau gestorben. Ich weiß nicht genau, wie viele es sind. Aber als wir heute in Auschwitz im Block mit der israelischen Länderausstellung unsere Zeremonie abhielten, waren es etwa acht bis zehn, die laut Namen von verstorbenen Familienmitgliedern aussprachen. Als sie das taten, haben wir alle angefangen zu weinen. Ich weiß nicht warum. Vielleicht fühlten wir uns in dem Augenblick wie eine große Familie.

Or: Schon als Kind habe ich den Namen Auschwitz gehört. In der Schule lernte ich alles, was damals passiert war. Meine Großmütter und Großväter sind in Marokko und im Irak geboren, deshalb starb niemand während des Holocaust. Meine Verbindung zum Holocaust ist, dass ich Jüdin bin.

Amir: Bei mir ist es wie bei Or. Ich habe auch keine Verbindung zu Auschwitz in dem Sinne, dass ich Familienangehörige im Holocaust verloren hätte. Meine Mutter kommt aus Marokko, mein Vater aus Argentinien.

Mich hat das Thema immer sehr interessiert und ich habe viele Bücher darüber gelesen und Vorträge in der Schule gehört und Dokumentationen und Filme in Fernsehen gesehen. Um die Wirklichkeit zu sehen, wollte ich diese Reise nach Polen und Auschwitz machen. In der Schule in Israel reden sie viel über den Holocaust. Aber es sind Klischees, die nicht der Realität entsprechen. Einen etwas klareren, realistischeren Eindruck bekommst du im Holocaust-Museum in Yad Vashem. Aber auch dort war es für mich nicht wirklich greifbar. Ich konnte es nicht anfassen. Ich konnte es nicht wirklich sehen. Um Auschwitz wirklich zu erleben, musste ich hierher kommen.

Or: Ich bin zum ersten Mal in Auschwitz und in Auschwitz-Birkenau. Es gefällt mir überhaupt nicht, weil der ganze Ort wie ein Museum und nicht wie ein Konzentrationslager aussieht. Das Auschwitz von heute sieht nicht wie das Auschwitz von damals aus. Ich habe die Schuhe und die Haare und die Brillen gesehen, aber das wirkte alles nicht echt.

Ich bin jemand, der viel weint. Viele Dinge berühren mich tief. Aber in Auschwitz hat mich nichts berührt, und darüber bin ich enttäuscht. Ich hatte etwas Großes, etwas Lebendiges erwartet. Selbst in Birkenau war es wie im Museum. Vor drei Tagen waren wir in Majdanek. Das war ein tiefer Schock für mich.

Amir: Wir haben im Bus und in der Caféteria darüber gesprochen, als wir heute von der Fahrt nach Auschwitz und Birkenau zurückkamen. Wir waren alle ziemlich enttäuscht, vor allem von Auschwitz, nicht so sehr von Birkenau. Es ist eine Schande, dass es ein Museum ist, und noch nicht einmal ein gutes. Wir gingen von Block zu Block und es war so: große Fototafeln mit hübschen Überschriften. Das hat mir überhaupt nichts gegeben.

Wir gingen mit vielen Leuten in die Blöcke hinein. In der Gaskammer waren wir zusammen mit Touristen, die sich dort gegenseitig fotografierten. Ich fand, dass die Polen ziemlich kalt zu uns waren. Diese Museumssheriffs waren arrogant und wollten uns verbieten, im Museum zu fotografieren. Draußen vor dem Museum sahen wir Souvenirläden mit Auschwitz-

Büchern, Andenken und Erfrischungsgetränken und einen Hot-Dog-Stand. Fast alles sah so unecht aus, wie Plastik. Ich hatte das Gefühl, ich wäre in Disney Land und nicht in einem Todeslager. Das hat mir richtig wehgetan.

Amir: Wie Or schon sagte, waren wir in Majdanek, bevor wir Auschwitz besuchten. Dort war es wie ein Schock für uns. Wir weinten alle, als wir in der Gaskammer standen. Petr, der mit uns dort war, erzählte sehr gut und überzeugend von seinen Erinnerungen. Majdanek ist sehr gut erhalten. Sie haben zwar Seile gespannt, damit man nicht zu nah an die Ausstellungskästen herangeht, aber alles wirkte sehr echt. Nicht wie in Auschwitz, wo sie das Lager mit Fotos zeigen. Ich meine, was soll das? Wir sind doch dort, im Lager. Warum dann Fotos? Auschwitz ist wie Yad Vashem, nur auf niedrigerem Niveau. In Birkenau war es besser. Aber auch da sah man viele gut gelaunte Leute, die Fotos machten, so nach dem Motto »Meine Freundin auf der Rampe« oder »Ich vor dem gesprengten Krematorium II«.

Amit: Ich hatte erwartet, dass es sehr aufwühlend sein würde, die Krematorien und Gaskammern in Birkenau zu sehen. Ich dachte, wir würden dort viel weinen. Aber auch ich stand einfach nur so da und dachte: Oh. Was ich sah, war ein wunderschöner Ort mit viel Grün, vielen Vögeln und Blumen. In Majdanek hatte ich nach so etwas gesucht, aber dort gab es nichts. Keine Blumen. Keine Vögel. Alles tot.

Amir: In Auschwitz fühlte ich mich nicht gut. Den meisten anderen in der Gruppe ging es auch so. Wir waren erschüttert, wie unfreundlich die Polen waren, als wir in den Block 10, den Mengele-Block, gehen wollten. Petr war ein so genannter Mengele-Zwilling und deshalb bittet er jedes Mal, wenn er in Auschwitz ist, um die Erlaubnis, hineinzugehen. Manchmal lassen sie ihn – für weniger als zehn Minuten.

Amit: Als wir drinnen waren, ermahnten uns dauernd die Wachleute: »Nichts anfassen, nichts anfassen!« Ich meine, Auschwitz – was ist das? Petr ist dort gewesen. Er überlebte das La-ger als kleiner Junge. Ich meine, wenn ich dort etwas zu sagen hätte, dann stünde Petr für mich an erster Stelle. Wenn er heute käme, würde ich den Schlüssel nehmen und ihn in Block 10 lassen. Ich würde ihm alle Türen öffnen, ihn anschauen lassen, was immer er will! Petr sucht nach In-

298

formationen über seine Zwillingsschwester. Wenn er nach all den Jahren etwas über sie finden könnte, würde ich mich so für ihn freuen. Er glaubt, dass sie noch am Leben ist.

Or: Was mich in Auschwitz am meisten entsetzt hat, war ein Flyer, auf dem stand: »Was Sie in Krakau unternehmen können: Für 100 Zloty können Sie Filme über das Auschwitz-Museum sehen.«

Amir: Das hört sich an wie: Auf nach Auschwitz! Lasst uns Geld machen mit dem Holocaust, mit der Vernichtung der Juden.

Amit: Ich glaube nicht, dass es darum ging, Geld zu machen. Es war ein Angebot. Mein Eindruck von Auschwitz war, dass die Leute versuchen, die Lager hübsch und gut aussehen zu lassen. Aber für mich war das nicht real. Es wirkte künstlich. Genau so ging es mir: Ich wollte die Realität erleben, aber ich fühlte dort gar nichts. Wir wollten die Gaskammern sehen und einen Eindruck bekommen, was dort passiert ist. Aber es waren so viele Touristen da, die rissen sogar Witze in der Gaskammer. An der Decke haben sie Neonleuchten angebracht. Es hieß dauernd, geh nach rechts, geh nach links. Ich sah zum Beispiel die Behälter des Zyklon B und dazu einen Brief, in dem fünf Tonnen Zyklon B bestellt wurden. Und daneben standen Leute und lachten. Es war wie in einem Museum, wo man sich Dinge anschaut und sagt: Oh, wie nett! Für mich gibt es nichts Nettes in Auschwitz.

In Birkenau war es besser. Die Anlage ist gut erhalten. Wir hielten immer wieder an und Petr erklärte uns etwas. Das war der spannendste Teil des Besuchs. Wir schauten uns die Toiletten an. Also, man kann sie gar nicht Toiletten nennen, weißt du, diese Löcher in einer Baracke. Petr erzählte uns, wie es für ihn als vierjähriges Kind unmöglich war, diese Toiletten zu benutzen. Zwischen den Grundmauern eines Blocks von »Kanada« fanden wir im Boden Reste von geschmolzenen Löffeln und anderen Sachen. Ein Mädchen aus unserer Gruppe fand ein Brillenglas. Das hatte etwas Wahrhaftiges für mich.

Amir: In Birkenau war es nicht so schlimm. Da sah man zwar auch Touristen aus England oder den USA, die Fotos machten, aber das war okay. Trotzdem, am meisten erschüttert hat mich Majdanek.

Or: In Auschwitz sind zum Beispiel die Schuhe hinter Glas ausgestellt. In Majdanek zeigen sie die Schuhe in großen Drahtbehältern in einem dunklen, stillen Raum. Du kannst sie sehen und riechen. Majdanek ist für mich nicht wie ein Museum. Es ist ein Ort des Gedenkens und das finde ich besser.

Amit: In Majdanek zeigen sie, dass jeder Mensch eine persönliche Geschichte hat. Weil sie es so authentisch wie möglich gehalten haben, konnte ich das wirklich spüren. Als ich die Schuhe sah, konnte ich mir die Menschen vorstellen. Weil das Krematorium keinen Boden mehr hat, sah ich vor meinem inneren Auge, wie die Ermordeten in der Erde begraben sind. Aber in Auschwitz!? Das fand ich insgesamt richtig schlecht: Sie versuchen, Auschwitz zu rekonstruieren, und machen ein Museum draus. Jetzt sieht es wie irgendein Museum in Europa aus, nicht wie ein Konzentrationslager.

In Birkenau konnte ich, während Petr erzählte, tatsächlich die Gesichter seiner Freunde vor mir sehen. Ich bekam ein Gefühl dafür, was dort mit ihm und den anderen Kindern geschehen ist. Das war sehr aufregend. Touristen, die dort keine Begleitung wie Petr haben, können, glaube ich, Birkenau gar nicht wirklich spüren.

Amir: Stell dir vor, sie haben sogar Toiletten im Eingangsgebäude von Birkenau gebaut, genau dort, wo Menschen gestorben sind!

Or: Für uns als Juden ist ein respektvoller Umgang mit dem Ort so wichtig.

Amit: Wir finden, es sollte achtsamer damit umgegangen werden, dass dort so viele Menschen gestorben sind. Weißt du, wir jüdischen Menschen brauchen mehr Respekt gegenüber den Toten. Wenn ich sehe, wie sie mit diesem Lager umgehen, in dem nicht nur Juden starben, sondern auch Sinti und Roma und andere – dann ist das meiner Meinung nach antisemitisch. Die Museumsleute präsentieren das Lager nur in Hinblick auf die polnische Vergangenheit. Sie respektieren die anderen Opfer nicht.

Amir: Ich würde jetzt aber nicht mit dem Finger auf die Polen zeigen. Meiner Meinung nach hat das Museum die Ausstellung nicht so eingerichtet, um uns zu verletzen oder weil sie uns hassen. Sie stellen die Geschichte nur sehr egoistisch dar, als seien sie allein die Opfer. Außerdem fehlt eine professionelle Ausstellung über die SS. Ich wundere mich zum Beispiel bis heute darüber, wie die SS-Leute nach dem Zweiten Weltkrieg behandelt wurden. Ich habe nichts darüber gefunden, dass irgendeiner von der SS später gesagt hätte, es sei falsch oder kriminell gewesen, was sie da getan haben. Als sie gefasst wurden, haben sie noch nicht einmal gesagt, es täte ihnen Leid.[1]

Amit: Die SS-Leute waren nicht verrückt. Die waren keine Psychopathen. Unter ihnen waren Doktoren und Professoren, das waren intelligente Leute. Kluge, sensible und kultivierte Leute. Trotzdem behandelten sie die Juden und all die anderen wie Ratten oder Läuse. Wenn du eine Laus tötest, denkst du nicht an ihre Familie. Sie mordeten mit ruhigem Gewissen. Erst brachten sie Menschen um, dann sahen sie ihrer kleinen Tochter beim Klavierspielen zu. Zum Beispiel: In der Hochzeit von Birkenau wurden dort 100.000 Menschen von 6.000 SS-Männern bewacht.[2] Die SS organisierte das so, dass sie bis auf die Begegnungen an der Rampe nicht in Kontakt mit den Gefangenen kamen. Dafür gab es Kapos und Unterkapos. So hielten sie sich vom direkten Massenmorden fern.[3]

Or: Ich denke, wir haben alle Wut im Herzen, wegen dem, was mit den Juden in der Vergangenheit passiert ist und was ihnen heute noch passiert.

[1] Keiner der 22 Angeklagten des Frankfurter Auschwitz-Prozesses zeigte Unrechtsbewusstsein, alle beteuerten ihre Unschuld; Sybille Steinbacher, Auschwitz. Geschichte und Nachgeschichte, München 2004, S. 113-119. Siehe auch Jusuf Capalar, S. 233.

[2] Im April 1944 umfasste die SS-Besatzung des gesamten Lagerkomplexes Auschwitz etwa 3.000 Wachposten. Bis zum Kriegsende waren insgesamt 7.000 SS-Angehörige, darunter 200 Frauen, in Auschwitz tätig gewesen; Steinbacher, Auschwitz, S. 34; ausführlich: Aleksander Lasik, Die SS-Besatzung des KL Auschwitz, in: Waclaw Dlugoborski/Franciszek Piper (Hg.), Auschwitz 1940-1945. Studien zur Geschichte des Konzentrations- und Vernichtungslagers Auschwitz, Bd. 1: Aufbau und Struktur des Lagers, Oswiecim 1999, S. 321-384.

[3] Die SS führte den Massenmord aus: Zur Täuschung der Opfer verteilten SS-Männer manchmal Seife und Handtücher, bevor sie die Türen zu den Gaskammern schlossen; SS-Desinfektoren schütteten das Zyklon B in die Öffnungen, SS-Ärzte beobachteten das Sterben durch ein Guckloch. Bei Transporten von weniger als 200 Personen ermordeten SS-Leute die Menschen durch Genickschuss in einem »Waschraum« neben dem Verbrennungsraum. Das aus vorwiegend jüdischen Häftlingen bestehende »Sonderkommando« hatte das Gepäck der Ankommenden auszuladen, sie zu den Gaskammern zu begleiten, die Leichen herauszuziehen und zu beseitigen; Steinbacher, Auschwitz, S. 77-84.

Amit: Weißt du, als Juden sind wir daran gewöhnt, dass man uns hasst. Ich glaube aber, dass wir niemandem mit Wut begegnen sollten. Mit einer offenen Einstellung kommt man der Wut zuvor.

Amir: Ich sehe das eher so: Ich hasse die Deutschen nicht und will sie wegen des Holocausts auch nicht umbringen. Die jungen Leute heute betrachte ich nicht so, als hätten sie etwas Böses getan. Ich glaube daran, dass Menschen sich verändern können. Aber, weißt du, da ist immer wieder die Frage: Wie konnten diese Menschen so etwas tun? Wie konnten sie ein kleines Mädchen von seiner Mutter trennen und sie vor ihren Augen umbringen? Wie konnten sie?

Amit: Mir geht es auch so. Ich würde einen Täter nicht töten, selbst wenn ich es könnte. Aber ich würde einem Täter in die Augen sehen wollen, um zu verstehen, was da passiert ist. Ja, ich würde sogar mit ihm reden wollen – so wie wir jetzt miteinander reden – und ihn fragen: Warum? Weil wir anders aussehen? Weil wir etwas anderes essen? Ich würde ihn gerne fragen, warum er Mutter und Kind umgebracht hat. Vielleicht würde er mir antworten, er hätte das tun müssen, weil Hitler es befahl. Aber warum hatte er dann Freude daran?

Amir: Das ist der Punkt. Diese Leute behandelten die Juden nicht wie Menschen.

Amit: Du kannst eigentlich nicht 1.000 Menschen pro Tag töten, ohne wahnsinnig zu werden. Aber wenn du dir Auschwitz anschaust, dann geht es offenbar doch. Es hat ihnen sogar Spaß gemacht.

Or: Ich glaube, jeder Mensch kann entscheiden, was er tut. Wenn ich einen Menschen töten will, dann kann ich das tun. Ich kann aber auch einem Menschen helfen, wenn ich das will. Ich habe eine Geschichte gehört, wie die Nazis ein Gebetshaus anzündeten. Plötzlich sah einer der Soldaten ein Taubennest mit Eiern auf dem Dach, und sie stoppten die Aktion. Sie nahmen das Taubennest vom Dach und brannten dann das Gebäude nieder.

Amit: Na ja, es gibt viele solcher Geschichten – und wahrscheinlich auch einige zu viel.

Amir: Sie waren kultivierte, gebildete Menschen, aber sie ermordeten Juden – das verstehe ich bis heute nicht.

Amit: Das ist der Hauptwiderspruch, der bis heute nicht gelöst ist. Ich persönlich hasse Deutschland oder die Deutschen nicht. Ich meine, wenn alle Juden Deutschland hassen würden, könnte das zu einem zweiten Holocaust führen. Wir müssen Deutschland irgendwie vergeben. Ich will vergeben und persönlich vergebe ich auch. Aber wegen dieser Haltung machen mir viele Menschen in Israel Vorwürfe. Sie sagen dann: Was machst du da? Du bist gar kein Jude. Geh nach Deutschland, du Nazi! Jeder hat eine andere Antwort, aber meine Meinung ist: Ich denke, wir müssen vergeben, denn wenn wir das nicht tun, werden wir einen zweiten Holocaust erleben. Wir müssen versuchen zu vergessen. Und der beste Weg dazu ist zu vergeben. Es ist dringend nötig, dass mehr und mehr Menschen aus der ganzen Welt nach Auschwitz, Birkenau und Majdanek kommen und sehen, was die Nazis dort all den Menschen, nicht nur den Juden, angetan haben.

Weißt du, als ich von dir und deinem Buchprojekt hörte, wollte ich gerne mit dir reden. Ich denke, es ist interessant für dich und andere Deutsche, dir zu erzählen, was ich über den Holocaust denke und fühle. Wenn ich den Deutschen direkt sagen kann, was ich denke, und von dir hören kann, was du denkst – warum sollte ich das nicht tun? Wir müssen einander zuhören.

Or: Ich stimme Amit zu. Als ich hier in Polen ankam und die Leute sah, dachte ich ständig: Vielleicht war einer seiner Großväter in der SS? Oder vielleicht hat sich seine Tante das Haus von ermordeten Juden angeeignet? Das hat mich in Krakau sehr beunruhigt – Menschen zu sehen, die in den Häusern ermordeter Juden leben. Darüber war ich zunächst sehr wütend.

Nach ein paar Tagen wurde mir aber klar, dass ich nur die Vergangenheit im Blick hatte, und das ist nicht gut. Ich nahm mir vor, optimistischer zu sein, und versuchte, die Dinge aus einem anderen Blickwinkel zu sehen. Ich glaube, Menschen können sich ändern. Wenn zum Beispiel dein Vater oder Großvater Menschen umgebracht haben, kannst du trotzdem ein guter Mensch sein. Frieden und Kommunikation sind meiner Ansicht nach der beste Weg.

Ich muss aber zugeben, als ich dich das erste Mal traf, war ich ziemlich aufgebracht. Ich dachte: Okay, sie schreibt jetzt ein Buch, aber dieses Buch macht die sechs Millionen Juden nicht wieder lebendig, die ihr Land ohne jeden Grund ermordet hat. Gestern Abend im Restaurant habe ich dich gefragt, ob es in Deutschland Leute gibt, die stolz auf den Holocaust sind. Weißt du, in den Fernsehnachrichten höre ich bestimmt einmal im Monat, wenn nicht sogar jede Woche, von Neonazis in Deutschland, die jüdische Friedhöfe schänden. Ich weiß also, es gibt Menschen in Deutschland, die uns nicht mögen. Deshalb kam mir sofort diese Frage in den Sinn.

Aber meine Wut verging. Dafür gab es keinen besonderen Auslöser bei unserem Treffen. Es hat mit meiner Persönlichkeit zu tun. Ich bin sehr offen und ich bin Pfadfinderin. Das Wichtigste, was du bei den Pfadfindern lernst, ist, was du für andere Menschen tun kannst. Wenn ich meine Pfadfinder ausbilde, versuche ich, bessere Menschen aus ihnen zu machen. Ich glaube, dass jeder Mensch sich selbst und andere verändern kann.

Amir: Mir geht es anders als Or. Ich fand es von Anfang an sympathisch, dass du mit uns hierher kommen wolltest. Es ist einfach schön, wenn Deutsche sich Juden gegenüber gut verhalten – und wenn sie nur freundlich auf uns zugehen. Wir sollten Menschen nicht dafür verurteilen, was ihre Eltern oder Großeltern getan haben. Das war und ist nicht ihre Schuld. Auch eure Regierung kann man nicht auf Grund der Vergangenheit beurteilen. Eure Kanzlerin Angela Merkel hat ihren Job vor einigen Monaten angetreten. Sie steht jetzt an der Spitze des Staates, aber sie war nicht Kanzlerin vor 60 Jahren. Der Holocaust ist nicht ihre Schuld. Man kann sie nicht für etwas verurteilen, was sie nicht getan hat.

Ich glaube, wenn wir die Deutschen hassen, weil sie Deutsche sind, wenn wir also Menschen für Dinge hassen, die vor mehr als 60 Jahren passiert sind – das ist genauso, als wenn ihr uns hasst, weil wir Juden sind. Es wäre das Gleiche, wenn Christen Juden hassen, weil die Juden Jesus getötet haben. Das wäre irrational. Wir sollten Menschen nicht für ihre Verbindung zu Menschen, die Verbrechen begangen haben, bestrafen, egal, wie groß dieses Verbrechen war.

Wenn ich im Fernsehen Neonazis sehe, die Hakenkreuze an Wände schmieren oder Friedhöfe zerstören, interessiert mich das nicht. Als ich in Argentinien war, wo viele Nazi-Verbrecher nach 1945 Unterschlupf fanden, sah ich sehr oft Nazi-Graffiti an den Wänden. Ich habe aber deshalb keinen Hass auf die argentinischen Neonazis. Sie sind einfach Idioten, die nicht wissen, was sie tun. Das ist alles. Ich denke, sie suchen eine Zielscheibe für ihren Hass.

Natürlich kann ich nicht verstehen, warum die Neonazis so etwas tun, nach allem, was in Auschwitz, in Birkenau, in Majdanek und anderswo passiert ist, warum sie immer noch auf der Nazi-Linie hängen. Aber ich hasse sie nicht so, dass ich sie umbringen würde oder so etwas. Man sollte sie darüber aufklären, was passiert ist und versuchen, sie zu überzeugen, dass der Holocaust tatsächlich passiert ist – vielleicht würden sie dann verstehen.

Or: Bettina, ich will dir gegenüber ehrlich sein. Du redest hier und heute mit Menschen, die sehr aufgeschlossen sind.

Amir: Ja, das stimmt. In der israelischen Politik gibt es Linke und Rechte, Nationalisten und Liberale. Wir drei hier sind mehr oder weniger übereinstimmend irgendwo in der Mitte. Ob unsere Meinung nun politisch korrekt ist, weiß ich nicht. Wir vertreten auch nur uns selbst, nicht unser Land. Die meisten Menschen heute in Israel meinen nicht, dass man alle Deutschen hassen oder bestrafen sollte oder die Alt- und Neonazis umbringen. Ich habe den Eindruck, viele glauben, es tut den Deutschen wirklich Leid, was geschehen ist.

In Krakau haben wir viele Neonazis in ihren Stiefeln und Jacken gesehen. Sie sahen uns mit diesen hasserfüllten Blicken an. In einem Café haben sie sogar Stühle nach uns getreten. Ich hatte schon ein bisschen Angst vor ihnen, weil wir allein waren. Aber ich will sie deshalb nicht töten.

Or: Aber weil Israel ein demokratisches Land ist, gibt es bei uns auch unterschiedliche Ansichten zu Deutschland. Selbst in unserer Delegation sind Leute, die die Deutschen nicht mögen oder die Nazis hassen. Auch ich hasse die Nazis, wenn ich höre, was sie mit Kindern gemacht haben, wie brutal und unmenschlich sie waren.

Amit: Es gibt schon Juden, die darüber reden, was die Deutschen im Holocaust getan haben und dass die Juden einen Holocaust in Deutschland machen sollten. Es gibt Stimmen, die meinen, man solle alle Nazis töten. Oder Ideen wie: Da ist ein Deutscher – lasst ihn uns in ein Loch stecken, ihm ein Stück Brot geben und ihm jeden Tag sagen: »Das war es, was dein Vater oder dein Großvater im Holocaust gemacht haben. Das sollst du jetzt am eigenen Leib spüren!«

Wenn du also wirklich jüdische Meinungen kennenlernen willst, musst du dich auch mit den Ansichten engstirniger Juden befassen. Dann erfährst du, was alles in der jüdischen Gemeinschaft gedacht und geredet wird. Auf der anderen Seite gibt es eine sehr starke Bewegung von Leuten, die zum Beispiel Angehörige im Holocaust verloren haben und sagen: »Nein!« Wir dürfen keinen Holocaust machen. Wir müssen verhindern, dass wieder ein Holocaust geschieht.

Amir: Schau mal, du kommst aus Deutschland, und wir führen ein gutes, freundliches Gespräch. Ich sehe keinen Unterschied zwischen uns, der Grund sein könnte, uns gegenseitig zu hassen. Wenn ich dich hassen würde, dann wohl nur, weil es das Einfachste wäre.

Or: Wir haben in der Schule gelernt, dass der verlorene Erste Weltkrieg nicht der einzige Grund für das Aufkommen des Antisemitismus war. Ein anderer Grund war der wirtschaftliche Erfolg der Juden in Europa. Das machte die Polen, Deutschen, Österreicher oder Franzosen neidisch und wütend.[4]

Amir: Ich denke, sie waren von ihrem eigenen Misserfolg frustriert und suchten einen Sündenbock. Da sahen sie Juden, die überall auf der Welt Geschäfte machten, schöne Wohnungen, schicke Autos, Geld und Frauen hatten. Dafür hassten sie sie. Dann kam Hitler mit seiner Propaganda, die sagte: Du kannst in der Gesellschaft und im Leben nach oben kommen, wenn du dich den Nationalsozialisten anschließt. Du darfst sogar die Juden bestehlen, ohne bestraft zu werden. Für die frustrierten Menschen war das sensationell. In einer radikalen Situation tust du radikale Dinge.

Amit: Ich stimme Amir zu. Ich habe von meinen Lehrern auch gehört, wie die jüdische Gemeinschaft in der europäischen Gesellschaft aufgestiegen ist und

---

[4] Der wirtschaftliche Erfolg »der Juden« ist selbst ein Klischee. Es gab nur eine sehr kleine jüdische Oberschicht, die Mehrzahl der Juden war von der wirtschaftlichen Situation nach dem Ersten Weltkrieg genauso betroffen wie die nichtjüdische Bevölkerung. Wirkungsmächtiger war in dieser Zeit das Stereotyp von der Neigung zu Radikalismus und Umsturz; sie wurden für den Krieg, die Niederlage und die Revolution von 1918/19 verantwortlich gemacht; das Engagement in linken und liberalen Parteien während der Weimarer Republik wurde von den Gegnern der Republik dazu benutzt, sie als »Judenrepublik« zu verunglimpfen.

die anderen immer mehr hinter sich gelassen hat. Da hat dann Hitler mit seiner Nazi-Ideologie die Deutschen erfolgreich manipuliert. Sie wurden zu Robotern. Was Hitler sagte, taten sie automatisch. Die Folge davon war der Holocaust.

Die Stadt

Oswiecim

und ihr Umland

Hierbleiben als ein Symbol des Sieges
über die Infrastruktur des Todes

Alexander Nitka

20 Jahre
Student

Meine Großmutter wurde in Pultusk in der Nähe von Warschau geboren, mein Großvater in Waldowice bei Krakau. Dass beide sich hier kennenlernten und heirateten, hat mit der Fabrik zu tun, die während des Zweiten Weltkriegs in Monowitz gebaut wurde. Sie und deren Infrastruktur nutzte die polnische Regierung nach dem Krieg für den Bau eines großen Chemiewerks, das unter anderem Gummi herstellte. Es kamen sehr viele Leute hierher, um dort zu arbeiten und in der Stadt Oswiecim zu leben. Mein Großvater zum Beispiel war Telefonist in dem Unternehmen.

Meine Mutter wurde hier geboren. Sie ist 45 Jahre alt. Zur Familie meines Vaters habe ich nicht soviel Kontakt, weil ich bei meiner Mutter aufgewachsen bin. Aber seine Familie kam auch aus einem der kleinen Dörfer in der Umgebung von Oswiecim. Soviel zu unserer Herkunft.

Ich lebe in der Nähe des ehemaligen Lagers Auschwitz III, das früher Monowitz genannt wurde, also nicht in der Nähe von Auschwitz I oder Birkenau. Es ist paradox: Mein Wohnort ist Oswiecim, aber ich lebe immer noch in der Nähe eines ehemaligen Konzentrationslagers. Anfang Oktober ziehe ich nach Krakau, um dort an der Universität zunächst Philosophie zu studieren. Nach drei Jahren würde ich gerne zu Sozialwissenschaften, Soziologie oder Politik wechseln.

Aber zurück zu meinem Heimatort Monowitz. Es gibt dort keine erhaltenen Gebäude mehr wie hier im Stammlager oder in Birkenau, aber man sieht dort noch einige Mauern. In der Nähe der Fabrik steht ein Denkmal. Ich wohne etwa einen halben Kilometer von dort entfernt.

Auschwitz ist ein Teil meines Lebens, weil ich hier aufgewachsen bin. Irgendwie war es auch immer ein Thema bei uns zu Hause und mir ist klar, dass ich die Geschichte nicht abschütteln kann, weil ich mit ihr verbunden bin. Meine Mutter ist Polnischlehrerin und bei uns standen immer einige Bücher über Auschwitz herum. Deshalb war mir das Thema vertraut, und ich kann dir nicht sagen, wann ich das erste Mal von den Lagern gehört habe. Es gab auch nicht so etwas wie eine plötzliche Konfrontation mit »Auschwitz«. Ich kannte das Lager bereits von Bildern aus Büchern, als ich in der Oberschule das erste Mal Auschwitz I besuchte.

Ich meine, heute ist der Geschichtsunterricht in Polen besser als früher. Wir haben mehr als 60 Jahre mit dem kommunistischen System gelebt und wissen, wie sich Ansichten über die Vergangenheit mit der Politik ändern können. Früher wurde die Geschichte aus sowjetischer Perspektive gelehrt. Heute erfährt die jüngere Generation, dass es während des Krieges in Polen Menschen gab, die mit den Nazis kollaboriert haben. Sie töteten Juden, denunzierten sie bei der deutschen Gestapo und stahlen ihr Eigentum. In unserer Vergangenheit gibt es sowohl Opfer wie Mörder.

Auf der anderen Seite wissen wir von Menschen, die den Juden in den Konzentrationslagern halfen. Die größte Zahl von moralisch aufrechten Menschen kam aus Polen; in Yad Vashem in Israel wird auch an sie erinnert. Auch in Deutschland gab es Menschen, die den Juden halfen. Es gab zum Beispiel eine Gruppe von Sozialdemokraten und Christdemokraten, die sich für jüdische Gefangene in Dachau einsetzte.

Es hört sich vielleicht etwas seltsam an, aber für mich ist es normal, in einer Stadt zu leben, die auf der ganzen Welt wegen des Konzentrationslagers bekannt ist. Vielleicht denken manche Leute deswegen, wir Einwohner von Oswiecim müssten die ganze Zeit traurig sein. Wir dürften weder Clubs, Diskos, noch Kino oder ein kulturelles Leben haben. Und auch keine Schulen oder eine Universität. Ich sage: Natürlich dürfen wir das. Wir haben eine 800-jährige Stadtgeschichte. Wenn wir das alles nicht haben dürften – und das ist jetzt ein philosophisches Problem –: Hätten die Men-

schen nach der Befreiung des Lagers dann die Stadt verlassen sollen? Etwa nach Krakau oder Warschau ziehen? Oder ist es, wenn man hier bleibt, nicht gerade ein Symbol des Sieges über die Infrastruktur des Todes?

Auschwitz bedeutet immer noch sehr viel. Auschwitz steht für eine furchtbare Tragödie, den größten Verlust der Menschheit. Es ist ein Symbol der Vernichtung und des Bösen, das größte Verbrechen des 20. Jahrhunderts. Das hat für mich nicht nur für die Vergangenheit, sondern auch für Gegenwart und Zukunft Bedeutung. Wir dürfen nicht zulassen, dass so etwas wieder passiert. Das ist ein Problem. Weißt du, in einem der Blocks steht ein Zitat von George Santayana: Wer die Vergangenheit nicht kennt, wird sie ein zweites Mal erleben.

Damit wir uns an die Geschichte erinnern, muss es hier ein Museum geben. Wir müssen an die Zukunft denken und daran, wie es sein wird, wenn der letzte Überlebende des Lagers gestorben ist. Dann gibt es keine Augenzeugen der Verbrechen mehr und ich habe große Angst vor Revisionismus und Holocaust-Lügen. Es gibt zum Beispiel nur noch einen Überlebenden aus dem ehemaligen jüdischen Sonderkommando in Birkenau. Er heißt Henryk Mandelbaum und lebt in der Nähe von Oswiecim (am 17. Juni 2008 verstorben).

Ich interessiere mich vor allem für die Sportler im Lager. Es gab dort zum Beispiel Fußballspiele und Boxkämpfe und einen »Swimmingpool«. Wer die Lager nicht kennt, ist sicher sehr überrascht und meint vielleicht: »Oh, wenn die hier Fußball spielten und einen Swimmingpool hatten, kann es ihnen ja so schlecht nicht gegangen sein.« Aber man sagt, dass die SS-Leute auch dort töteten. Der Pool lag direkt am Elektrozaun. Wenn die Menschen nass aus dem Pool kamen – du kennst die Reaktion von Wasser und elektrischen Strom.

Und dann sind da die Geschichten der Sportler, die hier gefangen waren. Sport hat auch viel mit Philosophie, Soziologie und Psychologie zu tun und gerade hier in Auschwitz hatte Sport eine große psychologische Bedeutung. Wenn

313

ein Gefangener in einem Boxmatch einen Kapo oder einen SS-Offizier schlug, dann war er für die anderen ein Held. Er hatte jemanden geschlagen, der einen töten konnte.

Aus Oswiecim zu kommen, war und ist schon manchmal etwas unangenehm. Ich war Schwimmer in der 200-Meter-Rücken Disziplin und bin in ganz Polen und im europäischen Ausland zu Wettkämpfen gereist. Als ich 14 oder 15 Jahre alt war, nahm ich an den polnischen Meisterschaften teil. Unser Team aus Oswiecim nannten die Sportler aus ganz Polen »Auschwitz-Team«. Sie meinten sarkastisch, dass wir ja so gut aussähen und ätzten: »Vielleicht kommt ihr ja gar nicht wirklich aus Auschwitz«. Ich erinnere mich noch daran, als sei es gestern gewesen, wie sie mich fragten, ob es bei uns – dort in Auschwitz – noch eine Seifenfabrik gäbe. Das fand ich überhaupt nicht komisch. Ich schämte mich, obwohl es eigentlich gar keinen Grund gab, mich zu schämen. Irgendein Dummkopf hat das einfach so dahergesagt. Richtig weh getan hat es mir nicht, vielleicht weil ich solche Sachen schon von klein auf gehört habe.

Ein Freund aus Wien besuchte mich hier und war mit mir im Schwimmtrainingslager. Vor drei oder vier Jahren trafen wir uns dann bei den Europameisterschaften wieder und ich bat ihn damals, mir etwas mitzubringen, wenn er das nächste Mal nach Polen käme. Er sagte, ja, das werde er machen, wenn wir uns das nächste Mal in Auschwitz treffen würden. Als er »Auschwitz« sagte, traf mich das wie ein Schlag. Oder wenn jemand deinen Ausweis kontrolliert und liest, dass du aus Oswiecim kommst. Mit Sicherheit grinst er blöd oder sagt irgendwas Gemeines. Vielen Leuten aus der Stadt hier passiert so etwas immer wieder.

Wenn ich im Land herumreise und nicht gerade an einem Seminar über »Auschwitz« teilnehme, will ich auch nicht andauernd mit der Geschichte in Verbindung gebracht werden. Das fängt schon mit dem Namen an. Ich sage immer, wenn ich danach gefragt werde, dass ich aus Oswiecim komme. Ich sage niemals Auschwitz, weil ich Angst vor den Reaktionen, blödem Grinsen und vor antisemitischen Sprüchen habe. Beides will ich gar nicht erst herausfordern. Ich denke, die Trennung von Oswiecim und Auschwitz ist auch ein Schutz vor solchen Sprüchen und Witzen. In Polen gibt es zu viele Witze über den Holocaust und den Zweiten Weltkrieg. Am häufigsten hörst du sie in der Grundschule.

Ich selbst fühle mich nicht gebrandmarkt, aber die Leute sehen mich so. Ihrer Meinung nach komme ich aus »Auschwitz«. Es ärgert mich, wenn sie mich für etwas Absonderliches halten, bloß weil ich aus eben diesem Ort stamme. Es ist, als ob jeder automatisch denkt, du kämst aus dem Lager. Andererseits habe ich auch schon Menschen getroffen, die sich, wenn sie hörten, dass ich aus Oswiecim bin, wirklich für den Ort und mein normales Leben dort interessierten. Aber das war eher selten.

Wir tragen schon ein schweres Gepäck mit dieser Vergangenheit – das Gefühl hat eigentlich fast jeder in der Stadt. Sie lastet auf unseren Schultern, und manchmal ist sie für jeden von uns zu schwer, auch für mich. Viele meiner Freunde wollen nichts mit dem Thema Vernichtung oder mit dem Konzentrationslager zu tun haben. Natürlich wissen sie davon. Sie haben es in der Schule durchgenommen, und damit endet ihr Interesse. Sie wollen ihr eigenes Leben führen, machen ihre Ausbildung, studieren Wirtschaft, Jura oder Biologie. Sie ziehen in die Großstädte, arbeiten dort und wollen nicht zurückkommen. Und viele wandern nach England aus.

Ich kann das verstehen: Es ist schwierig, hier Optimist zu sein. Du kannst nicht »Hurra« rufen, das Lager ist schließlich kein Spaß. Das wäre ein wahnsinniger oder neonazistischer Standpunkt. Natürlich ist da immer die große Frage, wie man in angemessener Weise der Opfer der Todeslager gedenkt. Aber wir müssen zu einer Koexistenz finden und das ist sehr schwierig. Es gibt keine zweite Stadt wie diese auf der ganzen Welt. Ich meine – hier leben 41.000 Menschen.

Jedenfalls bauen die optimistischeren Menschen in der Stadt ein wenig auf Zukunftsperspektiven, die mit dem Motto der Stadt »Oswiecim – Stadt des Friedens« verbunden sind. Das Zentrum für Dialog und Gebet, das »Jüdische Zentrum« und das »Internationale Ausbildungszentrum« gibt es schon.

Die »Gärten Europas« sind noch Ideen für die Zukunft.

Hoffentlich enden diese Pläne nicht so wie die geplante Diskothek. Vor ungefähr zehn Jahren, 1995, wollte man in der Nähe des Stadions in einer alten Fabrikanlage eine Diskothek eröffnen. Dabei handelte es sich aber um ein Gebäude, in dem früher Gefangene gearbeitet hatten. Es gab eine große Diskussion, ob man an diesem Ort eine Disko aufmachen dürfe oder nicht. Sogar der polnische Präsident beteiligte sich daran. Am Ende wurde die Disko verboten. Bis heute haben wir in Oswiecim keine große Disko. Wir haben vier Clubs und einige Kneipen, in denen man Live-Musik hören und Bier trinken kann. Das ist alles und vielen Leuten reicht das nicht.

Manche Leute in Oswiecim sagen, die Stadt sei so arm wegen der Lager, und schieben alles auf die Geschichte. Sie geben den Juden die Schuld, dass sie angeblich hier nicht bauen oder sonst etwas unternehmen können. Wir haben zwar wirtschaftliche Probleme, aber nicht wegen der Lager. Die Gründe sind die gleichen wie in jeder polnischen Stadt, die von einem Unternehmen abhängig war: Mit dem Übergang zum Kapitalismus verloren viele ihren Job wie zum Beispiel in den ehemaligen Buna-Werken oder in Kattowitz, als die Kohlengruben stillgelegt wurden.

Ebenso abwegig finde ich es, die Lager zum Beispiel mit Disney Land zu vergleichen und zu unterstellen, es ginge darum, mit den Besuchern Geld zu machen. Der Eintritt ist frei, man muss nur für die Führungen bezahlen. Und da das Museum dem Kulturministerium untersteht und zum Nationalerbe gehört, ist das Lager an sich auch kein Teil der wirtschaftlichen Infrastruktur von Oswiecim.

Jemand erzählte mir dann noch diese Geschichte: Ein Busunternehmen hatte große Schilder an seinen Bussen von Krakau nach Oswiecim. Darauf stand: »Auschwitz hin und zurück.« Das hörte sich natürlich unmöglich an und nach einer langen und sehr harten Diskussion änderten sie das.

Du siehst, es gibt sehr unterschiedliche Ansichten über diesen Ort. Einige ändern sich, andere nicht. Wenn man Auschwitz als historisches Problem betrachtet, kann man es irgendwann abschließen. Wenn wir Auschwitz aber als einen Denk-, als einen menschlichen Prozess verstehen, ist es immer in irgendeiner Weise präsent.

Auschwitz ist nicht Oswiecim

Janusz Marszalek

Bürgermeister

Oswiecim ist meine Stadt, weil ich hier geboren bin. Mein Vater hat ungefähr 20 Kilometer von hier gelebt und vor dem Krieg in Oswiecim gearbeitet. Meine Mutter kommt aus einer kleinen Ortschaft, ungefähr 80 Kilometer von hier. Beide waren im Krieg als Zwangsarbeiter in Bitterfeld und Wolfen. Dort wurde im Jahr 1944 meine Schwester geboren.

Seit 2002 bin ich Bürgermeister von Oswiecim. Momentan leben etwa 41.200 Einwohner in der Stadt. Die Zahl ist kleiner geworden. Vor zehn Jahren wohnten fast 50.000 Menschen hier. In der Gemeinde Oswiecim, also in den Dörfern um die Stadt herum, leben heute ca. 16.500 Einwohner. Das heißt: In der Stadt Oswiecim und im Umland wohnen etwa 58.000 Menschen.

Zu Beginn meiner Amtstätigkeit gab es im Landkreis eine Arbeitslosigkeit von 18 Prozent. Direkt in der Stadt hatten wir damals 3.300 Personen, die arbeitslos waren. Zurzeit sind es 2.300 und im Verhältnis zu den Einwohnern nicht mehr als 10 Prozent. Das ist nicht schlecht für die Stadt. Wir sind damit zufrieden.

Die Stadt Oswiecim ist in erster Linie ein Arbeitsplatz für Menschen, die hier wohnen. Es kommen aber auch Leute aus den Dörfern und arbeiten hier. Deswegen wird seit mehreren Jahren überlegt, Stadt und Dörfer zusammenzulegen. Das lohnt sich auch finanziell: Man könnte zum Beispiel Kanalisation,

Straßenbeleuchtung, Wasserleitungen und so weiter in die Dörfer verlegen. Aber das ist ein Prozess, der sicherlich noch ein bisschen dauert.

Seit ich Bürgermeister der Stadt bin, hat sich die Einstellung von Investoren total verändert. Es ist egal, ob es ein Bürger der Stadt ist oder jemand von außen: Wer dieser Stadt und ihren Einwohnern dient, ist unser Freund. Dem helfen wir. Es ist unsere Aufgabe, Investoren zu unterstützen, weil sie neue Arbeitsplätze schaffen. Die Einwohner haben mehr Arbeit, wir bekommen mehr Steuern und mit der Zeit ist es ein Rad, das sich allein dreht.

Der größte Arbeitgeber ist die Stadt Oswiecim mit über 1.800 Beschäftigten im Amt, den Stadtwerken, GmbHs, Schulen und Kindergärten. Der zweitgrößte Arbeitgeber ist sicherlich die Chemiefirma mit 1.200 bis 1.300 Beschäftigten. Dann gibt es ungefähr 100 Zulieferfirmen mit ca. 20 bis 300 Mitarbeitern. Baumaterialien werden hier hergestellt und vertrieben. Eine österreichische Firma produziert Styropor, eine italienische Firma arbeitet mit Marmor, eine andere stellt Federkerne für Matratzen her. Es gibt einen ziemlich großen Betrieb im Bereich der Metallverarbeitung mit ungefähr 100 Angestellten. Rund 350 Beschäftigte arbeiten in einer Dienstleistungsfirma und auf dem Marktplatz haben wir 430 Kleinbetriebe mit ein, zwei oder auch drei Beschäftigten. Insgesamt ist die Zahl der neuen Unternehmen in Oswiecim in den letzten dreieinhalb Jahren um ca. 1.080 gestiegen. Das ist ein kleines Zeichen dafür, wie die Wirtschaft während meiner Amtszeit in Fahrt gekommen ist.

Das staatliche Museum Auschwitz-Birkenau ist eine separate Institution in dieser Stadt. Es ist dem Kulturministerium mit Sitz in Warschau angegliedert. Weil das Museum auf der Liste der Denkmäler des Denkmalamtes steht, müssen wir auf über 400.000 Zloty Steuern pro Jahr verzichten. Dazu kommt die Pflege des Gebietes um das Museum herum, für das die Stadt zuständig ist. Diese Umgebung soll gut aussehen. Wir kümmern uns um die teilweise sehr kaputten Straßen und Gehwege, die noch aus kommunistischer Zeit stammen und von uns übernommen wurden. Dort muss umgebaut werden und das ist verbunden mit viel Arbeit und vielen Gesprächen mit allen möglichen Ämtern in Krakau und Warschau.

Die Bürgersteige sind schlimm – ich weiß das. Und nächstes Jahr ist alles neu. Drei Jahre dauerte es, weil die zuständigen Behörden in Krakau und Warschau an andere Dinge dachten, als wir von der Stadtverwaltung. Ich meine, die sind weit weg von hier und sehen vieles nicht, obwohl sie zuständig sind. Wir müssen ihnen zeigen, dass es so nicht geht und was zu tun ist. Zum Beispiel ist der Ministerpräsident von Kleinpolen mit Sitz in Krakau für die Straße zuständig, die neben dem Museum entlangführt. Die Regierung in Warschau ist zuständig für ein Stück der Straße, die von Kattowitz zum Museum führt, der Landrat für ein anderes Teilstück. Bis sie alle zuständigen Stellen koordiniert haben, ein gemeinsamer Plan entwickelt und Geld eingeplant ist, dauert es eine lange Zeit. Ich habe geschrieben und geredet und geschrieben und jetzt ist alles vorbereitet – von der Baugenehmigung bis zur Finanzierung. Insgesamt kostet die Sanierung der Straßen und Bürgersteige rund um das Museum ungefähr vier Millionen Zloty. Einige Teilabschnitte finanziert die Stadt zu 50 Prozent, damit der jeweilige Eigentümer überhaupt der Sanierung zustimmte.

Von der EU bekamen wir in den vergangenen drei Jahren insgesamt 15 Millionen Zloty, um die Infrastruktur der Stadt zu verbessern. Darin enthalten sind Mittel für die Sanierung des alten Schlosses, für die Ansiedlung von Firmen flossen ungefähr 2,8 Millionen Euro aus EU-Kassen. Auch der Bau von Abwasser- und Trinkwasser-leitungen, Kläranlagen, die Sanierung des Wasserwerkes und der Umbau des Pumpwerks wurden bezuschusst. Den Umbau des Markplatzes unterstützte die EU mit 400.000 Zloty. Anträge sind für ein Monitoringsystem für Schulen gestellt – es gibt verschiedene Versuche und manchmal gelingt es. Auch über die Regierung läuft seit zehn Jahren ein Programm für die Stadt Oswiecim. Aus diesem Fond bekamen wir ungefähr 20 Millionen Zloty, verteilt auf Stadt und Gemeinden und die Bereiche Harmeze und Brzezinka. Das Geld wurde hauptsächlich für den Neubau von Straßen genutzt.

All das sind Zeichen, die die Menschen anerkennen, und es ist sogar so, dass Polen, die nach Deutschland oder England vornehmlich aus Arbeitsgründen emigriert sind, zurückkommen wollen. Auch Leute, die aus Oswiecim weggezogen sind und anderswo in Polen leben, wollen wieder hierher. Ich weiß von ungefähr 300 Menschen, die solche Pläne haben. Sie brauchen Wohnungen, wollen Häuser bauen. Wir haben einen Bebauungsplan erstellt für ein Gebiet von Einfamilienhäusern am Rand der Stadt. Dort können Leute Grundstücke kaufen und in Raten bezahlen. Die Bauflächen werden ausgestattet sein mit all den Anschlüssen, die notwenig sind: neue Kanalisation, Telefonleitungen, Gasleitungen, neue Straßen und so weiter – nach dem deutschen Modell. Ich habe viele Kontakte in Deutschland und von dort, von meinen Kollegen, kommen gute Vorschläge, wie man es besser machen kann.

Für den Besuch des Museums Auschwitz braucht man Zeit. Auschwitz ist ein sehr emotionsstarker Platz und es dauert, um zu verstehen und die Eindrücke verarbeiten zu können. Für Besucher, die nicht nur drei bis vier Stunden im Museum verbringen wollen, bauten Investoren gegenüber vom Haupteingang das Hotel Olecki. Das Projekt wurde finanziell unterstützt durch das Regierungsprogramm, mit dem auch der Neubau der Straßen finanziert wird. Ungefähr 500 Meter weiter plant eine italienische Investorengruppe ein Hotel mit 360 Betten. Dann gibt es Vorbereitungen für weitere Hotels in der Stadt mit ein paar Tausend Schlafplätzen, mit denen wir in zwei, drei Jahren rechnen können. Das bedeutet wiederum Arbeitsplätze für die Stadt und die Menschen hier. Zusätzlich sind wir in ein Tourismuskonzept eingebunden und machen dafür auch PR. Man kann neben dem Museumsbesuch auch andere Ziele aufsuchen und nach Krakau fahren oder sich im Gebirge erholen – eine wunderschöne Gegend übrigens. Es gibt Möglichkeiten in Richtung Urlaubs- und Freizeitangebote in dörflich-ländlichem Umfeld und man kann Radtouren machen.

Das alles passiert in Oswiecim. Nicht in Auschwitz. In Auschwitz investiert niemand. Nach Auschwitz will keiner umziehen. Unter Auschwitz verstehen wir nur das Areal des staatlichen Museums Auschwitz-Birkenau. Das ist Auschwitz. Mehr nicht. Wenn man Auschwitz hört, sollte man nur das Museum im Kopf haben, nicht die Stadt. Die Stadt heißt Oswiecim. Auschwitz hieß die Stadt von Oktober 1939 bis zum 27. Januar 1945. Das genügt.

Und egal, wer den Namen der Stadt Oswiecim in den Namen Auschwitz übersetzt oder benutzt, der ist gegen die Einwohner der Stadt. Das zu tun bedeutet: 41.000 Einwohner sollen kaputt gemacht werden. Das erlauben wir nicht. Die Einwohner dürfen heute nicht darunter leiden, was Hitler und seine Leute hier im Zweiten Weltkrieg gegen Polen, Juden, Sinti und Roma, gegen Menschen aus über 20 Nationen und gegen das deutsche Volk getan haben. Zum Schluss waren alle Opfer. Alle. Und das reicht. Basta. Nicht mehr.

Leider produziert der Begriff Auschwitz bei Politikern, bei Journalisten, bei so vielen Menschen in der ganzen Welt Reflexe mit immer gleichen Bildern, Meinungen, Einstellungen und Gefühlen. Um einem Missbrauch in Bezug auf die Stadt vorzubeugen, müssen

wir alle aufpassen und die Dinge richtig bezeichnen. Deswegen erkläre ich das immer wieder und sehr geduldig, dass Auschwitz nicht Oswiecim ist. Ich tue das überall, wo ich bin: in Freiburg, in Eilat, in Jerusalem, in Berlin, in Tokio und so weiter. Es ist eine große Bitte der Einwohner von Oswiecim, dass, wenn etwas im normalen Leben der Stadt passiert, man weder von einer neuen Disko oder einem neuen Supermarkt in Auschwitz schreibt oder redet, denn das stimmt nicht. Das ist eine Lüge.

Wenn man viele Gespräche über den Krieg, über die Lager führt, dann könnte man den Eindruck gewinnen, dass die Sola heute noch so eine Art Grenze ist. Aber das stimmt auch nicht. Früher, während des Krieges, war das anders. Da war die Sola die Grenze zwischen Stadt und dem Stammlager Auschwitz. Die SS-Leute hatten eine Schutzzone um das Stammlager gezogen und passten auf, dass niemand hineinkam und sah, was dort passierte. Auch um Birkenau hatte die SS eine Art »no-go-area« eingerichtet. Insgesamt könnte man von einer 40 Quadratkilometer großen Zone des Verbrechens sprechen. Heute gibt es zwischen der Stadt und Auschwitz eine Grenze: das ist der Zaun oder teilweise auch die Mauer des staatlichen Museums Auschwitz-Birkenau. Zusätzlich führ-

ten die polnische Regierung und das Parlament 1999 eine künstliche Schutzzone, bis zu 100 Meter ab Museumszaun, ein.

Früher gab es die Vorstellung, auf der linken Seite der Sola – also in der Nähe des Museums – alles Stück für Stück

abzubauen und einzuebnen. Viele Jahrzehnte lang störten Mitarbeiter aus der Direktion des Museums, die aus Warschau kamen, die Leute aus Oswiecim in ihrer Entwicklung. Damals gab es ständig politische Befehle, dass die Stadt in der Nähe des Museums Firmen und Geschäfte schließen und keine Genehmigungen für den Umbau und die Sanierung von Betrieben mehr erteilen sollte.

Einige Leute in Warschau stellten zum Beispiel einen Antrag an die UNESCO, eine 500 Meter breite Zone um das Museum zu ziehen und dort alles zu zerstören. Dafür hätten die Einwohner in den ehemaligen Unterkünften der SS-Leute neben dem Museum rausgeschmissen werden müssen. Den Kindern sollte untersagt werden, dort auf den Spielplätzen zu spielen, und Feierlichkeiten, wie zum Beispiel das Volksfest Anfang September im Sportstadion, sollten verboten werden. Nach dieser Auffassung hätte die ganze Stadt kaputt gemacht werden müssen, weil es hier keinen einzigen Millimeter gibt, der nicht von menschlichem Blut durchtränkt ist.

Mittlerweile haben sich viele Gedanken darüber gemacht, ob diese Pläne richtig sind oder nicht. Die Einstellung der meisten änderte sich dahin, dass das Areal des staatlichen Museums Auschwitz-Birkenau ein Symbol für die Hölle, ein Friedhof, eine heilige Stätte ist, wo man nichts bauen, nichts umbauen, nichts sanieren darf. Man darf es nur erhalten, wie es 1947, als das staatliche Museum Auschwitz Birkenau gegründet wurde, gesetzlich festgehalten wurde.

Von den jüdischen Organisationen zum Beispiel sagt niemand etwas zu den bei der UNESCO beantragten 500 Metern. Dafür wird nicht votiert. Im Gegenteil: Wir haben Dokumente für Anträge von jüdischen Organisationen und Einzelpersonen, die verlangen, dass die Schändung des größten Friedhofs der Welt, also des Stammlagers Auschwitz, endlich endet. Dass dort alles rauskommt

aus den Gebäuden, angefangen beim Hotel, dem Restaurant, der Museumsverwaltung, den dort wohnenden Mitarbeitern. Der internationale Museumsrat hat das bereits 1996 nach der künstlich aufgeblasenen Auschwitz-Affäre um den so genannten Supermarkt beschlossen.

Ich frage mich seit Jahren,

ob es die Mitarbeiter des Museums nicht stört, dass auf dem Parkplatz, also auf dem Friedhof, Wohnwagen parken? Stört es nicht, dass 30 Mitarbeiter des Museums mit ihren Familien neben dem Krematorium I wohnen und die Kinder dort auf der Straße Fußball spielen? Stört es die Leute nicht, dass im Hotel im Eingangsgebäude – also auf dem Friedhof – Jugendliche nachts Alkohol trinken, laut singen und Party machen? Stört es nicht, dass es heute im Restaurant neben dem Eingang, wo SS-Leute Häftlinge ins Konzentrationslager brachten, Hähnchenschenkel mit Gemüse und Pommes Frites gibt?

Ich möchte als Bürgermeister, dass die Einwohner hier leben können, wie die Einwohner in Hamburg oder Berlin oder Hannover oder Tel Aviv. Wir haben ein Recht darauf. Wenn man länger hier ist, werden Sie merken: Man kann hier ganz normal leben. Ich weiß, was Leuten aus dieser Stadt passiert, wenn sie sagen, dass sie aus Oswiecim kommen. Dann heißt es häufig: »Ah, Auschwitz«, und es kommen die merkwürdigsten Reaktionen. Als Bürgermeister habe ich das auch erlebt. Es gab eine Rechtsanwältin aus Krakau, die eine Einladung nach Oswiecim von mir mit den Worten: »Was denken Sie sich? Sind sie verrückt? Soll ich ins Museum kommen?«, ablehnte. Diese Worte zeigen doch, wie eingeschränkt in ihrem Wissen die Anwältin aus Krakau war. Und ist es meine Schuld, dass sie eingeschränkt war? Engstirnig? Nein. Wenn ich nichts weiß, bin ich selbst schuld, dass ich nichts weiß. Wenn ich hierher komme und mich erkundige, was hier ist, dann kann ich so etwas nicht mehr sagen.

Auschwitz ist ja nicht verursacht worden von den Menschen, die hier vor über 60 Jahren lebten. Wie kann man sich vorstellen, dass die Last der Geschichte dieses Ortes heute auf die Schultern der Leute, die hier leben, verteilt wird? Das ist doch undenkbar. Ist es mein Rucksack, den Auschwitz für mich darstellen könnte? Nein. Auschwitz ist eine Mahnung für uns alle. Aber es ist nicht die Last der Kinder, die hier geboren werden.

Wenn ich zum Beispiel nach Hannover fahre und mich dort mit dem Oberbürgermeister unterhalte, dann reden wir über die Zukunft. Wir kommen nicht auf die Vergangenheit. Die ist passiert und nicht zu ändern. Wir müssen Schlussfolgerungen aus der Geschichte ziehen. Wir müssen von ihr lernen, damit die Zukunft für Deutsche, für Polen und für alle anderen besser wird. Damit wir die gleichen Fehler nicht wieder machen, ist miteinander reden sehr wichtig. Und man muss sorgfältig mit den Begriffen umgehen und sauber trennen, was war und was jetzt ist. Das ist die große, große Bitte von mir im Namen aller Einwohner der Stadt: Wir wollen, dass unsere Kinder normal aufwachsen können und nicht aus Unachtsamkeit sich Adolf Hitler nach über 60 Jahren immer noch rächen kann.

Ich würde gern **woanders** leben, wo es fröhlicher zugeht

Anna und Adam Wojdyla

Angestellte
46 Jahre
48 Jahre

Anna und Adam: Seit unserer Geburt leben wir in Oswiecim. Wir sind hier zur Schule gegangen, wir arbeiten hier.

Anna: Ich arbeite im Chemiewerk, das die Deutschen mit den Lagerhäftlingen während des Zweiten Weltkriegs gebaut haben. Dieses Lager hieß damals »Monowitz«.

1978 habe ich dort angefangen. Ich war 18 Jahre alt. Heute arbeite ich in der Personalabteilung, bin Mitglied der Feuerwehr und des Stabs für chemische Sicherheit. In den 1970er Jahren gab es eine Bahnverbindung vom Museum Auschwitz nach Monowitz, die heute nicht mehr existiert. Ich fuhr damals mit dem gleichen Zug zur Arbeit, mit dem auch die Gefangenen während des Krieges von Auschwitz zur Fabrik gebracht wurden. Ich wusste davon, aber im Alltag habe ich einfach nicht daran gedacht.

Adam: Ich arbeite bei den städtischen Wasserwerken, die ihr Büro in der Nähe von Auschwitz I, also dem Stammlager, haben. Ich erlebe das Museum jeden Tag, weil mein Arbeitsplatz dort ist. Für mich ist das normal.

Anna: Man vergisst die Geschichte einfach sehr schnell, weil es so lange her ist. Oft denke ich für Wochen oder Monate gar nicht daran, dass die Lager so nah sind, und es ist mir nicht bewusst, dass ich in der Nähe eines früheren Todeslagers lebe und arbeite. Es ist ein normales Leben hier. Die Erinnerung kommt erst wieder, wenn etwas Besonderes passiert.

Adam: Während des Zweiten Weltkriegs lebte meine Mutter in Babice. Das war ein sehr kleiner Ort in direkter Nähe zum Vernichtungslager Birkenau. Sie musste als Zwangsarbeiterin im Gemüsegarten von Deutschen arbeiten. Wie sie mir erzählte, wurde sie von ihnen nicht schlecht behandelt. Der Mann, der in Auschwitz arbeitete, war freundlich zu ihr. Er war verheiratet und hatte zwei Töchter. Mit seiner Frau war meine Mutter ein bisschen befreundet.

Während der Arbeit versteckte sie einige Lebensmittel, zum Beispiel etwas Gemüse, unter ihrer Kleidung. Auf dem Heimweg ließ sie dann etwas davon für die Häftlinge auf den Weg fallen. Sie achtete darauf, dass niemand sie sehen konnte, denn dafür konnte man ins Lager kommen. Sie erzählte mir, dass einige Menschen versuchten, den Häftlingen zu helfen, und dort, wo die Gefangenen arbeiteten, Brotstücke versteckten. Von näheren Kontakten zu den Häftlingen hat meine Mutter nie etwas erwähnt. Sie waren Gefangene im Todeslager. Die lokale Bevölkerung musste sich von ihnen fernhalten.

Doch die Allgemeinheit wusste, was in Birkenau und Auschwitz vor sich ging, weil die Deutschen oft Lebensmittel wie Fleisch, Brot oder Gemüse von Leuten in der Umgebung kauften. Um ihre Waren mit Pferdewagen auf die Lagergelände zu bringen, bekamen die Leute Papiere, die es ihnen erlaubten, Auschwitz und Birkenau zu betreten. Dabei bekamen sie mit, was dort passierte.

Es gab auch Menschen aus der Umgebung, die zwar nicht inhaftiert waren, aber als Zwangsarbeiter in den Lagern arbeiten mussten. Die wussten auch, was da geschah. Meine Mutter erzählte mir, ihr sei bewusst gewesen, dass sie in der Nähe einer Todesfabrik lebte und dass sie täglich Angst hatte. Sie wusste, dass schon eine Kleinigkeit sie ins Lager bringen konnte. Deshalb schuftete sie von frühmorgens bis spät in den Abend wie die meisten Leute damals, denn dann hatten sie keine Zeit für andere Dinge.

Nach dem Krieg ging meine Mutter nicht in die Lager. Sie wusste, was dort passiert war. Es war ein schrecklicher Ort, den keiner aufsuchte, wenn er nicht musste. Als später das Museum eröffnet wurde, besuchte sie dort einige Gedenkveranstaltungen.

Mein Vater war während des Krieges als Zwangsarbeiter in Deutschland und arbeitete auf einem Bauernhof. Er war in einer sehr guten Familie, die ihn wie einen Sohn behandelte. Die Frau, für die er arbeitete, schickte ihm nach dem Krieg Päckchen. Sie schrieben sich Briefe und die Familien blieben in freundschaftlichem Kontakt. Wir Kinder bekamen Geburtstagsgeschenke aus Deutschland und mein Vater fuhr sogar nach Deutschland zum Arbeiten und verdiente so etwas dazu. Vor 20 Jahren besuchte die Familie ihn hier in Oswiecim. Auch da kümmerten sie sich um ihn wie um einen Sohn.

Anna: Meine Mutter kam 1946 oder 1947 nach Oswiecim, um bei ihrer Schwester zu leben und ihr bei der Betreuung der Kinder zu helfen. Dann ging sie vorübergehend in ihren Heimatort zurück und kam 1949 oder 1950 wieder nach Oswiecim zurück, weil ihr Mann hier Arbeit gefunden hatte.

Sie erzählte mir, dass es direkt nach dem Krieg sehr schwierig war, in die Nähe des Lagers Birkenau zu kommen. Das Gelände wurde von vielen Polizisten gesichert, weil es Leute gab, die versuchten, dort im Boden nach Gold, Schmuck oder Geld zu graben. Bis heute hört man Gerüchte darüber. Es heißt zum Beispiel, einige Häuser im Ort Birkenau seien mit dem Gold gebaut worden, das die Leute im Boden des Lagers Birkenau gefunden haben sollen.

Anna und Adam: Nach dem Krieg hatten unsere Mütter mehr Angst vor den Russen als vor den Deutschen. Als die Russen kamen, stahlen sie alles und vergewaltigten die Mädchen. Sie benahmen sich wüst und unkultiviert. Ihnen war alles egal. Die Deutschen seien nicht so gewesen, erzählten sie. Im Vergleich zu den unzivilisierten Russen hätten die Deutschen in ihrem Benehmen ein anderes Niveau gehabt.

Adam: Als mein Vater aus Deutschland zurückkehrte, nahm die Chemiefabrik – die nach dem Krieg immer noch »IG Farben« hieß – die Produktion auf. Sehr viele Menschen kamen damals zum Arbeiten nach Oswiecim. Hier konnte man Geld verdienen und sich etwas aufbauen. Wenn du damals einen Job kriegen konntest, hast du nicht danach gefragt, wo der war. Du warst einfach froh, eine Arbeit und ein Zuhause zu haben – auch wenn du neben einem Todeslager leben musstest, in dem mehr als eine Million Menschen brutal ermordet worden waren.

Die Menschen blieben also hier: Nicht weil es etwa so schön war, sondern aus ökonomischen Gründen. Deshalb bauten sich auch meine Eltern hier ihr Zuhause auf und als mein älterer Bruder 1945 geboren wurde, gründeten sie eine Familie. Ich wurde 1958 geboren, später kam noch meine jüngere Schwester dazu.

Die Stadt wuchs. In den 1950er Jahren wurden etwa drei Kilometer vom Hauptlager entfernt viele dreistöckige Häuser gebaut. Dort leben wir heute. In der Nähe ist die Maximilian-Kolbe-Kirche, es gibt einen schönen Park, ein Kulturzentrum, ein Schwimmbad – alles, was man für ein angenehmes Leben braucht. Oswiecim ist für mich eine Stadt wie alle anderen in Polen.

Anna: Ich erinnere mich an die Zeit, als ich acht oder neun Jahre alt war. Damals war Oswiecim noch nicht so groß wie heute. Es gab nur wenige Restaurants in der Stadt und in der Nähe des Museums gab es gar keins. Das war Ende der 1960er Jahre. Ein Lokal lag in der Nähe unserer Kirche und viele Besuchergruppen kamen dorthin zum Mittagessen. Wir Kinder aus der Stadt gingen gern dorthin. Wir wollten die Deutschen, Amerikaner, Franzosen und all die anderen sehen und beobachten und nach Süßigkeiten und Kaugummis fragen. Und wir bekamen immer eine Kleinigkeit geschenkt. Damals sah ich zum ersten Mal in meinem Leben eine Plastiktüte! Das war etwas sehr Besonderes für mich. An den ersten Fotoapparat oder die erste Jeans erinnere ich mich. Das war alles so ungewohnt, wie aus einer ganz anderen Welt.

Später, als hier die Pevex-Läden aufmachten, konntest du diese Dinge auch anschauen und kaufen, falls du US-Dollars hattest. Aber davor gab es keinen Kontakt mit der westlichen Welt. Ich wusste nicht, dass es so etwas wie eine Plastiktüte überhaupt gab.

Anna und Adam: Dennoch war es immer schwer, in der Nähe der Lager zu leben. Wenn man in Oswiecim lebt und aufwächst, hört man natürlich die Geschichten über Auschwitz und Birkenau. Unsere Eltern, Onkel und Tanten,

Freunde und Nachbarn erzählten uns davon. Und in der Schule hörten wir etwas über Auschwitz im Geschichtsunterricht. Mit 14 oder 15 Jahren haben wir zum ersten Mal das Lager besucht. Es gab damals eine strikte Altersgrenze und als Kinder oder allein durften wir nicht ins Museum gehen.

Anna: Ich erinnere mich noch genau an meinen ersten Besuch. Ich war damals in einer sehr ungezogenen Klasse. Bevor wir hineingingen, schwatzten einige Mitschüler und machten Witze. Aber im Lager waren alle vollkommen still und hörten aufmerksam zu. Es war ein großer Unterschied zum Schulunterricht. Hier konnten wir mit unseren eigenen Augen sehen, was der Lehrer erzählte.

Am meisten beeindruckten mich damals die Haare und die Sachen der Kinder. Als ich das Kinderspielzeug und die kleinen Schuhe sah, begriff ich, dass auch ganz kleine Kinder dort ermordet worden waren. Wir konnten damals nur einige Blocks besuchen. Das Krematorium war noch nicht geöffnet und die Ausstellung noch nicht so wie heute. Für mich als junges Mädchen war der Museumsbesuch eine schwierige Erfahrung. Später fing ich an, über Auschwitz zu lesen. Am meisten interessierten mich Bücher über die Fluchten von Gefangenen.

Adam: Ich war auch während der Schulzeit mit meiner Klasse zum ersten Mal im Lager. Wir hatten keinen Guide vom Museum, unser Lehrer erklärte uns alles. Für mich als 14-Jährigen war das ein ganz schlimmer Ort. Weil bei uns zu Hause über das Thema Holocaust gesprochen wurde und ich dort viel über die Lager gehört hatte, war der Besuch aber kein so großer Schock für mich.

Anna: Es gibt verschiedene Gründe, warum wir immer noch hier leben. Ich bin hier geboren und aufgewachsen, habe hier geheiratet. Meine Kinder und Enkelkinder leben hier und alle sozialen Kontakte spielen sich hier ab. Das zählt sehr viel.

Adam: Mir geht es genauso. Und wenn wir die Möglichkeit hätten wegzuziehen, würden wir das wahrscheinlich tun.

Anna: Ich würde gerne woanders leben, wo es fröhlicher zugeht. Schön wäre es, weiter außerhalb der Stadt und näher am Wald zu wohnen. Und ich hätte gerne ein eigenes Haus. Aber – nun ja.

Im Moment finde ich es sehr belastend, in der Nachbarschaft von Auschwitz zu leben. Mehrmals im Jahr gibt es Schwierigkeiten wegen öffentlicher Veranstaltungen auf dem Lagergelände. Am 27. Januar beispielsweise ist die halbe

Stadt geschlossen, weil die Straßen gesperrt sind. Oder wenn ausländische Staatsgäste in Polen zu Besuch sind, dann besuchen sie normalerweise auch das Museum. Das kommt ziemlich oft vor.

Weil die Straße zum Museum auch die Straße nach Krakau ist, wird, wenn gesperrt ist, die Stadt in zwei Hälften geteilt. Zwei Stunden vor und zwei Stunden nach dem Besuch eines Prominenten ist die Straße zu und du kommst nicht von einem Teil der Stadt in den anderen. Das beschert uns Einwohnern Probleme: Es ist schwieriger, zur Arbeit und zurück nach Hause zu kommen.

Adam: Mein normaler Tagesablauf sieht so aus: Ich arbeite auf der anderen Seite der Stadt, gleich neben dem Museum. Nach der Arbeit setze ich mich ins Auto und hole Anna von ihrer Arbeit ab. Wenn nun die Straße gesperrt ist, komme ich nicht zur Arbeit. Zu Fuß würde es gehen, aber nicht mit dem Auto. Wenn ich dann Anna in Monowitz von der Arbeit abholen möchte, muss ich einen Umweg von 15 bis 20 Kilometern machen. Das ist frustrierend. Wir müssen uns damit abfinden, und es macht viele von uns hier wütend.

Anna: Ein weiterer negativer Aspekt des Lebens hier ist, dass, wenn wir zum Beispiel irgendwo in Polen Urlaub machen und erzählen, dass wir aus Oswiecim kommen, alle nur vom Lager reden. Selbst in einem Chatroom im Internet ist das so. Jemand fragt, wo ich herkomme. Ich antworte: »Oswiecim«, und die Person meint: »Oh Gott!« Manche Leute fragen: »Wie könnt ihr da bloß leben?« Selbst einige Polen wissen nicht, dass es hier eine Stadt gibt.

Adam: Als ich in der Armee war und jemandem erzählte, dass ich aus Oswiecim komme, meinte der »Ach: Du lebst noch?«

Anna: Das veränderte sich mit dem Besuch von Papst Johannes Paul II in Auschwitz. Da brachten die Medien auch etwas über die Stadt und ihr Alltagsleben und zeigten, dass Oswiecim nicht nur das Lager ist. Diese Berichte haben dann auch Leute dafür interessiert, hierher zu kommen.

Adam: Ich bin da anderer Meinung. Viele junge Leute verlassen die Stadt. Hier passiert nichts, hier entwickelt sich nichts. In ein paar Jahren wird es hier nur noch ein »Open Air Museum« geben, weil niemand mehr hier leben will. Allerdings hat diese Situation meiner Meinung nach nichts mit dem Lager zu tun, sondern mit der wirtschaftlichen Lage der Region und des Landes. Die Chemiefabrik zum Beispiel war mal sehr groß. Damals war es hier wie in Beijing in China: Tausende fuhren morgens mit dem Fahrrad zur Arbeit. In den besten Zeiten arbeiteten mehr als 12.000 Menschen in der Fabrik. Heute ist das anders. Das gesamte Unternehmen ist privatisiert und in kleinere Firmen aufgeteilt. Nur noch 1.410 Leute arbeiten dort und die meisten von ihnen sind zwischen 35 und 40 Jahre alt.

Sonst gibt es kaum Arbeitsplätze in Oswiecim. Die Arbeitslosenquote liegt bei fast 30 Prozent. Und falls du doch einen Job findest, ist er schlecht bezahlt. Deshalb ziehen immer mehr junge Leute aus der Stadt weg. Sie gehen zum Studium nach Kattowitz oder Krakau und bleiben dort. Und seit nach Polens EU-Beitritt die Grenzen offen sind, gehen die Menschen gleich ins Ausland, weil es hier keine Arbeit gibt. Es werden keine neuen Wohnungen hier gebaut, es werden auch keine gebraucht, weil ja keine Leute dafür da sind. Die Stadt stirbt langsam – und deshalb möchte auch ich hier wegziehen.

Anna: Ein anderer Punkt ist, dass es um das Lager herum eine Schutzzone gibt, in der nicht gebaut werden darf. Es gibt noch nicht mal für die eine Million Menschen, die jedes Jahr hierher kommen, eine touristische Infrastruktur um das Lager herum – nur eine kleine Pizzeria nahe dem Stammlager und ein paar kleine Läden in und am Museum, wo du etwas zu trinken kaufen kannst.

In Birkenau ist es noch schlimmer: keinerlei Angebot. Stell dir vor, du hast gerade eine der Standardtouren durch das Lager hinter dir und du möchtest einfach etwas trinken, an einem angenehmen Ort sitzen und zurück zur Normalität finden – und es gibt nichts. Abgesehen davon, dass eine Möglichkeit zum Ausruhen eine nette Geste an die Gäste von Auschwitz ist, sind die eine Million Touristen doch auch ein Wirtschaftsfaktor. Aber die Stadtverwaltung und das Museum tun seit Jahren nichts, um die Situation zu ändern.

Adam: In der Stadt gibt es nur das Hotel Galicja. Sobald eine größere Reisegruppe kommt, ist es voll. Jetzt sind ein neues Touristenzentrum und die »Gärten der Erinnerung« im Gespräch. Aber bisher sind das nur Pläne.

Überrascht zu hören,
dass ich in die Disco gehe

Karolina Zamarlik
20 Jahre
Studentin

Ich bin in Gorzów, einem kleinen Dorf, das etwa sieben Minuten mit dem Bus von Oswiecim entfernt liegt, aufgewachsen. Hier leben etwas 1.000 Leute. Nach der Grundschule beschlossen meine Eltern, mich nach Oswiecim aufs Gymnasium zu schicken. Sie meinten, es wäre richtig, mehr Kontakt mit anderen Schülern zu haben. Außerdem sei der Unterricht dort besser.

Ich wusste, dass außerhalb der Stadt die Konzentrationslager gewesen sind. Meine Großeltern und meine Großtante hatten mir erzählt, da war ich acht Jahre alt, wie sie während des Krieges den Rauch von den Schornsteinen beobachteten. Zunächst wussten sie nicht, was er zu bedeuten hatte. Dann wurde ihnen klar, dass der Rauch von den Krematorien kam und dort Leichen verbrannt wurden. Und der Geruch – meine Großmutter sagte, es sei ein süßlicher Geruch gewesen. Süßlich und eklig. Und dass sie andauernd ihre Kleidung waschen musste. Mein Großvater erzählte mir, wie er Häftlinge beobachtete, die in der Nähe der Weichsel arbeiten mussten. Er sah, wie die SS-Wärter sie mit der Peitsche schlugen oder sogar töteten, wenn sie zu schwach zum Arbeiten waren. Ich weiß, dass es in Gorzów Menschen gab, die den Juden geholfen haben. Meine Tante erzählte mir von einer Familie, die einen Juden im Keller versteckt hielt. Jeden Tag versorgten sie ihn dort unten mit Essen und Trinken und was er sonst noch brauchte. Nach der Befreiung durch die Sowjets wanderte dieser Jude aus. Ich weiß nicht mehr genau, wohin; nach England, glaube ich. Von dort schickte er der Familie, die ihn gerettet hatte, Kaffee und andere Sachen. Es war sehr gefährlich für sie gewesen, ihn die ganze Zeit dort im Keller zu haben. Deshalb war er ihnen so dankbar.

Nach der Befreiung durch die Russen 1945 schaute sich nur meine Tante das Lager an, die anderen nicht. Sie erzählte, dass sie dort unvorstellbar Schreck-liches gesehen hatte. Damals war auch ein Soldat im Haus meiner Großmutter einquartiert worden. Sie, ihre Schwester und ihre Brüder mussten auf dem Fuß-boden schlafen, weil der Soldat das Bett belegte. Meine Großmutter meinte, die Russen hätten sich so ziemlich alle wie Wilde aufgeführt. Sie wussten zum Beispiel nicht, wie man bei Tisch sitzt und manierlich isst. Sie waren seltsam. Und einer der Soldaten kam jeden Tag und sprach mit meiner Großmutter, weil er Sex wollte.

Als ich klein war, habe ich die Bedeutung von all dem, was mir meine Großeltern und mei-ne Großtante erzählten, nicht so richtig verstanden. Auch mit 14 war ich mir der schrecklichen Geschichte nicht wirklich be-wusst. Damals ging ich in die erste Klasse des Gymnasiums und war für drei Wochen in Ker-

pen bei Köln zum Schüleraustausch. Kerpen ist eine Partnerstadt von Oswiecim. Wir waren dort zusammen mit einigen Schülern aus Frankreich und ich hatte zu allen Jungen und Mädchen Kontakt. Eines Tages fragte mich ein Junge, ob pol-nische Jugendliche die deutschen Jugendlichen wegen Hitler und Auschwitz nicht mögen. Ich wusste nicht, was ich darauf antworten sollte. Nach etwa fünf Minuten sagte ich ihm, wir seien eine andere Generation und mich interessiere nicht, was früher geschehen sei. Wir seien Jugendliche und sollten die Mörder und die Opfer und all das vergessen.

Etwas später war eine Gruppe von Deutschen hier, die für fünf Tage in der Internationalen Jugendbegegnungsstätte wohnte. Meine Klassenkamera-den und ich zeigten ihnen die Stadt, sie glaubten nämlich, hier gäbe es nur »Auschwitz«. Ich konnte das verstehen, denn Auschwitz ist wegen der Lager und auch nur wegen der Lager weltbekannt. Gäbe es hier keine Lager, dann wäre Oswiecim auch nicht die Stadt, die sie heute ist. Keiner würde sie kennen. Wir sind also in der Stadt erst eine Pizza essen gegangen, hatten Spaß zusam-men und unterhielten uns über unser Leben, wo wir zum Tanzen hingehen und so. Über Auschwitz, den Holocaust und die SS haben wir nicht gesprochen. Sie wollten nicht darüber reden und ich wollte das Thema Auschwitz auch nicht ansprechen.

Heute sehe ich das anders. Inzwischen weiß ich auch mehr über Auschwitz, die Geschichte Europas und der Welt. Ich habe die Gedenkstätte häufig besucht und an Veranstaltungen in der Internationalen Jugendbegegnungsstätte teilgenommen. Dabei sprachen auch überlebende Häftlinge und andere Personen mit Verbindung zur Tragödie des Holocaust über ihre Erlebnisse. Es ist mir immer mehr bewusst geworden, dass die Nazis Mörder waren und etwas Schlechtes getan haben, dass es schrecklich war und immer noch ist. Ich verstand, dass es sehr schwer für meine Familie gewesen sein muss, während des Krieges so nahe an Auschwitz zu leben. Wie leicht hätten auch sie ins Konzentrationslager kommen können! Heute, mit 20, denke ich, es ist sehr wichtig, sich zu erinnern. Wir sollten so wie wir jetzt miteinander darüber reden, auch wenn mich das grade sehr traurig macht.

Aus dieser Stadt oder diesem Land zu stammen, ist kein Unglück. Aber manchmal – irgendwie bist du gezeichnet. Ich studiere ja an der Pädagogischen Universität in Krakau im dritten Semester Spanisch. Einmal hatten wir ein Seminar mit einem spanischen Tutor. Wir kamen ins Gespräch und ich erzählte ihm, dass ich aus einem kleinen Dorf in der Nähe von Oswiecim komme. Er war ganz überrascht, zu hören, dass ich in die Disko gehe, und dass es hier viele Läden zum Einkaufen gibt. Ich  meine, es gibt ja auch verschiedene Orte, wo man sich treffen kann, wenn man verliebt ist. Das kann im Kino sein. Oder am Fluss Sola. Da sind ein paar Bänke und Plätze, wo du sitzen kannst. Im Frühling ist es da besonders schön. Weißt du, wenn alles zum Leben erwacht, und du bist da mit jemandem, den du liebst, zum Reden und so.

Anhang

Die Zeitzeugen

Noach Flug
Gespräch: 11. Dezember 2006 in Berlin

Henryk Mandelbaum
Gespräch: 06. September und 23 September 2006 in Oswiecim
Foto S. 45, 52, 56, 59: Andreas Dahlmeier

Petr Grunfeld
Gespräch: 25. März 2007 in Krakau
Übersetzung Hebräisch-Englisch: Shosh Hirshman
Übersetzung Englisch-Deutsch: Ingrid Lorbach
Foto S. 62 und S. 65: Museum Auschwitz

Die Multiplikatoren

Elsbieta Pasternak
Gespräch: 11. September 2006 in Oswiecim

Shosh Hirshman
Gespräch: 24. März 2007 in Krakau
Übersetzung Englisch-Deutsch: Ingrid Lorbach
Foto S. 92: US Holocaust Memorial

Friedbert Fröhlich
Gespräch: 03. November 2006 in Dresden
Foto S. 116: US Holocaust Memorial
Foto S. 119: Museum Auschwitz

Stanislaus M. Stoj
Gespräch: 15. September 2006 in Hermeze
Foto S. 135: Museum Auschwitz

Werner Nickolai
Gespräch: 28. Juni 2007 in Freiburg
Foto S. 153: Museum Auschwitz

Tomas Kuncewicz
Gespräch: 07. September 2006 in Oswiecim
Übersetzung Englisch-Deutsch: Ingrid Lorbach

Das Museum
Teresa Swiebocka
Gespräch: 26. September 2006 im Museum Auschwitz-Birkenau
Übersetzung Englisch-Deutsch: Ingrid Lorbach

Ewa Pasterak
Gespräch: 26. September 2006 im Museum Auschwitz-Birkenau

Andrzej Kacorzyk
Gespräch: 25. September 2006 im Museum Auschwitz-Birkenau
Grafik: Museum Auschwitz/Schaefer

Die Freiwilligen
Karl Richter-Trümmer
Gespräch: 14. September 2006 in Oswiecim
Foto S. 215: Tomasz Mol

Jusuf Capalar
Gespräch: 05. September 2006 im Museum Auschwitz-Birkenau
Foto S. 235: Museum Auschwitz

Andreas Geike
Gespräch: 05. September 2006 in Oswiecim

Tilman Daiger
Gespräch: 26. September 2006 in Oswiecim

Die Besucher

Avner Shemesh
Gespräch: 25. März 2007 in Krakau
Übersetzung Englisch-Deutsch: Ingrid Lorbach
Foto S. 265: Museum Auschwitz

Laura Fuchs-Eisner
Gespräch: 16. September 2006 in Oswiecim
Foto S. 272: Museum Auschwitz

Guillaume Carle Renoux
Gespräch: 17. September 2006 in Oswiecim
Übersetzung Englisch-Deutsch: Ingrid Lorbach

Tobias Uhlmann
Gespräch: 13. September 2006 in Oswiecim

Amit, Or, Amir
Gespräch: 25. März 2007 in Krakau
Übersetzung Englisch-Deutsch: Ingrid Lorbach

Die Stadt Oswiecim und ihr Umland

Alexander Nitka
Gespräch: 05. und 06. September im Museum Auschwitz-Birkenau
Übersetzung Englisch-Deutsch: Ingrid Lorbach

Janusz Marzalek
Gespräch: 26. September in Oswiecim

Anna und Adam Wojdyla
Gespräch: 09. September 2006 in Oswiecim
Übersetzung Polnisch-Englisch: Pawel Sawicki,
Übersetzung Englisch-Deutsch: Ingrid Lorbach

Karolina Zamarlik
Gespräch: 06. September 2006 in Oswiecim
Übersetzung Englisch-Deutsch: Ingrid Lorbach

Alle anderen Fotos: Bettina Schaefer

Weiterführende Informationen

Zum Thema Nationalsozialismus/Shoa:

www.dhm.de/lemo/html/wk2/holocaust/auschwitz/index.html
www.shoa.de
www.youtube.de (Zeitzeugenberichte, Dokumentationen)
www.holocaust-chronologie.de
www.ns-gedenkstaetten.de
www.nationalsozialismus.de

Mehrtägige Studienfahrten (Auswahl)
zum Thema Auschwitz für Schüler und Studenten:
Internationale Jugendbegegnungsstätte (IJBS): www.mdsm.pl
Landeszentrale für polit. Bildung, Dresden: www.slpb.de
Stätte der Begegnung e. V., Vlotho: www.staette.de
Museum Auschwitz-Birkenau: www.auschwitz.org.pl
neue Internetadresse: www.en.auschwitz.org.pl
für Erwachsene:
Bildungswerk Stanislaw Hantz: www.bildungswerk-ks.de
ver.di, Info anfordern unter: zako@verdi.de
Stätte der Begegnung e. V., Vlotho: www.staette.de
Deutscher Gewerkschaftsbund: Ab 2010 Fahrten nach Auschwitz
im Programm: www.dgb-bildungswerk-nrw.de
für Schüler, Studenten, LehrerInnen, Politiker und alle Demokraten:
Lagergemeinschaft Auschwitz – Freundeskreis der Auschwitzer: Info unter
www.lagergemeinschaft-auschwitz.de und Herr Diethard Stamm, Freiherr
vom Stein Str. 27, 35516 Münzenberg.

Weiterbildung (4-6-tägig) für Lehrer und Multiplikatoren zum Thema
Auschwitz:
Internationales Bildungszentrum im Museum Auschwitz:
www.auschwitz.org.pl, oder www.en.auschwitz.org.pl
www1.yadvashem.org.il.education/german/homepage.htm

Zum Weiterlesen (Auswahl):

Auschwitz – Geschichte und Nachgeschichte, Sybille Steinbacher, C.H. Beck

Hefte von Auschwitz, Verlag staatliches Museum Auschwitz,
www.auschwitz.org.pl

Die Zahl der Opfer in Auschwitz, Franciszek Piper, Verlag Museum Auschwitz

Weiter leben, Ruth Klüger, dtv

Bei uns in Auschwitz, Tadeusz Borowski, Schöffling & Co.

Lügen Detektor, Saul K. Padover, Eichborn

Abgehört, Sönke Neitzel, Propyläen

Nirgendwo und überall zu Haus, Martin Doerry, Spiegel Buchverlag

Opa war kein Nazi, Harald Welzer, Fischer Frankfurt/Main

Der Tod ist mein Beruf, Robert Merle, Aufbau Verlag

Ganz normale Männer: Das Reserve-Polizeibataillon 101 und die ›Endlösung‹ in Polen, Christopher R. Browning u. Jürgen Peter Krause, Rowohlt Verlag

Kurze Geschichte der Konzentrationslager, Hermann Scharnagl, marix Verlag

Hitlers Wien, Brigitte Hamann, Piper

Zeugen aus der Todeszone – Das jüdische Sonderkommando in Auschwitz,
Eric Friedler, Barbara Siebert und Andreas Kilian, dtv

verleugnet, verdrängt, verschwiegen: Seelische Nachwirkungen der NS-Zeit,
Jürgen Müller-Hohagen: Kösel

Zitat: aus *Leben und Schicksal*, Wassili Grossman, S. 641, claassen Verlag

Dank

Für die Unterstützung dieses Projekts danke ich herzlich allen Gesprächsteil-
nehmern und Felix Schaefer, Anneke Wriedt, Dr. Marie-Luise Langenbach,
Ewa Guziak, Christoph Heubner, Kristin Kraft, Pawel Sawicki, Franke Hoppe,
dem staatlichen Museum Auschwitz Birkenau wie der Internationalen Jugendbegegnungsstätte Oswiecim.

Prüfung historischer Fakten: Mario Wenzel, Zentrum für Antisemitismus-
forschung der TU Berlin

Juristische Beratung: Dr. Armin Herdt, Hamburg; Prof. Dr. Robert Schweizer,
München